U0121106

翦伯赞　著

大学者谈史系列

# 中国史论集

上

中国文史出版社

**图书在版编目（CIP）数据**

中国史论集/翦伯赞著．--北京：中国文史出版社，2023.12
（大学者谈史系列/史鸣主编）
ISBN 978-7-5205-4423-8

Ⅰ．①中… Ⅱ．①翦… Ⅲ．①中国历史－文集 Ⅳ．① K207-53

中国国家版本馆 CIP 数据核字 (2023) 第 209622 号

责任编辑：方云虎

出版发行：中国文史出版社
社　　址：北京市海淀区西八里庄路 69 号院　邮编：100142
电　　话：010-81136606　81136602　81136603（发行部）
传　　真：010-81136655
印　　装：廊坊市海涛印刷有限公司
经　　销：全国新华书店
开　　本：16 开
印　　张：62.5
字　　数：726 千字
版　　次：2024 年 1 月北京第 1 版
印　　次：2024 年 1 月第 1 次印刷
定　　价：168 元（上下册）

# 编者说明

　　翦伯赞是我国著名的马克思主义史学家，马克思主义史学的主要奠基人之一。不仅其专著（如《历史哲学教程》《中国史纲》）在史学界具有广泛影响，其史学论文功底深厚，见解卓越，具有重要的学术价值和研究价值。本书以著者在民国时期出版的《中国史论集》一二集为底本，按时间顺序重新编排，非常适合历史爱好者阅读和收藏。

　　本书的编辑参考了《翦伯赞全集》和其他相关著作，并订正了个别错讹。

编　者

# 目 录

（上册）

# 序一 [①]

　　1940 年春，余自湘入蜀，至于重庆，时抗战第三年中也。当余蹈入蜀境，不觉油然记起李白有名之诗句；其诗曰："噫，吁嚱乎，危乎高哉，蜀道之难，难于上青天。""一夫当关，万夫莫开，所守或匪亲，化为狼与豺。朝避猛虎，夕避长蛇，磨牙吮血，杀人如麻。""其险也如此，嗟尔远道之人，胡为乎来哉！"

　　日月悠迈，自我入蜀，于今三年有余矣。世界战争，正以日益扩大之规模而进行，中国抗战，亦在艰苦中持续其发展，此正举世萧萧然之际也。然而在此大时代中，余则栖迟于重庆附近山谷之间，书斋昼闭，鸦雀无声，日读古史，夜数繁星，以度此悠悠之岁月。古人有言，"遗世独立"，余不知余之遗世，抑世之遗余也。

　　余素喜攻史，尤喜攻古史，以古史去今日已远，而范围又至广大，大有吾人驰骋之余地。故入蜀以来，余之精力，大半消磨于中国史前史之研究。然间亦涉猎其他史籍，尤喜读明史，以其亡国覆社，感人之深且切，而其史实之足以资吾人今日之鉴戒者，又至多也。

　　历史为有感性之科学，读史者，往往因有所感而不能已于

_____

　　① 本文为著者《中国史论集》（第一辑）序。

言，则著之为文。余入蜀以来，先后所著史论已有二十余篇，虽所论列，皆过去之陈迹，然而前事之不忘，后事之鉴也。因将入蜀以后所著史论，辑为本集，而名之曰"中国史论集"。

暴风雷雨，并不禁止虫鸣，当今之世，余之史论，不过虫鸣而已。然而虫之所以鸣也，又岂徒然哉！

当余写此序言时，日寇正猛袭洞庭湖滨，余之家乡，方遭受敌人之严重威胁，余之祖母，即于余写著此序言之前七日（四月十三日）惊悖逝世。书此以志不忘，亦所以说明此书出生之时代也。

　　1940 年 4 月 24 翦伯赞于巴县之歌马场

# 序二①

我在 1940—1942 年所撰的历史论文，已用《中国史论集》的名字出版。以后，从 1943—1945 年间，续有撰者，因复纂辑，再为一集，仍用前名，为第二辑。

本书共辑论文十八篇，都是以前在杂志上陆续发表过的。在发表的当时，政府正严申文字之禁，文化的审查制度，雷厉风行，任何著作，非经审查官批准，不许发表，本书中的论文，自然也不能例外。

当时的文化审查官，不但有权任意删削，而且有权禁止用任何记号标示被删削的地方如 ×，点，或空白之类，其意抑若不令后人知道中国史上曾经有过文化审查制度。此外，如果认为必要，并有权禁止发表。本书中所有的论文，都经过审查官的删削。其中《南明史上的弘光时代》及《永历时代》两文，并为当时禁止发表之文。前文屡经自己删削始允发表后文则直至审查制度取消以后才发表出来。

现在文禁稍弛，自然可以照原稿补正，但我的文章，皆未留复稿，原稿交给杂志，即行丧失，其仅存者唯有被禁止发表之两文及《杜甫研究》一文，前者因禁止发表，由杂志社退回，以后

---

① 本文为著者《中国史论集》（第二辑）序。

即将原稿保存；后者因被删太多，向杂志社索回原稿校对。因此，这三篇论文，得以照原稿补正，其中《杜甫研究》一文，因有人从删削的缺口中发现"笑话"，所以特别注明被删削的地方，唯原稿所附"杜甫年表"则删去未录。

此外皆系根据杂志上刊出之文亦即删余之文付印。关于这一点，我只好引用某作家自序其书的几句话："本书原稿搁置书架甚久，虫蚀鼠啮，颇有残缺不全乃至上下文气不接之处，历时既久，不复记忆，已无法补苴。幸读者以意会之。"

翦伯赞 4月7日，1947年于上海

# "人与兽争"时代的生活方式

## 一

旧石器时代，是属于遥远的洪荒时代。这一时代，正是国父中山先生所谓"人与兽争"的时代。

人与兽争的时代，虽然已经属于遥远的过去，但总是一个历史时代，而且是后来光辉灿烂的文明历史之出发点。就从这一时代起，人类就开始了生存斗争的生活。诚如中山先生所云："奋斗这件事，是自有人类以来，天天不息的。"

"人与兽争"时代的历史，早已消逝于遥远的太古时代之中，古来的学者，已不能看到这一时代的史料，所以杨朱说："太古之事灭矣，孰志之哉？"屈原也说："遂古之初，谁传道之？"但是近来由于考古学的发展，太古的遗物渐渐出土，遂使吾人得以了然于太古人类的生活状况。

虽然如此，一直到现在，中国大多数的学者研究古史，还是在考古学的发现之前闭着眼睛，而昏迷于神话与传说之中。但是中山先生昭示吾人，这样的方法，是不对的。他说：

> 普通研究古时的事，所用的方法，是读书看历史。历史是用文字记载来的，所以人类是有了文字之后才有历史。有

文字的历史，在中国至今不过五六千年，在埃及不过一万多年。世界上研究万事万物，在中国是专靠读书；外国人在小学中学之内，是专靠读书的，进了大学，便不专靠读书，要靠实地去考察。不专看书本的历史，要看石头，看禽兽和各地方野蛮人的情状，便可从推知祖宗是一个甚么社会。比方观察非洲和南洋群岛的野蛮人，便可知道以前没有开化的人是甚么情形。所以近来大科学家考察万事万物，不是专靠书，他们所出的书，不过是由考察的心得，贡献到人类的纪录罢了。

这一段话，是中山先生告诉人们研究古史，不可专靠书本上所写的历史，因为书是有文字以后的产物，而人类在没有文字以前的遥远时代已有悠久的历史，所以必须要看石头，看禽兽，看各地方野蛮人的情状。换言之，即是要用地质学、考古学、古生物学及民俗学等科学的方法去作实际的考察。中山先生说："我们所以能推到古时的事，是因为有古代痕迹遗存。如果没有古迹遗存，我们便不能推到古时的事，"同时又说："如果走到南洋很荒远的地方，人和兽争的事实还可以看见。又像我们走到荒山旷野，没有人烟的地方，便知道太古时代人同兽是一个甚么景象。"从这里我们可以看出中山先生对古史研究的方法是主张抛弃玄学，应用科学。

同时中山先生，又在民族主义第一讲中指出了"人同兽争"时代的一幅图画。他说：

> 在太古时代，人食兽，兽亦食人，彼此相竞争，遍地都是毒蛇猛兽。人类的四周，都是祸害。所以要图生存，便要去奋斗。

又说：

在那个时候，只有同类相助，比方在这个地方有几十个
人同几十个猛兽奋斗。在别的地方，也有几十个人同几十个
猛兽奋斗。这两个地方的人类，见得彼此都是同类的，和猛
兽是不同的，于是同类的互相集合起来，和不同类的去奋斗。
决没有和不同类的动物集合共同来食人的，来残害同类的。

又说：

在人同兽争的时代，因为不知道何时有毒蛇猛兽来犯，
所以人类时时刻刻不知生死，所有的自卫力，只有双手双
足。不过在那时候，人要比兽聪明些，所以同兽奋斗，不是
专用双手双足，已晓得用木棍石头，故最后的结果，人类战
胜，把兽类杀灭净尽，人类的生命，才可以一天天的计算。

在以上的遗教中，中山先生指出了在太古时代，"人食兽，
兽亦食人"，"人不食人，人不残害自己的同类。"兽不知道制造
并使用工具，而人则知道制造并使用工具。这些都是至理明言。

本文就是根据中国已经发现的旧石器文化来说明中国史上
"人与兽争"的时代。


二


人类最初从兽类中分离出来，就是因为他们能够知道制造工
具使用工具，开始了劳动创造。所以传说中之有巢氏时代的原始
人群，他们虽然刚刚带着自己起源的痕迹，走进中国历史之蒙昧

时代的下期，但因为他们已经挺直身躯，站立在大地之上，所以他们也就开始了人类社会之最初的劳动创造。

有巢氏时代的原始人群虽然已经知道制造工具，使用工具，所谓工具也不过是石块和木棍而已。这一时代的人类之劳动创造，考古学家称之曰"下期旧石器时代"的文化。这种"下期旧石器时代"的文化，在周口店洞穴中，已有大批的发现[①]。同时在锦西沙锅屯洞穴之新石器遗址中，也有发现[②]。

从这一时代的文化遗存看来，当时人类最喜用的石材，大半都是燧石。缺乏燧石的地方，就用黑耀石、石英、砂石代替。当时人类之所以选择这一类的石材，以我们的推想，大概是取其具有易于分割的性质。而这种对于石材的性质之辨别，如果没有长期的经验是不可能的。

在整个有巢氏时代，石器的制作都是非常的原始。最初的石器，不过把粗糙而不整齐的燧石、石英或砂石等对于一边或多边加以打制，而使之变为一种具有不整齐形式的石块。当时的人就利用石块上不整齐的部分，以用于球根果实及肉类之切断或剥削，但主要的还是用于制造木制的棍棒枪杖等生产工具和战斗武器。

以后便渐渐知道利用一种粗糙的扁桃形的石片，作成一端尖锐，一端钝厚的形式，即以钝厚部分的重量，加强尖端之打、剥、刻、切的力量。此种石器制作，已应用了力学的原理，而这

---

[①] 周口店猿人产地的文化，代表一个悠久的历史时代，其中大部分系知道用火的人类之文化，亦即蒙昧中期的文化。

[②] 安特生《奉天锦西县沙锅屯洞穴层》石器名论一章中云：第六版第二图应为石削与奥斯本书之叙里亚之石削相等。其背部未经磨琢，故粗糙不平，右边磋磨尖利，可作刃用。

就是后来尖头器与皮削器之最古的渊源。

这一时代的石器之制作技术更加进步了。这时的石器已经不像以前那样粗糙而钝厚。他们已经知道把石块制成一种平的或三角形的形式，而出现了狩猎用的枪之锋铓。但一直到这一时代为止，人类还不知道凿孔的技术，而这也是因为当时的尖头器尚不锐利，不能凿通钝厚的石块。所以在整个有巢氏时代所有的工具，都是没有附着柄而使用。

从这种石器制作技术的表现上看来，当时的人类尚不能很好的控制石材，制作出他们所需要的一定形式的石器，他们似乎只能听命于一击之后因震动而发生的石材之物理性的分裂。虽然，这一时代的人类已经意识到一定形式的工具之创造，所以表现于他们遗物上之制作技术，可以看出带有系统的性质。

在另一方面，当此之时，当作生产力主体之人类自身的肉体型，还没有从"树上型"完全转化为"地下型"。他们的两臂还是很长，两腿还是不能紧密地并拢，脑部还是不十分发达，声音器官还是不能发出明晰的言语。一言以蔽之，他们与类人猿的差别还是微乎其微。

人类自身的肉体型既如此的不发达，劳动工具又如此幼稚，由此二者之结合所发挥出来之劳动生产力，当然还是最低级的水准。当时的人类还不能猎取较大的动物，因而狩猎在当时人类的生活中，还不曾演着重要的任务，生活之基本方式还是采集。

我们可以想象，当时的人类不过是拿着石块和木棍，流浪于蒙古高原之寒冷的原野。他们或则在内海的沿岸捕捉鱼类、贝类，或则在内海附近的原野和山坡，发掘球根采集果实以为生。《淮南子》云："（古之人）茹草饮水，采树木之实，食蠃蚘之肉。"（《修务训》）正是这一时代的人类生活之缩写。

这一时代的人类，还不知道用火，正是传说中所谓"未有火化"之时。因此他们都是生吞血食，和禽兽一样。这种不知火化，与肉食缺乏的情形，也就正是他们的团体不能很快发展的原因。

这时的人类为了回避猛兽的袭击，大半都结巢住在树上。《庄子·盗跖篇》云："古者，禽兽多而人少，于是民皆巢居以避之……故命之曰有巢氏之民。"《韩非子·五蠹篇》亦云："上古之世，人民少而禽兽众，人民不胜禽兽虫蛇，……构木为巢，以避群害。"这些传说虽系后人想象之辞，但亦系原始人群实有之事。

此种巢居之习惯，直至唐代若干落后民族尚可以看见。《文献通考·四裔考》二十二云："室韦在契丹北三千里，土地卑湿。至夏，则转向西贷渤、具对二山多草木，饶禽兽，又多蚊蚋，人皆巢居以避其患。"同书五云："獠盖蛮之别种……依树结木以居其上，名曰干栏。干栏大小，随其家之口数。"不仅唐代，即在今日，西南诸落后种族中，尚有巢居之遗习。我曾于湖南西部乾城之山谷间，看见苗人之居，都结于树上。由此可知有巢氏时代之人民"昼拾橡栗，暮栖木上"之传说，实与历史相符合。不过到后来，因为严寒的气候之压迫，他们便渐渐走向洞穴。"《礼记·礼运篇》所谓："冬则居营窟，夏则居橧巢"者，正是说明这一历史内容。

原始人群在这样的采集中生活着，不知经历了若干万年，在这悠久的时期中，他们不知经历了若干我们今日所想不到的艰苦与危难，也不知用了若干我们今日所想象不到英勇和坚决的大无畏的精神，去和大自然的压迫斗争，以争取人类的生存和发展。由于长期的斗争，于是逐渐提高了战斗工具和生存工具之制作技术，因而扩大了他们对自然的占有范围，提高了他们对自然克服的程度，从而又发达了他们自身的肉体型之构造。于是把中国历史引进蒙昧中期之燧人氏的时代。

三

相当传说中燧人氏时代，亦即蒙昧中期之社会经济构造，是中期旧石器时代的文化。中国的中期旧石器文化，晚近已经发现于周口店①猿人的产地，及鄂尔多斯东南的西拉乌苏河宁夏东部、陕北油房头等处。惟周口店洞穴文化，乃属于这一时代之早期文化。因而中国中期旧石器文化的发展过程中还有一个缺失②。但虽有缺失，亦可以从早期与晚期的文化遗物中，看出其相继发展的痕迹。

中期旧石器时代之文化，除石器的制作技术较之下期已有显著之发展以外，还有几个主要的特征，即骨器的出现，凿孔技术的发明，特别是火的应用。这些特征，在周口店洞穴文化中都已存在。

---

① 周口店文化中之大多数遗物是知道用火的人类文化，火的发现与应用，始于莫斯特期。因此周口店洞穴文化中之大部分，是属于莫斯特期之文化。如果把旧石器文化分为上下两期，则莫斯特期之文化应该属于上期，如果分为三期（G.G,Macchrdy 的分期法）则此期文化，应该属于中期。我是依于三期分法，故将周口店文化之一部属之于中期。

② 阿尔纳《河南石器时代之着色陶器·序言》中所谓鄂尔多斯之西拉乌苏河，宁夏附近，及陕西油房头等处，所发现的旧石器文化，都是属于莫斯特式的文化。但从遗物之制作技术看来，则较周口店文化已大为进步，而且似乎与周口店文化不能直接衔接，所以我认为这一带的文化是属于中期旧石器时代末期的文化。

首先就石器而论，这一时期的特征，是皮削器与尖头器之出现，这在周口店洞穴中均有发现。所谓皮削器就是把卵形的碎片一边加以打制而使之成为扁平的刃，这是当时的人群用以为兽皮之剥削的工具。所谓尖头器，就是一种打制为三角形而又削尖了的尖端之燧石的碎片，就是用作切断器及穿孔器的，有时也用作猎狩用之枪的锋铓。

从遗物的制作技术方面看来，也有了显著的进步。在以前只就燧石加以一次的打制，即行使用；在现在，是预先取燧石一块，加以强烈的打击，而得着扁平的三角形，或仰形（亦有棱形或四方形）的碎片，以后再就此种打出的碎片之一面或其尖端加以打制，而使之成为皮削器、尖头器。这种第二次之打制，考古学家称之曰："再加工"。而这在以前是没有的。又如在以前，石器的取材，是打击其边缘，而留其核心。即以燧石的核心部分作为石器而使用。在现在，则是取大块燧石，以其中央加以打制，而使之分裂成为若干小块，即于此种小块之燧石碎片上再加工，使之成为石器，而核心则变为"粉屑"了。

周口店洞穴中发现了大批的兽骨、兽角及兽齿。据法人步日耶（Henri Breuil）所著《周口店猿人产地之骨角器物》所述，这里所发现的各种骨角之类，其中不少皆有显著之人工痕迹。他们都留下了人类之刻、削、割、切的形迹，而且有些骨角上的刻削割切，还是很艺术的。因而证明了这些骨角，在当时有很多被当作器物而使用，有些则被当做制造器物的原料而使用、而储存的，更有些则是制作器物以后割弃的部分。

据步日耶上书图片中之所示，在周口店所发现的骨角器物中，有很多鹿角，是当作"锤"用的。其锋形的部分，则被当作尖头器而使用。（第六版）其中有一个"很精致的尖头器"和一个骨制的"凿"。(第十五版)并有各种长骨碎片制成的"钻"，(第十八版)及类似燧石形的许多"割切器"。(第二十三版)此外，有虎类的上牙床各一，好像是利用其凸出的部分而当作肉搏之"武器"使用的。(第九版)最有兴趣的是一块很大的兽骨，其上具有无数纵横交错的切纹，显然是当时的人类用作"案板"或"车床"的。(第十二版)还有一个犀的腿骨，刻成凹形，仿佛是当时人类用作"碟子"的。由此我们可以看出，在中国中期旧石器时代，骨器的制作已经非常发达。许多以前用石作的器物，现在同时已用骨角制作。骨角器物的出现，当然是石器制作技术之发达的结果。因为石器的发达，人类才有可以进行狩猎之锋利的武器，开始狩猎的生活。因为人类进入狩猎生活，才能获得野兽的骨、角、齿牙，并从而把这些东西当作制造生产工具之材料。所以骨角器物的出现，是表明石器制作器具之技术的更大之进步。同时，也表现了这一时期人类的经济中狩猎之最大意义。

在周口店洞穴文化中，钻孔的技术已经发明，据步氏前揭书二十六版图片指示，有一个钻孔的骨管，又有一个马的跟骨，经过重复的打制，而凿有一长形之孔。凿孔技术的发明，就指明了当时有锐利的尖头器之存在，同时也就指明了当时的工具已经附着孔而使用。由于工具之附着柄而作用，因而人类从此可以从与兽类之肉搏中解放出来，而得以在较远之距离中刺杀兽类。这一面加强了打击的功用，另一方面，又减少了人类的死亡。

火的发现与使用，是这一时代最主要的特征。传说中也说：燧人氏是中国最初发明用火的神人。例如《世本》云："燧人出火，出火者燧人，因以为名。"《韩非子·五蠹篇》云：燧人氏"钻燧取火，以化腥臊。"《风俗通》引《礼纬含文嘉》云："燧人始钻木取火，炮生为熟。"据考古学报告，周口店洞穴中，曾

13

发现燃余的灰层，并且有用火烧过的鹿骨角。（步氏前揭书第四版第三图）由此看来，传说所云又适与事实符合。

火在自然界中一定很早就已存在，动物尸体中之磷的燃烧，空气中之电的触发，以及地壳中火山的爆发，都可以成为火的来源，所以传说中说："往古之世……火爁炎而不灭。"《淮南子·览冥训》）又说：天皇"时遭火劫"。（《绎史》卷一引《真源赋》）火在太古时代，虽然到处存在，但必须要人类社会经济达到一定的高度，才能被人类所引用，这犹之自古即存在于天地间之电，一直到最近几十年间才被人使用，是同样的理由。

火的发现一方面是自然火的效用之启示，一方面以"木与木相磨则烧"的原理，又发明了人工生火的方法，所以伪《尸子·君治》说：燧人氏"察五木以为火"。同时，据摩尔根根据现存的原始人的生活考察，火的应用与捕鱼的生活是同时开始的，而这与《韩非子》所谓燧人氏"钻燧取火，以化腥臊"之说又适相符合。

火的发明与应用，对于人类社会的发展，可以说是一个伟大无比的动力。他在人类解放过程中所演的作用，比之近代的蒸汽机的作用，更为重大。有了火的应用，人类才能"烧生为熟"，开始熟食的生活，因而引起人类生理上之化学的改变，从而人类才能最终地从动物中分离出来。有了火的应用，人类才能"焚林而狩"，开始利用自然去征服自然，因此而丰富了人类的肉食，从而使人类之肉体的有机构成获得了更进一步的发展。

到这一时代的末期，人类的文化创造更加发展了。据阿尔纳《河南石器时代之着色陶器·序言》上云："宁夏东部黄土中之粘土层，检出旧石器时代之器物多种，并有废物堆及燃余灰烬，计仅一处所得共有石器四百公斤，率为石英岩及沙化页岩所制尚有大者。其刮磨器穿孔器等，则属于莫斯特式。……在西拉乌苏河之最下部（深的六十公尺之处），见有旧石器时代之遗物多种。此层与黄土中之粘土层相当，器物之形式与宁夏无甚差异，亦以石英岩为之。大概出于含泥层中之罅隙或得自含有化石之砂砾层中。……在油房头仅获旧石器时代之器物数种（石英岩所制之括磨器等）……尚有他处亦见相似之器物，且地面尚有新石器时代之燧石器及石斧等。"此等研究非常重要，可惜此种遗物之发现者，桑志华及步日耶两氏仅于1923年出版之《人类学报》第六号发表一简短之论文，无从详知其内容。惟此等地带发现之旧石器文化中，有括磨器之出现，则其所代表之时代，实比周口店的文化为晚。而且在这些地方的遗址中，有大批兽骨化石之出现，又证明这些地方的文化创造者，已经生活于繁荣的狩猎经济社会之中，这也是较晚的现象。

在这一时代，一方面作为生产主体的人类自身的肉体形之比较发达；另一方面，由于劳动工具制作材料之扩大与制作技术的提高，必然的会提高人类的劳动生产性，所以到传说中之燧人氏的时代，人类的生活便不完全依靠于采集，同时也依靠于狩猎。这样，过去的采集经济到现在便发展为采集狩猎经济。

据考古学的报告，在周口店洞穴中，发现了大批的古生物化石，如长毛象、剑齿虎、驯鹿、水牛、野马、野猫、野猪、水獭及貂之属，在宁夏东部的遗址中，发现了长毛犀、鬣狗、驼鸟、野马等化石。在西拉乌苏河的遗址中，也发现了长毛犀、长毛象、羚羊、卷角羚羊、水鹿、野牛、鬣狗、野豕、骆驼、野牛、驼鸟、狼等的化石。在陕西油房头的遗址中，也发现了长毛犀、野牛、驼鸟之属的化石。这些古生物的发现，就指明了狩猎在当时人类生活中已经占领了很重要的地位，并且由此我们可以想象燧人氏时代的人群,已经不是拘束于内海周围之可怜的采集者,而已一变为英勇的猎人。他们拿着鹿角制成的匕首或是有柄的投枪,在蒙古高原,在河北平原,在鄂尔多斯,在陕甘北部,到处展开了"烧山林,破增薮焚沛泽,"① 逐禽兽之大规模的狩猎活动。到处的深林,都烧起了熊熊的大火,到处的猎人,都发出雄壮的歌声。于是在胜利的呼号中,大批的野兽始进了洞穴。同时在内海的周围,在易水流域,在西拉乌苏河,在黄河的沿岸,都布了渔捞的人群。此外在这一带的山坡和原野,也有成群的女人进行采集。现在,在原始人的菜单上已经不仅是球根、果实和螺蛎之类,而是添上了许多前所未有的山珍海味了。


# 四


冰河已经最终地退去了,太阳渐渐带给蒙古高原以温暖的气候,这正是地质学上所谓后冰期的时代。在这一时代中,中国的历史,便进到蒙昧上期,而这在传说中,便是伏羲氏的时代。

相当于这一历史时期之社会经济构成的文化,是上期旧石器时代的文化。中国上期旧石器文化之早期的(即奥利那期与梭留特期)遗址,至今尚未发现,但这一文化期的晚期之遗址,则已被发现于周口店山顶洞② 及哈尔滨何家沟③。

---

① 《管子·国准》。

② 裴文中于其所著《周口店山顶洞之文化》中:谓山顶洞之文化发现于黑土层。在遗物中,又发现有孔的磨尖装饰品。因此判定这里的文化迟于鄂尔多斯的文化,而又早于何家沟的文化,他们应该是西方晚马格达林期之东方同时代的文化。

③ 哈尔滨何家沟的文化,考古学家判定是相当于西欧亚几尔期的文化。

这一时代之早期的文化，虽尚无有系统之发现，但亦散见于史前各遗址之中。如水洞沟的文化，大半都是带着奥利那的特征。在沙锅屯洞穴之文化中，也曾发现类似"梭留特式"的石矛。（沙锅屯洞穴层第六版第四图）此处在山顶洞文化中，也有不少类似奥利那期及梭留特期的文化遗迹。由此足征这一时代之初期的文化在中国也是曾经存在过的，假使继续从地下搜求，必能有更多之发现。

就一般情形而论，大抵在这一时代之初，即所谓奥利那期时代，在原始人的技术中，就出现了相当剧烈的变化。以石器方面说，这一时代的石器，已经不是用广的卵形石片制成，而是从棱镜型石片上有计划的打下来的细长石片所制成。当时的人类已经知道在这种细长石片上很巧妙的加工，而使之成为各种形式分明的器物，如因附柄而截去其干部之狩猎用的枪的锋铠，应用于剥削之皮削器应用于骨角加工之雕刻刀，应用于刺和切断之尖头器，应用于石器和骨器穿孔之穿孔器。这些器物都出现了，而且都是附着柄而使用。在骨器方面，则出现了枪的锋铠，光滑皮革之光滑器，乃至原始之骨针。

稍后到梭留特期，则制作的技术更为精巧。在这一时代器物的形体，变得更为细长。有许多扁平的月桂树叶状的两端非常齐整的石片所制成。这种石片决不是从一块大石上锤击下来的石片，仿佛是用一种很细的弹性骨棒从一块大石上裁割出来的。这种裁破石块的技术，在石器制作技术上，是一个非常之大的进步，从此以后，人类才有可能创造自己所要的形式和大小的器物。

继梭留特期而起的文化便是马格达林期文化。这一时代的文化遗物在山顶洞中已经发现了。

这一时代的文化，一般说来，是石器制作更加精巧，同时骨器则已达到了最大的完备。燧石器虽然同时存在和发展，但有些燧石器则已为骨器所代替。在石器中如皮削器、光滑器、穿孔器、尖头器、裁切刀，乃至有柄的燧石小刀，都制作得更为完善。在骨器中，则有钩骨铦，尾部有钩的投掷器，及裁缝用的骨针，都已经发明。

但是在山顶洞的文化中，石器的发现，都非常稀少，除了有几个用燧石打制的切断器，锤击器，及一个尖头器以外，就只有一些燧石和石英的碎片。而且这些燧石器的痕迹，既无规则而又没有凿孔，这必定是前期的残余之物。不过这里同时却发现了大量钻孔的石珠①，和惟一的一块钻孔的卵石②，而这都是马格达林期文化之特征。从石珠和卵石上所表现的技术看来，则当时研磨与钻孔的技术，已经到了相当的熟练，从而推知当时的穿孔器与小型的锤击器或雕刻刀，一定相当的锐利了。

---

① 据安特生云："在中国所发现的石珠，没有比山顶洞的石珠更早的。在法国曾经发现象牙珠（见 Peyrom：From Bourdeills in the south trean of France1931），在苏联的欧洲区曾经发现蚌制之珠（Bonch osmolovsky and gromor lete anrignacian age from Borshero along the Don River part of U. S. S. R. 1936），从图片上看来，与山顶洞之石珠有若干相同之点。最有名的石珠，是西伯利亚亚尔干马托乃特（Algemanatolite）。尤其是阿奉特发（Afantra）所发现的马格达林期的石珠，（见 Bonchosmolorsky：isd.）不过西伯利亚所发现的石珠，从其边之圆与其孔之小看来，是一种更为进步的技术之制作品。但是石珠总是马格达林期的特征。

② 钻孔的卵石，在马格达林期以前也是没有的。在整个梭留特期，形状完美的小卵石虽然到处发现，如在巴第果尔（Badegouls），在康白卡拍尔（Combe-capelle），在金布拉克（Jeanblanc）等处，都发现了卵石，但都没有钻孔的。（见 Henri martin：Labri De Rec charente）到马格达林期，则钻孔的卵石是常见的。例如：Dr. Dest. Periet 在 Lagrotte De Cespugue 发现一个钻孔的乳色石英的卵石。在 Pezrony 的报告中，也说到从 La madeleine 所发现的一个钻孔的石灰石的卵石。由此而知钻孔卵石也是马格达林期文化特征之一。

在山顶洞文化中，最值得大书特书的，是有孔的骨针出现。据山顶洞文化报告书中所述，这里所发现的一个骨针稍成曲形，干长82公分，钻孔处的直径是3.1公分，最粗的部分的直径是3.3公分。从形式上看，似系保存骨材之原来大小而稍加磨制，针干圆而光滑，针尖圆而锐，针孔似系用尖头凿的。有孔的骨针之出现，就明知当时的人类已经知道缝制皮革和编制网罟的事实。

同时当时的制作技术，既能创造出有孔的骨针，当然也能创造出有钩的骨铦。在山顶洞虽未发现有钩的骨铦，但却发现了三个大鱼骨，六个较小的鱼的尾脊骨，这就证明了当时已有发达的渔业，从而也就可以推知在当时必有若干应用于渔捞之工具的存在。

在山顶文化中，虽没有矢镞的发现，但在这里却发现了四个鸟类的骨管，并且发现了大批的钻孔的兽齿。其中包括有虎、鹿、狐狸、野猫、鼬鼠等各种兽类的齿。此外并发现了各种肉食兽的骸骨，如鬣狗、熊、狼、驯鹿、虎、狐等。这些禽兽的齿骨的存在于山顶洞，就指明了当时的人类已经进到了一个大规模狩猎的时代了。传说中谓伏羲氏"作结绳而为网罟，以佃以渔"①。由此看来，此种传说与考古学的发现适相符合。

到这一时代的终末，亦即所谓亚畿尔期，随着狩猎采集社会经济之更高发展，生产工具的制作技术，更加提高了。在何家沟所发现的文化，一方面表现工具的形体之缩小，另一方面工具的外形也统一了。形体的缩小与外形的统一，就说明这一时代的人类已经有计划的控制石器，打成他们所需要的形式。由此再向前

---

① 《易·系辞下》。

发展，便出现了新石器时代的文化，而人类也就抱着更高的目的，走进了历史上的野蛮时代。

总而言之，在传说中之伏羲氏时代，一方面由于劳动工具制作技术之发达，另一方面由于作为生产主体之人类的肉体型已经发展到接近于现代人的肉体型的程度。由此两者的结合，而发挥出来的生产力便是采集——狩猎经济之高度的发展。这一时代之末，人类也许开始了植物栽培和动物驯养之农业——畜牧的经济。

（原载《民生史观研究集》，1942 年出版）

# 论中国的母系氏族社会

## 一 中国也有过母系氏族社会时代

母系氏族和父系氏族是发生于原始社会的一定发展阶段上之基本的社会组织。它是原始社会生产力发展的结果，并且是他的生产关系之表现形态。

母系氏族社会是以正在转移到农业之比较复杂的采集经济为基础，或者以畜牧业为基础，有时也发生于狩猎和渔业之较高的阶段上，并且发展下去。所以它决不是偶然的现象，而是原始社会的历史发展之连锁的有机之一环。

摩尔根曾说："家系以母系为本位，是属于太古的东西，并且较诸以父系为本位，更适宜于原始状态。"[①] "最主要的原因，是由于氏族出现的当时，并不曾知道一夫一妻的婚姻制度，所以父系的根据无以确立，血族的联系概以母方系为主，因此，古代氏族之家系，只限于以女性为本位。"[②]

在集团群婚的家族形态中，人类没有认识他们父亲的可能，这诚然是母系氏族社会发生的原因。但彻底地说来，女性在原始

---

① 摩尔根:《古代社会》第二编第十四章。参见杨东莼、张栗原、冯汉骥译本，三联书店，1957年，第387页。

② 同上书，第二编第二章。参见杨东莼等译本，三联书店，1957年，第69—70页。

共同体经济体制中的重要性，才是母系氏族发生的基本原因。因为原始共同体经济之复杂化及其任务之升华，才产生经济集团之血统追溯的要求，而在这种经济体制中，女性在生产组织中的重要，使血统追溯，必然依于母系而进行。

从经济的观点上看，所谓氏族，只是作为各个人群间之劳动力分配的统制者而出现。正如在农业、猎狩或渔业的更高阶段上所表现的男子的优越任务，规制着父系氏族的出现一样，在最初的农业中之女性的绝大任务，也规制着母系氏族的发生。因此，母系氏族和父系氏族，不是单纯的氏族变种，而是原始社会的氏族组织之发展中的两个相续继起的阶段。

摩尔根曾经根据一切可靠的资料，证明了母系氏族广泛地存在于世界各处，在非洲的巴拉开部族（Balakai）、班雅部族（Banyai），在美洲的许多印第安人诸部族中，都存在着母权对氏族之支配的事实。摩氏并说，母系氏族，一样通行于欧罗巴人的祖先的社会中。在希腊，当他进到野蛮末期时，还未完全消灭母系中心；在罗马的百家族，也是以女性为家系的本位。巴苛芬在其有名的《母权论》中，也搜集了许多证据，证明母系氏族曾经存在于吕西亚人（LYcians）、克里坦人（Cretans）、雅典人（Athenians）、勒门尼亚人（Lemnians）、埃及人（Egyptians）、奥昆麦尼亚人（Orchomenians）、洛克立安人（Locrians）、勒斯比亚人（Lesbians）、孟铁尼亚人（Mantineans）及东部亚细亚诸民族之间。

摩尔根同时并指出，无论在那一个地方，母系氏族都是先父系氏族而出现。由此可知母系氏族决不是一种地理的特征，而是一种历史的形态。所以任何主张母系氏族是发生于人种的或种族的等特殊性的基础之上，而企图否定其一般存在性的论调，都完全与事实相背离。

在中国也曾经有些学者否认中国太古时代曾经有过母系氏族社会，他们认为中国社会一开始便是'父系父权父治的氏族'。其理由，即在'宗法社会'之前，不允许有母系氏族之存在。而其所提示的论证，则为现行的'亲族法'，都是以父系为中心。

这些母系氏族之否定论者，他们不知道人类之原始的结合，不仅由于肉体的条件，尤其是由于社会经济的条件。社会经济的原始性规制着氏族社会之发生发展的过程。氏族内的血缘关系，是建基于集团的生产之上。这种集团生产，是氏族内部一切规约制度，特别是财产承继和亲族等级计算之现实的基础。所以不是亲族法规定氏族组织，而是氏族组织之经济内容规定亲族法。

非常明显，这些母系氏族之否定论者，他们不仅是出发于一夫一妻家族之永久性的思想，而且在一夫一妻家族中，只看见父家长的性质，而漠视了女子对历史之创造的任务。


## 二 中国古代有"男子出嫁"与 "子从母姓"的传说

依据许多传说的暗示，中国确曾有过母系氏族社会，而其时代，则在传说中之"神农黄帝"或更早的伏牺时代，以至"尧舜禹"的时代，亦即中国历史上之蒙昧末期以至野蛮中期的时代。

第一、男子出嫁的外婚制的传说之存在。

《国语》云："黄帝之子二十五宗，其得姓者十四人，为十二姓：姬、酉、祁、己、藤、箴、任、荀、僖、姞、儇、依是也。"①

---

① 《国语》卷十《晋语四》。《士礼居丛书》影印宋代明道二年本。

《潜夫论》云："祝融之孙分为八姓：己、秃、彭、姜、磒、曹、斯、芈。"[1]

《潜夫论》又云："帝尧之后，有陶唐氏、刘氏、御龙氏、唐杜氏、隰氏、士氏、季氏、司空氏、随氏、范氏、郇氏、栎氏、虓氏、冀氏、郫氏、蔷氏、扰氏、狸氏、傅氏。"[2]

《潜夫论》又云：舜之子孙分为十二姓，胡氏，"陈袁氏、咸氏、舀氏、庆氏、夏氏、宗氏、来氏、仪氏、司徒氏、司城氏，皆妫姓也。"[3]

《史记》夏本纪云："禹为姒姓，其后分封，用国为姓，故有夏后氏、有扈氏、有男氏、斟寻氏、彤城氏、褒氏、费氏、杞氏、缯氏、辛氏、冥氏、斟氏、戈氏。"[4]

以上的传说，都暗示着同一历史内容，即黄帝、祝融、尧、舜、禹的儿子，都由本族出嫁外族，故各以所嫁之族而得姓。所谓"分封"，就是"出嫁"，所谓"以国为姓"就是以妻之氏族为姓。至于"黄帝二十五宗，其得姓者十四人，为十二姓"我以为其未得姓之十一子或系女子，皆留本族故未得姓。而得姓之十四人，仅有十二姓，则系其中有二人同嫁姬姓，另有二人同嫁己姓。

又《史记》五帝本纪云："尧之子丹朱，舜之子商均，皆有疆土，以奉先祀，服其服，礼乐如之；以客见天子，天子弗臣，示不敢专也。"[5]

---

① 王符：《潜夫论》卷九《志氏姓》。汪继培笺本，中华书局，1979年，第1版，第412页。

② 王符：《潜夫论》，中华书局，1979年，第1版，第423页。

③ 同上书，第427页。

④ 《史记》卷二《夏本纪》，中华书局，1959年标点本，第89页。

⑤ 《史记》卷一《五帝本纪》，中华书局，1959年标点本，第44页。

这里并不是"尧子丹朱不肖"和"舜之子商均亦不肖",所以尧、舜才不以王统传子,而是尧、舜的儿子,依照母系氏族的婚姻体制,必须出嫁他族。在他们出嫁他族之后,当然享有其所出嫁的氏族之共有土地,所以他们之"皆有疆土",乃是母系氏族的规律,与舜、禹之"封"与"不封"毫无关系。因为通婚的诸母系氏族,彼此之间都是平等的关系,所以丹朱、商均出嫁于他族以后,对于其母方氏族,也是平等的地位,这就是"以客见天子"与"天子弗臣"的内容,实际上与所谓'敢专"和"不敢专"也毫无关系。

其次,在家从母,出嫁从妻的传说之存在。

《史记》索隐皇甫谧语云:"尧初生时,其母在三阿之南,寄于伊长儒之家,故从母所居为姓也。"[1] 后嫁陶唐氏,故又改姓陶唐。如此,则尧乃初从母姓伊祁氏而后从妻姓陶唐氏。

《史记》正义云:"瞽叟姓妫,妻曰握登,见大虹,意感而生舜于姚虚,故姓姚。"[2] 由此则知瞽叟原为妫族之子,嫁于姚族而生舜,故舜在未嫁时,不从父姓妫,而从母姓姚。其后舜嫁有虞氏,又改以妻姓。如此则子亦初从母姓而后从妻姓。

《史记》索隐引《礼纬》云:"禹母修已,吞意苡而生禹,因姓姒氏。而契姓子氏者,亦以其母吞乙子而生。"[3] 如此,则禹、契在未嫁时皆从母姓。以后禹嫁夏后氏,契嫁商氏,又各改从妻姓。则禹与契亦先从母姓而后从妻姓。

此外传说中谓舜与象为兄弟,而舜为有虞氏,象为有庳氏,

① 泷川龟太郎:《史记会注考证》卷一《五帝本纪》。东方文化学院东京研究所藏版,第21、22页。

② 同上书,第44页。

③ 泷川龟太郎:《史记会注考证》,第64页。

也是各从妻姓的说明。

《史记·五帝本纪》云:"自黄帝至舜、禹,皆同姓而异其国号,以章明德。故黄帝为有熊,帝颛顼为高阳,帝喾为高辛,帝尧为陶唐,帝舜为有虞,帝禹为夏后而别氏,姓姒氏。契为商,姓子氏。弃为周,姓姬氏。"[①]

这里自黄帝至舜、禹,是否皆同姓,姑且不论,假使他们"皆同姓而异其国号",则所谓"国号"并非"国号",而为氏族的名称。同一氏族的男子,嫁到各不同的氏族中,当然要异其氏姓,这与"以章明德"毫无关系。

又如前文所云:"帝禹为夏后而别氏,姓姒氏,契为商,姓子氏,弃为周,姓姬氏"则禹、契、弃有氏而又有姓。按《左传》昭公四年释文有云:"女生曰姓。"[②]又顾亭林有云:"男子称氏,女子称姓,氏一再传而可变,姓千万年而不变……是故氏焉者,所以为男别也,姓焉者所以为女防也。"[③]如此,则所谓氏者,即男子之母姓,而姓者,即男子之妻姓,前者标明男子所自来,而后者则标明男子之所属,故禹、契、弃有氏又有姓,所以表明其从母从妻。正如今日的女子,从父从夫,故有姓有氏。

# 三  "尧舜禹的禅让"与"二头军长制"

有人曾说,从传说中的神农、黄帝、以至尧、舜、禹时代,明明都是男子执政,何以竟说这一传说时代是母系氏族社会呢?

①  《史记》卷一《五帝本纪》,中华书局,1959年标点,第45页。

②  杜预:《春秋经传集解》昭公四年中注。上海文瑞楼光绪十四年刻本。

③  《顾亭林文集》卷一《原姓》。端溪丛书本。

关于这一点，我们必须加以说明。

母系氏族社会之最主要的特征，第一是氏族共有财产掌握在女子手中，其次是婚姻以女子为中心，最后是氏族评议会掌握在女子的姊妹手中。但为了公共事务的处理，尤其对敌人的防御，男子可以被选为军务酋长，这在所罗门诸岛的土人中，苏门答腊的米兰巴人（Melenckabau）中，还是如此。

因为婚姻以母系为中心，男子皆来自外族，这些男子的儿子，也同样要嫁到外族，所以军务酋长，不能父子相传。郭沫若氏首先指出传说中的尧、舜，舜、禹为二头军务酋长，这对于中国母系氏族之说明，是最有力的一个发见。

依据《史记》所记从黄帝至尧、舜、禹的世系，我们可以列出如下的一个表式。

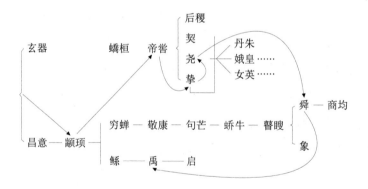

从以上的世系表看，黄帝为始祖，尧与契为黄帝五世孙，舜为九世孙。

至其禅代秩序，据《史记》云：

> 黄帝崩，其孙昌意之子高阳立，是为帝颛顼。
>
> 颛顼崩，玄嚣之孙高辛立，是为帝喾。

帝喾崩，而挚代立，不善崩，而弟放勋立，是为帝尧。

尧立七十年得舜，二十年而老，命舜摄行天子之政。

舜子商均亦不肖，舜乃豫荐禹于天，十七年而崩……后禹践天子位。

这样看来，则黄帝一传其孙颛顼，颛顼再传其"族子"帝喾，帝喾三传其子挚，挚四传其弟尧，而尧则五传其玄孙舜，舜则六传其高祖禹，如此，则不仅尧、舜禅让为高祖与玄孙之递嬗，而舜与娥皇、女英之婚姻，亦为与其曾祖姑之血族婚。

至于舜、禹的禅让，更为不伦。据《史记》卷一《五帝本纪》："舜年二十以孝闻，年三十，尧举之，年五十，摄行天子事，年五十八，尧崩，年六十一，代尧践帝位，践帝位三十九年，南巡狩，崩于苍梧之野。"如此，则舜年为一百岁。同书卷二《夏本纪》又云："帝舜荐禹于天为嗣，十七年而帝舜崩。"如此，则舜荐禹时，已八十三岁。八十三岁之玄孙，尚及见其高祖禹而倒传之以位，已是难事。且其时，其高祖禹尚能随山刊木，奠高山大川，更是难事。尤其当舜死后，禹为之服三年之丧，则是高祖为玄孙服三年之丧，这与舜之与其曾祖姑结婚，同为儒教伦理观念所不许。由此足证这一个血族世系，完全是假造的。包含在这一个世系中之真实的历史素地，乃是母系氏族中二头军务酋长的相续系统。他们都是来自不同的氏族，并没有甚么血统的关系，而只有先后的秩序。所谓"荐于天"，所谓"禅让"，都是选举的意思。

从这个世系表中，我们可以看出黄帝与颛顼二头，颛顼与帝喾二头，帝喾与帝挚二头，帝挚与帝尧二头，帝尧与帝舜二头，舜帝与帝禹二头。至帝禹曾与皋陶为二头。《史记》卷二《夏本纪》云："帝禹立，而举皋陶荐之，且授政焉。"因"皋陶卒……而后举益，任之政十年。"故帝禹又曾与益为二头。

尧、舜共同执政三十一年，舜、禹共同执政十七年，禹、益共同执政十年，皆有传说可考。惟尧以前，则不见传说。但挚与尧之递嬗，《史记》索隐曾云："卫宏云，挚立九年，而唐侯德盛，因禅位焉。"①《帝王世纪》亦云："挚在位九年，政教弱，而唐侯德盛，诸侯归之，挚服其义，乃率群臣造唐而致禅。"②由此看来，则挚或系被氏族评议会所罢免，亦未可知。又传说中尝有共工与颛顼争为帝的神话。或者颛顼与共工为二头，亦未可知。总之，我们所要知道的不是谁与谁为二头，而只是证明从传说中之神农、黄帝以至尧、舜、禹的时代，曾有过二头军长制之存在，而这正是中国母系氏族社会特征之一。


# 四　在中国史籍上所见到的母系氏族之例

母系氏族社会直至隋唐间，在中国四裔民族中，还有其残余。

据《文献通考》卷三三九《四裔考》十六云："东女，亦曰苏伐刺拿瞿咀罗，羌别种也。……以女为君，……官在外者率男子为之。凡号令，女官自内传，男官受而行之。王侍女数百，五日一听政。王死，以金钱数万，纳王族求淑女立之，凡二次为小王。王死，因以为嗣，或姑死妇继。"又云："（东女）俗轻男子，女贵者咸有侍，男被发以青涂面，惟务战与耕而已，子从母姓。"

---

① 《史记会注考证》卷一《五帝本纪》，第 21 页。
② 《指海》丛书第六集《帝王世纪》，第 11—12 页。

同上《四裔考》十九云："乌桓者，本东胡也……俗怒则杀父兄，而终不害其母，以母有族类，父兄无，相仇报故也。"

同上《四裔考》七云："尾濮，汉魏以后，在兴右郡西南千五百里徼外，其人……唯识母不识父。"

同上《四裔考》五云："獠盖蛮之别种……俗不辨姓氏，又无名字，……性同禽兽，至于忿怒，父子不相避，惟手有兵刃者先杀之。若杀其父，走避于外，求得十狗，以谢其母，然后敢归。母得狗谢，不复嫌恨。"

此外如铁勒、勿吉、高句丽等族，皆有男子出嫁的遗习。

"铁勒之先，匈奴之苗裔也。……丈夫婚毕，便就妻家，待产乳男女然后归舍。"（《文献通考》四裔考二十一）

"勿吉，在高丽北。一曰靺鞨，……初婚之夕，男就女家。"（同上三。亦见《北史》卷九十四及《魏书》卷八十八）

"高句丽，其先出夫余，其婚嫁，皆就妇家，生子长大，然后将还。"（《文献通考》四裔考二）

"云南，初本夷地，至今犹有锥髻裸体之名，其俗男壮则出赘，女长则托婿，皆从妇姓。或有以家产涉讼者，官欲为立嗣，而曾不能得其一姓之人。"（彭崧毓《渔舟续谈》卷三）

"室韦者，契丹之类种也，……婚嫁之法，男先就女舍，三年役力，因得亲迎其妇。役日已满，女家分其财物，夫妇同车而载，鼓舞共归"。（《旧唐书》卷一九九下）

"唐房千里，《异物志》言獠妇生子即出，夫惫卧如乳妇，不谨则病，其妻乃无苦。"（《文献通考》四裔考五引《桂海虞衡志》）

以上所举，自然不是典型的母系氏族社会，但是却带着非常浓厚的母系氏族社会之残余。从这些例子中，我们可以推想到母系氏族社会在太古时代之一般的存在性。

中国母系氏族之转向父系氏族，是从传说中之"夏启"始。《史记》卷二《夏本纪》云："帝禹立而举皋陶荐之，且授政焉。而皋陶卒……而后举益，任之政十年。帝禹巡狩至于会稽而崩，以天下授益。三年之丧毕，益让帝禹之子启，而避居箕山之阳。禹子启贤，天下属意焉。及禹崩虽授益，益之佐禹日浅，天下未洽，故诸侯皆去益而朝启，曰吾君帝禹之子也，于是启遂即天子之位，是为夏后。"

这一段传说，所暗示的历史内容，便是由母系氏族到父系氏族之移转。因为根据若干考古学的资料和传说的印证，当时已经出现了许多的财富，（首先是家畜，其次是农业，最后金属工业）这些新的财富逐渐增长以后，就给母系氏族以强力的冲击。在这一时代，男子渐次成为新的生活资料即畜群之所有者，后来便是新的劳动力即奴隶之所有者。这种财富愈增加，男子在家族中的地位也愈比女子重要，并且利用这种强固的地位，为他的子女的利益，以推翻传统的以母系为中心之继承法则的企图也发生了。同时，由于对偶婚家族已提供一个新的要素，即生身的母以外，他又立了一个确实的生身的父，因而使得血统的追溯依父系而进行成为可能。这样母系氏族便被废除了。所谓"诸侯去益而朝启，"并不是因为"禹子启贤"，也不是因为"益之佐禹日浅，天下未洽"，而是因为禹之氏族启已经不出嫁外族，亦即当时的社会经济基础，已经规划着父系氏族之出现。

母系氏族的颠覆，是女性世界史的失败。从此男子在家庭中掌握了支配权，在整个文明时代的历史中，妇女则被隶属，成为男子色情安慰和种族繁殖的工具。以前男子在家从母，出嫁从妻；现在是女子在家从父，出嫁从夫，并且再加上一个夫死从子。女子的这种卑贱地位，在古代社会和封建社会时代，是公然表现的，所谓男尊女卑，乃是不易的真理。近来虽在提倡男女平等，也只是纸上的术语，而女子的卑贱地位并未能消除。

要想重新恢复母系氏族社会，那是不可能的，但是要恢复女性应有之"人的庄严"是可能的。不过这决不是单纯的政治呼号所能实现，而是要女性重新走进社会生产组织中，重新担负起人类生活资料之创造，才能实现男女平等的口号。

和母系氏族之转化为父系氏族一样，两性之间，并没有经过任何流血的事情，现在，女性要想彻底的从男性支配中，解放出来，也只是提高自己在社会经济领域中的地位而已。

1942 年 2 月 18 日

（重庆现代妇女《曹孟君主编》创刊号、第 2 期 1943 年 1 月 1 日、2 月 1 日出版）

# 解释中国史前史上的几个问题

## ——答复王尔宜君提出来的问题

近接王尔宜君来信，（原信附后）大意谓近来读了拙著《中国史纲》第一卷，加以他以前记忆的一些零碎史实和了解，竟然得到一部分比较新颖的发现。但他对于他的意见虽自觉不无根据，却不能有充分的把握和信心，因而笔录下来，和我商量。王君的意见，综合起来，约有六点：

一、母系氏族的酋长，应该是男子。

二、当作图腾的东西，应该是与生活无关的东西。

三、中国的父系氏族，应该从"舜"的时代开始。

四、传说中之"禹"的时代，是阶级社会的起点。

五、夏代已经是奴隶社会。

六、武王伐纣，应该是奴隶总管的革命。

这几点意见，确实值得商量，现在依次加以解释。

## 一　关于母系氏族社会的酋长应该是男子的问题

关于母系氏族的酋长，王君以为应该是女子，而在传说中，特征中国母系氏族的酋长，如"伏羲""神农""黄帝"等相传都是男子，似不合理，因此他主张"伏羲""神农"等神话人物的称谓，应该解释为胞族或部族的名称。而这些胞族或部族的酋长，则为传说中的一些"始祖母"，如"华胥"、"附宝"、"修己"等。

关于这一问题，我想分两点说明：一、母系氏族是否允许男子做酋长？二、应该怎样理解"伏羲"等神话人物？

母系氏族是否允许男子做酋长？事属远古，在今日而欲考证这一史实，只有借助于民俗学的资料，即只有从现存的母系氏族去推论中国古代的母系氏族。

据 A.N 倍尔修达姆在《母系氏族与父系氏族》一文中报告：

> 在罟伦（Huron）族中，氏族评议会由女子组织，她选出的酋长是男子。
>
> 梭罗门诸岛（Solomon）的土人，指导权操在男子手里，但须经过母系的授权，才可以行使。
>
> 在苏门答腊岛中，母系的酋长之姊妹们的评议会，支配着氏族，男子的任务，亦受女子统制。

又据《台湾府志》所载：在台湾土番中之山猪毛及傀儡山诸部族，其婚姻，"长女则赘婿，家业尽付之，甥即为孙，无氏姓，三世外即互为婚姻"，这些部族之为母系氏族，实无可疑，但他们的酋长却是"无论男女，总以长者承嗣。"

《府志》又载，琅峤诸部族婚姻皆"赘入妇家"，而且"其俗重母不重父，同母异父俱为同胞，同父异母，直如陌路。呼父曰"阿妈"，称叔伯母舅如之；呼母曰"惟那"，称婶母及妗亦如之"。其为母系氏族亦无可疑。但在这些番族中"番长及番头目，男女以长承袭。"（黄玉圃：《番俗六考》）

又据黄玉圃《使槎录》云："雍正癸卯秋，（傀儡山）心武里女土官兰雷为客民杀死。"又云："（傀儡山）毛系系社女土官弟劳里阮头戴竹方架。"这些说明了台湾土番中有女酋长之存在，但男酋长之普遍存在，亦为事实。

因此，我以为在母系氏族社会中，可能有女酋长，但男酋长的存在也是很自然的。由于分业的出现，漠视氏族中的男子显然不可能，因而无论在当时女子的地位如何优越，男子总是演着不少的任务。

判别氏族之属于母系或父系，不能根据酋长之为女子或男子，而是要看这个氏族的支配权是属于女子或男子。只要氏族的支配权属于女子，即这个氏族是以女子为家系，追溯及财产继承的基础，则即使酋长是男子，仍然是母系氏族；反之，若支配权属于男子，则即使女子做酋长、国王或皇帝，如中国古代汉之吕雉，唐之武则天，在今日如荷兰之女王，仍然是男系社会。

母系氏族的酋长既然可能是男子，也可能是女子，为甚么在中国的传说中，自"神农"、"黄帝"以至"尧"、"舜"、"禹"都是男子呢？关于这一点，我在《中国史纲序言》上说过：

> 若把神话人物，当作一定历史时代的特征看，则仍不失为古史资料之一。若把他们当作古帝先王看，则无异白昼见鬼。

这就是说，传说中神话人物，并不是真有其人，我们不能把他们当作一个真人看，只能当作特征历史时代的符号看。他们的命意，正如甲乙丙丁，或 A，B，C，D，因而他们是人名抑或是部族之名，并不重要，重要的，是从附着于他们身上的神话传说中，去钩稽历史的特征。

　　至于传说中说这些神话人物都是男子,这是因为这些神话传说的记录者,都是生长在父系社会里面,他们以为自古以来都和他们自己的时代一样,帝王都是男子。他们不知道,在人类的历史上,也曾经有一个女子支配的时代,而且这女子支配的时代比之男子支配的时代,还要长得多。

　　关于这一点,只要指出神话传说产生的过程,就自然明白了。我们知道,在中国的神话人物中,"禹"要算是后辈,但他的出现却在所有的前辈之前。早在西周,《诗经》上就有了"禹"的传说,而且在《诗经》上,除"禹"以外,没有更古的神话人物。以后到春秋战国儒家称"尧""舜",百家言"黄帝",许行为"神农"之言,《易·系辞》中且出现了"庖羲氏"。于是在"禹"之前加上了"尧""舜","尧""舜"之前加上了"黄帝","黄帝"之前加上了"庖羲"。到秦代,李斯又说:"有一天皇",有一"地皇",有"泰皇","'泰皇'最贵"。于是"天""地""泰"三皇,更在"庖羲"之上。到西汉末,纬书出现,在《春秋历命序》中,于"三皇"之前,更加上了开天辟地的"盘古"。这样就完成了中国神话人物的系列。

　　从这里,我们可以看出,中国的神话人物之出现,最早在西周,最近者则在西汉,在这一时期中,中国已经是封建社会,在封建社会中,女子已经处于被贱视被奴役的地位,哪里还有资格做统治阶级呢? 所以他们依照他们自己的时代意识,替中国的母系氏族,派定一些男子做的酋长。实际上,这个时代的酋长应该有女子,也有男子。

# 二 关于图腾问题

关于图腾，王君的意思，以为当作图腾的东西，大都采虚无缥缈的自然现象，或珍贵罕见的东西。是的，这一类的图腾也是有的，但是与食物有关的动植物的图腾也不少。例如据 A.T. 鲁卡涉夫斯基报告，在澳大利亚土人之七百四十种图腾中，属于动植物的有六百四十八种，属于水、火、日、月、旋风、风等无灵魂的事物，只有九十二种。又如据摩尔根报告，在印第安人诸部族的图腾中，有美洲最普遍的水牛、鳗、家鸭、鹬、栗鼠、袋鼠、马、鱼、玉蜀黍、马铃薯等，这些动植物都是印第安人日常的食物。

至于图腾主义，是否具有对动植物保存和繁殖的目的，即是否为了扩大食物之一般资源？这从与图腾主义密切关联的"禁忌制度"中，可以得到答案。据民俗学的指示，在现存的许多野蛮人中，对于食物，都有禁忌的制度。例如斯宾塞（B.Spencer）和季棱（F.J.Gilien）所举凯济西族中的食物之禁忌的例子：

> 在一切澳大利亚种族中，关于青年成员可以吃什么和不可吃什么一般的限制，恐怕都存在，在凯济西族中，青年男子不吃鸸鹋、蛇、箭猪、野猫、鹫、蜥蜴。如果侵犯了这些禁物，他们的身体就会肿起来，而且忽然变成白发。

（Northern Tribes of Central Australin. p. 611）

> 所加于女子的限制，更加广泛，这限制所及如次：Accacin 的果实（腹痛），鸸鹋的卵、野犬（甲状腺肿），七面鸟及其卵（颊部发肿），毒蛇（全身发肿），大蜥蜴、鹫、兔、袋鼠（身体瘦弱），野猫（头生疙瘩），鱼类（足部疡）。

　　他们容许吃鸸鹋（但卵不行），小袋鼠和袋鼠，小蛇和小蜥蜴，乌鸦，普通的袋鼠，叫做"嗡渍"的蛆虫，山芋及各种植物性的食物，例如杂草之实。

　　对于女子的限制，大体上一切种族都是相同的。褐色的鹰是最严重的禁止，对于破坏这种规则的刑罚是使乳不从乳房出来。而且在某些种族之下，有触犯禁忌之女子的乳房要肿起来或破裂的信仰。女子不但禁食鸟类，一般非常害怕鸟类。"（p. 661）（同上）

这种禁忌，在台湾的土番中也流行着。《台湾府志》云：

　　武洛社土官畜鸡犬，却不食。

　　大武郡各社，俱不食犬。

　　琅峤诸社番不食鸡。

　　沙辘、牛属不食牛，牛死委于道旁。

　　从以上的例子看来，食物的禁忌，也许是因为迷信，但迷信之发生，恐怕还是因为稀少，所以才成为崇拜的对象。一旦成了崇拜的圣物，在禁忌中，便繁殖起来，因而我以为图腾主义，至少在客观上是尽了保存和繁殖动植物的作用，而且恐怕在动机上，就是为了这个目的。

　　作为扩大生活资料而发生的图腾主义，由于食物禁忌制度之推行，岂不使生活变得更为狭隘？据民俗学的指示，当图腾主义发展到一定阶段时，图腾信仰者就会想出办法来解决这个问题，最初是图腾交换，即用自己的图腾，交换别族的图腾，通过交换而彼此皆得食用。斯宾塞这样报告：

　　在优基利，格南兹及本本茄族之中，普通食物的赠品，由男子赠给他的父、母、母之兄弟，父之兄弟及母之父等。在马拉族中，有狩猎者，必须把所得的东西的一部分经过妻而赠给其父的规则。如果岳父选取袋鼠之雌的，其余就是他自己的了，但他要把所得到的雄的东西之一部分赠给女婿。（p. 610）

这种赠送，也存在于台湾的番族中，黄玉圃《番俗六考》云：

> 大肚番形远望如百雉高城，昔有番长名大眉志，谓每岁东作众番争致，大眉射猎于箭社，其子斗肉内阿巴里，婿大柳望各社，仍然敬礼，获鹿必先贻之。"

更后自己的图腾渐渐允许食用，但必须经过一种魔术的仪式之后，而且必须让酋长取得这种视为图腾的动植物之最好的部分。这种情形，存在于澳大利亚的土人中，也存在于中国西南的苗族中。

抗战第二年，我在湖南乾城，曾经参观一次苗族的"倒中大会"，他们在盛大的歌舞会中，系黑白二牛各一于图腾柱上，先由酋长用枪刺牛一刺，其余男女以序进，各以枪刺牛，一人持水随泼，使血不淋于地。牛既倒，视其首之所向，以卜休咎。以首向室为吉，反之则凶。以后，苗巫振铎念咒，其余男女捶鼓鸣金吹角烧柴以祭。祭毕，以一肩分给酋长，胸腔分给巫师，后肩分给邻族，氏族成员则仅烹食余肉及脏腑。

这种遗风，在中国比较落后的地方至今还存在。

我在巴县歇马场看到我的房东每年年节杀猪，必请一道士或巫师跳神。跳神时将猪陈列于神前，以为牺牲。于是者终夜，至黎明时，道士或巫师代表神割去最好的一块肉，然后主人才能食用。

更后，食用自己的图腾，又转化成为原始的剥削。这种情形存在于台湾的番族之中，《台湾府志》云：

> 武洛诸社番，射猎獐鹿、山猪等兽，土官得一后蹄。
>
> 卑南觅社番有犯及获兽不与豚蹄，以背叛论即杀之。

## 三 关于中国父系氏族问题

关于中国父系氏族社会，王君以为应该从"舜"的时代开始，而且以为"舜有明确的父母，又有孝顺父母及其他许多关于他个人较合理的故事之存在，因而以为舜这个人是存在的。"

按舜的传说，首见于《论语·泰伯篇》云："巍巍乎舜、禹之有天下也而不与焉。"又曰："舜有臣五人而天下治"。这是关于舜之最初传说。在《论语》中仅仅说到"舜"是一个在禹之前的古帝先王，并没有说到其他。在《孟子》中，才出父顽母嚚，象傲和完廪，捐阶浚井的故事。到《尚书》的《夏书》中，舜与尧便发生了翁婿关系，同时舜与禹也有了君臣关系。"舜"的传说就这样一步步的增加，最后在司马迁的《五帝本纪》中，便集其大成。传说中的"舜"的故事，就是这样发展而来的？

关于"舜"的各种传说，不能说没有一点历史因素，但其中如《孟子》所载之"完廪、捐阶、浚井"等故事，则显然为儒家"父父子子"的"伦理主义"确立以后的意识之渗入。因为儒家学者为了要创造一个典型的孝弟象征，所以替"舜"硬派一个不慈的父亲，泼辣的母亲和一个坏蛋的弟弟，用他父母的不慈，和弟弟的不恭，以显出"舜"的至孝与至弟。这样的故事，在习惯于"伦理主义"的现代人看来，似乎很合理，但是把这样的故事插在"民有其亲，死而不哭者，天下不以为非也"的时代，便大大地不合理，所以我以为"舜"的父子关系是靠不住的。

即因"舜"的父子关系靠不住，所以我在《中国史纲》中，把"羊牛父母，仓廪父母"之"父母"，解释为"共同所有"；把"琴朕干戈朕"之"朕"解释为"个人所有"。这样解释，则当"舜"之时，还是一个畜群公有、薮物公有、武器和娱乐器物私有的时代。这样的时代，正是野蛮中期。野蛮中期的家族形态，是对偶婚，不是一夫一妻制。是母系氏族，不是父系氏族。

而且就传说论传说，在附着于"舜"的传说中，有子从母姓，男子出嫁，氏族评议会及两头军长制的存在等等（参看《中国史纲》129—130），这些都是母系氏族的特征。

至于王君所说"伏牺氏""神农氏""轩辕氏""陶唐氏"都是特征当时的生产技术，这是对的。因为这是暗示从动物的驯养，植物的栽培，到舟车陶器的制造之历史发展的过程。但是王君说自"尧"以后，这种××氏的称呼就已完全绝迹，这是不对的，因为以后尚有"舜"称"有虞氏"，"禹"称"夏后氏"。

王君也许是想从××氏的称号之有无，作为划分时代的界线，因而更有理由使"舜"成为一个新时代的起点。但是××氏的称号之有无，并不能成为时代的标志。

考××氏出现很晚，原亦只有"炎帝神农氏"是复名，其余均为单名。而"炎帝"与"神农氏"原来也是两个传说人物，后来拼成一个人的。关于这一点，崔述在《补上古考信录》中有云：

> 《封禅书》云："古者，封泰山禅梁父者七十二家，而夷吾所记者十有二焉，神农封泰山禅云云，炎帝封泰山禅云云。"夫十有二家之中，既有神农复有炎帝，其不为一人明

甚，乌得以炎帝为神农氏也哉？……要之司马迁以前，未有言炎帝之为神农者，而自刘歆以后始有之。

因为有了"炎帝神农氏"，于是许多神话人物都有了××氏的称号。这种某某氏的称号，皆系凑合而成，比如"黄帝""颛顼""帝喾"原来亦无所谓氏，后来因为五帝德里写着"黄帝曰轩辕，颛顼曰高阳，帝喾曰高辛"而"轩辕氏""高阳氏""高辛氏"诸名亦已沿用于《庄子》《国语》诸书中，于是"黄帝""颛顼""帝喾"等单名才变成"黄帝轩辕氏""颛顼高阳氏""帝喾高辛氏"等复名，与原有的"炎帝神农氏"成为相同的形式。

至于"尧"称"陶唐"，见于《史记》（《左传》中屡称"有陶唐氏"或"陶唐氏"，不知是《左传》原文抑后人窜入），"舜"称"有虞氏"见于《庄子》，而"夏后氏"之名见于《论语》。所以后来的人又把××氏与"尧""舜""禹"联系起来，称之曰"帝尧陶唐氏"，"帝舜有虞氏"，"伯禹夏后氏"。（后来《汉书·古今人表》称为"帝禹夏后氏"。）

后来还剩下"伏牺氏"，有氏而无名；"少暤"有名而无氏，于是又异想天开，以为既有"少暤"，必有"太暤"，因而替"伏牺氏"取名"太暤"，于是才出现"太暤伏牺氏"。少暤在五帝中居第四位，照五行应"以金德王"，于是硬替他取了一个"金天氏"。这样，五帝就都完全变成了复名。但据崔述在《补上古考信录》中云：

盖自《史记》前，未有言"庖羲"风姓，为龙师者。亦未有言"太暤"画八卦，作网罟者，然则"庖羲氏"之非"太暤"也明矣。金天氏之名见于《春秋传》，但云'裔子为玄冥师'而已，未言为少暤也。

由此而知，所谓××氏，乃后人之凑合，有些神话人物，原先只有氏而无名，如"伏牺氏""神农氏""轩辕氏"；或有名而无氏，如尧、舜、禹，其后无氏者赋以氏，无名者赋以名，皆后人随意之凑合，故不可以为据。

# 四 关于阶级社会起点问题

王君疑"舜""禹"之间，中国的社会，有着相当激烈的变化，变化的结局则为阶级的分裂与奴隶国家的出现。

王君认为激烈变化的表象有四，第一，为"舜""禹"之间短短几十年光景，酋长一再更迭；第二，"禹"的继任，没有咨询四岳，疑非禅让，而或系篡弑；第三，关于"禹"的传说，有类似王者气派的迹象；第四，象征国家的"九鼎""华夏"及"九州"之名始于禹。

关于"舜"、"禹"间的年代之不可靠，我在《论中国的母系氏社会》一文中（载《中国史论集》第一辑89—90页）已有所论述。其中有云："从以上（《史记》所记自黄帝以至尧舜禹）的世系看来，"黄帝"为始祖，"尧"与"禹"为"黄帝"五世孙，"舜"为九世孙。"如此，则"舜""禹"的禅让，乃玄孙倒传于其高祖。所以我说：

> 舜、禹的禅让，更为不伦，据《史记》："舜年二十以孝闻，年三十，尧举之，年五十，摄行天子事，年五十八，尧崩，年六十一，代尧践帝位。践帝位三十九年，南巡狩，崩于苍梧之野。"如此，则舜年为一百岁。同书又云："帝

舜荐禹于天为嗣，十七年而帝舜崩。"如此，则舜荐禹时，已八十三岁。八十三岁之玄孙，尚及见其高祖禹而倒传之以位，已是难事。且其时，其高祖禹尚能"随山刊木，奠高山大川，"更是难事。尤其当舜死后，禹为之服三年之丧，则是高祖为玄孙服三年之丧……由此足证这一个血族世系，完全是假造的。包含在这一个世系中之真实的历史素地，乃是母系氏中二头军务酋长的相续系统，他们都是来自不同的氏族，并没有甚么血统的关系，而只有先后的秩序。

因此，我们只能把"舜"、"禹"当作一个"时代的符号"。他们所代表的时代究竟有多少年，实无法肯定。传说所载的年代，不足以为据。

即退一步，就传说论传说，"舜""禹"之间，与"尧""舜"之间，其年代之长短亦约略相等。据《史记·五帝本纪》云：

> 舜乃豫荐禹于天，十七年而崩，……后禹践天子位。尧立七十年得舜，二十年而老，命舜摄行天子之政。

据此，则知"尧""舜"共同执政二十年，"舜""禹"共同执政十七年。二十年与十七年，相差不过三年，故不得谓"舜""禹"之间，独为短促。

不错，依据《尚书·尧典》，尧举舜，曾询于四岳。但同书记舜举禹时，亦曾咨四岳。其言曰："咨四岳，有能奋庸熙帝之载，使宅百揆，亮采惠畴。佥曰，伯禹作司空。"这里的"佥曰"即全体通过之意。

又《五帝本纪》云："'舜'子'商均'亦不肖，'舜'乃豫荐'禹'于天。"此所谓"荐于天"之"天"，我以为应解释为人民，即向氏族之人民推荐的意思。

关于疑禅让为篡窃，见于《汲冢书》中。但《汲冢书》中只有舜放尧于平阳，启既立，益去就国，及太甲杀伊尹，文丁杀季历等说，而无禹篡舜事。这种怀疑禅让为篡杀的说法，显系后起之说，即有篡窃以后才出现的说法。这种说法最容易被后来的人相信。因为后人的篡弑者都以禅让自饰。例如曹丕篡汉，登坛受命以后，顾谓群臣曰："舜、禹之事，吾知之矣。"即因后来的人，屡以禅让粉饰篡窃，故并古人之真禅让而亦疑之。这从刘知几的一段话可以看出，刘氏在《史通·疑古篇》中云：

> 观近古有奸雄奋发，自号勤王，或废父而立其子，或黜兄而奉其弟，始则相示推戴，终亦成其篡夺，求诸历代，往往而有，必以古方今，千载一揆，斯则尧之授舜，其事虽明，谓之让国，徒虚语耳。

实则在人类史上，确有一个禅让时代。他们尚不知政权可以篡夺而得，正犹他们尚不知财产可以侵占而私一样。因为在当时除由选举，更无可以获得酋长职位之法，正犹后来除用武力或篡弑不能致身于皇帝是一样的。不过当时的禅让，并不是由于前任酋长的"至德"、"无私"，不传子而传贤，而是因为酋长的儿子，要出嫁外族，不能留在自己的族内做太子，继承酋长的职位。

依据传说，"禹"的时代和"尧""舜"的时代一样，同为二头军务酋长制，并没有奴隶国王出现。《史记·五帝本纪》云："帝禹立，而举皋陶荐之，且授政焉。"又云："皋陶卒……而后举益任之政。"是"禹"与"皋陶"为二头，又曾与"益"为二头。

至于传说中谓禹即位以后，有"八伯稽首"，有会诸侯于涂山，防风氏后至戮之。及会诸侯于涂山，执玉帛者万国等事，这只能意味着是氏族大会。如谓"稽首"，含有对帝王致敬的意思，则《尚书》中亦有"禹（向舜）拜稽首"之语，这是知道磕头以后的人加入的。又"日月光华宏于一人"似为颂圣的语气。但这种语气的话，在《尚书》中甚多。如"文思安安，允恭克让"，这些都是有了皇帝的时代的人加入的。如谓他可以因诸侯之后至而杀之，似乎有点专制，但传说中谓"舜"亦曾"流共工于幽州，放驩兜于崇，窜三苗于三危，殛鲧于羽山。"所以并不能构成"禹"的特异性。

最后说到九鼎、九州与华夏问题。

按"九鼎"的传说，与"九州"的出现有密切关系。因为相传禹铸九鼎，是为了铭刻九州的方物。而"九州"的名称，在《诗经》中尚没有。《诗经》中只有"九有"，而无"九州"。"九州"这个名词，首见于《左传》，但《左传》中所谓"九州"，并不如《禹贡》中之九州。如云："四岳三涂，阳城大室，荆山终南，九州之险也，是不一姓。"又云："晋籍谈荀跞师九州之戎……以纳于王室。"这里所指的九州，显然是指的山西一带，这一带在殷为鬼方，所以我在《论诸夏的分布与鼎鬲文化》一文中，（见《中国史论集》第一辑65页—66页）认为《左传》中的九州，是鬼州之讹。至战国时，驺衍有大九州之说，亦不同于《禹贡》九州。因此《禹贡》上的九州之说，当系战国时人所传，因其中九州疆域与七国疆域，大小相类。九州之说，既系后起，则九鼎之说，最早当亦在春秋。

至于后来言九鼎者，必谓大禹所铸，由夏传殷，由殷传周，这是什么原因呢？很明白，这是因为自古以来的帝王，往往自称受命于天，天命不可见，于是假借器物，以象征天命。器物之重者莫如鼎，于是鼎遂为天命之所托。又因为天命是历数相承的，因而象征天命之鼎也不能不有历世相承的历史，于是向上追溯，直至于治平水土之于"禹"。由此而知，古之九鼎，实为帝王愚弄人民的工具。在战国时，凡想做皇帝的，无不问鼎，甚至到现在，还有人表演这种古典的滑稽故事。总之，象征九州的九鼎，是大统一的思想之表征，在"人以族聚"的"夏代"，虽然知道铸铜，也不会为了表彰大一统的精神而铸九鼎。

"华夏"是"戎狄"的对称，这种称谓的出现，是种族的不平等观念出现以后的事。在夏代，种族尚未形成，更不会有种族主义的观念。从文献的记载考察，"华夏"的称谓，当出现于春秋，在《左传》《国语》中，常有"华""夏"与戎狄对称，但华夏两字，并未运用。《左》定十四年传云："裔不谋夏，夷不乱华。"《左》襄四年传云："劳师于戎，……诸华必叛。""获戎失华，无乃不幸乎？"《左》僖二四年传云："我闻用夏变夷，未闻变于夷者也。"《国语·晋语》云："劳师于戎而失诸华，犹得兽而失人也。"这些都是例证。因为春秋之时，正是"蛮夷猾夏"的时代，所以有这样大华夏主义的思想，至于《尧典》中有"蛮夷猾夏"一语，则因《尧典》为后人伪作，梁任公早已辩之。

# 五 关于奴隶社会问题

夏代为奴隶社会，邓初民先生曾有是说，但仅仅根据"殷因于夏礼"，而遂谓其社会性质相同，实嫌不够。"殷因于夏礼"是孔子说的。但孔子曾经这样说过："夏礼吾能言之，杞不足征也；殷礼吾能言之，宋不足征也，足则吾能征之矣。"由此而知孔子由于史料的缺乏，对夏殷社会制度，根本就不清楚，他所谓"殷因于夏礼"是靠不住的。

其次谓殷商所占时间仅六四四年，不能代表一个生产方法的时代，似乎理由充分。但我们知道，中国史上自东周以上的年代，都是后人随便说的。

如刘歆《三统历》谓夏年四三二，殷年六二九，周年八六七，但其总数与今本《史记》相差七十二年。

《左传》则谓夏年四百，殷年六百，周室定鼎，卜年七百。

《孟子》则谓"阳至文王五百余岁"，由周以来七百余岁。

伪《鬻子》谓阳治天下积五百七十六岁至纣。

《史记·匈奴列传》则谓"公刘（桀时）失其稷官，……其后三百有余岁，戎狄攻大王……其后百有余岁，周西伯昌伐犬夷氏。后十有余年，武王伐纣……放逐戎夷。"则殷之传世不过四五百年。

邵雍《皇极经世》，则谓夏年四百四十一岁，殷年六百四十四岁。

由此，可知夏商周的纪年是不可信的，所以不可据此而反证中国的奴隶制时代太短。

现在再就王君所举之理由，论列之。

第一，夏代已应用黄铜器，甚至在海丰史前遗址已有铁的发现。诚然，在甘肃新石器遗址中，确有黄铜器的发现。这里所发现的黄铜器并没有像殷代铜器上所刻的花纹和象形文字，而文字的发明，却是文明时代最主要的特征。至于海丰所发现的铁镞，其时代颇难判定，我在《中国史纲》中说过："按海丰一带，直至战国时代，尚未进入有史时期，故即使为史前遗物，但是否即系为与殷同时期之物，尚难证明。"因而我们不能断定使用铁镞之海丰的古人，是与夏代同时。

第二，农业已经相当发展，而且还有与农业有关之酒，及历出现。按农业的发明，是人类定住化的条件，亦即氏族社会形成的基础。它的相当发展，并不就是瓦解氏族社会的原因。要使农业成为瓦解氏族社会的原因，必须有犁耕农业的出现。因为只有犁耕农业，才能提高农业的生产力，使一个人所耕种的土地，能够得到养活他自己更多的谷物，即能创造剩余价值，才能产生剥削和以剥削为生的阶级。然而夏代还是锄耕农业，并没有进入犁耕农业。

关于这一点，我们从台湾番族可以得到证明。在台湾诸番族中，他们都具有相当繁盛的农业，他们甚至有五个或十个公共谷仓，每一谷仓可容谷物三百石。但据《诸罗志》云：他们仍然"无婢女僮仆"，"不为窃盗穿窬"。换言之，即仍然没有发生私有制度和阶级剥削。

至于酒的酿造，史前时代的人民，大抵皆已知道。在台湾所有的番民族中都知道酿酒，而且嗜酒，在他们之中，群饮之风，是普遍的习惯。

至于夏历，当然不可信，因为夏人尚无文字，没有纪录年月日的工具。

第三，"禹不传贤而传子"的传说，我以为最好还是解释为父系氏族的确立。

第四，关于启灭有扈，太康失国，少康复兴，以及夏与诸夷之战争，我以为都只能解释为夏族与殷族在黄河下流之接触，正犹黄帝与蚩尤之战一样，只能解释为夏族与南太洋系人种的接触。

至于"启灭有扈，遂为牧竖。"看起来似乎和斯巴达把被征服的人民当作种族奴隶，即所谓黑洛特（Helotes）一样。但实际上，有扈在夏末还存在，故其被灭的传说，是否可靠，是一问题。

据王国维考证："雇字古书多作扈，《诗·小雅》之桑扈，《左传》及《尔雅》之九扈，皆借雇为扈。"故有扈即有雇。诗云："韦雇既伐，昆吾夏桀。"是雇在夏末尚未灭亡，而且与韦、昆吾及夏桀，同为夏末强大之部族，直至殷初才与夏同被征服。

至于关于桀的传说，有"金柱三千""琼室瑶台"的奢侈宫室，有"女乐三百"，以及伐有施，取妹喜；伐岷山，取琬、琰等等，这确是暗示向奴隶制转变的倾向。


# 六  关于奴隶总管革命问题


关于武王伐纣，王君以为这不是殷代属领的叛变，而是殷代奴隶总管的革命。

王君之所以如此主张，是以为传说中周族远祖"不窋""自窜于戎狄之间"的"自窜"，是"被俘虏"的饰词。

以此为出发点，又以为后来"公刘"之能在戎狄之间，"复修后稷之业"，以及能使"百姓怀之，多徙而保归焉"，大概是因为他以农业的特殊技能，做了"奴隶总管"的原因。

依于这样的渊源，"古公"便得"率其私属"在岐山之阳，建立一个以奴隶总管为首的周国。而这个周国传到文武的时代，便发动奴隶革命，胜利地击溃了殷代奴隶国家。

因此武王伐纣是属领的叛变，还是奴隶总管的革命，问题的中心，就在"不窋""自窜于戎狄之间"，到底是"自窜"，还是"被俘"？关于这一点，我以为只要不把"不窋"当作一个"孤

立的个人"。而把他当作一个"种族的符号"，不把"不窋"的
"自窜"，当作一种"个人的行动"，而把他的"自窜"当作"种
族的移动"，问题就解决了。

按，自"不窋"以至文武这一个周族"先公先王"的世系，
及其活动，不是个人的活动，而是暗示周族在东徙过程中之种族
的活动。我在《中国史纲》中已有说明。这种说明，我至今尚认
为是正确的。

"不窋"既是一个"种族的符号"，则其自窜于戎狄之间，便
不能解释为"个人式的难民"或"侨民"，而应解释为"种族的移
动"。实际上当时正有一个种族移动的洪流，自西而东，即羌族的
东徙，这些东徙的羌族，正涌向陕甘边境，而周族即诸羌之一。

然而何以不说窜于诸羌，而说窜于戎狄呢？因为当时陕甘
边境一带，正是北狄与西羌杂居之地，所谓"戎"就是西羌的别称。

戎为羌族别称，从文献上可以得到证明。《左》襄十四年传
云："将执戎子驹支，范宣子亲数于朝曰：'来，姜戎氏'。"这
就是明言"戎"即是"羌"。又同书同传云："昔惠公……谓我诸
戎，皆四岳之裔胄也。"而《国语·周语》曰："祚四岳国，命
为侯伯，赐姓曰姜氏。"这又是说，诸戎都是羌族。（参看《中
国史纲》第二卷1—3页）

西羌之别称西戎，是周族入据中原以后的事。因为周族亦为
羌族之一支，既入中原，遂称后来诸羌曰戎，以自别于诸羌。

由此说来，"不窋"之"自窜于戎狄之间"，并不能解释为
自本族窜入别族。更未杂居内地，只能解释为周族向陕甘边境移
徙，与诸羌杂居。

而且依据传说："不窋"之时，正在夏初，殷尚未兴，更不
可能被殷族俘虏。

自公刘以至古公，相传其间九世。在这一时期，殷代奴隶国家已经征服了诸羌，这时周族已变成殷族的属领，甲骨文中有"命周侯"之记载可以证明。周族既为殷族的属领，则其氏族成员便变成殷人的"种族奴隶"，周族的酋长当然就变成这种种奴隶的"奴隶总管"。但这样"奴隶总管"，不是被俘以后得到主人之信任升上去的，他仍然要留在自己的氏族内，替周族征收贡赋，因而他仍然能有其"私属"。所谓"私属"就是自己氏族的成员。

到文武的时代，正当殷代奴隶国家崩溃的前夜，所以周族乘机反变，率领"西土之人"，如庸、蜀、羌、髳、微、广、彭、濮人从陕西打到河南，消灭了殷代的统治。至于殷代首都的奴隶之所以倒戈响应，这是因为他们同样也痛恨殷代的奴隶政权。所以我以为殷周之际革命，是殖民地叛变与奴隶革命之合流。

1946年12月1日

## 附：王尔宜君来信

伯赞先生：

我不是一个学历史的人，可是对历史很有兴趣，平常也喜欢找这一方面的书籍阅读。近来读了先生所著的《中国史纲》第一卷，加上从前读过的记忆所及的一些零碎的史实和了解，竟然得到一部分比较新颖的发现。当然，以我这点点贫乏的浅薄的历史常识，"坐井观天"，虽自觉其不无根据，却不能有充分的把握和信心，因而愿意笔录下来，以就正于先生。

对偶婚的家族形态所结合成的社会是母系中心社会，但在中国适当氏族社会也即对偶婚时代的酋长，如伏羲、神农、黄帝、尧等都是男子，那又怎样解释呢？根据先生给我们的指示，说是："为了共同事务的处理，他们选出男子做他们的酋长，不过他们的酋长却是由氏族评议会选出，而氏族评议会则掌握在女子手中。"这种解释，自有一部分理由，但推选男子而竟成为惯例，几无女子当选，这却是无法想象的事。据我的愚见，这完全是历史上神话人物的传统观念在作祟，因而纠缠不清。只要拨开了这层烟幕，问题是很容易解决的。

中国历史上的神话人物自伏羲氏以上，都没有关于他们父母的传说。有母的记载，则自伏羲氏起。母的观念，在原始杂交和以年龄别的血族群婚时代，应该是不显著的。进入亚血族婚和对偶婚的时代，母的地位才算逐渐确定。这时有氏族组织，也有由几个氏族组成的胞族或部族出现。根据传说，当时已有十一个以龙为图腾而以色彩区别的氏族存在，因此伏羲氏不过是胞族和部族的名称，原非人名。所谓"母曰华胥"，在当时，或者以"母"为一种尊敬的表示，这一胞族的女酋长，即系"华胥"。《列子·黄帝篇》所载，黄帝曾梦游华胥氏之国，亦可为其证明。至于伏羲的称号，则系后人根据那一时代"取牺牲以充包厨"的特征而加上去的。女娲或系与华胥同一氏族，风姓的"风"，即这一胞族的共同图腾。神农时代以火为图腾，酋长已由另一族即神农氏的"母曰任己"有蟜氏族的女性名曰女登的担任。"黄帝母曰附宝，其先即炎帝母我有蟜氏之女，世与少典氏婚"。所以直到黄帝时代，酋长仍系有蟜氏族的女性担任。而那时有蟜氏族与少典氏族很明显的早已进入对偶婚的时代了。

太古时代的氏族图腾，大都选择一些虚无缥缈的自然现象或珍贵罕见的动植物，这与人类下意识的疑惧的百物崇拜的心理有关。要是说由于对图腾动植物的禁止采集狩猎而致原始人类的生活发生恐慌，我想这种事的可能性太少，因为那些自然界或罕见的东西，多半是与生活无关的。

中国的父系中心社会，应该在舜的时代出现，这不仅由于传说中舜有名曰瞽叟的父亲，而且舜这个人传说中还有孝顺父母及其他许多关于个人较合理的故事存在，舜以前时代的传说，都是笼统的一般的事迹，绝无涉及个人生活者，这些均足以证明舜这个人是存在的，而且有父有母。像有谓"牛羊，父母；仓廪，父母；干戈，朕；琴，朕；"把父母联在一起，竟已有共同的生产工具和或者是少数私有的收获物，这当然不是单纯的主夫主妻的关系，而应该是一夫一妻制的表现。因为在氏族组织里面，每一个人都是构成氏族社会的细胞，被束缚于集团生活之中；对偶婚又是以氏族与氏族为单位，出嫁于外族的是氏族中的男子；那么主夫与主妻的关系，应该是肉欲的情感的自由的，根本没有某种拘束的力量，也不会发生在经济上互相依赖或者经营共同生活的关系。有之，则已是氏族组织将止崩溃，一夫一妻制出现的时候了。

至于"尧"，我觉得仍是氏族联合的称号，或者因为当时陶器特别发达，故曰"陶唐氏"，这和伏羲氏、神农氏及以发明衣冠舟车见称的黄帝轩辕氏，都系象征当时的生产技术，概括时代特征的称号。这种称号，以后却完全绝迹了。

舜代既已发展为一夫一妻制的父系中心社会，我们即使承认尧也是一个真正的人吧，尧、舜、禹都同时在历史舞台上出现，短短的几十年光景，对于酋长的一再更迭，历史上大书特书，在《竹书纪年》中，本已有舜、禹的帝位是由于篡弑得来的传说，因而当时的社会业已发生相当激烈的变化。据史传，尧禅让于舜，曾经咨询四岳的意见，用鲧治水亦然，这可以说是氏族评议会存在的证明。但舜让于禹，却没有这种传说。禹登位后，据《尚书大传》文，有"八伯稽首"的字句；有"日月光华，宏于一人"的颂词；（这里面当然有后人修饰附会的痕迹，但决非空穴来风。）以后他复会诸侯于会稽，防风氏后至戮之；南巡会诸侯于涂山，执玉帛者万国；足见禹已俨然有统治阶级的王者气象。其余如象征国家权威的九鼎，传说始于夏禹；古称中国为华夏；九州之名始于禹而传于久远；这都可证明夏禹时已不再是部族联合的形式，而是在阶级分裂之后以奴隶国家的姿态出现了。

中国的奴隶社会，以断定始于殷代者居多。惟邓初民先生倡夏代亦为奴隶之说。不过他的根据，大体上以孔子谓"商因于夏礼"，两者既有所因袭，其社会构成当然也相同。其次还认为历史上殷商所占时间仅644年，一个代表生产方法的时代，决不会这样短促为理由。很显然的，这点根据似嫌不足，其实我们从史料上还可以找到很多论断的根据。

根据考古学的发掘，夏时已有应用黄铜器的痕迹，甚至在广东海丰史前遗址中曾出现了铁，则其生产技术已相当发达。农业的始祖"稷"，传说即生于夏代；适应农时的夏历，也创始于夏；狄仪作酒，不是农业相当发达也不可能；可见夏代已经有了产生奴隶国家的经济基础。禹不传贤而传子的家天下，从这里也得说明。逮至夏代末叶，所谓："女乐三百""金柱三千""琼室瑶台""饮酒沈湎"，更是奴隶国家发展成熟的结果。不然，在一个原始的无阶级剥削的氏族社会，一个经氏族评议会推选出来的酋长，怎能有这种荒淫极乐的享受和辉煌宏丽的建筑？

氏族社会由于生产力的薄弱，对于战争中的俘虏总是一杀了之；能够活着留下来，已经是生产力发展需用奴隶的时候了。

《竹书纪年》云："启灭有扈，遂为牧竖"。征服了有扈而驱其人民从事畜牧劳动，这不是奴隶是什么？桀宠妹喜，她就是在伐有施的战役中被掳获的美丽的女奴隶。有夏一代，关于战争的记载最多，为前所仅见。这些战争其实都是为了奴隶来源的取得。根据先生的指示，殷是属于蒙古高原系渤海支系的夷族之一支，而在夏代与夷的征战史不绝书；如"太康失德，四夷背叛。""相征畎夷黄夷，其后于夷来宾"；少康时"夏道复兴，方夷来宾"；槐时"九夷来御"；泄时"畎夷等六夷服从，始加爵命"；发时"诸夷宾于王门，献其乐舞"；有"叛"，有"征"，有"来宾""来御"，有"服从""加爵命"，"献其乐舞"，由此可知诸夷，即殷族服从背叛之频，夏代武功之盛。因此我认为夏夷之争，大体上和奴隶国家的希腊，斯巴达与雅典之争霸是相同的，最后殷族得到胜利，又重新建立了一个奴隶所有者的王朝。

至于周朝，我认为是由奴隶的后裔所建立的。摧毁奴隶国家的大革命，由一些以解放奴隶自命的人来领导，自能"一戎衣而天下定"，能得到"前徒倒戈"的群众响应。周的先祖，据传说出自后稷。这个传说的正确与否可以不管它，但到夏以后，父系中心社会出现，其世系可以较有根据。周的祖先之一"不窋"，传说他在太康时，因夏衰，弃农不务，故"失其官，而自窜于戎狄之间"。古代异族之间，壁垒森严，决不会有"侨民"出现，至少不可能有自由的"内地杂居"。当时正是"四夷背叛"，你征我伐的时候，更不会有个人式的"难民"。因此，他倒是被"戎狄"在战争中俘虏过去，当了奴隶较为合理。"自窜"之说，一定是他的后人建立王朝之后，为"遮羞"而捏造的。至公刘出，"虽在戎狄之间，复修后稷之业"，"百姓怀之，多徙而保归焉。"大概他在奴隶中具有特殊的农耕技能，或者已成为"奴隶总管"，具有相当号召力，所以一般奴隶特别信仰他。数传到古公，遂"率其私属"，"邑于岐山之阳"，"豳人举国扶老携幼从之"，随即建立了一个叫"周"的国家 ①。我认为这是当时得到成功的一次奴隶叛乱。既"在戎狄"，而能"率其私属"（我们要注意这个"私"字）远徙，不经过战斗，怕没有那样容易，何况戎狄曾索皮币、犬马、土地的传说，已给了我们一点近似战斗的影子。当然，从公刘而至古公，一个传统的"革命世家"是不可能存在的，这里面的史实或者又经过周的后人的改窜附会。不久，文、武王继立，革命成功，可是一部分奴隶领袖竟抛弃了先前存亡与共的战友，而以新的统治者剥削者的姿态爬上了历史舞台。

以上所述，是我一些零碎的或者近乎荒诞的发现。由于手边资料的缺乏，没法作深入的研究，既无法反证其谬误，亦无法提出更多的史料来确定它。如果说有些结论是对的，即也应该归于"愚者千虑，必有一得"之林的。我敬仰先生，切盼能得到较详的指示。

谨祝

健愉！

后学　王尔宜上

十一月廿日

（上海《新文化半月刊》1946 年 12 月 21 日出版）

---

① 《史记》卷四《周本纪》："古公亶父……乃与私属遂去豳，度漆沮，逾梁山，止于岐下。豳人举国扶老携弱，尽复归古公于岐下。……古公乃贬戎狄之俗，而营筑城郭室屋，而邑别居之。"《诗》卷二十之二《鲁颂·閟宫》："后稷之孙，实维太王，居岐之阳，实始翦商。"

# 论史前羌族与塔里木盆地诸种族的关系

## 一　考古学发现中所见之羌族与塔里木盆地诸种族的史前文化

塔里木盆地诸种族直至汉初，始以西域诸国之名见于中国史乘。然而以吾人考察，早在史前时代，这个盆地的诸种族已通过羌族的关系，与中原诸夏发生接触。

据考古学的报告，史前时代的诸羌之族，大半分布于甘肃西南及青海沿岸一带。安特生《甘肃考古记》云：

> 吾人采掘古物之地，大都致力于以下三大肥沃之河谷中，即贵德盆地之黄河河谷，西宁河谷及洮河河谷是也。考远古殖民，多喜就此佳丽之河谷，尤以仰韶时代及辛店时代为甚。盖彼时谷中林木畅茂，禽兽繁多，而牧畜种植等事，亦可得极良好之机会故也。[①]

同书又云：

> 当吾人作此盐湖（即青海）之旅行，发现远古之陶片多

---

① 安特生（J.G.Andersson）：《甘肃考古记》，乐森玙译，载《地质专报》甲种第5号，农商部地质调查所，1925年6月，北京印本，第5页。

处。其具有村落遗址之特征者，共有两处。其在湖之东端者，尤堪注意。湖之南岸，颇有多处，适于地形上之观察。余曾见旧时之湖岸，高出近代湖面约三尺；湖之东端，此旧岸高出今水面六公尺，此外更无其他湖面扩张之迹。此等旧时湖岸构成一种极低平而明显之山脊，山脊之顶则文化层在焉。①

此外，据安特生报告，在"宁定县属洮河河谷之两侧，见仰韶期之葬地，位于侵蚀平原所成之山顶。此等葬地，多见于八羊沟深谷之北，面向洮河河谷。葬地全面，统名半山区，盖从半山名也。"② 同时"在洮河西岸，与导河县城隔岸相对者，见辛店期之葬地一处。"③ 安氏称之曰"四时定葬地之位置。"亦从今名也。吾人由此而知在史前时代，今日甘肃西南及青海沿岸一带，实为诸羌之族生养死葬之地。而且从其"村落遗址之广阔，文化层之深厚，凡此皆示其居住之悠久。设非务农为本，则殊难以自存。且陶器上之绳纹及格纹，则示当日有纺织植物之培养。村落遗址豕骨之多，则示当日畜豕之繁。此等设施，非农业之社会，当不克维持者也。"④

与甘肃西南之羌族平行发展，史前塔里木盆地诸种族也进到了新石器文化的历史阶段。

塔里木盆地在今日已经变成充满了流沙的塔克拉马干大沙漠。据《斯坦因西域考古记》云：

---

① 安特生：《甘肃考古记》，第 5 页。

② 安特生：《甘肃考古记》，第 7 页。

③ 安特生：《甘肃考古记》，第 7 页。

④ 安特生：《甘肃考古记》，第 44 页。

在这片地方以内，自东到西，径长一千五百哩，自南到北，也在五百哩以上。而生物可以居住的，只严格的限于几线沙漠田，这些沙漠田除去些许地方以外，比较又都是很小的地方，此外就是一望无垠的沙漠了。这些沙漠无论散布在高峻的山脉之上，或是位于山麓，挟带冰川，穷荒不毛，以及流沙推动的平原上，几乎是任到何处，滴水全无。①

但是在太古时代，这里因为承受天山、昆仑山及帕米尔高原三面的冰河之灌注，今日之大沙漠，在当时却是一个大内海。这个内海到新石器时代，随着冰河之退去，水源的减少而逐渐涸竭，但尚没有完全变成沙漠。所以在旧石器时代末期，蒙古高原系人种之一分支，便踰过天山东麓，西徙于这个盆地，而他们便成为这个盆地之最初的人种。在整个新石器时代，他们都在这里发育滋长。他们在这里留下了不少新石器文化的遗物，近来已为考古学家所发现。

据《斯坦因西域考古记》云：

在（古楼兰）风扫光了的地上屡屡拾得石器时代的石箭镞，刀片，其他小件器具，以及很粗的陶器碎片。至于荒凉的地域我们还很少的进到里面去。更向前进，每隔不远，又见着同样的东西。就我们的路线而言，我们极力地保持取直线前进，实际上不许向左右寻找，而这种发见屡见不已，可以证明这些地带在史前时代末叶，必然已为人类占有。②

---

① 斯坦因（Sir Aurel Stein）：《斯坦因西域考古记》，向达译，中华书局，1936年，上海版，第2页。

② 《斯坦因西域考古记》，第95页。

同书又云：

> 这里（在干涸了的库鲁克河）[①]所得正确的古物证据，对于遗址毗邻地方地文年代的断定，有特别的价值。有史时代及其以前不久，罗布泊区域的水文和古代占领的情形，由此可以呈现光明。属于后述一期者，在风蚀了的地面上，得到很多新石器时代的箭镞玉斧一类的石器。[②]

同书又云：

> 在我们到楼兰去的两大站途中，再经过一些连续不断的古河床，两岸夹有成行倒去了的死野白杨树。河床的方向很明白指出那是属于古库鲁克河所成的三角洲地方。风蚀的地面上，有些处所发见石器时代的遗物。[③]

根据以上考古学的发见，吾人又知史前塔里木盆地，也是一个新石器文化繁荣之区。在史前时代，这里的人类，与甘肃西南的羌族，东西辉映，放出历史的光辉。

## 二 考古学发现中所见史前羌族文化之西渐及其与塔里木盆地诸种族的史前文化之关系

现在我们进而考察甘肃史前文化的创造者与塔里木盆地史前文化创造者是否曾经发生接触。换言之，即羌族与西域诸族是

---

[①] 库鲁克河，一称干河的南支，在干涸了的罗布泊中，以前河水是流向楼兰废址的。
[②] 《斯坦因西域考古记》，第106页。
[③] 《斯坦因西域考古记》，第106页。

否在史前时代即有着血统与文化的交流呢？关于这一问题，今日既存之考古学的发现，尚不足资以为充分之说明。惟沙井期的文化遗址之发现，至低限度，可以使吾人想象此两大文化种族在史前时代，颇有接触之可能。

安特生《甘肃考古记》云：

> 镇番县者，实一巨大繁盛之沙漠城也。有一河自南山之麓，经凉州之东北，流入沙漠。镇番西部之沙漠中，吾人所见之远古遗址，为数甚夥。据余个人研究所得，盖为远古文化之最晚者，因名之曰沙井期。沙井者，为镇番西三十里之小村。吾人所见之村落遗址三处，葬地遗址二处，其地皆为沙丘湮没。但此等沙丘，当发生于古址之后，自无可疑。①

同书又云：

> 吾人于镇番县之附近，寻获古址多处，为沙丘所没。古址之中，葬地住处均有发现，后者（住处）四侧，围以土壁，盖地势平坦之中自当藉此以为屏障也。②

按如前所述，安特生所发现之甘肃史前文化的遗址，皆在甘肃西南，惟沙井期文化遗址，则发见于甘肃西北镇番西三十里之地。同时，沙井期文化又为甘肃史前文化中最晚期的文化。③ 此种晚期的文化，发现于甘肃的西北，这就证实了在新石器时代中

---

① 安特生：《甘肃考古记》，第8页。

② 安特生：《甘肃考古记》，第15页。

③ 安特生：《甘肃考古记》，第16页云："在沙井葬地遗址及村落遗址之中，吾人采获铜器之小件无数，内有带翼之铜镞，乃精工之作。职是之故，著者因视与沙井相同之文化，当为甘肃各期之最晚者。"

期以后，羌族——甘肃史前文化的创造者之一支，已沿南山北麓之小河，徙向凉州一带、凉州西北一带，今日已成为一片荒凉的沙碛之地。惟据安特生根据地层构造考察，此间的沙丘系发生于古址之后，即发生于晚期新石器时代以后。当史前羌族游牧于此之时，此间固为一水草肥美之草原，最足以引诱原始牧人之勾留也。惟直至今日，吾人于凉州与甘肃西南史前遗址之间，尚未发现史前人类之遗迹，因而沙井期似为一孤立之古址。但是考古学的发现，指示吾人，沙井期的文化，显然与甘肃西南的史前文化有其传统的承袭关系，因而沙井文化的创造者之来自甘肃西南，实无可疑。

羌族在史前时代已西徙于今日之凉州一带，此为已经确证之事。惟羌族在史前时代是否曾由凉州继续西徙，以达于塔里木盆地，直至今日，吾人于沙井遗址与塔里木盆地史前诸遗址之间，尚未发现史前文化遗址，因而无从确切证实。惟据安特生考察，沙井所出彩画陶器与苏萨所出者颇有类似之处。《甘肃考古记》云：

> 多数之沙井陶器，上绘清晰之红色条纹，最特别者，为绘鸟形之横行花纹，使吾人忆及苏萨之图案。[1]

同书又云：

> （沙井）陶器则质较粗，其形颇杂，如附图第十一版第三图及第六图所示，器之大半均无彩纹，否则器之一部，另加红色之衣，于附图第十一版第三第五两图可以得见其详。更有少数陶器，上绘精致彩纹，其主要者为直立之三角形，

---

[1]　安特生：《甘肃考古记》，第19页。

及有鸟形之横带纹（第十版第一图及第二图）。此等彩色陶器，显与苏萨陶器之鸟形花纹者极为相似，因使吾人视二者之文化互有关连。但沙井期之文化，似又较苏萨者为晚。[1]

按沙井村在甘肃凉州，而苏萨则在波斯，沙井的史前文化果受苏萨文化之影响，则势必通过塔里木盆地诸种族之仲介。因此之故，若非塔里木盆地诸种族东徙于甘肃西北，则必系羌之族由甘肃西北西徙于塔里木盆地，否则沙井文化与苏萨文化决不能发生接触。余因此而疑在史前时代，诸羌之族已由凉州再向西徙，进入塔里木盆地之内矣。而沙井村者，则为史前西徙羌族在其西徙途程中寄顿之所，亦即史前甘肃西南与史前塔里木盆地两大文化区域之间的一个文化的驿站。

诚然，当人类社会达到一定历史阶段的时候，即达到相当定住生活的时代，任何地域的人类，都不必藉其他种族的文化之影响，而能自发地发明陶器，并且依据其原始艺术程度之发展，而能在陶器上施以彩色绘画或雕刻。此种彩色绘画或雕刻也可能偶然地相同。故沙井期文化与苏萨文化中的陶器彩绘之相同，不能认为是这两大文化相互接触之绝对的证据。惟据《斯坦因第三次中亚考古略记》有云：

> 其（塔里木盆地）南沙漠中，……风霜吹刮之处时可发现史前时代之石器以及彩色陶器甚多。与里海附近米索不达米亚、俾路芝及中国西陲发见铜器时代遗物之形式（即辛店、寺洼、沙井三期文化）颇相类似。[2]

---

[1] 安特生：《甘肃考古记》，第 16 页。

[2] 《斯坦因西域考古记》附《斯坦因第三次中亚考古略记》，第 247 页。

据此，则史前塔里木盆地的文化，已接受中亚及甘肃的史前文化之影响，而表现为一种复合的型式。塔里木盆地的史前文化，余未及见，但果如斯坦因所云，则塔里木盆地一带，在史前时代，已为东西文化交流之处，而此间之有羌族的徙人则又为必然之事也。

## 三　传说中所见史前羌族之西徙的神话与塔里木盆地诸种族的关系

关于史前羌族的西徙，中国有着不少的传说，其中最有兴趣者，为西王母的故事。这个传说实际上就是暗示史前诸羌族与塔里木盆地诸种族的关系。

传说中把西王母的像貌，描写得像一个半人半兽的司芬克司（Sphinx）。《山海经·西山经》云："西王母，其状如人，豹尾、虎齿，而善啸，蓬发戴胜，是司天之厉及五残。"故汉世相承，皆以西王母为女仙人。其实所谓'豹尾、虎齿'者，乃原始种族所习用之一种假面具。此种假面具在后来的西域诸种族中尚习用之。据《隋书·音乐志》（下）云："始齐武平中，有鱼龙烂漫、俳优、朱儒、山车、巨象、拔井、种瓜、杀马、剥驴等，奇怪异端，百有余物，名为百戏。"其中鱼龙、巨象、杀马、剥驴，皆假面具戏也，而此种假面具戏，则来自西域。至于'蓬发'，亦为西方诸种族之一种习俗，所谓西戎之人披发左衽者，此之谓也。所谓'戴胜'者，郭璞注云：'胜，玉胜也。'即石环之类，盖一般原始种族用以为颈饰者也。总上所述，则所谓半人半兽之西王母，乃一种披发，带假面具而以石环为颈饰之原始种族也。

传说中对于西王母之邦的所在，不一其词。如云：

> 玉山，是西王母之所居也。（《山海经·西山经》）
>
> 低徊阴山，翔以纡曲兮，吾乃今日睹西王母。（司马相如《大人赋》）
>
> 西王母石室'在金城郡'临羌西北至塞外。（《汉书·地理志》（下））
>
> 酒泉南山有石室西王母堂。（《《十六国春秋》）
>
> 西王母在流沙之濒。（《淮南子·地形训》）
>
> 西王母居昆仑之山。（《河图玉版》）
>
> 西海之南，流沙之滨，赤水之后，黑水之前，有大山，名曰昆仑之丘，……有人戴胜，虎齿有豹尾，穴处，名曰西王母。（《山海经·大荒西经》）
>
> 安息长老传闻条支有弱水、西王母。（见《史记·大宛列传》《汉书·西域传》）
>
> 其国（大秦国）西有弱水、流沙，近西王母。（见《后汉书·西域传》《魏书·西域传》及《魏略·西戎传》）

如传说所述，所谓西王母之邦，其范围似在甘肃以西，西至中亚一带，而这一带正是两汉时代所谓西域之范围也。惟依据《穆天子传》卷4所云："自群玉之山以西，至于西王母之邦三千里。"按群玉之山，即今日甘肃西部之南山山脉，由此以西三千里，正是塔里木盆地。故知最初所谓西王母之邦，实即指塔里木盆地而言。到两汉时代随着西域的范围之扩大，故又将西王母之邦推而远之，至于条支。

因此，所谓西王母者，并非如汉人之所设想为一不死之女仙人，亦非如近人之所附会为周穆王之女，[①]为图伯特语"浓波"[②]或乌孙语"昆莫"[③]之对音，乃至为波斯古传中之襄西陀王[④]或《旧约》中之阿剌伯的示波女王，[⑤]而诚如王应麟所云："西王母者，不过女真、乡姐、八百媳妇之类，"盖指史前塔里木盆地诸种族而言也。传说中又谓自黄帝以至尧、舜、禹，皆与西王母有往还聘献之事，如云：

> 黄帝时，西王母使使乘白鹿来献白环之休符，以有金也。一云舜时西王母遣使献玉杯。（《瑞应图》）
>
> 尧身涉流沙地，封独山，西见王母。（《贾子·修政篇》）
>
> 舜时西王母来献白环及玉玦。（《世本》）
>
> 舜摄行天子政，巡狩。……西王母使使乘白鹿驾羽车建紫旗来献白环之玦，益地之图。（《金楼子》卷二《兴王篇》）
>
> 舜以天德嗣尧，西王母来献白玉琯。（见《尚书大传》，此外《大戴礼·少闲篇》《汉书·律历志》《风俗通·声音

---

① 《穆天子传》载西王母为《穆天子吟》,其词有曰:"我惟帝女"。学者因附会此语,谓西王母为周穆王之女。其实,此所谓帝者,乃指上帝而言。

② "浓波"或系"赞普"之误。'赞普'者,图伯特人所谓王也。

③ "昆莫"者,乌孙人称其君之尊称,犹言王也。法人拉克伯里（Te rian De L. Leupere）以为中国古读王音近昆,因疑西王母者,即乌孙之君。

④ 台爱尔（T.Teijel）英译《穆天子传》,据波斯诗人富尔达伊（Firdousse）引《波斯古传》襄西陀王（Jamshid）与马贞王（Mechin）马亨（Mahang or Mahenk）通婚,因以马贞为大秦,即支那,马享为周穆王;而襄西陀为西王母。盖以马贞王与襄西陀王之结婚,附会为穆王与西王母之事也。

⑤ 伏尔克（A.Forke）因见《旧约》中有阿剌伯示波女王（Konigin uon Sabo）访问琐罗门（Solomon）王于耶路撒冷之事,又以示波与西王母音相协,故以示波女王为西王母。

篇》《晋书·律历志》《宋书》乐志、符瑞志皆有尧时，西王母来献白玉琯之记载）

"禹、益见西王母。"（《论衡·无形篇》）

"禹学于西王国。"（见《荀子·大略篇》《新序·杂事》及《韩诗外传》）①

'羿请不死之药于西王母。'（《淮南子·览冥训》）

以上诸神话人物所特征之历史时代，正是中国新石器时代的中期以至晚期。这些人物皆与西王母有往还，即无异暗示在新石器时代中期以后，属于夏族系统的诸羌之族，已与塔里木盆地诸种族有了血统的文化关系。同时，从西王母之贡物看来，又皆系白环玉玦；从西王母之饰物看来，又为玉胜；而且其所居之处，又称瑶池；则西王母之邦，必为产玉之地，若以今日地理按之，当在于阗一带。准此而谕，则在史前时代，诸羌之族其西徙之支裔，或已达到今日于阗一带？

除西王母的传说以外，还有许多传说，都暗示史前中国与塔里木盆地诸种族的关系。如《穆天子传》卷二云：

天子升于昆仑之丘，以观黄帝之官。

《淮南子·天文训》谓"共工与颛顼争为帝，怒而触不周之山。"王逸、高诱两氏皆谓："不周山在昆仑西北。"

《山海经·海外南经》谓："羿与凿齿战于华寿之野，……在昆仑虚东。"

《山海经·海外西经》谓："大乐之野，夏后启于此舞九

---

① 王先谦:《荀子集解》卷十九《大略篇》《集解》曰:"西王国，未详所说。或曰:大禹生于西羌。西王国，西羌之贤人也。"

伐。"此云大乐之野，余以为即'沃民之野'。《山海经·大荒西经》云：'沃民之野……鸾鸟自歌，凤鸟自舞，爰有百兽，相群是处，是谓沃民之野。"而此所谓"沃民"，《淮南子》作"乐民"。该书《地形训》云："乐民拿闾在昆仑弱水之洲。"故"沃民"即"乐民，"亦即"大乐，"而其地则在昆仑之虚。

综合以上诸传说以与考古学的发现相印证，则史前羌族之西徙塔里木盆地，实有蛛丝马迹可寻。

# 四 结语——禺氏、禺知、虞氏与月氏

《管子》书中，盛称禺氏为产玉之地。如云：

> 玉起于禺氏。(《国畜篇》)
>
> 北用禺氏之玉。(《揆度篇》)
>
> 玉起于禺氏之边山，此度去周七千八百里。(同上)
>
> 禺氏不朝，请以白璧为币乎？昆仑之虚不朝，请以璆琳琅玕为币乎？……怀而不见于抱，挟而不见于披，而辟千金者，白璧也，然后八千里之禺氏，可得而朝也。簪珥而辟千金者，璆琳琅玕也，然后八千里之昆仑之虚可得而朝也。(《轻重甲篇》)
>
> 金出于汝汉之右衢，珠出于赤野之末光，玉出于禺氏之旁山，此皆距周七千八百余里。(《轻重乙篇》)

如上所述，禺氏既为产玉之地，又去周七千八百里，而且与昆仑之虚并提，则其地必为今日于阗一带无疑。吾人由此又知在春秋时塔里木盆地诸种族为中国所知者有禺氏。

余以为禺氏即虞氏。虞氏在后来的文献中有各种变称，如《左传》中之"虞"，《穆天子传》卷一中之"禺知"，《史记·大宛列传》之'月氏'，皆虞氏二字一音之转也。盖古代有音无字，后人以字记音，此种纷歧讹误，正不可免。犹之后来译音，不能尽同，同一理由。如吐火罗之为睹货萝，印度之为身毒也。

考虞氏，史称有虞氏，为夏族中之一原始氏族，原住在鄂尔多斯一带。以后一支东徙中原，一支西徙甘肃，但仍有一部分残留于原处，故《逸周书·王会解》《伊尹献令》列月氏于正北。《穆天子传》卷一所谓"禺知之平"，据王国维考证，亦在雁门之西北，与《伊尹献令》合。惟虞氏之另一分支，在史前时代即已西徙塔里木盆地。《管子·小匡篇》云："西服流沙西虞"，此西虞者，实即指西徙流沙之虞氏。此西徙之虞氏，到春秋时，遂以禺氏之名闻于中国。到汉代，更以月氏之名而出现于西域。吾人由此又知所谓月氏者，实即虞氏一音之转，其族类之开始西徙，固早在史前时代。至于汉初大月氏之西徙，[①] 则不过追踪其祖先之足迹而已。惟此次羌族之西徙，已由塔里木盆地西逾帕米尔高原，远至于中亚。自是以后，诸羌之族，遂布满帕米尔高原

---

① 《汉书·西域传》(上)云："大月氏，本行国也。随畜移徙，与匈奴同俗，……本居敦煌、祁连间，至冒顿单于攻破月氏，而老上单于杀月氏，以其头为饮器，月氏乃远去，过大宛，西击大夏而臣之，都妫水北为王庭。其余小众不能去者，保南山羌，号小月氏。"按月氏之由敦煌一带西徙伊犁，大约在文帝前元八年至后元三年之间（西纪前 172 年至 161 年间），其由伊犁一带再徙妫水流域，则大约在武帝建元二年至元光六年之间（西纪前 139 年至 129 年间）。

西南山谷之间 ① 以及印度之西北。②

吾人由此而愈益相信，发现于凉州西北之沙井文化遗址，实为羌族西徙塔里木盆地途程中的寄顿之所。假若我们再作广泛搜求，则在凉州与古楼兰之间，必能再发现类似沙井期文化之遗址。盖南山北麓这一道天造地设的走廊，自古以来就是甘肃与塔里木盆地之通道，史前的古人，也自然是经由这一自然的走廊通达于塔里木盆地也。

人们或许怀疑，自甘肃西至塔里木盆地，虽在今日，亦为畏途。因为中间需要经过罗布沙漠，这个沙漠，会使通过他的人感到有无法克服的困难。③ 史前人类何能克服此种困难，但是我们一定要想到，在史前时代，这里还是一个波涛荡漾的罗布泊，而不是罗布沙漠。④ 至于南山北麓这一道横贯东西的走廊，

---

① 《汉书·西域传》（上）云："蒲犁及依耐，无雷国，皆西夜类也。西夜与胡异，其种类羌氏。"按此诸国皆在今日帕米尔高原西南山谷之间，所谓葱岭诸国者是也。

② 《汉书·西域传》（上）云：'昔匈奴破大月氏，大月氏西君大夏，而塞王南君罽宾。'按汉时罽宾即北印之迦腻弥罗，塞王，即希腊在大夏的统治者，因月氏人据大夏，于是希腊人被迫由濮达高附储地（今阿富汗境）迤逦而下，南入罽宾。但月氏人亦踵而蹑之，因而所谓"南君罽宾"之塞王，不久即见逐于月氏。羌族之裔，遂徙入印度与希腊人及北印之雅利安族混种而构成所谓 Inde——Soktyiano。

③ 《马可勃罗游记》第五十六章对于罗布沙漠，有如次的描写："这一片沙漠很长，据说由一头骑马行到那一头要一年以上。此处较狭，横越过去，也得要一个月。全是沙丘沙谷，找不到一点可吃的东西。但是骑行一日一夜以后，便可以得到淡水，足够五十到一百人连牲口之用，多了可不行。"《斯坦因西域考古记》第 116 页也有如次的描写："我们完成这一次的沙漠旅行，一共横渡十七大站地方。普通的算法，仍同马可勃罗时代一样，说是二十八段。……在这一次的旅行中，我们没有遇到一个行人，没有生命的岑寂容易使我体会到古代行旅者循着这条寂寞的碛道所生的迷信恐怖的感觉。"

④ 《斯坦因西域考古记》，第118页云："较古时代吸收南山山脉一大部分积雪的疏勒河，原来是注入大罗布泊的。所以罗布泊的灌域，竟从右方的帕米尔起横越亚洲腹都，以及于太平洋。"

并不如何的荒凉。据《斯坦因西域考古记》，第6页云："肃州河极西端的河谷一带，植物都异常丰富。"同页又云："肃州河同甘州河河源处空阔的河谷地方，虽是很高，有些处所，甚至达一万一千呎以上，但是仍有极优美的夏季牧草，真是一个很动人的经验。再向东南，雪同雨量愈增，南山极北山岭中，甘州河灌域所及的河谷里，因此能容许更能丰富的森林在那里生长。"由此，我们可以想象，史前时代的羌族，他们驱着畜群，沿南山北麓一带富于森林与植物的山岭与河谷缓缓西徙，忽然发现了一个梦想不到的大盆地，是如何地高兴啊！

塔里木盆地，三面高山，诚如《斯坦因西域考古记》第2页所云："从地图上看来，这一片地方很像是自然有意在地球上发生大文明的几处地域之间，造了这样一座障壁，隔断了他们在文化方面彼此的交流。"然而文化的浪涛，终于打通了这个障壁，反而使这个盆地，自有史以前下迄秦汉隋唐，都成为东西文化交流之处。而史前的羌族，则为东方文化西进的先锋。

（重庆《中苏文化》十五卷二期，1944年2月出版）

# 夏族的起源与史前之鄂尔多斯

## 一　鄂尔多斯是夏族起源之地

在中国旧石器时代中期，乃至晚期，今日鄂尔多斯之西南及陕甘之北部一带，曾经是中国蒙昧时代的文化摇篮之地。考古学的发现，证明居住在这里的人群，曾经创造了相当于西欧奥瑞那初期乃至上溯至莫斯特期的旧石器时代文化。虽然在这里尚未发现旧石器时代晚期的文化，然而我以为这是考古学上的缺失，不能以此而遂谓鄂尔多斯系的文化之中绝也。

鄂尔多斯西南，在今日已为一片沙漠之地；但据德日进、桑志华二氏于鄂尔多斯地质之论文中所云，则位于黄土上之沙砾阶段，乃黄土发生以后重要侵蚀之结果。[①] 在旧石器时代，此间固为一沃野千里之草原也。又据传说所示，直至有史以后的时代，鄂尔多斯尚有一大湖之存在。此大湖，《穆天子传》卷一和卷四称之为漆泽、渗泽、或澡泽。《山海经》卷十二《海内北经》称之为"从极之渊。……一曰中极之渊。"《淮南子·地形训》称之为海泽。《水经注》卷三称之为沙陵湖。《水道提纲》卷五称

---

①　安特生（J.G.Andersson）:《甘肃考古记》，乐森璕译，转述。载《地质专报》甲种第5号农商部地质调查所，1925年6月，北京印本，第28页。

之为黛山湖。《嘉庆重修一统志》卷五四三称之为青山湖。以上各书所指，不论其为同指一湖之名，抑或各有所指，要之，鄂尔多斯在古代之有湖沼存在，想系事实。依据今日之地理形势看来，鄂尔多斯北有阴山，西有贺兰山，形成一天然之障壁。在冰河时代，此等山脉所排泄之水量，必非黄河所能容受，因之汇而为湖，潴而为泽，实有可能。今日残留于沙漠中之若干小沼，尚能指示古代湖泽之遗址，而令吾人得以想象当时鄂尔多斯草原之地面上的光景。

鄂尔多斯在旧石器时代既有湖沼布其原野，复有黄河绕其周围，更有阴山屏其西北，山环水抱，沃野千里，其为鱼蛤之所繁殖，禽兽之所孳息，而为太古时代人类之乐园，盖可想而知。据安特生《甘肃考古记》中所云："（在鄂尔多斯）与石器同得之物，为哺乳类及鸟类之化石。前者如犀、象、马、骆驼、野牛、水鹿、羚羊、鬣狗及獾之属；后者则仅有驼鸟一种。"[1] 据同书所云：此等古生物化石之一部，"似自黄土下层理分明之岩石中所得，其一部则来自黄土层之本身。"[2] 类皆洪积层之亡种，而为当时人类资以生存之食料也。

鄂尔多斯在旧石器时代之有人类，已为考古学的发现所证实。惟此间的旧石器时代人类与甘肃及山西、河南之新石器时代的人类，有无直接的血统关系，则至今尚无人论及。大多数学者如安特生、加尔格林（karlgren）、阿恩（T. J. Arne）等皆惑于中国人种西来之偏见，竟谓甘肃、山西、河南之新石器时代人种与鄂尔多斯毫无关系，而系来自中亚。其理由则以鄂尔多斯所发

---

[1] 安特生：《甘肃考古记》，第27页。

[2] 同上。

现之旧石器时代文化遗物，属于旧石器时代中期之末，与甘肃、山西、河南之新石器时代文化，尚缺少中间之一环。同时，又以甘肃、山西、河南出土之彩陶与安诺及苏萨的彩陶颇有类似之点。因此，阿恩遂作出如次之结论："要之，安特生博士所发现，不啻消除东西文化之独立而确定李希霍芬氏（richthofen）中国民族西来之旧说也。"[1] 果如阿恩之说，则唯有设想生存于鄂尔多斯之旧石器时代的人种，到这一时代之末，完全陷于死灭，方能圆满其主张。否则此种人种必有其后裔，而其后裔又必分布于鄂尔多斯之周围。因而甘肃、陕西、山西、河南一带之新石器时代的人种之来源，吾人应求之于鄂尔多斯而不应求之于遥远之中亚也。

甘肃史前的文化是属于夏族的文化，这是安特生所承认的。安氏在其《甘肃考古记》中说："吾人若信阿恩博士所定仰韶期中部之年代，开始于纪元前三千年，则甘肃考古所得各期，当起于纪元前三千五百年，而终于纪元前千七百年也。"[2] 又云："设甘肃文化期之末叶，当在纪元前千七百年。此种假定，使吾人察及中国半神话之上古史，适与此际相值，盖夏朝勃兴时也。"[3] 同时，关于河南史前文化，阿恩推定"殆甚近于纪元前三千年"。[4] 此外山西的史前文化又与河南出土者属于同一时代，故甘肃、河南、山西之新石器时代的文化遗物，皆为夏族之所遗，此则似无可疑者也。现在的问题，乃在夏族的文化与鄂尔多斯的旧石器文

---

[1] 阿尔纳（T. J. Arne，又译作阿恩）：《河南石器时代之着色陶器》，乐森珝译，载《古生物志》丁种第1号第2册，农商部地质调查所，1925年，北京印本，第26页。

[2] 安特生：《甘肃考古记》，第23页。

[3] 安特生：《甘肃考古记》，第24页。

[4] 阿尔纳：《河南石器时代之着色陶器》，第25页。

化有无承袭的关系,从而推定夏族的人种,是否为鄂尔多斯旧石器时代人种之后裔。

根据若干考古学及传说的资料,吾人以为不仅夏族的文化出发于鄂尔多斯,即其人种,亦来自鄂尔多斯也。

第一,鄂尔多斯旧石器时代人种并未绝灭。论者多以鄂尔多斯至今尚未发现旧石器时代晚期的遗物,遂怀疑这种人种的继续生存。实际上在这里到新石器时代,还有人类继续生存。安特生《甘肃考古记》有云:"同在鄂尔多斯为德日进、桑志华二氏发现旧石器时代器物之处,亦得研磨之石斧及单色之陶器等,距地面并不甚远。据二氏所述,此等器物,亦似属仰韶期。"[1] 这种发现,证明了直至新石器时代之初,鄂尔多斯的自然环境,尚能保证人类之生存,因而在旧石器时代之末,决不致有人种完全绝灭之事。而且由于这种新石器时代的遗物,发现于旧石器时代的遗址之中,又证明这种新石器时代的遗物之创造者,与旧石器时代的文化遗物之创造者,其居住地址尚无若干变动。如果吾人不设想此种新石器时代的人类,系于鄂尔多斯人种绝灭之后来自遥远之中亚,则推定其为鄂尔多斯旧石器时代的人种之遗裔,并无丝毫牵强之处也。

第二,中国新石器时代的人种并非西来。直至现在,吾人于鄂尔多斯虽尚未发现人类头骨,因而无从资以与甘肃及河南等处的新石器时代人类肉体型作比较的观察,从而考察其有无血统的关系。但是甘肃及河南等处的新石器时代人类遗骨,则大有发现。依据步达生研究的结果,他以为"这骨骸所代表的历史以前的甘肃居民大多数是原形支那派的,不是加尔格伦教授拟议的土

---

[1] 安特生:《甘肃考古记》,第34页。

耳其种。"① 同时又说："仰韶、沙锅屯居民之体质与历史前甘肃居民之体质亦相似，因为三组人之体质均似现代华北人，即所谓亚洲嫡派人种也。"② 步氏所谓亚洲嫡派人种，系意指蒙古种，以此而别于其他黄色之亚洲人也。鄂尔多斯的旧石器时代人种之属于蒙古种，盖无可疑。果如步氏之说，则夏族之出于鄂尔多斯人种，实有人类学上之根据。同时，证之传说，亦复相合。《史记》匈奴列传云："匈奴，其先祖夏后氏之苗裔也，曰淳维。"匈奴为蒙古人种之嫡派，已无可争议，而与夏后氏有血统关系，则夏族之为蒙古人种又得一旁证。

第三，甘肃、河南的新石器文化遗物富有东方式的特征。甘肃、河南新石器时代的遗物与史前中亚文化固有相同之点，如彩陶；但亦有中国式的特征，如陶鬲、陶鼎、石镰、豕骨等。吾人似不应强调其相同之点，无视其相异之点，而资以附会中国人种之西来。诚然，陶鬲陶鼎在西方史前文化遗物中亦曾有之，吾人亦可谓其来自西方，惟若谓其来自西方，则甘肃之所出，应早于河南。但据安氏自己所云："河南仰韶遗址中，如不召寨及其未产彩色陶器之遗址，鬲属之器物，极为普遍。而河南陶鬲最完整之品，均自此等遗址得之，但似较仰韶村之遗址为古。"③ 反之，"甘肃之情形与河南异，于齐家、仰韶、马厂三早期中，鬲之踪迹究无所见。同时鼎器亦极稀少，或竟不遇。……惟至甘肃远古文化之第四期，鬲之发见，则渐丰富，而第五第六二期，则特式之鬲，极为寻常矣。……是则鬲器自山西、河南交界处

① 步达生（Davidson Black）：《甘肃史前人种说略》，李济译，载《地质专报》甲种第5号，农商部地质调查所1925年6月，北京印本，第50页。

② 步达生（Davidson Black）：《甘肃史前人种说略》，第49页。

③ 安特生：《甘肃考古记》，第41—42页。

之发源地，向西北缓缓传播，而流入甘肃中部，盖实可信之事也。"[1] 此外如半月式及长方式石镰之属，人民有养豕之事，有特殊埋葬之习惯，安氏亦承认为中国史前之嫡派文化。据加尔格林所云："甘肃长方式石镰之存在，家豕之畜养及葬埋之习惯等事，此种文化上之迁移，实由河南而至甘肃，与安博士之所述者恰相反也。"[2] 即以上所指各点而论，甘肃、河南之新石器文化亦非全部由西方而来。

第四，彩陶不能认为甘肃、河南史前人种外来的绝对证据。论者往往以彩陶之分布系由中亚、新疆、甘肃、河南、山西、山东以达于辽东半岛，而中亚之彩陶又最古远，于是由此而推论彩陶之创造者，亦系同一人种。此种人种，出发于中亚，由西而东以达于中国。以时代计算，此种人种之来到中国西北乃至中原，正当中国传说中夏代勃兴之时，因而认定夏族的人种乃来自中亚。吾人以为陶器之发明，乃人类定住生活之表征，任何人种，只要达到定住生活的阶段，皆能发明陶器。至以由单色陶器发展到彩色陶器，更为一定之历史的步骤。因之，吾人对于彩陶文化创造者之间，谓其有某种文化的影响则可，谓其有人种关系则未免过于牵强。且当人类发明彩陶器之时，已达到相对定住的阶段。同时，其流浪性即不甚大。如谓在彩陶发明以后，尚有人类带着彩陶文化万里流浪，由中亚以入于中国之腹部，则势有所不能。如谓此种人种在旧石器时代之末，即开始向中国移徙，则彩陶又尚未发明。因之二说者皆未能通。而且据阿恩的意见，中国仰韶期的文化相当于苏萨、安诺第一纪第二纪的文化。[3] 如此，

---

[1] 安特生：《甘肃考古记》，第 42 页。

[2] 安特生：《甘肃考古记》，第 38 页。

[3] 安特生：《甘肃考古记》，第 22 页。

则中国与中亚的彩陶文化之开始几乎同时。若谓仰韶期的彩陶系由苏萨或安诺缓缓传播而来，则其间并无足够之时间，使彩陶文化之传播者从中亚走到中国之黄河流域。最近考古学的发现，证明了彩陶并非中亚的特产，在中国广东的海丰，在香港的舶辽洲均发现了彩陶，虽与甘肃、河南所产者稍异，其为彩陶则一也。由此而知中国的彩陶，不一定是由中亚传播而来，只能谓其有着某种相互之影响，至于因此而谓中国人种亦与中亚之彩陶创造者有关则更为牵强附会矣。

根据以上各点，吾人以为传说中之夏族决非由中亚而来，在未有新的旧石器时代遗址发现以前，吾人以为鄂尔多斯实为夏族人种出发之地。关于这一点，从传说中，亦可找到许多旁证。《尚书》云："帝（舜）厘下土方，设居，方别生分类。"[①]《诗经·商颂》云："洪水芒芒，禹敷下土方。"这种传说，皆暗示舜、禹与土方有关系。按土方常见甲骨文，如《殷虚书契菁华》二叶有云："土方征（正）于我（沚方）东鄙"。同书六叶云："土方牧我（蚁方）田十人。"据郭沫若氏考证，土方为与殷同时的一种族之名，其地在殷之西北，"盖在今山西北部或包头附近也。"[②]禹在传说中为夏族的始祖，据近人考释"尧"、"姚"、"虞"，亦为夏之音转，因之，所谓唐、虞、夏并非朝代之名，而为同一夏族之别称。传说中舜、禹皆出于土方，即夏族来自鄂尔多斯之证。

《淮南子·修务训》云："禹之为水，以身解于阳纡之阿。"按阳纡山名，《穆天子传》有"至于阳纡之山，河伯无夷之所都居。"

---

① 《尚书·舜典》后附亡书序。见（清）阮元《十三经注疏》所收《尚书正义》卷三。

② 郭沫若：《卜辞通纂》，科学出版社，1983年，第440页。

《山海经》称之曰阳汙。该书《海内北经》云："阳汙之山，河出其中。"《水经注》称之曰阳山。该书卷三《河水注》云："河水自临河县东迳阳山南。"前者谓河出其中，后者谓河经其南。而《汉书音义》则谓"阳山在河北，阴山在河南。"则阳山与阴山系隔河而峙。又《嘉庆重修一统志》云："阳山，……蒙古名洪戈尔；阴山……蒙古名噶札尔山。"[①] 以今日之地名考证之，则此二山皆在鄂尔多斯之北，并为阴山之脉。因之禹祷阳纡所暗示之历史内容，即夏族原居鄂尔多斯西北阴山之南麓也。

## 二 东夏与西夏都出发于鄂尔多斯

夏族之离开鄂尔多斯而开始其新的迁徙，当在旧石器时代之末。根据地质学的考察，当冰河退去之际，鄂尔多斯的地层曾有一度变化，不但湖泽水源之减少而归于涸竭，而且在原来沃土之上，渐次覆以沙砾层。由此变化而引致之结果，即原始人类资以生活的鱼蛤与植物之减少。同时因冰河退去而引致气候条件之变化，又使过去生存于冰河期之古生物群，或退向北极，或陷于死灭。因此之故，此曾为人类乐园之地，现在已渐次不利于人类之生存。在自然条件改变的情形之下，于是居住于此之夏族，遂不得不舍弃其故乡，而寻找其新生活根据地。

夏族的迁徙并非向着一个方向，而是向着黄河的上游与下游同时移动，即一部分溯黄河而上，西徙甘肃，一部分沿黄河而下，东徙中原。同时夏族的迁徙，亦非尽族而行，除徙向甘肃及

---

① 《嘉庆重修一统志》卷五四二《乌喇特》。

中原者而外，尚有一部分夏族始终停留于其故乡。

其东徙中原者，后来称之为"东夏"，又称"华夏"，或称"时夏"。其西徙甘肃者，后来称之为"西夏"，又称"蛮夏"。其始终停留鄂尔多斯者，后来称之为"大夏"。东夏者所以别于西夏，华夏或时夏者所以别于蛮夏，而大夏者则又所以别于东夏与西夏，为夏族的美称，亦夏族的总称。吾人因此而知史前甘肃与中原的人种，都是鄂尔多斯系的人种之支蔓，故都有夏族之称。其有东西之别者，则因其所处的地域不同；其有华蛮之分者，则因其后来文化发展上已有差异。实际上，无论东夏与西夏或华夏与蛮夏，都是大夏的苗裔，亦即都是鄂尔多斯系的人种。

东夏之族，在山西、河南交界处的汾河河谷与黄河河谷，曾经有过长期的定住，甚至西展到陕西的渭河流域。所以山西西南，古有"夏虚"或"大夏"之称，河南伊洛一带，相传曾为"有夏之居"。而陕西酆、镐之间则曾为鲧封，又有禹绩。证之近年来考古学的发现，如在今日山西夏县的西阴村，万泉县的荆村，在河南渑池县的仰韶村及不召寨、河阴县的秦王寨及池沟寨等处均发见新石器时代的文化遗址。此等遗址的文化遗存，据安特生氏研究的结果，大概属于仰韶期的时代，而不召寨的高领薄肉之陶鬲，且属于齐家期之遗物。据此，则山西、河南交界处一带，在新石器时代初期，即已有史前人类生存活动之迹，而传说所示，并非毫无根据。

西夏之族在甘肃西南、青海东北一带的黄河河谷、洮河河谷、西宁河谷、青海沿岸一带曾有长期的定住。在新石器时代晚期，且有一部分族类，西徙于今日之镇番一带。所以陇西一带，古代亦有大夏之称。而洮水附近，且有大夏川。证之近来安特生氏在甘肃西南一带之丰富的新石器文化的发现，则以上传说，又非凭空臆造。安氏在宁定县的齐家坪、王家沟、瓦罐嘴、半山，在西宁县的朱家寨，在乐都县的马厂沿，在洮沙县的辛店，在临洮县的寺洼山、卡窑，在镇番县的沙井等处，均发现新石器时代的遗址。安氏把以上各文化遗址中所发现之史前遗物，依其发达的程度而划分为齐家、仰韶、马厂、辛店、寺洼、沙井六期。这六期文化，虽然其间也还有空白，但大致上已能再现中国新石器文化之发展的全过程。其所代表的时代，据安氏云："当起于纪元前三千五百年，而终于纪元前千七百年。"[1] 正相当于中国传说中之夏的时代。由此吾人又知甘肃西南一带，在整个新石器时代，均有史前人类的居住。依据时代的推断，此类史前人类之为夏族又实无可疑。

夏族之一部分直到新石器时代尚继续居住于鄂尔多斯，现在已由德日进、桑志华二氏于鄂尔多斯旧石器时代遗址中所发现的磨制石斧及陶片所证实。此种史前遗物当然为残留于故乡之夏族所创造，而此种新石器文化之创造者，或即殷代之土方、呂方等族的祖先。

总上所述，吾人由此可以想象，在纪元前三千年乃至三千五百年以前，以鄂尔多斯为出发点的夏族文明，已分布于山西、河南交界处一带与甘肃西南乃至西北一带。他们在黄河的上游与下游，东西辉映，展开了一种平行的发展。

其在甘肃西南一带者，则于贵德盆地中之黄河河谷、西宁河谷及洮河河谷等地，开始了定住的村落生活，组成了许多以畜牧种植为生的氏族。据安氏云："考远古殖民，多喜就此佳丽之河谷，……盖彼时河谷中林木畅茂，禽兽繁多，而畜牧种植等事，

---

[1]　安特生：《甘肃考古记》，第 23 页。

亦可得极良好之机会也。"[①]

同时在青海东北一带的海岸也组成许多以渔业为生的氏族，因为在史前青海的水量与今日无多差异，故亦为适宜于史前人类生存之地。

此外在镇番以西之今日的沙漠地带中，也布满了西夏之族，因为今日镇番以西的沙漠，乃发生于古址之后，在史前，镇番以西，固为一美丽的草原。

其东徙者，则在今日山西西南一带的汾河河谷开始定住，从西阴村的遗址看来，这里在史前亦为适宜于畜牧种植之地，因为除遗址的西南有高出地面三四尺的岩壁而外，皆为可耕之地。同时，在河南西北的黄河河谷，也组成了许多农业氏族，他们在倾斜极微的平原上，建立了村落。惟残留于故乡的一部分夏族，则其发展，似渐趋衰微，这大概是由于那里的自然环境之逐渐恶化的原因。

吾人由此而知史前的甘肃西南与山西、河南交界处一带，实为史前夏族文化两大根据之地，亦即中国文化两大出发之点。

论者或以为河南、山西的史前文化及甘肃的史前文化与鄂尔多斯无关，因而证明其不是渊源于鄂尔多斯，亦即不是属于夏族所有。但吾人根据现有的考古学资料及文献上的传说，尚可以追寻此两大文化巨流迁徙之迹，而其出发点，则皆在鄂尔多斯。

关于东夏之迁徙，近来已有考古学的发现。阿恩氏在其所著《河南石器时代之著色陶器》的序言上说："据安博士之报告，著色陶器亦出自山西保德州、陕西府谷县。"[②] 同时据卫聚贤氏

---

① 安特生：《甘肃考古记》，第5页。

② 阿尔纳（T.J.Arne 亦译作阿恩）：《河南石器时代之着色陶器》，乐森珥译，载《古生物志》丁种第1号第2册。1925年农商部地质调查所北京印本，第3页。

《中国考古小史》中报告山西万泉县荆村，亦发现新石器时代遗址多处。按保德州在山西西北，府谷县在陕西东北，此两地皆临黄河，而且隔河相望于黄河南曲之处。若当时的人类沿黄河而南下，则此两地，实为必经之处。又万泉县正当汾河与黄河汇流之处，若当时人类沿汾河而折入山西西南，又为必经之处。现在在这些地方，都发现了新石器时代的遗物，则不啻于鄂尔多斯旧石器文化与山西、河南新石器文化之间发现一相互关联的标志，而示吾人以山西、河南新石器文化之来自鄂尔多斯实为信而有征。在万泉县，尤其保德州与府谷县的遗存，毫无可疑，必为夏族东徙途程中之所遗，吾人于此，又知当夏族进入山西、河南之前，于山、陕分界之黄河两岸，曾经有一个长时期的勾留。

除考古学的发现以外，中国古代的传说，也暗示这种迁徙的内容。在传说中，禹出于土方，祷于阳纡，已为许多学者所论述，但传说中之禹的都城却在山西西南，《史记》正义云："（禹）都平阳，或在安邑，或在晋城。"[①]《国语》韦昭注云："禹都阳城，伊洛所近。"[②]是禹原住鄂尔多斯，以后迁于山西。余以为舜亦如此。《尚书·舜典》后附亡书序云："帝厘下土方。"是舜亦出于鄂尔多斯，但是传说中之舜的都城也在山西西南。《竹书笺注》云："舜都蒲坂。"[③]尧出于何处，虽未说明，但从其与舜、禹的关系看来，其所出之地，也当不能相去甚远，故亦当在土方，然而传说中之尧的都城也在山西西南。《竹书笺注》云："（尧）都平阳。"[④]是尧、舜也是由鄂尔多斯以迁于山西。《孟

---

① 泷川龟太郎：《史记会注考证》卷二《夏本纪》。

② 《国语》卷一《周语上》韦氏注，《士礼居丛书》本。

③ 《竹书统笺》卷二，第13页，光绪三年，浙江书局，《廿二子全书》本。

④ 《竹书统笺》卷二，第2页。

子》离娄篇上有一段话，尤能明示舜之迁徙。他说："舜生于诸冯，迁于负夏，卒于鸣条，东夷之人也。"余以为孟子之说，恰恰相反。盖这里所谓诸冯，乃河伯'冯夷'之'冯'，其所以冠以'诸'字者，亦犹夏之称诸夏，示其族类之多而已。这里所谓'负夏'乃'有夏'之讹。'诸冯'之族，在鄂尔多斯，而'有夏'之居，则在山西、河南交界之处，由鄂尔多斯以迁于山西、河南交界之处，是由西而东，故舜当为西夷之人，而非东夷之人。总之，在传说中之尧舜禹的时代，正是夏族东迁之时，他们由鄂尔多斯迁到山西西南，又由山西西南渡河而南奠居于河南西北。传说中禹凿龙门，辟伊阙，甸吕梁的故事，都是暗示夏族南渡的内容。

　　西夏迁徙之迹在鄂尔多斯与甘肃西南之间，虽尚无考古学的发现，但亦有此种传说。《穆天子传》云："爰有温谷乐都，河宗氏之所游居。"[①] 按同书谓河宗氏原住阳纡之山或燕然之山，而阳纡之山或燕然之山，实即今日之阴山，是河宗氏原居固在阴山附近。但是据考证，温谷或系今日西宁附近之热水泉，而乐都则今仍昔名，在湟水流域。此两地皆在今日之青海境内，而又皆为河宗氏之所游居。是河宗氏游居的范围，北自阴山而南达于青海。我以为这一传说，正暗示夏族西迁的历史内容。证之今日西宁有朱家寨的史前遗址发现，乐都有马厂沿的史前遗址发现，是为有力之印证。同时在晋时的陇西郡的大夏县，尚有禹的传说。《晋书地道记》云："（大夏）县有禹庙，禹所出也。"在汉代兰州附近，尚有大夏故城，及大夏河。凡此，皆足以证明在鄂尔多斯与甘肃西南之间，曾为夏族居住之地，从而又证明甘肃的史前

---

　　① 《汉魏丛书》收《穆天子传》卷一，第 4 页。

文化，实渊源于鄂尔多斯，而决非来自中亚。

论者又或以为史前的甘肃文化与河南、山西的文化之间，稍有差异，而遂谓此两种文化的创造者不是出自同一人种，彼等以为前者或为中国人种，而后者则为土耳其人种。吾人对于此种主张，未敢苟同。吾人以为河南、山西的史前文化与甘肃的史前文化之间，有着某种差异确系事实，其最显著者，如在山西、河南的遗址中，陶鬲的发现，极为普遍，而此类陶鬲之创造，亦较早于甘肃。反之，在甘肃出土的彩陶，又较山西、河南更为丰富，其花纹之繁复，色彩之匀调又远胜于河南。但是在晚期的甘肃文化中，亦有河南、山西式的陶鬲，而甘肃彩陶上之花纹如直线、曲线、弧形、S形、螺形、带纹、三角纹、格纹、布纹、绳印纹、圆及半圆等，在河南出土的彩陶上亦有之；所不同者，惟河南出土的彩陶，缺乏动物花彩而已。但此等动物花纹之出现是在属辛店期及其以后的彩陶，而此种晚期的彩陶，在河南、山西均尚未发现，因而不能肯定河南的晚期彩陶，无此花纹。由此而知甘肃史前文化与河南、山西的史前文化之差异，并非根本的差异而仅为时间前后上所发生之差异。若即根据此种差异而遂谓此两处文化各为一族，并从而推论其人种亦不同源，则理由殊欠充分。

在相反的方面，甘肃的史前文化与河南的史前文化，其相同之点亦复甚多。如河南出土物中的半月形及长方形的石镰之属，河南史前人民有豢豕之事，有葬埋的习惯，凡此，皆为河南史前文化之诸特征，亦即安特生氏所谓嫡派中国文化之诸特征，而此诸特征均同样存在于甘肃之史前文化中。

吾人以是而知史前甘肃与河南文化之间，其相同之点甚多，而相异之点甚少。此种相异之点，乃由于夏族东西分驰以后，因地理上的隔离而引致之结果。此种差异并不致使吾人对于此两地的文化发生各成一族的观感,从而发生各为一个人种所创造之推论。反之,吾人从此两地的文化之异同中,只能看出同一文化系统之两种变型,从而此两地的文化创造者,只是同一人种之分支。假如步达生氏对于中国新石器时代人种研究的结论不错,则甘肃与河南的史前人种皆系与现在华北人种相似之亚洲嫡派人种,亦即出发于鄂尔多斯的蒙古高原系的人种。所以吾人以为不仅东夏与西夏的新石器文化,同是从鄂尔多斯旧石器文化中发展出来,而且东夏与西夏的人种,亦同是夏族的苗裔。

（重庆《中山文化季刊》一卷一期,重庆中山文化教育馆 1943 年 4 月桂林出版）

# 诸夏的分布与鼎鬲文化

## 一　诸夏之居与仰韶文化遗址

东夏的遗址，今日所发现者为数极少，且均属于仰韶时期以前者，至仰韶以后之遗址，则至今尚无所发现。此种考古学上的缺失，最易使人误会东夏之族在仰韶时期以后即尽族西徙于甘肃。盖仰韶以后的文化，皆发现于甘肃也。

惟吾人从考古学的发现与夏代传说之相互印证中，察知东夏之族不但未曾中断其发展，而且经过仰韶以前之发育滋长，到仰韶以后，其族类逐渐繁衍，而分化为许多氏族。此等氏族在中国典籍上称之为诸夏之族。诸夏之族在传说中之夏代的中叶，即带着仰韶文化沿黄河而东下，分布于河南中部及山东半岛一带，成为中国新石器时代中原文化的主人。

到新石器时代的晚期，亦即相当于传说中之"夏桀"的时代，由于殷族的西渐，驱散了诸夏之族占领了中原。于是诸夏之族除一大部分以杞、鄫为中心而仍然散布中原与殷族混合以外，其余则或由苏、皖而徙江、浙，是为后来之吴、越。或由豫西而徙于鄂西，是为后来之荆、楚。或由原路而退回西北，是为后来之鬼方。

在仰韶时代的前后，东夏之族与西夏之族确有接触，这从鼎鬲文化之由河南传播于甘肃已经获得确证。但吾人并不能因此而遂谓东夏之族尽族西徙,而只能说东夏之族与西夏之族有着文化的乃至血统的交流之事实。

以吾人之研究,东夏之族分布甚广,固不仅限于山西、河南一隅之地。其族类所布,实已东至于海,西及甘肃,北至山西中部,南达长江流域。在其迁徙过程中,曾与史前渤海系诸氏族发生冲突,亦曾与南太平洋系的史前诸氏族发生接触,所以禹征三苗,启伐有扈,皆非完全无根之说。

诸夏之族,在山西、河南交界处一带曾有长期之住留,吾人可由仰韶遗址分布与有关夏族的传说获得证明。

山西夏县西阴村曾发现仰韶遗址,而传说中尧、舜、禹的都城都在这个遗址的附近。《尚书·五子之歌》云:"维彼陶唐,有此冀方。"《竹书纪年》云:禹"居冀"。《竹书纪年》笺注引《世纪》云:"尧都平阳,舜都蒲坂,禹都安邑,相去不盈二百里,皆在冀州。"① 又《帝王世纪》云:"禹都平阳,或在安邑、或在晋阳。"② 据《郡县志》云:"安邑故城在陕州夏县东北十五里。"③ 安邑既在夏县,而尧、舜的都城又与安邑相去不盈二百里,则传说中之尧、舜、禹时代安邑附近,亦即西阴村仰韶遗址附近,已有诸夏的分布。

其次渑池县曾发现仰韶遗址两处,而在传说中渑池县有夏后皋之墓。《左传》僖公三十二年传云:"殽有二陵焉,其南陵,夏后皋之墓也。其北陵,文王之所避风雨也。"《后汉书·郡国志》谓:"渑池……有二殽",而《清一统志》又谓"渑池故城

---

① (清)徐文靖:《竹书纪年统笺》卷三,光绪三年,浙江书局,《廿二子全书》本。
② 同上。
③ 同上。

在今县城西。"故《左传》所谓"殽有二陵"之殽，当即在今日渑池县仰韶遗址附近。此间在春秋时即有夏的传说，足证仰韶村所发现之史前遗物属于夏族。此外包围于仰韶遗址，尚有许多传说。如：

在渑池之西的陕州有莘国的遗址，据《世本》云，"莘，姒姓，夏禹之后。"①

在更西则有崇国，而崇为"鲧"封。《国语·周语》称"鲧"曰"有崇伯鲧"。

又有丰国，而丰有禹绩。《诗经·文王有声》云："丰水东注，维禹之绩。"

渑池之南，则嵩山有夏后启的传说。《汉书·武帝纪》云："朕用事华山，至于中岳，……见夏后启母石。"

在渑池之东，则伊洛有太康的传说。《尚书·五子之歌》云："太康尸位……畋于有洛之表，十旬弗返……厥弟五人，御其母以从，畋于洛之汭。"

洛阳附近有夏族的故城。《史记》正义引《括地志》云："相州滏阳县西南五十里有九侯城，亦名鬼侯城，盖殷时九侯城也。"②按殷时鬼方，即夏族的遗裔，故殷时的九侯城，实即鬼侯城，亦即夏之故城。

最后在河阴县仰韶遗址的周围，亦有夏族传说。按河阴县在伊洛以东，此间正是夏族东徙之根据地。夏族与渤海系史前诸氏族初期的冲突，大概都发生在这一带。《尚书》中曾有启与有扈

① 《世本·姓氏篇》，《汉魏丛书》本。
② 泷川龟太郎：《史记会注考证》卷三《殷本纪》。

之战的传说。[1]王国维谓有扈所在，即今怀庆府原武县。[2]又传说中又曾有太康被拒于有穷后羿的故事。《尚书·五子之歌》云："有穷后羿，……距（太康）于河。"《左传》襄公四年传云："昔有夏之方衰也，后羿自鉏迁于穷石，因夏民以代夏政。"据此，则太康与有穷氏相拒之处，必为穷石附近之黄河沿岸。穷石在何处，无从考证，但在鉏之西则无可疑。鉏之所在，据《史记》正义引《括地志》云："故鉏城，在滑州卫城县东十里。"正在河阴县史前遗址之东北，故当地之有夏民可因，夏政可代，实与考古学的发现相符合。

## 二 传说中的诸夏之族

安特生根据其对河南仰韶遗物的研究，谓中国的鼎鬲文化孕育于山西、陕西、河南交界处之黄河河谷，此种鼎鬲文化实为东夏文化之特征。《甘肃考古记》云：

"河南仰韶遗址中，如不召寨及其未产彩色陶器之遗址，鬲属之器物，极为普遍。而河南陶鬲最完整之品，均自此等遗址得之。但似较仰韶之遗址为古。"[3]

鼎鬲文化在甘肃则在马厂期以后，始逐渐发展。《甘肃考古记》云：

---

① 《尚书·甘誓》。

② 王国维：《殷虚卜辞中所见地名考》，载《海宁王静安先生遗书》收《观堂别集》卷一。

③ 安特生（J. G. Andersson）：《甘肃考古记》，乐森珣译，载《地质专报》甲种第 5 号。农商部地质调查所，1925 年 6 月，北京印本，第 41—42 页。

"甘肃之情形与河南异，于齐家、仰韶、马厂三早期中，鬲之踪迹无所见。同时鼎器亦极稀少或竟不遇。……惟至甘肃远古文化之第四期（即辛店期）鬲之发见，则渐丰富，而第五第六两期（即寺洼期与沙井期）则特式之鬲，极为寻常矣。"①

因此安特生判定："鬲器自山西、河南交界之发源地，向西北缓缓传播，而流入甘肃之中部，盖实可信之事也。"②但吾人依据传说所示，此种作为东夏文化之特征的鼎鬲文化，不仅缓缓向西北传播，同时亦缓缓向东方传播而流入河南东部及山东半岛一带。

《史记》夏本纪谓诸夏之族有缯氏。《国语》作鄫，《左传》亦作鄫。《国语》谓鄫为夏后。③《左传》谓鄫应祀相。鄫为夏族，当无可疑。

余以为鄫之命名，与仰韶式之鬲器有关。鄫字《说文解字》云："䰝，鬵属，从鬲，曾声。"④又作"甑、䰝也，从瓦，曾声。"⑤曾字既从鬲从瓦，而又为鬵属，故为鬲陶之一种。

又曾字金文书法不一，如父子巳尊作𤔔，辛未父癸尊作𤰞，宝尊作𤔲，但皆有足有一耳，而器形则或为尖底或为圆底。惟金文所示者仅二足，但实际上决无二足可以立置之器，故必为三足一耳之器。此种简略，为金文之惯例。在金文中，兽形皆作两足，如兕癸鼎之𤡓。鸟形皆作一足，如亚父盉之𠃊，故三足器之作两足，亦为常有之事。如甲鼎之鼎作𣂪即其一例。

---

① 安特生：《甘肃考古记》，第 42 页。
② 同上。
③ 《国语》卷三《周语下》。
④ 许慎：《说文解字》卷三下"鬲"。同治十二年孙星衍校刻本。
⑤ 同上书，卷十二下"瓦部"。同治十二年孙星衍校刻本

按河南仰韶所出陶鬲，皆系三足一耳（甘肃陶鬲间有两耳者），与曾之形式，正相符合，故曾字应从邑作鄫，《史记》从系作缯，乃为后来之讹误。吾人以是而知鄫氏，乃负有此种仰韶式鬲属文化之氏族。

据《左传》所载，春秋时有两个鄫国，其一在河南西部，《左传》哀公四年传云："楚人既克夷虎，乃谋北方……致方城之外于缯关。"缯既在楚的方城之北，故当在河南西部。又僖公十九年云："邾文公用鄫子于次睢之社，欲以属东夷。"《史记》正义引《括地志》云："缯县在沂州承县，古侯国。"承县，即今日山东峄县，在春秋时正在东夷范围之内。是山东境内，亦有一鄫国。后来学者以为此两鄫不同族，而以河南之鄫为诸姬之后，山东之鄫为诸夏之余。余以为此两鄫即一鄫之分布，其所以分居于河南与山东者，正说明此种具有鬲属文化的氏族由仰韶遗址附近东徙于山东，而其余裔则仍留居原地的事实。

其次，《左传》上有鬲氏、过氏、戈氏，皆与少康中兴的传说有关。《左传》襄公四年传云：

"（当寒浞灭后羿后，）靡奔有鬲氏。浞因羿室，生浇及豷，恃其谗慝诈伪，而不德于民。使浇用师，灭斟灌及斟寻氏。处浇于过，处豷于戈，靡自有鬲氏，收二国之烬以灭浞而立少康。少康灭浇于过，后杼灭豷于戈，有穷由是遂亡。"

从这一传说中，吾人可以窥知有鬲氏曾为夏的遗臣靡之所奔，又曾为夏后少康之所藉以自立，其为夏族，似无可疑。至于过、戈，则为寒、夏两族必争之地，寒族得之而夏衰，夏族复之而寒亡。据《左传》哀公元年传云："（少康）使女艾谍浇，使季杼诱豷，遂灭过戈，复禹之绩，祀夏配天，不失旧物。"则过、戈亦为夏之旧物，故夏灭过、戈，谓之"复禹之绩"。有鬲氏与过、戈之为夏族，证之他们与东夏文化的关系亦复相合。

有鬲氏的得名，徐中舒氏曾指出与仰韶式鬲器有关。至于过氏得名，徐氏亦谓与鬲有关，盖以过字偏旁从呙，而呙乃鬲形体之讹变。徐氏又引据《史记》集解释《滑稽列传》中"炙毂过"之说曰："《别录》云：'过字作輠。'輠者，车之盛膏器也，炙之虽尽，犹有余流。"因而以为过之为器，有耳如鬲然，而以系于车上者也。[①] 余以为过之用于车，以为盛膏之器，乃系后来之事，在史前时代当为盛器，其形或如鬲，盖鬲之变形也。故过之与鬲，亦犹�之与鬲，虽同为鬲属，而皆为变形。因而过氏与鬲氏，虽同为负有鬲属文化之氏族，但非如徐氏所云过氏即有鬲氏，而系各为一族也。

《史记·夏本纪》诸夏之族有"有男氏"。《史纪考证》谓："有男氏《路史国名纪》曰：'《世本》之有男氏，《潜夫》作南，《周书》之有南也。'"按南字甲骨文有二十余种书法，如 𡴄𡴀𡴁 等，金文亦有各种书法，如 𣄼（盂鼎）、𣄼（射南𣄼）、𣄼（兮甲盘）、𣄼（散盘）。《说文解字》作 𣄼。郭沫若氏谓南为乐器之名。卜辞中曾有"𡴄 于祖辛八南九南于祖辛"及"一羊一南"之语，郭氏谓即《小雅》中"以雅以南"之意。余以为南在后来，或为乐器，而在史前时代则为陶制盛器。南之为乐器恐系由陶制盛器脱化而出者也。从南字之形体看来，盖为一有盖之陶鬲也。故余以为有南氏之得名，亦与鬲属文化有关。

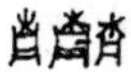

又诸夏之族有韦氏，《诗经·商颂》云："韦顾既伐。"按韦字《说文解字》亦作鬜，注云"秦名土釜曰鬜，从鬲羊声。"据

---

① 徐中舒：《再论小屯与仰韶》，载《安阳发掘报告》1931年第3期，国立中央研究院历史语言研究所刊本，第537—539页。

此，则韦氏得名，亦与仰韶式鬲器有关。

诸夏之族有昆吾。《说文解字》谓"壶，昆吾，圜器也。"[1]据此则昆吾为壶之复音。篆书作，其形乃一长颈高领之瓶。据安特生报告，在仰韶以前之齐家期遗址中曾发现一种类似安佛拉（Amphora）的薄肉高领瓶。[2]则所谓昆吾之得名，或即与此种薄肉高领瓶有关。

东夏的特征文化，除鬲器以外，戈亦为特征之一。证之传说，此种戈的文化，实有与鬲的文化同时东播之迹。

《史记·夏本纪》谓诸夏之族有斟戈氏。《左传》谓戈氏与过氏同为夏之旧物。余以为斟戈氏即戈氏，其得名则与仰韶式之戈有关。但徐中舒氏谓戈与过、鬲古同为见母字，故得相通，因以为戈氏即过氏之音转。[3]余以为徐氏此说殊嫌牵强，盖戈与鬲，同为仰韶文化之特征，鬲为当时人类日用必需之器皿，而戈则为当时人类战斗之工具。此二者，对于史前人类生活，实具有同样之重要性，故当鬲的文化东播之时，戈的文化亦必同时东播。所以在山东一带，有鬲氏，亦有戈氏，而此正所以表示鬲属文化与戈属文化同时东播之事实。吾人固不必因迁就鬲的文化之东播，而否认戈的文化之东播，并从而以一音之转，而谓戈氏即过氏也。盖当时诸夏之族以戈得名者，尚有载氏。《孟子·滕文公下》曰："汤始征，自葛载。"按载字甲骨文作，从戈音，故当与戈有关。据王国维考证，汤始征之"载"即《春秋》隐公

---

[1] 许慎：《说文解字》卷十下"壶部"。同治十二年孙星衍校刻本。

[2] 安特生：《甘肃考古记》，第9页。

[3] 徐中舒：《再论小屯与仰韶》，载《安阳发掘报告》，1931年3期，第538—539页。

九年"伐载"之"载",其地在今河南归德府考城县。[①] 由此又证明戈的文化,亦系由河南而东播于山东。

除此以外,养豕之事亦为仰韶文化特征之一,此种习惯亦传播于东方。夏族中之韦氏,《竹书纪年》亦称豕韦。《左传》上之斟灌氏,灌字如系獾字之误,则斟灌氏之得名,亦与野豕有关,又夏族中有"有仍氏"为相后婚之母族。据《左传》昭公二十八年传云"昔有仍氏生女黰暗而甚美,光可以鉴,名曰玄妻。乐正后夔取之,生伯封,实有豕心……谓之封豕。"是有仍氏亦有与豕之关系,由此以观,则夏人养豕之风,亦东播于山东矣。

## 三 吴越为诸夏之族

关于吴族的渊源有各种传说,《史记》吴太伯世家云:

> 吴太伯,太伯弟仲雍,皆周太王之子而王季历之兄也。季历贤而有圣子昌,太王欲立季历以及昌,于是太伯、仲雍二人乃奔荆蛮,文身断发,示不可用,以避季历。季历果立,是为王季,而昌为文王,太伯之奔荆蛮,自号句吴。

《吴越春秋》卷一《吴太伯传》云:

> 吴之前君太伯者,后稷之苗裔也。……古公病,二人(太伯、仲雍)托名采药于衡山,遂之荆蛮,断发文身,为夷狄之服,示不可用。古公卒,太伯、仲雍归赴丧毕,还荆蛮国,民君而事之,自号句吴。

---

① 王国维:《殷虚卜辞中所见地名考》,《海宁王静安先生遗书》收《观堂别集》卷一,第17—18页。

此种传说皆系有孝弟的插画，显系封建时代学者之附会。但是剥开这些传说的穿插仍可以看出吴族系由北而南迁的事实。此种传说，若与夏族南迁的传说相印证，则吾人可以看出吴族实即夏族之一分支。

《竹书纪年》谓后相曾征淮夷，是后相时夏族的一部分已与渤海系诸种族杂处于淮河流域。证之《左传》僖公十五年所云："楚人伐徐，徐即诸夏故也。"则直至春秋时代，徐淮一带的氏族，还有诸夏之称。夏族之由徐淮继续南徙以至于吴越，大约在新石器时代的晚期。传说中皆谓桀败于汤以后，南向逃亡。《淮南子·主术训》云："汤革车三百乘，困之（桀）鸣条，禽之焦门。"同书《本经训》又云："汤以革车三百乘，伐桀于南巢，放之夏台。"同书又云："汤败桀于历山，与妹嬉同舟浮江，奔于南巢之山而死。"①《荀子·解蔽篇》亦云："桀死于亭山。"按以上的地名，据学者考证，皆在安徽。如焦门即今日巢县。南巢、夏台皆在巢县东北。而亭山且在和县。据此，则桀之逃亡，乃系由山西经徐淮以达于皖北之长江沿岸，而且还有与妹嬉同舟浮江的传说。此种传说实即暗示夏族南迁吴越的历史事实。

卫聚贤氏在其所著《吴越考古汇志》中报告，近年来在江苏、浙江一带已发现新石器时代的遗址多处。其在江苏境内者有南京附近的栖霞山、常州的奄城、金山卫的戚家屯、苏州的石湖。这些遗址中均曾发现石斧、石锛、石刀、石镞、石锤、石瑗及大批具有几何花纹的陶器。②可惜卫氏的报告既未附图片，而说明亦甚简单，对于各种石器之制作技术及形式以及几何花纹的

---

① 泷川龟太郎：《史记会注考证》卷二《夏本纪》"正义"转引。

② 卫聚贤：《吴越考古汇志》，载《说文月刊》第一卷，第3期，1939年上海印本，第10—74页。

图案均无说明。但据卫氏报告，在栖霞山遗址曾发现几何花纹的陶片三百余片，由此足征在新石器时代，江苏一带实有人类生存活动之迹。

或有人说此种生存于长江下游之人种，可能是南太平洋系人种，亦可能是渤海系人种。但据卫氏报告，在栖霞山遗址曾"有红色含砂质的粗陶及鼎腿出土，"则是此种新石器文化创造者，乃系一种具有鬲器文化的人种，而吴族之为诸夏之裔，于此又得一实证。

又据郭沫若氏《卜辞通纂》序言云：

> 其（帝乙）二十祀，曾远赴上𪘙，征讨蓸、林、𢼄爵等国，经时半载有余。上𪘙者余疑即上虞，其地距殷京甚远，据余由四个断片合成之一整骨，知其路程在四旬以上，是知殷时疆域，似已越长江而南。

不论上𪘙是否即今日之上虞，而此一记载之证明殷族曾远征距京都东南三千里外之地则为事实。而其地则正相当于今日江浙一带，亦即古吴越故址。从这里，吾人又知吴越种族为殷族未到达长江下游以前之先住人种，故吴越人种决非渤海系人种（自然在后来亦与渤海系人种混合）。吴越人种既为殷以前之先住种族，而非殷族，同时又为一种具有鬲器文化的种族，故亦非南太平洋系人种（其地也有南太平洋系人种错居），其为夏族遗裔实无可疑。

余以为吴族即传说中的"有虞氏"之支裔，因古吴虞两字相通，金文中有虍头与无虍头字多通用。如师西簋铭文中之"王在吴"，即王在虞也。《管子·小匡篇》中之"西服流沙西虞"亦作西吴。《史记·吴太伯世家》谓武王封周章于吴，又"封周章之弟虞仲于周之北夏故虚"是谓北虞。北虞亦作北吴。按虞字，《说文解字》作虡，从虍，吴声。虞字从虎形而吴音，吴字从虎声而去虎形，故余以为吴、虞同为一字之误变，而吴与虞同为一族也。考传说中谓虞氏原居山西，其后渐有徙至河南者。此河南之虞，曾为少康据以为中兴之地。长江下流之吴，或即河南之虞之南迁者也。据《史记·吴太伯世家》云："自太伯作吴，五世而武王克殷，封其后为二：其一虞在中国，其一吴在蛮夷。十二世而晋灭中国之虞。中国之虞灭而蛮夷之吴兴。"故司马迁曰："余读《春秋》古文，乃知中国之虞与荆蛮句吴，兄弟也。"①

越为夏族，古亦有此传说。《史记·越王勾践世家》云：

> 越王勾践，其先禹之苗裔：而夏后帝少康之庶子也。封于会稽，以奉守禹之祀。文身断发，披草莱而邑焉。

《吴越春秋》云："禹……周行天下，归还大越，登茅山以朝四方群臣，……封有功，爵有德。……禹以下六世而得帝少康。少康恐禹祭之绝，乃封其庶子于越，号曰无余。"②故同书云：

> 越之前君无余者，夏后之末封也。③

又《越绝书》卷八外传《记地传》亦云：

> 昔者，越之先君无余，乃禹之世，别封于越，以守禹冢。

---

① 《史记》卷三十一《吴太伯世家》，中华书局校点本，1959 年北京版，第1475 页。

② （汉）赵晔：《吴越春秋》卷四《越王无余外传》。《汉魏丛书》本。

③ 同上。

以上诸传说皆明示越族与夏族的关系,而谓越之祖先为夏禹之末封。余以为越族与吴族乃系近亲的兄弟之族,其南迁长江下游当系同时。不过当其到达长江下游以后,其中之一分支,更向南徙,分布于今日之浙江乃至福建北部,而自称曰越。到后来其徙入福建者,又称闽越,实际上闽越又是吴族的分支之分支,《史记·东越列传》云:"闽越王无诸,及越东海王摇者,其先皆越王勾践之后也。"

据卫聚贤氏报告,在越之故虚,亦有新石器遗物发现,如在湖州的钱山漾,在杭州的古荡及良渚,皆曾发现石器及陶器。卫氏谓在浙江的遗址中曾发现一种石钺及黑陶文字,而此种石钺在黄河流域从未发现。在于黑陶上的文字,亦与殷契不同,因而怀疑古代的越族既非夏族,又非殷族,而系与南太平洋人种有关。[①]黑陶为渤海系文化的特征(详见《论史前殷族》一文)。如黑陶上的文字,亦为殷契同一体裁,则越族的文化,从而人种必与殷族有关。惜卫氏对于此种黑陶文字,并未拓印,亦未举例,因而令吾人无从考察。但是关于石钺,卫氏谓系一种附以长柄而使用之石器,此种石器,皆方形作长而锐其一端。果如卫氏所云,则此种石器与仰韶遗物中之长方形的石镰颇相类似,所不同者,不过所谓石钺乃附有长柄之石镰而已。此种石钺,乃越人用以披草莱之工具,以后亦演化而为武器。吾人以为鼎鬲文化既已传播于江苏,则长方形石镰之传播于浙江,并不足奇。因而吾人以越之得名,必与此种石钺有关。正如有鬲氏,有戈氏之得名与鬲及戈有关相同。故余疑越亦夏族也。

① 卫聚贤:《吴越考古汇志》,载《说文月刊》第一卷,第三期,1939年,上海刊本,第74—77页。

# 四　楚为诸夏之族

楚为夏族，传说甚多。《史记·楚世家》云：

> 楚之先出自帝颛顼高阳。高阳者，黄帝之孙，昌意之子也。高阳生称，称生卷章，卷章生重黎，重黎为帝喾高辛氏居火正，甚有功，能光融天下，帝喾命曰祝融。共工氏作乱，帝喾使重黎诛之而不尽，帝乃以庚寅日诛重黎，而以其弟吴回为重黎后，复居火正，为祝融。吴回生陆终。陆终生子六人，坼剖而产焉。其长一曰昆吾，二曰参胡，三曰彭祖，四曰会人，五曰曹姓，六曰季连。……昆吾氏，夏之时尝为侯伯。桀之时汤灭之。彭祖氏，殷之时尝为侯伯，殷之末世灭彭祖氏。季连生附沮，附沮生穴熊，其后中微，或在中国，或在蛮夷，弗能纪其世。周文王之时，季连之苗裔曰鬻熊。鬻熊子事文王，蚤卒。其子曰熊丽。熊丽生熊狂，熊狂生熊绎。熊绎当周成王时，举文、武勤劳之后嗣，而封熊绎于楚蛮，封以子男之田，姓芈氏，居丹阳。

《国语》郑语云：

> 荆子熊严生子四人：伯霜、仲雪、叔熊、季紃。叔熊逃难于濮而蛮。季紃是立。……（四人者皆）重黎之后也。夫黎为高辛氏火正……故命之曰祝融。……祝融亦能昭显天地之光明，以生柔嘉材者也。其后八姓，于周未有侯伯。佐制物于前代者，昆吾为夏伯矣，大彭、豕韦为商伯矣。当周未有。己姓昆吾、苏、顾、温、董。董姓，鬷夷、豢龙，则夏灭之矣。彭姓，彭祖、豕韦诸稽，则商之灭矣。秃姓，舟

人，则周灭之矣。妘姓，鄅、邬、路、偪阳，曹姓邹、莒，皆为采卫，或在王室，或在夷狄。莫之数也；而又无令闻，必不兴矣。斟姓无后。融之兴者，其在芈姓乎！芈姓夔越，不足命也。蛮芈蛮矣，唯荆实有昭德，若周衰，其必兴矣。

以上两种传说，皆详述楚之世系，自其种族的来源以至其种族的分化，虽小有差异，而大致相同。吾人于以上传说中，实可以看出楚为夏后之若干印迹。

《史记》与《国语》皆谓祝融为楚之远祖，同时又谓祝融之后，其后中微，或灭于商，或灭于周。此外则或散在中国，或徙于蛮夷，既无以纪其祀，亦不足称数。祝融之后，惟鬻熊一支，实有昭德，故能兴于荆楚。鬻熊芈姓，故国语云："融之兴者，其在芈姓乎。"吾人由此而知祝融为楚之远祖，而鬻熊则为楚之近宗。所以楚族把祝融与鬻熊当作种族之神，而奉祀于祭坛，其有不祀者，则同族必起而让之。《左传》僖公二十六年传曾有"夔子不祀祝融与鬻熊，楚人让之"的记载。可见祝融与鬻熊者，乃属于楚族的一切氏族之共同祖先，因而楚族又有融族之称。

祝融得名，《史记》谓系"光融天下"之意，《国语》谓系"昭显天地之光明"者之美称，此皆出发于"火正"之附会。余以为祝融得名与鬲有关。因为融字从鬲从虫，故融族者，即鬲族之一。《国语》周语云："昔夏之兴也，融降于崇山。"是夏亦与融有关，而所谓"融"者，实为一切具有鼎鬲文化的氏族之原始的图腾。楚既以融为祖，即表明楚族亦为以鼎鬲文化为特征的夏族之一分支。证之融之后，有以圜器得名之昆吾，有以鬶得名之鄶（《史记·楚世家》谓楚之六族中有会人，会人即曾人，亦即鄶人）。有以䤶得名之韦，有以豆得名之彭祖（即《国语》中之大彭）。即可了然于夏族后来之分化与鼎鬲文化之演变实有不可分离之关系。

至于"鬻熊"，余以为即"祝融"一音之转，故鬻熊即祝融。按融字从鬲，鬻字亦从鬲。前者鬲从虫：而后者则鬲从米。前者鬲无耳，而后者则有两耳。但"融"与"鬻"之同为三足器，则无可疑。"融"字转为"鬻"，与鬲之附耳有关，同时亦与稻之种植有关。从字的构成上看来，融为烹调肉食之具，鬻为烹调稻米之器。按稻原为马来半岛之一种野生植物。后来由南太平洋系种氏族带至长江流域，以后南迁荆楚的夏族习而种之，以为主要食品。证之融族中之秃、苏、季（即季连）诸族名，皆从禾字，足证楚族与禾有关，因而"融"之变而为"鬻"，正可以表示具有鬲器文化的夏族，在其南徙荆楚以后，因生活资料之改变所发生之结果。

荆楚一带虽至今尚未发现仰韶式的鬲器，但据传说所载，在古代曾发现过磨制石斧。《旧唐书》卷十《肃宗纪》云："楚州刺史崔侁献……雷公石斧，长四寸，阔二寸，无孔，细致如青玉。"余以为所谓雷公石斧，实即新石器时代之磨制石斧，偶因雷风冲洗而出，故古人以为雷公石斧。据《旧唐书》所述，此种石斧长四寸阔二寸，作长方形。据吾人所知，今日所发现之南太平洋系新石器文化中之石斧，皆作爪形或梯形，而仰韶式的石斧，则皆作长方形，因而余疑唐代在楚州所发现之雷公石斧，即仰韶式的石斧，亦即为夏族之文化遗物。惟仰韶式石斧多钻有孔，或用以穿绳，或用以附柄。而此云："无孔"似有未合。但从其"细致如青玉"一语看来，则知此种用以作斧之石质，实甚坚硬，其硬度甚至使当时人类无法钻孔。而当时生活于荆楚一带森林区域的夏族，他们随山刊木，斩除荆棘，又必须用坚硬之石质作成石斧，始能开辟此原始之荒原，或者这就是仰韶式有孔的石斧，一到楚州即变为无孔的原因？总之，随着鬲器文化之南播荆楚，仰韶式石斧，实亦有同时南播的可能，此种可能，吾人在今日不过姑妄言之，以俟将来考古学的发现之证明。

或有人谓楚为南太平洋系人种，与古之蛮族或今日之西南诸落后种族同种，但余以为楚族与蛮族在文化上乃至人种上之混合则有之，谓其出于蛮族，则余不敢同意。因楚与蛮之间界限分明。如《国语·郑语》云："叔熊逃难于濮而蛮。"则是楚人以濮人为蛮。又《史记·楚世家》云："吾先鬻熊……始开濮地而有之。"则是在楚人入据荆楚之前，荆楚原为濮人之居，而楚人之定住荆楚，乃系驱濮人而占有其地。所以《左传》文公十六年传谓："庸人帅群蛮以叛楚，麇人率百濮聚于选，将伐楚。"此正说明楚族在南徙荆楚以后，尚与百濮、群蛮发生不断的冲突，故余以为楚非蛮族。

或有人曰，楚为殷族。但是据卜辞及《诗经·商颂》所载，楚族又确为殷族到达荆楚以前之先住种族。《商颂》云："挞彼殷武，奋伐荆楚，深入其阻。"是殷族曾有挞伐荆楚之事。如荆楚无先住种族，则殷族又何必大张挞伐？又据卜辞所示，殷人挞伐荆楚，不仅一次，而其所挞伐之种族，正为芈姓之族。卜辞中有云："戊戌卜又伐芈。"故余以为楚非殷族。

楚族既非蛮族，亦非殷族，而其命名又与鬲器有关，故必为夏族南徙的一支。

关于夏族一支之南徙荆楚，在禹治水的传说中，曾有此暗示。《淮南子·修务训》云："（禹）凿龙门，辟伊阙，修彭蠡之防。"由龙门伊阙以达于彭蠡，正是夏族由仰韶遗址附近南迁荆楚的路程。余以为此种传说，并非完全无据，在新石器时代中期以后，实有一部分夏族由河南西部南迁荆楚的事实。此南迁的夏族，就是杞、鄫的一部分。

按学者皆谓杞、鄫只有东迁之事，如《左传》襄公二十九年传云："杞，夏余也，而即东夷。"又僖公十九年传云："邾文公使鄫子于次睢之社，欲以属东夷。"皆明示杞、鄫东迁于东夷范围之内。但余以杞、鄫之族，亦有向南迁徙者。

《竹书纪年》谓夏后廑四年，"昆吾迁于许。"《左传》昭公十二年传谓："昔我（楚）皇祖伯父昆吾，旧许是宅。"是昆吾曾南迁于许，而南迁于许之昆吾，又为楚之皇祖伯父。

又传说谓禹曾铸鼎于荆山，而《墨子》耕柱篇谓"昔者夏后开使蜚廉铸采金于山川，而陶铸于昆吾。"铸鼎与铸金，当为一事，是昆吾似又曾由许以迁于荆山。荆山者，为楚之先王熊绎所居，故昆吾之族，实有迁于荆楚者。

按昆吾之族有己姓，《国语》郑语云"己姓昆吾。"又《左传》哀公十七年传，谓昆吾之虚有戎州己姓，余以为己与杞为一字之变体，卜辞杞又作異，故己氏当即杞氏，而異氏当即己姓昆吾，故余以为杞有南迁之事。

如前所述，杞族余裔曾有一部分留在楚之北境方城附近，但据曾侯钟铭文所示，则鄫似又有南迁荆楚之事。铭文云：

> 惟王五十有六祀，徙自西阳，楚王章韵，作曾侯乙宗彝，奠之于西阳，其永时用享。

按铭文中，曾侯当即鄫侯，西阳所在，虽无可考，但在楚之境内而又曾为曾侯所居，则无可疑。铭文中楚王章韵，古物铭谓即楚惠王，因楚之诸王，惟惠王在位五十七年，故以此钟为惠王所作。余以为不论此钟为何王所作。而楚之曾铸此钟、奠之西阳，以为永享曾侯之宗彝，则系实有其物。楚既为曾侯作宗彝，则曾侯必为楚之祖先，而又真之于西阳，则曾侯必与西阳有关。故余以为鄫亦有南迁荆楚之事。

吾人由杞、鄫南迁的事实，始了然于楚之族有"昆吾"与"会人"，盖"昆吾"即"杞"，而"会人"即"鄫人"也。此二族者皆为南迁荆楚之夏族。故余以为楚为夏族。

## 五 鬼方为诸夏之族

当夏之末季，曾有一部分夏族，在殷族压迫下，退回西北老家。《史记·匈奴列传》索隐引乐产《括地谱》云：

> 夏桀无道，汤放之鸣条，三年而死。其子獯鬻妻桀之众妾，避居北野，随畜移徙，中国谓之匈奴。

王国维氏《鬼方昆夷猃狁考》谓鬼方、昆夷、猃狁、獯鬻并是匈奴的异称，因疑此西退之族，即后来之匈奴。[1] 余以为此西退之族即殷时之鬼方，而鬼方不是匈奴。因为匈奴为停留于蒙古高原之原住种族，而鬼方则为进入中原以后的夏族之退回西北者。前者中国史上称为北狄，而后者则被称为西戎。

鬼族在夏族中，为一最大的氏族。他们在夏代曾以伊洛为中心，而分布于山、陕、河南交界处一带。故这一带到春秋时，尚有鬼州之称。《左传》昭公四年传云：

---

① 王国维：《鬼方昆夷猃狁考》，载《观堂集林》卷十三。

四岳、三涂、阳城、大室、荆山、中南，九州之险也，是不一姓。

以上所谓九州，实即鬼州之讹。所谓是不一姓，即指诸夏之族。

这一带的种族在春秋时尚称鬼州之戎。《左传》昭公二十二年传云：

晋籍谈、荀跞帅九州之戎，……以纳王于王城。

此所谓九州之戎，亦即鬼州之戎。

如前所述，直至殷代洛阳附近尚有九侯城。此九侯城，亦即鬼侯城，盖鬼族集中之地也。

由此足证鬼族曾一度入据中原，到殷族进入中原以后，又退回西北，成为殷族可怕之敌人。殷族曾发动不少的战争，以进攻此可怕之敌，企图对夏族作犁庭扫穴之举。但是鬼族的力量，亦甚强大，所以传说中说他们之间曾经发生过长期战争。《周易》《既济》爻辞云："高宗伐鬼方，三年克之。"又云："震用伐鬼方，三年有赏于大国。"卜辞中亦有"乙酉卜，鬼方囧，五月，"的记载。直至周代，鬼方仍居西北，并与周族发生不断的冲突。《竹书纪年》武乙三十五年条云："周公季历伐西落鬼戎。"盂鼎及小盂鼎皆有"王□盂以□□伐鬼方"的记载，梁伯戈铭文中亦有"鬼方蛮（即蛮字）"的字样。[1] 从这些记载中吾人可以看出鬼方在周之"西落"，而且在《诗经大雅》中将鬼方与中国对称，如云"内奰于中国，覃及鬼方。"[2]，故知鬼方在周时，仍

---

① 王国维：《梁伯戈跋》，载《海宁王静安先生遗书》所收《观堂别集》卷二。

② 《诗经》卷七《大雅·荡之什》。

为西陲强族。所以在殷时东夏虽亡，而鬼方犹在。

周金中有虎方彝，又周南宫中鼎二三两器铭文皆有"惟王命南宫伐反虎方之年"的记载，此外《左传》哀公四年传亦有"楚人既克虎夷"的记事。余疑虎方或虎夷即鬼方或鬼夷。

按虎字甲骨文中有各种书法，如 　　　　　。金文中亦有各种书法，如 　　　　　。甲骨文与金文的虎字，虽有各种书法，但有一相同之点，即皆系模写虎之大头、巨口、利齿、长尾与其条纹或斑纹之皮毛。以后虎字在金文中又缩写为 　 及 　，前者仅存其口，后者仅存其头。亦犹羊字之作 　，牛字之作 　，皆系以局部之特征而象征其全体，此乃文字进化过程中必然之变化。余因此而疑鬼字即虎字。盂鼎及小盂鼎中鬼方皆作鬾方，梁伯戈中鬼方作魃方，以上鬾、魃二字，一为鬼从戈，一为鬼从攴，其为鬼字之变体，实无可疑。按鬼字从甶，从儿，《说文》中谓：甶，鬼头也。余以为非是。因甶即 　，乃虎头也。而儿乃虎尾与虎纹也，故鬼字即虎字。其从戈或从攴者，乃表示以戈或其他武器搏伐虎方之意。如尚盘中虎字亦作叟，而学者释叟为畏，乃系大误。余以为鬼字畏字皆系虎字之变体，因虎为可畏之猛兽，故后来借虎为畏。殷人敬畏鬼神，故又借虎为鬼。实为鬼字即虎字，故鬼方即为虎方也。

虎方为夏之苗裔，吾人于南宫中鼎铭文中，可以获得一些暗示。如前所述南宫中鼎二三两器铭文皆记载南宫伐反虎方之事，而第一器铭文，则记载太史括怀土之事。铭文曰：

> 惟十有三月，庚寅，皆在寒，王在寒，师，师王命太史括怀土曰："中兹怀人内史，锡于武（武）王作臣，今括里汝怀土，作乃采……"

余以为以上铭文所记之事，与第二三两器铭文中所纪伐反虎方之事必有关系，因而余疑"王命太史括怀土"与"王命南宫伐反虎方，"或系同指一事。准此以论，则太史应即南宫，即虎方当在怀土。按《左传》定公四年传曾有赐怀姓九宗于唐叔而封于夏虚的记载，则铭文中所谓赐于武王作臣的怀人，或即怀姓九宗之人？而赐于太史作采之怀土，或即怀姓九宗之土？果如此说，则怀土应在夏虚，而怀人又即虎方之夷，是则虎方为夏之遗裔，实有可征。

总上所述，余疑鬼方即虎方，而虎方又为虞氏之苗裔。因为虞为以虎为图腾之夏族中的一个原始氏族，其后分化，皆以虎命名。其在中国者，如虢如魏，其在东南者，如吴。而鬼方则为虞族之退回西北者。司马迁读《春秋》古文之后，"乃知中国之虞与荆蛮句吴，兄弟也。"余读金文，乃知不仅荆蛮、句吴与中国之虞兄弟也，西戎之鬼以及中原之虢与魏，与中国之虞亦兄弟也。

# 后 记

当我写成此文后，我对于越族种属的见解有了改变。我以为越族还是南太平洋系人种。因为直到秦汉之际，东南沿海一带尚有"百越"之称。"百越"之称亦犹"百濮"之称，言其族类分化之多也。此等"百越"之族，到春秋末际，其一部分分布于福建、浙江之交者，与蒙古高原系之吴族最为接近。在吴族的文化影响之下，发展成为越国。其他百越之族，则仍然停滞于氏族制度的阶段。所以当时越国的言语，与中国不通。《说苑·善说》载鄂君子皙召人译"越人歌"，其歌曰：

> 今夕何夕兮？搴洲中流；今日何日兮？得与王子同舟。蒙羞被好兮，不訾诟耻；心几顽而不绝兮，知得王子。山有木兮木有枝，心说君兮君不知。①

但原文则为另一种与中国不同之语言。其文曰：

> 滥兮抃草滥予？昌枑泽予？昌州州𩣡。州焉乎秦胥胥，缦予乎昭澶秦踰渗。惿随河湖。

此等文字吾人今日甚难找出其属于何种系统的语言，因为今日苗傜的语言，与古代亦有差异，而且有地方之分化。但其为属于与中原文化不同之另一文化系统之人种，则可断言也。

战国时，越国散亡，其族类一部分同化于吴人、楚人，而大部分则仍散布于东南沿海一带，分化而为东越、闽越、扬越、骆越等百越之族。到秦始皇时，东降越君，置会稽郡。又略取陆梁地，为桂林、象郡、南海。百越之族，始屈服于北系种族之下。《淮南子》卷十八《人间训》云：

> （秦王）利越之犀角、象齿、翡翠、珠玑，乃使尉屠睢发卒五十万，为五军：一军塞镡城之领，一军守九疑之塞，一军处番禺之都，一军守南野之界，一军结余干之水，三年不解甲弛弩。使监禄无以转饷，又以卒凿渠而通粮道。以与越人战，杀西呕君译吁宋。而越人皆入丛薄中，与禽兽处，莫肯为秦虏。相置桀骏以为将，而夜攻秦人，大破之，杀尉屠睢，伏尸流血数十万。乃发适戍以备之。

---

① 参看杨以漋校本（万有文库本）。沈德潜《古诗源》本，中华书局，1963年6月新版，"顽"作"烦"，"知得"作"得知。"

由此看来,则此种退处丛薄中宁与禽兽处而不投降的秦代之越人当即古越国之裔, 而为今日瑶族之祖先欤?

（重庆《中山文化季刊》一卷二期, 重庆中山文化教育馆 1943 年 7 月桂林出版 1943 年 11 月 5 日记）

# 殷族与史前渤海系诸氏族的关系

## 一 共同的文化——黑陶文化与卜骨文化

在中国新石器时代，今日渤海沿岸一带，正和史前西欧波罗的海沿岸一样，形成了许多以鱼类和贝类之采集为基础的"贝眆型"的氏族社会。他们创造了丰富的新石器文化，在中国的史前时代放出了历史的光辉。

根据考古学的报告，沿渤海湾自南而北，如在今日山东龙山镇的城子崖，黄县的龙口，在辽宁锦西的沙锅屯，在旅顺的老铁山郭家屯，在大连的东老滩、貔子窝、傅家庄、柳树屯以及在抚顺、朝鲜等地，都发现了新石器时代的文化遗址。这些文化遗址说明了在史前时代渤海沿岸已经是中国文化的摇篮地之一。它与由西而东的"夏族"文化平行地发展，走向中国的中原，在相互交流与相互影响之下，形成了中国史前时代文化的丰富内容。

殷族的文化是属于"渤海系"文化之一分支，这是城子崖的文化遗物所证实了的。据李济城子崖发掘报告序云："有了城子崖的发现，我们不但替殷虚一部份文化的来源找到一个老家，对于中国黎明期文化的认识，我们也得到了一个新阶段。"①

---

① 《城子崖(山东历城县龙山镇之黑陶文化遗址)》序二。国立中央研究院历史语言研究所，1934 年南京版。以下所引李济的话均同此。

李济在序言上又说："城子崖的下层黑陶文化实代表中国上古史文化史的一个重要的阶段，他的分布区域就我们所知道的，东部已达海岸，西及洹水及淇水流域。继续的搜求或可证明更广的范围。"根据若干方面的考证，我以为城子崖的黑陶文化，它的分布区域确实有一个更广的范围。它几乎分布到史前渤海周围的各文化人类之中。它是殷族新石器文化的特征，也是"渤海系"新石器文化的特征。

关于城子崖文化之最主要的特征，李济曾强调地指出："下层文化为完全石器文化，陶器以手制为主体，但已有轮制者。所出黑陶与黄粉陶，技术特精，形制尤富于创造，此类工艺到上层时（春秋战国时），似已失传。"李氏以为这种"城子崖式"的黑陶文化是殷商文化之最古的阶段，亦即后来殷商文化之出发点。

但是这种作为后来殷商文化之出发点的"城子崖式"的黑陶文化，据考古学的指示，不仅存在渤海南岸，也存在于渤海沿岸的其他各处。据安特生在其所著《沙锅屯洞穴层》中报告，这类的黑陶与黄粉陶也发现于渤海西北之沙锅屯。报告书云："第十一版三图所示，与他（陶）片有特异处，……初视之，极似黑皮。"[①]同书又云："单色细陶器……土之结合甚松，以指磨擦，则黄粉屑屑落"。[②]像这样"极似黑皮"的黑陶与"黄粉屑屑落"的粉黄陶，与"城子崖式"的特征的陶器几乎无甚区别。

同时，据李济说，"城子崖式"的黑陶与粉黄陶系一种"技术特精"的作品，恰恰相同；据安特生的报告，在沙锅屯出土的

---

① 安特生（J.G.Andersson）：《奉天锦西县沙锅屯洞穴层》，袁复礼译，载《古生物志》丁种第 1 号第一册，1923 年 4 月农商部地质调查所，北京印本，第 16 页。

② 安特生（J.G.Andersson）：《奉天锦西县沙锅屯洞穴层》，第 17 页。

陶片中，"极似黑皮"的黑陶，其"内外皆磋磨平滑"，其余"淡砖红色"及砖红色"上加黑色绘花"的陶片，也是"细质器"。①

至于制作技术，安特生也说："沙锅屯之陶器，皆用手制，间有一二碎块，似为磨轮制"。②最后就制作的形式而论，在城子崖所发现之鬲足器与碗形器，在沙锅屯乃至貔子窝的遗址中，也有同型的陶器发现。

其次，作为城子崖文化之第二个特征，据李济的报告就是卜骨的发现。他说"由此（卜骨）城子崖文化与殷虚文化得一最亲切之联络。下层兼用牛鹿肩胛骨，上层只用牛肩胛骨。"李济认为"（卜骨）似与黑陶文化有分不开的关系。最显要的证据，就是在我们现在所知道的黑陶文化遗址中，都有卜骨的遗存。"由于卜骨的发现，李氏说："这组文化（城子崖下层文化）包含的意义与仰韶、殷虚及殷虚附近之后冈遗物比较更显明。构成殷虚文化最紧要之成分——卜骨，遂得一正当之归宿。"

据我的考察，这种"与黑陶文化分不开的"而又足以证明"与殷商文化有亲切之联络"的卜骨，也存在于渤海西北岸。据安特生《沙锅屯洞穴层》报告："九版九图，乃一细长之器，由骨劈裂两边后，将劈裂处磨光而成者，其一端稍窄而圆，他端有裂痕。"安氏所说的这一骨板，我仅看见图片，并没有看见原物；但从其一劈两开，而有裂痕推测起来，可能是作为卜筮用。证之传说，在汉代"（夫余国）有军事亦祭天，杀牛以蹄占其吉凶。"③并且同一时代的倭族也有"灼骨以卜，用决吉凶"的风

---

① 安特生（J.G.Andersson）：《奉天锦西县沙锅屯洞穴层》，第12页。

② 同上。

③ 《后汉书》卷八十五《东夷传》，中华书局，1965年，标点本，第2811页。

习。[①] 由此足证卜骨之风，在史前时代，一定普遍流行于渤海沿岸诸氏族中，而且由此传播到今日之日本。

最后，关于石器和骨器，在城子崖发现的石斧、石锛、石刀、石镞以及骨针、骨锥等在沙锅屯乃到貔子窝都有类似的发现。其他如在属于殷族文化遗址的小屯所发现之贝环，在沙锅屯发现甚多，而且同质同形，皆系细脆易裂的贝壳制成。

总括以上的比较说明，则存在于属于殷族新石器文化中之特征，也存在于渤海周围史前诸氏族的文化中。固然，在相同的社会经济基础之上，可以产生相同的文化创造，但是像以上所指出的那样的类似，则至少有着某种文化的关系。因而我以为殷族的文化与史前"渤海系"的文化，实有其相同的渊源，而且简直可以说殷族的文化是史前"渤海系"文化之一分支，或者也可以说，史前"渤海系"文化是殷族文化之分布。

日人鸟居龙藏有意地从"渤海系"文化中选出某一种他认为具有技术制作上之差异的石镞，而区分石镞为"满洲式"与"蒙古式"，企图从考学上把渤海的文化与中国古代文化分开，从而达到分离中国各民族团结之目的。他说："石髓质之石镞，经锤击而成者，属蒙古式，其为页岩制而蹉磨平滑者，为满洲式。"（转引自安特生：《奉天锦西县沙锅屯洞穴层》）

关于鸟居龙藏的谬说，我完全同意安特生的驳斥，安特生说："予以为所用石质不同，则制法自异。吾人在河南所得石镞，皆页岩制而经磋磨者，唯一熔岩制者，则由锤击而成，盖一部落之民族，僻处一隅，只依左近岩石发达其工业，河南与奉天有同式之石镞，或有接触之迹。然予以为鸟居氏'满洲式'及'蒙古

---

① 《后汉书》卷八十五《东夷传》，中华书局，1965年，标点本，第2821页。

式'之别，乃非民族之不同，实由石质之不一也。"（同上）

同时，安特生又说："吾人陶器中常见者，如鬲足等，或鸟居氏亦曾得之。"但鸟居氏对于与中国古代文化相同者则"论述亦不精详"，由此足征鸟居氏之所谓"某式"、"某式"，并非依据古人遗存自身之特征，而是依据其帝国主义侵略之需要。实则"渤海系"新石器文化，乃为同一系统，而且为中国殷族文化之一分支。

## 二 共同的出发点——易水流域

根据考古学的报告和传说的暗示，我以为殷族与渤海沿岸诸文化民族，不仅有着某种文化上的关系，而且有着人种上的关系。

据周口店山顶洞报告书所示，在中国旧石器时代的末期，今日河北房山县一带有一种人类在那里创造了大约相当于西欧"奥瑞纳期"乃至"马格德林期"的文化，而且带着这种文化开始走向渤海沿岸。这件事实已由山顶洞文化遗址中所发现的海贝证实了，据山顶洞报告书云：

> 山顶洞的海贝之出现是一件最有兴趣的事情。以今日的情形判断，这种海贝可能获得之最近的地方，也须在距洞穴东南二百公里以外。古人要得到他，若非间接由贸易的关系，便须直接到海边去捞鱼。无论怎样得来，他都说明了当时人类的活动范围，至少已经伸展到距洞穴东南二百公里以外的地方。再从洞穴中大批的普通贝壳和卵形赤铁矿看来，也证明了山顶洞的人，已经扩展到一个广大的区域。

这一徙向渤海沿岸的旧石器时代末期的人类，我以为就是后来殷族及中国史上所谓"东夷"之祖先，关于这一点我们可以提出很多的证据：

第一：殷代的老家是在易水流域，《楚辞》〈天问〉篇云："该秉季德，厥父是臧，胡终弊于有扈，牧夫牛羊？……有扈牧竖，云何而逢？……恒秉季德，焉得夫朴牛？……昏微遵迹，有狄不宁。"①《山海经·大荒东经》云"有困民国，句姓而食，有人曰王亥，两手操鸟，方食其头。王亥托于有易，河伯仆牛，有易杀王亥，取仆牛。"②郭璞注引《竹书纪年》云："殷王子亥宾于有易而淫焉，有易之君绵臣，杀而放之；是故殷上甲微假师于河伯以伐有易，灭之，遂杀其君绵臣也。"③

以上传说中之"王亥""王恒""上甲微"都是甲骨文中证实了的殷代远祖的名字，因而以"王亥"为中心的这些类似的传说，是具有相当之历史真实性的。关于"王亥"的传说，在古代中国流行甚广，惟由于方言的差异或传写的讹误，把一个人弄成几个人了。如同一"王亥"而《天问》作"该"，《世本》作"胲"，《吕览》作"冰"，《史记》作"振"，但是无论把他叫做甚么名字，他都与"作服牛"及"有易"的故事有关，所以他们都是一个人，即甲骨文中所谓"亥"。据王国维的考证"亥"与"恒"都是"季"的儿子，而"季"则是殷之祖"冥"。④

至于地名，如"有扈""有易""有狄"，也是一个地方，即同是"有易"之讹。因"易"与"狄"在古代同为一字。《白虎通·礼

---

① 《楚辞》卷三《天问》，《湖北丛书》本。
② 《山海经》卷十四《大荒东经》，宋淳熙七年池阳斋尤袤刻本。
③ 同上。
④ 王国维：《殷卜辞中所见先公先王考》，载《观堂集林》卷九。

乐篇》云"狄者，易也"。又《史记》上之"简狄"，索隐谓'旧本狄作易'。[1] 从而我们知道"有狄"即"有易"。至于"有扈"，据王国维考证："扈字古书多作扈。"[2] 因而以为即"韦扈既伐"之"扈"而以为其地在河南。我以为王氏的这种解释与传说的内容不符，果如王氏之说，则"扈"在最初亦当在易水流域，而为有易族中之一支，后来移徙到河南的，才能解释得通。

总之，这些传说都是暗射着同一历史内容，即殷族的远祖"王亥"还是活动于邻近"有易"的今日易水流域一带。这种传说在现在并且已被考古学的发现证实了。在今日的易水流域之易州曾经发现了被考古学家所称为"商三句兵"的殷族遗存。[3] 证明了殷族之一部，直到铜器时代，还定住在那里。

殷族之向东南渤海湾一带移徙，恐怕是在"季"的时代，亦即传说中"夏少康"的时代。据《竹书纪年》少康十一年"使商侯冥治河"。夏后杼十三年，"冥死于河"。因为在"季"的时代，殷族的一部已经达到今日渤海湾的黄河口一带，所以"上甲微"才能"假师于河伯以伐有易"。

第二，从殷族的移徙过程中，可以看出他们之一部是走向辽东半岛乃至朝鲜半岛，因而渤海北岸的诸文化民族也是从河北平原北部的易水流域出发。关于殷族的移徙，《史记》卷三殷本纪说："自契至汤八迁"。关于这八迁，王国维氏曾有如次之考证：

> "今考之古籍，则《世本·居篇》云：'契居蕃'。契

---

① 泷川龟太郎：《史记会注考证》.卷三《殷本纪》。
② 王国维：《殷虚卜辞中所见地名考》，见《海宁王静安先生遗书》收《观堂别集》卷一，第18页。
③ 王国维：《商三句兵跋》，见《观堂集林》卷十八。

本帝喾之子，实本居亳，今居于蕃，是一迁也。《世本》又云：'昭明居砥石'。由蕃迁于砥石，是二迁也。《荀子·成相篇》云：'契玄王生昭明，居于砥石，迁于商。'是昭明又由砥石迁商，是三迁也。《左氏》襄九年传云：'陶唐氏之火正阏伯，居商邱，祀大火而火纪时焉，相士因之，故商主大火。'是以商邱为昭明子相土所迁。又定九年传'祝鮀论周封康叔曰：取于相土之东都以会王之东蒐。'则相土之时，曾有二都，康叔取其东都以会王之东蒐，则当在东岳之下，盖如泰山之祊为郑有者，此为东都，则商邱乃其西都矣。疑昭明迁商邱后，相土又徙泰山下，后复归商邱，是四迁、五迁也。《今本竹书纪年》云：'帝芬三十三年，商侯迁于殷。'是六迁也。'又孔甲九年殷侯复归于商邱。'是七迁也。至汤始居亳，从先王居，是八迁。"①

据王氏的考证，自契至汤虽八迁，而实则辗转流浪于五个地方，即"蕃""砥石""商邱""殷""亳"之间。而同时王氏又以为这五个地方，都在山东、河南之间。但依据传说，则商侯冥以前，殷族似乎尚未达到山东的腹部，故殷族在传说中之"契"、"昭明"的时代，应该还在河北平原以至河北境内之渤海沿岸一带活动，因而所谓"契居蕃"之"蕃""昭明居砥石"之"砥石"，乃至"相土之东都"，都不应该在山东境内。依据其他传说的暗示，殷族之迁徙，既非整族出动，亦非全部南徙，其中有一部分，始终停留于河北。另一部则沿海而北，即后来甲骨文中之箕方等，而这一支，后来就分化为肃慎、高句丽等，再有一部

---

① 王国维：《说自契至于成汤八迁》，见《观堂集林》卷十二，第1页。

分，则南徙于山东半岛，乃至于河南东部。所以《左传》昭公九年说："肃慎、燕、亳，吾北土也。"

又根据《诗经·商颂》云："相土烈烈，海外有截"，则在相土之时，殷族的大本营，尚在"海外""有截"之地。关于"有截"之"截"，甲骨文作𢧵。王国维认为"与虎敦之'截'及石鼓文之'𪗉'略同。古文以为载字，殆即《春秋》隐九年伐载之载（其地在今河南归德府考城）。[1] 我不同意王氏的这种考释。因为《商颂》明言"有截"在"海外"，决不能在河南，而且就字的构造上说，甲骨文之𢧵从目，而虎敦与石鼓文之二字皆从食，显然各为一字，亦即各为一地。因此我以为在相土时，辽东半岛一定有一个'有截'的氏族，证之《诗经·商颂》云："有截其所汤孙之绪"，则此"有截"与殷族还有其亲近的血缘关系。因此，我以为"契居蕃"之"蕃"以及"昭明居砥石"之"砥石"，皆应在辽东。

此外，甲骨文中有箕方。这样我们又明白了《史记·宋微子世家》所云："武王乃封箕子于朝鲜而不臣也"的历史内容，并非箕子是贤人，更非武王是圣君，其"不臣也"非不欲臣之也，而实不能臣之也，因为那里原是殷族的根据地，在殷族被周族击溃于黄河流域后，一部分殷人之退回老家，这是当然的事。所以《后汉书·东夷传论》云："箕子违衰殷之运，避地朝鲜。"这与武王的"封""不封"没有丝毫的关系。

箕子封于朝鲜的传说，不过是暗射着殷末周初，殷族还在继续向辽东半岛乃至朝鲜一带移动的历史内容而已。这种移动并

---

[1] 王国维《殷虚卜辞中所见地名考》，《海宁王静安先生遗书》收《观堂别集》卷一，第17页。

没有经过任何战争，也没有遇到任何抵抗，而只是轻轻在一个"封"字之下便完成了，由此足见他们是退回老家。

另外一个传说也暗射着同一历史内容，即"伯夷的故事"。孟子说："伯夷辟纣，居北海之滨"①，《史记·伯夷列传》说："伯夷、叔齐，孤竹君之二子也。父欲立叔齐，及父卒，叔齐让伯夷，伯夷曰：'父命也。'遂逃去。"在这里，孟子说伯夷之逃为"辟纣"，《史记》则谓为"让位"，但不管其为"辟纣"抑或"让位"，而其逃的时间为殷末，其逃的地点为北海之滨，则与前一传说的内容颇相暗合。从伯夷叩马而谏，并谓武王不应以臣伐君，及其"义不食周粟"的传说看来，则伯夷当然是周族的敌人，亦即殷族的义士，所以他在殷亡之后也逃到渤海北岸去了。

由此看来，殷族当走到渤海岸际的时候，他们并不是向同一方面移动，而是一支沿海而北，一支遵海而南。大概在传说中之"相土"的时代，其北徙者则已达到朝鲜半岛，而南徙者亦已定住山东半岛；所以到相土的时代，殷族便有二都，以"蕃"为东都，而以"商邱"为西都，他们虽然隔海相望，但却保持相当的联络，《诗经》云"四海来假，来假祁祁"②。其南徙者在后来则"分迁淮甸，渐居中土"，而北徙者则"巢山处海"，世称东夷。所以他们虽分布于不同的地域，而实则出发于同一地点，即河北之易水流域。因此，我以为他们与周口店山顶洞文化的创造者，有着某种文化的乃至人种的关系。

---

① 《孟子》卷七《离娄章句上》
② 《诗经·商颂·玄鸟》。

# 三　共同的血缘关系及其他

殷族与渤海系诸文化民族之属于同一人种之分布，我们还可以举出如次的证据。

第一，他们有着共同的血缘关系，如前所述的海外之"有截"，《诗经·商颂》明言"有截其所，汤孙之绪"，则此"有截"直到汤时，殷族还认为他是同一血缘的氏族，此外《竹书纪年》云少康十一年"使商侯冥治河"，又云：帝杼抒十三年，"冥死于河"因而我以为《山海经》上所谓"河伯仆牛"之"河伯"，当即指商侯冥而言，亦即甲骨文中之"季"而言，因为如此，所以后来"上甲微"才得以"假师于伯以伐有易"。但据《魏书·高勾丽传》云："高勾丽者出自扶余，自言先祖朱蒙。朱蒙母河伯女。"如此，则高勾丽与扶余之祖，亦出自"河伯"，亦即同为殷之祖"季"的子孙。

第二，他们有着同一的原始氏姓。《左传》昭公元年传云："后帝不臧，迁阏伯于商邱，主辰，商人是因，故辰为商星。"又《左传》昭公十七年传云："宋，大辰之虚也。"大火谓之大辰。按宋为殷之后裔，而《左传》谓为"大辰"之虚，则在春秋时代，殷族尚有"大辰"之称，且有"辰为商星"之传说。而另一方面，据《后汉书·东夷传》云："韩有三种：一曰马韩，二曰辰韩，三曰弁辰……凡七十八国……皆古之辰国也。"如此，则史前渤海沿岸诸氏族，皆有"辰族"之称。其在渤海南岸者曰"大辰"，而在北岸者曰"韩辰"，曰"弁辰"，其实"皆古之辰国也"。

第三，他们有着共同疆域。如前所述，直到春秋时代殷之后裔还记得"肃慎、燕、亳，吾北土也"。肃慎在辽东，则辽东实为殷之北土，盖无可疑。又据甲骨文及传说，殷族在其进入黄河腹部以后，对于西北、西南及东南皆有征伐。如对于西北则征土方、呂方，对于西方"则远征氏、羌、鬼方及周族"，对于西南则"奋伐荆、楚"，对于东南则征芦林毊诸族，甚至达到今日浙江之上虞（据郭沫若考证）。但只有对于东北，则不言"征"而只言"步"，由此足证当时中国东北渤海沿岸一带，实为殷之北土，而黄河流域，实即殷之"邦畿"，其他陕、甘、荆、楚，淮甸则为殷之征服地。所以《诗经·商颂》云"宅殷土芒芒"，又说，殷族的"邦畿"，虽然只有"千里"，然而他却"肇域彼四海"，乃至"奄有九有"。

第四，他们被其他种族视为同一族类，而命以同一的名称。如《逸周书·明堂篇》云："周公相武王以伐纣夷，定天下。"同书《祭公篇》云："用夷居之大商之众。"《左传》昭公二十四年引《泰誓》云："纣有亿兆夷人，亦有离德。"同书昭公四年又云"纣为黎之蒐，东夷叛之。"《墨子·非命篇上》引《泰誓》云："纣夷处不肯事上帝鬼神。"同书《天志篇中》引《泰誓》云："纣越厥夷，居不肯事上帝"。《吕览·古乐篇》云："商人服象为虐于东夷"。《后汉书·东夷传》云："宅是菁夷，曰乃蒇谷，巢山潜海，厥区九族"。又曰："夷有九种"，并列举其名。其实所谓"九夷"者，乃"群夷"之谓，并不只九种。殷既被称为夷，当亦群夷之一。

第五，他们有着共同的宗教信仰。殷人崇拜天帝，不仅见于传说，而且见于甲骨文中。前者如《尚书·盘庚上》云："天其永我命于帛新邑"，《盘庚下》云："肆上帝将复我高祖之德"。后者如甲骨文中亦有"伐呂方帝受我又（祐）"之记载。殷人的这种崇拜天帝的宗教信仰，也存在于渤海系诸文化民族中。《后汉书·东夷传》夫余国条云：夫余"以腊月祭天，大会连日，饮食歌舞，名曰迎鼓"。同书濊条云："濊……本皆朝鲜之地也……常用十月祭天，昼夜饮酒歌舞，名之为舞天。"同书韩条云："韩……凡七十八国……皆古之辰国也……主祭天神，号为天君。又立苏塗（《魏志》云苏屠之义，有似浮屠）建大木以县铃鼓（按大木，即图腾柱），事鬼神"。据此则拜天事鬼不仅为殷族特有之宗教信仰，而实为渤海东北诸文化民族之共同的宗教信仰。

第六，他们有着共同的卵生传说。如《论衡·吉验篇》云："北夷橐离国王侍婢有娠，王欲杀之，婢对曰，有气大如鸡子从天而下，故我有娠。"《魏书·高句丽传》云："高句丽者，出自扶余，自言先祖朱蒙，朱蒙母河伯女，为扶余王闭于室中……既而有孕，生一卵，大如五升。"（此传说同样见于高丽好大王碑、高丽王氏朝金富轼撰《三国史记·高句丽东明王本纪》及《清太祖武皇帝实录》等书）。《搜神记》卷十四云："古徐国宫人娠而生卵，以为不祥，弃之水滨，有犬名鹄苍，衔卵以归，遂生儿为徐嗣君。"顾颉刚氏以为以上诸民族之卵生的传说，都是从《商颂》中："天命玄鸟，降而生商"的殷族原始卵生传说中分化出来，因而认为殷族与东方沿海一带民族有着某种关系。我以为顾氏所指出的这一点，是值得注意的，固然以上的诸传说，在本质上都是反映原始群婚时代知有母而不知有父的历史内容，但反映这种内容的方式甚多，而"渤海系"诸文化民族，则皆以卵生说为中心，这就证明他们有着同一的传说。

总上诸点，所以我以为殷族与"渤海系"诸文化民族不但有着某种文化的关系，而且有着某种人种的关系。因为篇幅的限制，在这里只能提示一个简单的意见，其详当于拙著《中国史前社会史》中申论之。

（重庆《群众》七卷五期，1942 年 3 月 28 日出版）

# 论陈胜、吴广的起义

## 一 革命的领导者陈胜、吴广

纪元前209年，中国史上，爆发了一次有名的农民革命，这就是陈胜、吴广的起义。

陈胜、吴广的起义虽然像纸炮一声，轰然而灭；但这一次起义是中国农民第一次反专制反独裁的革命，而且第一次粉碎了专制和独裁的政权。

据《史记·陈涉世家》云："陈胜者，阳城（今河南登封市）人也，字涉。吴广者，阳夏（今河南太康县）人也，字叔。陈涉少时，尝与人佣耕。""与人佣耕"就是雇农。至于吴广，是否也是雇农，史无明文；但他的身份大概和陈胜差不多，因为他和陈胜同样是秦代的"闾左"之民。司马贞《索隐》曰："（秦时）凡居，以富强为右，贫弱为左。""闾左"之民，就是"贫弱"之民。

同书又云："二世元年七月，（因北边有警，秦代政府征发闾左之民）适戍渔阳（今北京怀柔县）九百人，屯大泽乡（今安徽宿县南），陈胜吴广皆次当行，为屯长。"

"屯长"就是押解壮丁的队长，壮丁的队长，也是壮丁。于是他们就由"瓮牖绳枢之子，甿隶之人，"一变而为"迁徙之徒"。①

从这里，我们知道陈胜、吴广以前是"与人佣耕"，胼手胝足于垄亩之间，以后又被征为壮丁，"蹑足行伍之间，俛起阡陌之中。"② 既没有丝毫财产足以结纳徒众；又没有受过政治和军事的教育，足以乘时因势；更没有高名重望，足以号召天下；然而何以卒能发动一个惊天动地的革命？

或有人说：这完全是历史的偶然。诚然，陈胜、吴广之最初的起义，不过是一队壮丁的造反。造反的原因，是因为天雨失期，失期当斩。看起来好像是偶然的。

又有人说，这完全是陈胜的煽动。诚然，陈胜起义之前，曾经玩弄了一些魔术。例如，他以丹书帛曰："陈胜王"。又如他于丛祠中夜篝火，使人作狐鸣，呼曰："大楚兴，陈胜王。"这些魔术对于当时富于迷信的农民，不能说没有煽动的作用。

但是，我以为这些都不能成为理由。陈胜、吴广之最初的起义，固然是由于"天雨失期"；然而"天雨失期"之所以成为造反的原因，则是秦代"失期当斩"的苛法。帛书、狐鸣的煽动作用不过是暗示陈胜当王的天命；但陈胜当王的天命之所以有人相信，则是由于人民认为咸阳政府的天命已尽。所以我以为陈胜、吴广之能唤起一个大革命，不是天雨，不是帛书，也不是狐鸣，而是秦代专制独裁的暴政。

---

① 贾谊：《过秦论》。

② 贾谊：《过秦论》。俛同勉。俛起，不得已而举事。《史记·秦始皇本纪》太史公曰引作"而倔起什伯之中。"《集解》："骃案：《汉书音义》曰：首出十长百长之中。如淳曰：时皆辟屈在十百之中。"

# 二 革命前夕的社会

司马迁曰：

> 桀、纣失其道而汤、武作，周失其道而《春秋》作，秦
> 失其政而陈涉发迹。(《史记·太史公自序》)。

在这里，司马迁把陈胜的起义，比之于汤、武伐罪，《春秋》
诛暴，不是没有根据的。因为秦之失政，由来已久，自秦始皇统
一六国以后，就走上了专制独裁的道路，推行暴君政治。其积怨
于人民已非一日，陈胜、吴广的起义，正是秦末农民对专制独裁
的暴政之血的回答。

秦始皇是中国第一任专制独裁的皇帝，他总以为天下是他打
出来的，他就有权一手包办天下之事。他不知道削平六国并不是
他一个人的功劳，而是当时新兴地主集体的力量，并且是当时历
史发展之必然的归结。但是秦始皇却"贪天之功以为己力"[1]，
专制暴虐，开创独裁政治的端序。孔子曰："始作俑者，其无后
乎！"[2] 所以秦代政权不及二世而亡。虽然，灭亡的只是他的直
系子孙，至于他的傍系子孙，则真是自一世二世以至千万世，历
代相承，以至今日。

秦始皇直至现在，尚被当作专制独裁的典型人物，《史记》
论秦始皇之为人曰：

> 始皇为人，天性刚戾自用。起诸侯，并天下，意得欲
> 从，以为自古莫及己。专任狱吏，狱吏得亲幸；博士虽七十

---

[1] 《左传》僖公二四年。

[2] 《孟子·梁惠王》(上) 引。

人，特备员弗用；丞相诸大臣，皆受成事，倚办于上。上乐以刑杀为威，天下畏罪持禄，莫敢尽忠；上不闻过而日骄，下慑伏谩欺以取容。秦法不得兼方，不验辄死；然候星气者至三百人，皆良士，畏忌讳谀，不敢端言其过。天下之事无小大，皆决于上。上至以衡石量书，日夜有呈。不中呈，不得休息。贪于权势至如此。（《史记·秦始皇本纪》）

为了巩固专制独裁的政权，这位独裁的皇帝即位以后，就采取了左右开弓的政策。他一方面"收天下兵，聚之咸阳，销以为钟鐻金人十二。"解除全国农民的武装；另一方面，"徙天下豪富于咸阳，十二万户。"把残余的六国旧贵族一网打尽（同上书）。

六国的残余旧贵族大半都圈禁在咸阳；但犹以为未足，又通缉在逃的旧贵族，如楚之贵族项梁，"尝有栎阳逮"（《项羽本纪》）；魏之名士张耳、陈余，同被悬赏购求（本传）；犹以为未足，又将集中软禁的旧贵族流放边疆，所谓"徙谪，实之初县"，即指明此事；犹以为未足，于是而有焚书、坑儒之举，企图以此根绝旧贵族之思想的根源，从而灭绝人类的知识，以遂行其统制文化思想的愚民政策。

公元前213年，咸阳宫里发布了焚书的通令，其令曰：

非《秦纪》，皆烧之。非博士官所职，天下敢有藏《诗》《书》、百家语者，悉诣守、尉杂烧之。有敢偶语《诗》《书》者弃市。以古非今者族。吏见知不举者，与同罪。令下三十日不烧，黥为"城旦"（城旦，即输边，令筑长城，四年徒刑）。所不去者，医药、卜筮、种树之书。（《秦始皇本纪》）

　　跟着这道命令的发布，首先在咸阳市的广场上就纵烧了焚书的烈火，接着这焚书的烈火遍及全国。而中国最优秀的古典文献，除皇家图书馆（即博士官所职）留下一分，其余全部化为黑灰。第二年，诸生四百六十余人在咸阳的郊外一坑活埋。其余各郡各县以"偶语诗书"或"见知不举"或"令下三十日不烧"，而在以古非今的罪名之下被黥为"城旦"、被"弃市"、被灭家夷族者尚不知有多少。

　　咸阳变成了杀人犯的巢穴，知识分子的屠场，文化思想的坟墓。在当时，知识分子要想逃出咸阳，就像逃出地狱一样；然而秦始皇却不许他们逃亡，他要留下几个知识分子作为他的政治花瓶。所以博士七十人虽已"弗用"，仍然"备位"。

　　在另一方面，农民虽然已经解除武装；但犹以为未足，又于各郡置"材官"（即常备军），以准备对农民之随时的屠杀；犹以为未足，又"毁先王之法，灭礼谊之官，专任刑罚，"严刑峻罚，向人民示威，以至"赭衣塞路，囹圄成市。"（《汉书·刑法志》）犹以为未足，又严密基层政治的组织，于县之下分乡，乡之下分亭，亭之下分里，把农民放在三老、啬夫、游徼、亭长、里正的层叠统治之下，成为驯良的农奴，一声不响地被榨取，被奴役，乃至饿死。

　　自秦始皇统一天下以后，一队一队的农民，连同他们的妻女财产，被送到咸阳。到了咸阳，农民的财产，便化为离宫别馆；农民的妻女，便化为妃嫔美人；而农民的本身，则被当作壮丁，送到四方。或负弩前驱，北伐匈奴；或肝脑涂地，南征五岭；或垒石担土，修筑长城；或堑山堙谷，开辟驰道。犹以为未足，又于咸阳附近之郦山，设置一所类似今日法西斯"集中营"的大监狱，其中禁闭着"隐宫徒刑者70余万人"，秦始皇强迫这些囚

徒作无偿劳动，替他建宫殿，掘坟墓。(《秦始皇本纪》)

在这一时代，30万人守塞北，50万人戍岭南，70万人修宫殿，造坟墓。此外还有成千成万的人筑长城，开驰道。西自临洮，东至辽东，北自燕齐，南至吴、楚，到处都是农民的尸骨。这些农民死于战争，死于饥饿，死于虐待。或暴骨沙漠，或委命山谷，或毙命黑狱，或转死道路。广大农民脱离了土地，脱离了生产，咸阳变成了金穴，而全国农村则变成了沙漠。诚如《淮南子·人间训》所云："当此之时，男子不得修农亩，妇人不得剡麻考缕。赢弱服格于道，丈夫箕会于衢。病者不得养，死者不得葬。"而这就是秦始皇左右开弓政策的结果，专制独裁政治的成绩，也就是陈胜、吴广革命起义之前夕的社会内容。

## 三　革命的爆发及其展开

人民对暴政的忍耐是有限度的；超过了一定的限度，他们就不管甚么皇帝不皇帝，都要和他拼一个死活。语云："舍得一身剐，皇帝拉下马，"这就是被压迫人民之最后的办法。

当始皇时，人民对这种穷凶极恶的独夫所发出的警告已经不只一次了。始皇二十九年，博浪沙中已经伸出了旧贵族的铁锤；三十一年兰池道上又出现了农民的匕首；三十六年，东郡的殒石上又刻出"始皇死而地分"的标语。同年，华阴道上又有人带给始皇一个口信，说"今年祖龙死"。这一系列的事实，表示了当时农民对土地之渴望和对这个独夫的深恶痛绝、愤怒和愿与偕亡。

秦始皇在暴风雨的前夕死去了。其子二世继立，赵高为丞相。宦官执政，奴才当权，残杀亲族，压榨人民，屠灭文化，统制思想，贪污腐化，荒淫无耻，较之始皇时代更变本加厉。据《史记·秦始皇本纪》云："（二世）度不足，下调郡县，转输菽粟刍藁，皆令自赍粮食，咸阳三百里内不得食其谷。"

同书又云："（二世）繁刑严诛，吏治刻深，赏罚不当，赋敛无度。天下多事，吏弗能纪；百姓困穷，而主弗收恤。然后奸伪并起，而上下相遁，蒙罪者众，刑戮相望于道，而天下苦之。自君卿以下至于众庶，人怀自危之心，亲处穷困之实，咸不安其位。"像这样一个政权，当然是罪恶的渊薮，人民的怨府，除了二世那个独夫和他的奴才以外，当时社会各阶层的人民，无不企图推翻这个万恶的政权，以求解放。

恰好当时北方有警，全国大征兵，所有的农民，都要被征，送到渔阳的战场。历史的记录告诉我们，在当时，到处的亭长都在捕捉壮丁。无数的壮丁大队都在向今日河北北部开拔。此外，输刍挽粟以向咸阳的运送队遍于道路。而贪官酷吏则假借征兵征粮额外苛索。

太阳熄灭了，遍天下都是贪官、酷吏、强盗、吸血鬼、杀人犯。就在这个时候，暴风雨来了！陈胜、吴广举起了革命的大旗。革命在大泽乡（今安徽宿州市境内）爆发，最初不过九百个戍卒的叛变。但在陈胜、吴广的指挥之下，他们很快就占领了大泽乡，占领了蕲县（今宿县）的县城。

革命的攻势，疾速地展开。陈胜令符离县的农民葛婴率领一支部队东进，他则率军西取铚、酂、苦、柘、谯诸县。苦难的人民一旦从暴政中得到解放，他们都纷纷起来，用锄头、木棒武装自己，并且自己带着粮食、车辆和骡马，来参加农民军的队伍。旬日之间，在陈胜、吴广的旗帜下，已经不仅是九百个戍卒，而是"车六七百乘，骑千余，卒数万人。"[①]并转旗而西，向陈（今河南淮阳）进军。陈的守、令早已闻风而逃，革命军在没有多大抵抗的情形之下，进入陈，就在陈组织了以陈胜为首的革命政府。

太阳出来了，陈城上，扬起了"张楚"的旗帜。

革命的农民军并没有把他们的队伍停在陈，他们展开了更大的攻势。在当时，周文之军西入函谷关，吴广之军西击荥阳，宋留之军西南向武关，分道并进，西向咸阳。在后方，则葛婴之军已下东城，邓宗之军已入九江郡，革命的势力深入淮南。

革命的影响很快就扩大到全国的范围。据史载，当时各地农民起义者，有：

阳城人邓说，将兵居郯（今山东郯城）。

铚人伍徐，将兵居许（今河南许昌东）。

陵人秦嘉、铚人董缫、符离人朱鸡石、取虑人郑布、徐人丁疾等皆特起，将兵围东海守庆于郯。

此外，楚兵数千人为聚者，不可胜数。

这些革命的农民无不斩木为兵，揭竿为旗，风起云涌，起来响应陈胜的革命。他们"家自为怒，人自为斗，各报其怨而攻其仇。"[②]于是县杀其令丞，郡刑其守尉，群起而亡秦族矣。不到几月，秦代专制独裁的政权就在农民大众的锄头、木棒之下，捣成粉碎了。

贾谊曰：

且夫天下非小弱也，雍州之地，殽函之固，自若也。陈

---

① 《史记·陈涉世家》。
② 《史记·张耳陈余列传》。

涉之位，非尊于齐、楚、燕、赵、韩、魏、宋、卫、中山之君；钼櫌阤棘矜，非銛于句戟长铩也；适戍之众，非抗于九国之师；深谋远虑、行军用兵之道，非及乡时之士也。然而成败异变，功业相反也……一夫作难而七庙堕，身死人手，为天下笑者，何也？仁义不施，而攻守之势异也。（《史记·秦始皇本纪·太史公曰引〈过秦论〉》）

# 四　革命的被篡窃及其失败

自农民军占领了陈以后，陈就变成了革命的中心。这里不仅是农民的大本营，也是旧贵族和知识分子的避乱所。据史载：张耳、陈余，"魏之名士也"，"上谒陈涉"。魏咎，魏之诸公子也，"在陈王所"。此外，如周文、周市、蔡赐等，所谓"贤人""豪杰"之流，都在革命的高潮中涌到了陈。甚至孔子的八世孙孔鲋和鲁国诸儒这些宽衣博带的知识分子都纷纷投到陈胜的旗下。

知识分子之投到陈胜的旗下，其动机很简单，就是为了反对秦朝政府"焚书坑儒"的政策。司马迁曰：

> 陈涉之王也，而鲁诸儒持孔氏之礼器，往归陈王，于是孔甲为陈涉博士，卒与涉俱死。陈涉起匹夫，驱瓦合适戍，旬月以王楚，不满半岁竟灭亡，其事至微浅，然而缙绅先生之徒，负孔子礼器往委质为臣者，何也？以秦焚其业，积怨而发愤于陈王也（《史记·儒林列传》）

至于那些旧贵族之混进农民革命军的营阵，他们就怀抱着一种卑劣的政治阴谋，他们是企图利用农民革命军的武装，再建六国的政权。具体的史实指示出来，当革命军进入陈，农民都一致推戴陈胜为首领。他们说："将军身被坚执锐，伐无道，诛暴秦，复立楚国之社稷，功宜为王。"（《史记·陈涉世家》）"且夫监临天下诸将，不为王不可，愿将军立为楚王也。"（《史记·张耳陈余列传》）但当时旧贵族却找出许多理由，反对陈胜为王。如史载张耳陈余之言曰："夫秦为无道，破人国家，灭人社稷，绝人后世，罢百姓之力，尽百姓之财。将军瞋目张胆，出万死不顾一生之计，为天下除残也。今始至陈而王之，示天下私。愿将军毋王，急引兵而西，遣人立六国后，自为树党，为秦益敌也。敌多则力分，与众则兵强。如此，野无交兵，县无守城，诛暴秦，据咸阳，以令诸侯，诸侯亡而得立，以德服之。如此，则帝业成矣。今独王陈，恐天下解也。"（同上书）这是何等漂亮的政治说词呵！但是一句话揭穿，就是反对农民组织自己的政权，而要引导农民的力量去实现旧贵族的政治目的——"立六国后"，恢复战国时代的旧局面。

张耳、陈余反对组织政府的异议，并没有为农民军接受。政府还是要组织，陈胜还是要称王。旧贵族第一次的阴谋算是失败了。

旧贵族既不能阻止革命政府的组织，于是改变计划，在组织政府的时候，拼命的钻进政府的机构，企图从政府的内部去控制这个革命的政权。据史载，当时陈王政府以上蔡人房君（房邑之封君）蔡赐为上柱国（等于丞相），以陈之贤人周文为将军，以孔子七世孙孔鲋为博士，以酷吏出身的朱房为中正，胡武为司过。而张耳、陈余则定计决策，参予大计。此外，"陈王征国之豪杰与计"①，更不知有多少"豪杰"、"贤人"挤进了陈王政府。这样一来，陈王政府，便不是农民的政府，简直是贵族、豪杰、贤人、知识分子的政府。

旧贵族既混进政府的机构，他们又进一步篡窃革命的武装。据史载：陈余说陈胜曰："大王举梁、楚而西，务在入关，未及收河北也。臣尝游赵，知其豪杰与地形，愿请奇兵，北略赵地。"②于是陈胜以陈人武臣为将军，邵骚为护军，张耳、陈余为左右校尉，予卒三千人，北略赵地。张耳、陈余一过黄河便背叛了农民革命，立武臣为赵王，陈余为大将军，张耳为右丞相。此外，魏人周市窃兵入魏，也背叛了农民革命，而立魏之贵族宁陵君咎为魏王。陈之贤人周文，自言知兵，将兵入关，结果为章邯所败，周文自刭，军遂不战。这样革命的武装，一部分牺牲了，一部分则变质而为旧贵族割据的工具。

旧贵族既篡窃革命的武装，又进一步去腐化革命的领导者。他们使陈胜深居高拱于殿屋帷幄之中，隔离他和农民的接触。陈胜究竟是一个天真烂漫的农民，他在旧贵族的玩弄中昏迷了。他真以为有了旧贵族、豪杰、贤人和知识分子来捧场，就可以不要农民，于是开始脱离农民，而农民也就离开了他。《史记·陈涉世家》云：陈涉己"王陈，其故人，尝与佣耕者闻之，之陈，扣宫门曰：'吾欲见涉。'宫门令欲缚之，自辩数，乃置，不肯为通。陈王出，遮道而呼涉，陈王闻之，乃召见，载与俱归。入宫，见殿屋帷帐，客曰：'夥颐！涉之为王沉沉者！'楚人谓多为夥，故天下传之，'夥涉为王'，由陈涉始。客出入愈益发

---

① 《史记·陈涉世家》。

② 《史记·张耳陈余列传》。

舒，言陈王故情。或说陈王曰：'客愚无知，颛妄言，轻威。'陈王斩之。诸陈王故人皆自引去，由是无亲陈王者。"

陈胜和农民一天天疏远，并且渐渐对自己的同志表示不信任，于是农民军将领吴广、邓说、葛婴相继被杀害，此外被杀害的将领尚不知有多少。《陈涉世家》曰："陈王以朱房为中正，胡武为司过，主司群臣。诸将徇地，至，令之不是者，系而罪之，以苛察为忠。其所不善者，弗下吏，辄自治之。陈王信用之，诸将以其故不亲附，此其所以败也。"

跟着革命首脑的腐化，各地农民革命军遂开始瓦解的过程。据史载：陈胜"使武平君畔，为将军，监郯下军，秦嘉不受命。嘉自立为大司马，恶属武平君。告军吏曰：'武平君年少，不知兵事，勿听！'因矫以王命，杀武平君畔。"从此以后，郯下诸军遂脱离了陈王政府的领导。此外，淮南一带之"楚军数千人为聚者"，亦各自为战。

农民革命的高潮过去了，跟着而来的，是他的败亡。不久，秦朝政府的大军在章邯的指挥之下，东向而击。当时，周文之军一败于戏，再败于曹阳，三败于渑池，周文自杀，军遂溃散。秦军乘胜而东，至于荥阳。时吴广已被害，田臧为上将，乃使诸将李归等守荥阳城，而自率精兵迎击秦军于敖仓。田臧战死，军亦溃散，秦军遂围荥阳。李归等败死，荥阳陷落。

为了牵制秦军的攻势，当时陈胜曾遣使令赵王武臣率兵西击。但是张耳、陈余却建议赵王反对出兵。于是章邯由荥阳而东，一击而下陈。陈胜逃至下城父，其御庄贾杀以降秦。陈王政府就这样结束了。

陈胜虽死，而革命的农民并没有被秦军吓倒。跟着陈胜之死，将军吕臣又出现为农民军的领导者，组织苍头军，起义于新阳（今安徽太和县西北），克复陈，诛死叛徒庄贾，复以陈为楚都。秦嘉则立景驹为楚王，集合郯下的农民军，继续反秦的斗争。此外郦山囚徒黥布亦出现为淮南一带农民军的领导人物。但这已经是农民革命的尾声了。

我们从上述的史实中，可以看到陈胜、吴广领导的农民革命之失败，其原因，是因为陈胜、吴广不能控制革命的高潮，因之使革命的破坏者旧贵族混进了革命的阵营。篡窃革命的政权和革命的武装，并且隔离革命领导者与群众的关系，进而使革命的领导者不相信自己的干部，杀戮自己的干部，这样一来，革命的政权变了质，革命的武装落了空，革命的阵营瓦解了，革命的领导者变成了孤家寡人。

任何时代，当革命高潮的时候，都会有革命破坏者窜进革命的阵营。谨防"张耳、陈余"，不要有了贵族、豪强、贤人、缙绅就忘记了农民，不要不相信自己的干部，而且随时要检举庄贾那样的在革命危机中倒戈的叛徒，这就是秦末农民革命留下来的教训。

陈胜、吴广的起义虽然失败了，但这个起义是伟大的，因为这是中国农民第一次和专制独裁的皇帝宣战，而且是第一次告诉中国的农民：

"要推翻专制皇帝、独裁政治，唯一的办法就是拿起武器，起来革命。"

（重庆《中国学术》季刊创刊号，1946 年 8 月 1 日出版）

# 论王莽改制及其失败

## 一 非变不可的时代

王莽改制，是出现于中国史上的第一次改良运动，但这件事，写在西汉史上，却变成了一幅滑稽的插图。

王莽改制之被滑稽化，主要地是因为王莽曾经用了一种政治手段，篡窃了西汉的天下；而这在中国政治道德上，是不允许的。不仅如此，在篡窃的过程中，王莽又动辄称引圣经贤传，以文饰其奸逆。例如他本来是一个乱臣贼子，而到处自比于伊、周；本来桀纣不如，而晏然自以为黄、虞复出也。当王莽之时，圣经贤传的文词充满文告，仁义道德的口号响彻云霄。例如当王莽辞新邑田时，当时大司徒司直陈崇曾有一封颂圣的奏书，其中把圣经贤传上的美辞，都搜集起来，歌颂这位篡窃的"圣人"。其中有言曰："孔子曰：'未若贫而乐，富而好礼。'公之谓矣。""《诗》曰：'柔亦不茹，刚亦不吐……'公之谓矣。""孔子曰：'敏则有功。'公之谓矣。""孔子曰：'能以礼让为国乎何有？'公之谓也。""孔子曰：'食无求饱，居无求安，'公之谓矣。""《易》曰：'终日乾乾，夕惕若厉，'公之谓矣。""《书》曰：'纳于大麓，烈风雷雨不迷。'公之谓矣。"这诚如《汉书·王莽传》所云："昔秦燔诗书以立私议，莽诵六艺以文奸言，同归殊途，俱用灭亡。"吾人读史至此，不觉深有慨乎圣经贤传之往往为奸人所利用，而仁义道德之往往为篡窃者所假借也。

虽然奸逆终非文辞所能粉饰，是以千余年来，王莽在道德的法庭之前，遭受了中国历史家残酷的裁判。王莽的名字，直至现在，还是被当作篡窃者的符号，足见善恶之心，人皆有之。即因如此，所以王莽改制，也被滑稽化了。

但是，假如吾人离开"祖刘"的立场，则可看出王莽的改制，并不是一种纯理想的企图，而是西汉历史发展到不得不变之结果。具体的史实，指示出来，西汉的政权，至于成帝已开始其崩溃的过程。当此之时，五侯专政，外戚用事，阻塞贤路，浊乱天下，贪污腐败，骄奢淫逸，达到极点。例如"五侯群弟，争为奢侈，赂遗珍宝，四面而至；后庭姬妾，各数十人，僮奴以千百数。罗钟磬，舞郑女，作倡优，狗马驰逐。"又"大治第室，起土山渐台，洞门高廊阁道，连属弥望。"（《元后传》）当时贵族之骄奢也如此，其他官僚亦"奢侈逸豫，务广第宅，治园池，多蓄奴婢，被服绮縠，设钟鼓，备女乐，车服、嫁娶、埋葬过制，吏民慕效，寖以成俗。"（《成帝纪》）这种情形，即以成帝之昏庸，亦知似此"而欲望百姓俭节，家给人足，岂不难哉！"

当时的贵族官僚，其贪污所得，过于庞大，用之于雕梁画栋而不尽，用之于声色狗马而又不能尽；于是出其余裕，用于土地之收夺，以再生产其财富，如："红阳侯立，因南郡太守李尚，占垦草田数百顷。"（《孙宝传》）又如"张禹占郑、白之渠田数百余顷，他人兼并者类此。"（《通考》）这样就加速了农民离开土地的过程。

与政治的收夺的同时，又来了一支扫荡农村的生力军，这就是商业资本。其一部分囤积居奇，垄断人民的生活资料。另一部分转化为高利贷资本，涌进农村，而且即刻就抓住了那些渴望货币的贫苦农民的头发，迫使他们把自己的土地、家屋以及一切有价物，都当作利息交付出来。最后把自己的子女和自己的身体也以奴婢的形态提供出来作为债务的清算。

由于贵族官僚与豪族商人之土地兼并的竞赛，于是土地日益集中，贫困日益扩大。当此之时，诚如王莽诏令所云："强者规田以千数，弱者曾无立锥之居，又置奴婢之市，与牛马同栏，制于臣民，颛断其命，奸虐之人，因缘为利，至略卖人妻子，逆天心，悖人伦，缪于天地之性人为贵之义。"又如荀悦所云："西汉之世，豪强之暴，酷于亡秦，今豪民占田，或至数千百顷，富过王侯。"

又况人祸之外，复益之以天灾。成帝有诏曰："朕承鸿业十有余年，数遭水旱疾疫之灾，犁民娄困于饥寒，而望礼义之兴，岂不难哉！"（《成帝纪》）

当时农民，其土地之被剥夺者多已饿死沟壑。即有土地者，"父子夫妇终年耕耘，所得不足以自存，故富者犬马余菽粟，骄而为邪；贫者不厌糟糠。"（《王莽传》）加以急征暴敛，敲骨入髓，地租之外有藁税，算赋之外有更赋，此外盐铁有税，醋酒有税，车船有税，海有税，山林园池市肆乃至六畜，亦无不有税。农民若不能交出此种税款，则"一人有辜，举宗拘系狱。"（《成帝纪》）如此，则当时的农民，虽欲不女为娼，而男为盗，岂可得乎？果然，颍川的铁官徒（铁场的工徒）首先爆发了叛乱。接着在广汉，在尉氏，在山阳，也相继发生了民变，自是而天下萧萧然矣。

到哀帝时，外戚幸臣把持国柄，贪污腐败，日甚一日。据史载，哀帝一次就把农民的土地赏给他的男宠董贤二十万亩以上，又赏给董贤的钱合计四十三万万，其他不及细举。当时谏议大夫鲍宣曾上书曰："（陛下）奈何独私养外亲与幸臣董贤，多赏赐以大万数，使奴从宾客，浆酒霍肉，苍头庐儿，皆用致富，非天意也。及汝昌侯傅商无功而封。夫官爵，非陛下之官爵，乃天下之官爵。陛下取非其官，官非其人，而望天悦民服，岂不难哉！"

当时社会的情形，鲍宣曾慨乎其言之曰："凡民有七亡：阴阳不和，水旱为灾，一亡也；县官重责，更赋租税，二亡也；贪吏并公，受取不已，三亡也；豪强大姓，蚕食无厌，四亡也；苛吏徭役，失农桑时，五亡也；部落鼓鸣，男女遮绮，六亡也；盗贼劫略，取民财物，七亡也。七亡尚可，又有七死：酷吏殴杀，一死也；治狱深刻，二死也；冤陷无辜，三死也；盗贼横发，四死也；怨仇相残，五死也；岁恶饥饿，六死也；时气疾疫，七死也。民有七亡而无一得，欲望国安，诚难；民有七死而无一生，欲望刑错，诚难；此非公卿守相贪残成化之所致那？"（《汉书·鲍宣传》）

在七亡、七死的灾难之中，当时的人民，遂骚然大动。《哀帝纪》云："（建平）四年春，大旱。关东民传行西王母筹，经历郡国，西入关，至京师。民又会聚祠西王母，或夜持火上屋，击鼓号呼，相惊恐。"在堂堂的首都而饥民公然"持火上屋，击鼓号呼。"这是何等骇人的现象！

由此看来，西汉至哀帝时，天下萧萧然已呈变局，有王莽的改制固变，无王莽的改制亦变。王莽知变可以制变，故为改制之图。其主观动念，固在欲因天下之变，以巩固地主的统治；但在客观上，也正是当时人民的愿望。盖当时除少数的贵族官僚和豪族富商外，所有的人民，无不希望有一种政治的改良，以打破当时黑暗腐败的局面。所以我以为王莽的改制，在客观上，是顺乎人也；顺乎人者昌，是以王莽得以变而致身于皇帝。但在主观上，是私乎己也；私乎己者亡。是以王莽虽篡窃大位，不旋踵而遂血肉狼藉于人民之前。

## 二 改革的内容

不论怎样，王莽总是一个聪明的政治家，他看清了当时社会，已经非变不可，与其任其自发的变，不如先为之变以制其变，如此则变之权操于己，变之用存于己，从而导天下之变于自己有利的方向，以巩固其统治。同时，王莽又看清了当时社会的危机，是从社会最深刻的内部爆发出来的。最主要的，是贵族、官僚、豪族、商人之土地兼并，使农人失掉了土地；其次是商人之高利盘剥与物价垄断，造成了社会的不安。所以他针对着这种社会症结，展开其改良政策。

王莽知欲天下之安，必须消灭"部落鼓鸣，盗贼横发"的现象。欲消灭此种现象，必须农着于土。欲农着于土，必须耕者有其田，故为王田之制。所谓王田者，即将兼并者的土地，收为国家所有，再由国家计口授田，以之分配于人民。《王莽传》云："其男口不盈八，而田过一井者，分余田予九族邻里乡党，故无田今当受田者，如制度。""如制度"者，即一夫受田百亩也。王莽对于执行此种土地政策似有决心。他曾有诏曰："敢有非井田圣制，无法惑众者，投诸四裔，以御魑魅。"

跟着土地之政策而来的是劳动政策。为了发掘劳动力，王莽又在"天地之性人为贵"的人道主义的美名之下颁布了禁止奴婢买卖的诏令。其令曰："今更名天下田曰王田，奴婢曰私属，皆不得卖买。"

为了打击豪商巨富之囤积居奇，操纵生活资料，王莽又曾为六筦之政。筦者，专卖之意。六筦者，即对于六种重要经济事项的垄断经营。王莽下诏曰："夫盐，食肴之将；酒，百药之长，嘉会之好；铁，田农之本；名山大泽，饶衍之藏；五均赊货，百姓所取平，卬以给澹；铁布铜冶，通行有无，备民用也。此六者，非编户齐民所能家作，必卬于市，虽贵数倍，不得不买。豪民富贾，即要贫弱，先圣知其然也，故斡（筦）之。"（《汉书·食货志》）

为了打击豪民富贾之垄断物价及高利盘剥，王莽更为五均之政。五均者，即于当时商业最繁荣的五个城市，如长安、洛阳、邯郸、临淄、宛、成都，各置五均司市师一人、交易丞五人、钱府丞一人。其职务一方面是征收商税，另一方面，则是平准物价，及对农民作小本贷款。当时的平价，据《汉书·食货志》云，并不是追随黑市而高涨，而是"万物昂贵过平（价）一钱（者），则以平贾（价）卖与民，其贾氏贱减平（价）者，听民自相与市。"政府并不希望利用平价政策作发财的企图。其贷款也，亦不仅豪民富贾始能享其利，而是"民欲祭祀丧纪而无用者，钱府以所入工商之贡，但赊之，祭祀毋过旬日，丧纪毋过三月。民或乏绝，欲贷以治产业者，均授之，除其费，计所得受息，毋过岁什一。"这样一来，垄断物价者与高利盘剥者遂无所施其技矣。

为了集中现金于政府的手中，王莽又为币制的改革。据史载，王莽曾废当时通用之五铢钱，更为金银龟贝钱布之品，凡二十八种，并严申私人盗铸之禁。此种新币如龟贝之类，大抵一钱不值；其他亦多为额面金与实际价值不符之钱币，实即后来之所谓不兑现之法币也。这种新币的发行，则豪民富商之现金，遂可以转移于国家之手中。

王莽的经济改革大概如此。此种经济改革，显然是集中打击于豪民富商，同时贵族官僚，亦不得不遭受其殃。因此王莽在当时的贵族官僚豪民富商看来，简直是自己集团中的叛徒与败子。反之，在农民看来，则是一种意外的希望。假使王莽的经济改革能顺利进行，逐步实施，则未始不可使当时的社会转危为安，而王莽的政权，也不致昙花一现。可惜他的政策遭遇了贵族官僚豪民富商之激烈的反对；同时，王莽在新政的推行中，又用非其人，以至半途而废。

据《王莽传》所载，在推行政治的过程中，因"坐卖买田宅、奴婢、铸钱，自诸侯卿大夫至于庶民，抵罪者不可胜数。"于是土地所有者的代言人区博公开反对王莽没收土地的政策。他说："井田虽圣王法，其废久矣。周道既衰，而民不从，秦知顺民之心，可以获大利也，故灭庐井而置阡陌，遂王诸夏，迄今海内未厌其敝。今欲违民心追复千载绝迹，虽尧舜复起，而无百年之渐，弗能行也。天下初定，万民新附，诚未可施行。"即因土地所有者之反对，于是王莽遂于建国四年，下令取消。其令曰："诸名食王田皆得卖之，勿拘以法。犯私买卖庶人者，且一切勿治。"

"五均六筦者，所以制止豪民富商之垄断物价、高利盘剥者也；然而王莽用以执行此种政策之人，皆系豪民富商。《汉书·食货志》云："羲和置命士，督五均六斡，郡有数人，皆用富贾。洛阳薛子仲、张长叔、临淄姓伟等，乘传求利，交错天下，因与郡县通奸，多张空簿，府臧不实，百姓俞病。"即因五均六筦之权操于豪富之手，于是他们与地方官相互勾结，利用平价政策，贱买于民而贵卖于市。因而愈平价而价愈高，以致"米斗万钱"，"黄金一斤，易豆一斗。"像这样的平价政策，比不平价还要坏百倍千倍，当然引起人民的痛恨。所以到地皇三年，五均六筦也取消了。

至于新币制，则以种类复杂，单位太多，以致人民"每一易钱，辄因破产。"所以人民更不乐从，而仍多盗铸五铢钱，私相流通。于是王莽令"伍人相坐，皆没入，郡国槛车铁锁，传送长安钟官（钟官者主钱币之官），愁苦死者什六七。"虽然如此，新币仍不能行。

由此看来，王莽的经济改革，无一不半途而废。以是而知王莽之败非由于变也，实不能坚持其所变而使之及于通。换言之，乃不及于通而遂不变也。

## 三 回到暴力政策

王莽的改良政策，曾经给农民以一种新的希望。一旦皆半途而废，则农民皆由希望而失望，由失望而怨恨，以致于叛乱，此自然之理也。王莽深知欲镇压此辈失望之农民，必须用更大的残酷，而这就是王莽在后来走向暴力政策的原因。

王莽最初本想招来一个"四夷来王"的盛事，用外来的光辉来替自己镀金，藉以在国内人民之中建立威信。据史载，他曾大派使节，分道四出，其东出者至玄菟、乐浪、高句骊、扶余；南出者逾徼外，历益州，至句町；西出者至西域，北出者至匈奴。但四夷并不捧场，他招来的不是"四夷来王"；恰恰相反，而是

"四夷叛变"。首先叛变的是匈奴，跟着高句骊、秽貉遂反，以后西南夷和西域诸国也叛变了。

为了维持自己在人民中的信仰，并欲以对外战争，转移人民的视线，于是王莽大发兵征四夷。据史载，王莽曾派孙建等十二员大将，十道并出，征匈奴；派严尤击高句骊、秽貉，派冯茂击句町及其他西南夷，派王骏远征西域。在这些东西南北的战争中，除了东征之军以诱杀高句骊侯驺而结束，西域之军以王骏死于焉者之袭击而消灭，此外北伐匈奴南征西南夷的战争则变成长期战争了。

为了支持征伐匈奴和西南夷的战争，于是王莽下令，大募天下丁男以实边塞，苛征暴敛以给军食。《王莽传》曰："莽乃大募天下丁男及死罪囚、吏民奴，名曰'猪突豨勇'，以为锐卒。一切税天下吏民，资三十取一，缣帛皆输长安。令公卿以下，至郡国黄绶，皆保养军马，多少各以秩为差。"又云："（莽）募天下囚徒、丁男、甲卒三十万人，转众郡委输五大夫衣裘、兵器、粮食，长吏送自负海江淮至北边，使者驰传督趣，以'军兴法'从事，天下骚动。"

战争长期地持续。据《王莽传》云："自越巂、遂久、仇牛、同亭、邪豆之属（皆西南夷名）反叛以来，积且十年，郡县距击不已……费以亿计，吏士离毒气，死者什之七。"最可笑的，是王莽派出征伐匈奴的将军，"先至者屯边郡"，"不敢与匈奴战"，只是"货赂为市，侵渔百姓"。这些将吏，他们在自己的战区"各为权势，恐猲良民，妄封人颈，得钱者去，毒蠚并作，农民离散。"

对外战争，并无结束之望。当时每年运往西河、五原、朔方、渔阳一带的钱谷，每郡以百万数。又令郡国买马发帛四十五万匹输长安，前后仆仆于道路。而贪官污吏又假借战争之名，苛征暴敛。据《王莽传》云："中郎将绣衣执法在郡国者，并乘权势，传相举奏。又十一公士，分布劝农桑，班时令，案诸章，冠盖相望，交错道路。召会吏民，逮捕证左，郡县赋敛，递相赇赂，白黑纷然。"黄金白银，尽入私囊，槛车铁锁，无非冤枉。又"春夏斩人都市，百姓震惧，道路以目。"长安变成了贪污的中心，杀人犯的窠巢了。

与战争平行，又大兴徭役。据《王莽传》云："莽乃博征天下工匠诸图画，以望法度算，及吏民以义入钱谷助作（九庙）者，络绎道路。坏彻城西苑中建章（诸宫）……十余所，取其材瓦。以起九庙，……殿皆重屋……为铜薄栌，饰以金银琱文，穷极百工之巧，带高增下，功费数百巨万。"当建筑时，"将作"日夜督工，"卒徒死者万数。"

王莽又听说古有黄帝，曾以百二十女致神仙，乃派中散大夫及谒者各四十五人，分行天下，博采乡里淑女，上其姓名，由王莽挑选一百二十名，于是王莽遂与这些淑女，讲求所以为神仙之道。但同时，也不忘记和公卿大夫，宣扬六经，讲求所以为圣人之道。更没有忘记发号施令，南征北讨，与诸将讲求所以为英雄之道。他想做神仙，想做圣人，也想做英雄，实则他已经踏入了荒淫、暴虐、糊涂的深坑，而不能自拔了。

虽然如此，他还是要一手揽尽天下的大权，专制独裁，刚戾自用，命令如牛毛而又朝发夕改。据《王莽传》云："务自揽众事，有司受成苟免。诸宝物名帑藏钱谷官，皆宦者领之。吏民上封事书，宦官左右开发，尚书不得知。其畏备臣下如此。又好变改制度，政令烦多，当奉行者，辄质问（质问者请示也）乃以从事（从事者实施也）。前后相乘，惯眊不溹。莽常御灯火至明，犹不能胜。尚书因是为奸寝事，上书待报者连年不得去。拘系郡县者逢赦而后出。卫卒不交代三岁矣。""县宰缺者数年，郡守兼任。"

又据《王莽传》云："莽好空言，慕古法，多封爵人，性实遴（遴者吝也）啬。托以地理未定，故且先赋茅土，用慰喜封者。"官吏俸禄"不能尽得"。但是据同传所载，当新市、平林围长安时，王莽"省中黄金万斤为一匮，尚有六十匮，黄门、钩盾、藏府、中尚方处处各有数匮。长乐御府、中御府及都内平准帑藏钱帛珠玉财物甚众。"然则王莽之不发官俸，并非无钱。

像这样的政治，当然要使得天怒人怨。史载王莽时，严重的天灾，如大雨雪，大风雹，大虫蝗，大旱灾，大疠疫，河决地震，几乎年年都有。同时农民也以穷困，纷纷流亡道路了，当时"流民入关者数十万人。"

据说王莽亦曾派员赈济饥民。但"使者监领与小吏共盗其廪，饿死者十七、八。"后来"莽闻城中饥馑，以问王业，（赈济专员）业曰：'皆流民也'，乃市所卖粱飰肉羹，持入视莽，曰：'居民食咸如此'，莽信之。"然则以王莽之明，亦颇受左右之蒙蔽也。

不久，农民大叛乱爆发了，新市、平林、赤眉、铜马，南北并起，于是王莽通令全国，就地剿灭。但当时地方官皆畏"贼"不敢进剿，"县欺其郡，郡欺朝廷，实百言十，实千言百，"以卸责任。即有讨"贼"者，而讨"贼"之军，"郡县苦之，反甚于贼。"（《王莽传》田况语）

"盗贼"之势日益扩大，王莽乃命太师王匡、更始将军廉丹率领大军进讨。但这些官军"所过放纵"。东方为之语曰："宁逢赤眉，不逢太师；太师尚可，更始杀我。"所以廉丹一出马，便被赤眉杀死，而王匡也全军覆没，落荒而逃。

　　跟着四方"盗贼"的挺起，而王莽肘腋之下也发生了不稳的现象，这首先就是刘歆、王涉等的叛乱阴谋之暴露，接着他的儿子王临，也要谋杀他。众叛亲离，已至独夫末路。为了巩固首都的秩序，玉莽曾"置捕盗都尉官，令执法、谒者追击长安中，'建鸣鼓攻贼幡'，而使者随其后。"但巨鹿男子之谋刺王莽如故也。

　　一切的暴力，都没有得到效果，不久新市、平林攻破长安，而王莽之头遂高悬宛市矣。

　　《汉书·王莽传》赞曰："王莽始起外戚，折节力行，以要名誉，宗族称孝，师友归仁……及其窃位南面，处非所据，颠覆之势，险于桀纣，而莽晏然，自以黄、虞复出也。乃始恣睢，奋其威诈，滔天虐民，穷凶极恶，毒流诸夏，乱延蛮貉，犹未足以逞其欲焉。是以四海之内，嚣然丧其乐生之心，中外愤怨，远近俱发，城池不守，肢体分裂，遂今天下城邑为墟，丘垅发掘，害遍生民，辜及朽骨，自书传所载，乱臣贼子，无道之人，考其祸败，未有如莽之甚者也。"《汉书》之言是也，但王莽之所以陷于惨败者，以其由改良政策走向暴力政策之必然归宿。盖天下既已变矣，而王莽亦曾利用其变以登于宝座矣，此已变之天下，决不能因王莽之不变而遂不变，王莽不变而天下自变，此王莽之所以败也。

　　（重庆《中华论坛》创刊号，1945 年 2 月 1 日出版）

# 论东汉末的党锢之祸

## ——中国士大夫所领导的第一次政治抗争

一

当东汉末桓、灵之际，中国曾发生了一次大规模屠杀士大夫的惨案，历史家称之曰党锢之祸。

党锢之祸，是中国士大夫第一次出现于政治斗争的前线，也是中国士大夫所领导的政治抗争之第一次的失败。这件事虽然已经成了历史的陈迹，但是它却提出了一个问题，即士大夫为什么要出现于政治斗争的前线？

我们知道，士大夫的阶级属性，大半都是地主或小所有者，他们都有足以保证其生活的土地或小小的田园，进可以升官发财，退亦可以活命。所谓"达则兼善天下，穷则独善其身"，正是中国士大夫的人生观。即因他们进退有据，可穷可达，所以他们是社会中最富于弹性或忍耐性的一个阶层。同时，中国的士大夫，都读过圣贤之书，知道"君臣之义，无所逃于天地之间"，所以即使皇帝混蛋一点，政治黑暗一些，他们都能安之若素；最了不得的表示，也不过是逃避山林，去当隐士。因此，当士大夫而出现于政治斗争的前线、发动政治抗争的时候，这就充分地说明了当时政治的暴虐与黑暗已经不仅为贫苦的农民所痛恨，而且也为有教养的地主和小所有者所不能忍受了。东汉末年的中国士大夫之出现于政治斗争的前线，正是这一历史原理的说明。

具体的史实指示出来，东汉的政权，自安帝以后，由于四周诸种族的叛变，土地的兼并与天灾的流行，已经走上了没落的道路，降至桓灵之际，外戚宦官相继爬上政治舞台，贪污腐化，暴虐恣睢，遂使东汉的政权崩溃决裂，陷于不可收拾的境地了。

据史载，桓帝继位以后第一道诏令，便是大封外戚。当时，外戚梁冀官至大将军，食邑四县，大将军府的官属，倍于三公。政府又赏赐梁冀金钱、奴婢、彩帛、车马和甲等的第宅。并且特许梁冀"入朝不趋，剑履上殿，谒赞不名，礼仪比萧何。"① 在朝会时，与三公绝席（不站在同一席子上），十天到尚书台办公一次。当时，事无大小，都要梁冀批准，才能执行，不但文武百官的升迁须要梁冀裁可，就是皇帝的卫队，也由梁冀派遣。梁冀的兄弟、儿子和孙子，都受封为万户侯。梁冀之妻孙寿亦封襄城君，兼食阳翟租，岁入五千万。总计梁氏一门，"前后七封侯，三皇后，六贵人，二大将军，夫人、女食邑称君者七人，尚公主者三人，其余卿、将、尹、校五十七人"②。子弟、亲戚、宾客，布在列郡；其奴秦宫，亦官至太仓令。梁冀在位二十余年，穷极满盛，威行内外，百僚侧目，莫敢违命。就是天子也只恭己而不得有所亲豫。

在封建时代，皇帝的一条小狗也是人民的上帝；而况是与皇帝有连皮带肉的关系的外戚。在封建时代一条裙带，已经足够把他的兄弟子侄拖上金銮宝殿，而况梁冀还有九条裙带。因而当时梁冀就仗着这种皮肉的关系，变成了政治上第一等的要人。他把

---

① 《后汉书·梁统列传·梁冀传》。

② 《后汉书·梁统列传·梁冀传》。

他姊妹的媚态转化为他的权威，毫无忌惮地贪污无耻。他不仅剥削贫苦的农民，同时也公然绑架富豪。据史载，当时梁冀绑架扶风富人孙奋，便得钱一亿七千余万。此外四方征发，都有他一分，而且他的一分，比皇帝的还要值钱。特别是卖官的收入，更为庞大。所以后来梁冀诛死以后，政府拍卖他的财产，其价值竟达三十余万万，以充王府经费，减天下租税之半。

不仅梁冀本人贪污，他所引用的亲戚宾客无不贪污。例如梁冀的妻党孙氏，冒名而为中央及地方官者十余人，皆贪污残暴。此辈各派家奴逮捕其属县的富人，绑票勒索，出钱少者，则诬以他罪而致之于死。当时宛县县令吴树，在宛一次就杀了梁冀宾客之为人害者数十人。宛县如此，其他郡县，亦无不如此。实际上，当时外戚之党，布满朝廷，散在郡县，这从梁冀诛死以后，其所株连之多，可以证明。据说："其他所连及公卿列校刺史二千石死者数十人，故吏宾客免黜者三百余人，朝廷为空。"[1]由此可以想见当时的天下，竟是谁家的天下。

奢侈和贪污是不可分的。据史载，当时梁冀的骄奢淫佚，真是惊人。他在当时的首都——洛阳城里，大起第宅，其妻孙寿亦对街为宅，殚极土木，互相夸竞。堂寝皆有阴阳奥室，连房洞户，柱壁雕镂。加以铜漆。窗牖皆有绮疎青琐，图以云气仙灵。台阁周通，更相临望；飞梁石蹬，陵跨水道。在这富丽堂皇的第宅里面，各有"藏室"，在"藏室"里，堆满了金玉珠玑，异方珍怪。又有"厩房"，在"厩房"里，豢养着外国来的"汗血名马"。此外，又广开园囿，采土筑山，十里九坂，以象二崤[2]。深

---

① 《后汉书·梁统列传·梁冀传》。

② 二崤，山，在今河南灵宝东南的崤山，东为土崤，西为石崤。

林绝涧，有若自然，奇禽驯兽，飞走其间。每当春秋佳日，梁冀夫妇，共乘辇车，张羽盖，饰以金银，游观第内，多从倡伎，鸣钟吹管，酣讴竟路。或连继日夜，以骋娱恣。当此之时，梁冀着埤帻，狭冠，折上巾，拥身扇，狐尾单衣。其妻孙寿善为妖态，作愁眉，啼妆，堕马髻，折腰步，龋齿笑，以为媚惑。若于此时，有客来拜，例不得通。客人赂门者，门者累千金。

又多拓林苑，禁同王家。西至弘农，东界荥阳，南极鲁阳，北达河、淇，包含山薮，远带丘荒，周旋封域，殆将千里。又起菟苑于河南城西，经亘数十里，发属县卒徒，缮修楼观，数年乃成。移檄所在，调发生菟，刻其毛以为识。人有犯者，罪至刑死。尝有西域贾胡，不知禁忌，误杀一菟，转相告言，坐死者十余人[1]。

又起别第于城西，以纳奸亡。或取良人，悉为奴婢，至数千人，名曰"自卖人"[2]。

又遣客出塞，交通外国，广求异物。因行道路，发取（妓）伎女御者，而使人复乘势横暴，妻略妇女，殴击吏卒，所在怨毒[3]。

像梁冀的这种骄奢淫佚，在今天看来，自然不算什么；然而在当时的人民看来，已经觉得这种吃裙带饭的东西是"穷极盛满"了。因为当时的梁冀，不仅残害人民（从贫民到富豪），而且也威胁着皇帝。皮肉的关系，究竟敌不过权利的冲突。到延熹二年，跟着梁后死，裙带断，皇帝便在家奴的支持之下，

---

① 《后汉书·梁统传·梁冀传》。

② 《后汉书·梁统传·梁冀传》。

③ 《后汉书·梁统传·梁冀传》。

发动了政变，把梁氏一门，无分男女老少，斩尽杀绝了。但是从外戚手中接受政权的，不是皇帝，而是宦官。外戚绝了种，奴才又当权。

据史载，当时主谋诛梁冀的宦官——单超、徐璜、具瑗、左悺、唐衡五人，同日封侯，世称之曰"五侯"。又小宦官刘普、赵忠等八人，亦封乡侯。此外，以冒诛梁冀之功而封侯者，尚有侯览等。宦官登台以后，他们的威风并不减于外戚。当时天下为之语曰："左回天，具独坐，徐卧虎，唐两堕"[1]。只有单超早死，没有编入人民的歌谣。

宦官这种东西，是中国封建史上的特色。这种东西之出现为政治上的要人，就是当时封建政权走向了崩溃道路的特征，因为只有在封建政权走向崩溃道路的时候，当时的皇帝才会不相信任何臣民，而把自己的政权，委之于宦官。为什么？因为宦官是割去了生殖器的奴才，这种奴才，一入宫廷，便断绝了任何关系，他没有父母，没有妻子，没有朋友，没有亲戚，只有一个领袖——皇帝。中国讲五伦，这种东西，只有一伦——君臣之伦。即因如此，所以皇帝相信他们，而且他们又最接近皇帝；同时，又能在皇帝的拳打脚踢的侮辱之下，表现笑容。因而每当封建政权临于崩溃之际。皇帝便依仗他们作为最后的打手。从而他们便能一手拿着皇帝的尿盆，另一只手掌握着全国人民生命财产的大权。

从外戚政治到宦官政治，其意义只是宣告贪官污吏的换班而已。据史载，当时五侯，或养疏属，或养异姓为子，或养苍头为子，并以传国袭封，兄弟姻戚，宰州临郡，辜较百姓，与盗贼无

---

① 《后汉书·宦者列传·单超传》。

异。单超之弟为河东太守,左悺之弟为陈留太守,具瑗之兄为沛国相,皆所在蠹害。徐璜之侄徐宣为下邳令,暴虐尤甚。宦官侯览,"依势贪放,受纳货遗,以巨万计"①。"贪侈奢纵,前后请夺人宅三百八十一所,田百十八顷。"②"小黄门段珪,家在济阴,与(侯)览并立田业,近济北界。仆从宾客侵犯百姓,劫掠行旅。"③总之,当时"五侯宗族宾客,虐遍天下。"④他们党羽,"发求民间,至夜不绝,或狗吠竟夕,民不得安"。

这些宦官,就用白昼打劫,黑夜杀人的方法,封百姓的房产,夺百姓的田地,而成为暴富。他们暴富之后,也和外戚一样,"皆竞起第宅,楼观壮丽,穷极伎巧,金银罽,施于犬马。多取良人美女以为姬妾,皆珍饰华侈,拟则宫人。其仆从皆乘牛车而从列骑"⑤。据说当时侯览"起立第宅十有六区,皆有高楼池苑,堂阁相望,节以绮画丹漆之属。制度重深,僭类宫省。又豫作寿冢,石椁双阙,高庑百尺;破人居室,发掘坟墓;房夺良人,妻略妇子"⑥。诸如此类,不胜枚举。

这样的情形,在今天看来,也不算什么,但在当时的人民看来,他们就觉得这些奴才太可恶了。

由于外戚宦官之轮班搜夺,于是天下财富,从农村集中首都,从政府的国库转移到私人的钱柜。洛阳变成了金穴,而全国农村则变成了一片沙漠;外戚宦官变成了倾国的豪富,而农民乃

---

① 《后汉书·宦者列传·单超传》。
② 《后汉书·宦者列传·单超传》。
③ 《后汉书·宦者列传·单超传》。
④ 《后汉书·宦者列传·侯览传》。
⑤ 《后汉书·宦者列传·单超传》。
⑥ 《后汉书·宦者列传·侯览传》。

至小所有者则变成了赤贫；所以当时陈蕃说："当今之世有三空之厄哉！田野空，朝廷空，仓库空。"[1]

为了挽救社会的危机，当时的政府也曾以其剥削农民之所得，转而施行所谓"赈济政策"。但是膏药贴不住地震，农民暴动不煽而起者遍天下。据史籍所载，自桓帝以迄灵帝之初，农民暴动连年都有。如刘文、李坚、陈景、裴优、李伯、公孙举、劳丙、叔孙无忌、李研、胡兰、朱盖、盖登、戴异、许生等，都先后出现为农民暴动的领导人物。他们在山东、河南、安徽、江苏、陕西、四川、湖南，到处攻陷城市，诛杀贪官污吏。到桓帝末年，甚至在堂堂的首都，也有了暴动的"火光转行"。这样的情形，当然是农民大暴动的预告。

就在这样危急的局面之前，当时的士大夫起来了，他们展开了反宦官的政治斗争。而这到后来，便演成了中国史上有名的党锢之祸。


二


外戚宦官走进朝堂，士大夫就必须退回田里，这几乎是中国史上的一个规律。

据史载，东汉自顺帝时起，当时的士大夫就相率毁裂冠带，避迹深山。到桓帝时，跟着政治之进一步的黑暗，那些有教养的士大夫，他们要逃出这个罪恶的世界，就像要逃出地狱一样，因而就更加扩大了这个零落的小所有者之群。这些士大夫逃入山林

---

[1] 《后汉书·陈蕃传》。

以后，或躬自耕稼，非其力不食；或苦身修节，隐居讲学，过度所谓"隐士"的生活。他们自以为从此与人无争，与世无涉；谁知现实是逃避不了的，他们要逃避现实，而现实却要追逐他们。不久安车玄纁，又络绎于深山穷谷之中，要敦请这些逃避者回到朝堂，不是要他们主持国家大政，而是要请他们替宦官政治歌功颂德，歌颂宦官的杀人与放火，歌颂他们的白昼行劫，当众奸淫，歌颂他们一切无廉耻、无人性的下流行为。但是士大夫究竟读过圣贤之书，知道何谓廉耻，所以宁肯饿死，也不愿与奴才为伍。据史载，桓帝曾派安车去征聘处士徐稺、姜肱、袁闳、韦著、李昙五人，结果都是空车回来。又征安阳魏桓，也不来。这些事实就证明了桓、灵时期的政治，已经为士大夫所不齿了。

士大夫之最大的忍耐性，是建筑在他们都有"独善其身"的小小田园的经济基础之上；但到桓、灵之际，这种经济基础也被外戚、宦官剥削殆尽了。现在他们已经到了"食无求饱"的境遇。他们和贫苦农民不同的，就是他们还有一件破旧的长衫。到了这个时候，士大夫如果再忍耐，就是一声不响地饿死。但是士大夫不愿无声而死，所以东汉末的士大夫展开了积极的反宦官政治的抗争。《后汉书·党锢列传》云："逮桓、灵之间，主荒政缪，国命委于阉寺，士子羞与为伍，故匹夫抗愤，处士横议，遂乃激扬名声，互相题拂，品核公卿，裁量执政，婞直之风，于斯行矣。"

士大夫反宦官的政治抗争，在桓帝末年，在陈蕃、窦武、李膺、刘淑等的领导之下，广泛地展开了。在当时，所有有正义感的士大夫，几乎都参加了这个斗争。这些士大夫因为喊出了人民的要求，每一个人都是一树正义的旗帜。《党锢列传·序言》有云：当时"海内希风之流，遂共相标榜，指天下名士，为之称号。上曰'三君'，次曰'八俊'，次曰'八顾'，次曰'八及'，次曰'八厨'，犹古之'八元''八恺'也。窦武、刘淑、陈蕃为'三君'。君者，言一世之所宗也。李膺、荀昱、杜密、王畅、刘祐、魏朗、赵典、朱寓为'八俊'。俊者，言人之英也。郭林宗、宗慈、巴肃、夏馥、范滂、尹勋、蔡衍、羊陟为八顾。顾者，言能以德行引人者也。张俭、岑晊、刘表、陈翔、孔昱、苑康、檀（敷）〔敷〕、翟超为'八及'。及者，言能导人追宗者也。度尚、张邈、王考、刘儒、胡母班、秦周、蕃向、王章为'八厨'。厨者，言能以财救人者也。"

在上列士大夫中，有在野的名流，有在朝的中下级官吏（也有高级官吏），也有太学的学生。总之，在当时，所有社会各阶层，无不痛恨这个反动的政府，无不要求这个政府略加改良。而成为改良之障碍的，则为宦官，只要说反对宦官，没有一个人不举起双手的。

当时的中下级官吏为什么要反对宦官？因为这些中下级官吏，有不少是出身于小所有者的家庭，他们虽参加统治机构，仍然是受压迫的一群，他们既受宦官的压迫，又受商人地主的压迫。前者如白马令李云，弘农杜众，即因弹劾宦官而被处死刑；后者如南阳太守成瑨，即因刻举豪右而征诣廷尉抵罪。同时，他们的薪俸也非常之少，已经不能活命，所以他们对现状不满。他们看到处士横议，匹夫抗愤，胆子也大起来了，因而开始在现实的政治上，去制裁宦官和与宦官狼狈为奸的商人地主。例如史载当时河东太守刘祐，其属县令长，多为宦官子弟，百姓患之。祐到任，黜其权强，平理冤狱。魏朗为彭城令时，宦官子弟为国相，多行非法。朗更相章奏，检举其罪恶。苑康为太山太守，时群内豪姓多不法。苑到任，追还诸豪姓前所夺人之田宅。诸如此类，不胜枚举。

中国的知识青年第一次出现于政治斗争前线的，就是东汉末的太学生。东汉至桓帝时，太学生已有三万余人。在这些太学生中，有不少小所有者家庭中的子弟。他们感到自己家世的没落和政治前途的暗淡，也觉得政治有改良的必要。当时郭泰、贾彪出现为学生运动的领导人物；郭泰一方面在太学生中进行反宦官政治的组织与宣传；另一方面，又从社会上吸引大批小所有者的子弟，使之进入太学，以扩大自己的队伍。例如陈留茅容，本为农夫；钜鹿孟敏，本为担卖陶器的小贩；陈留申屠蟠，本为油漆工人；鄢陵庾乘，本为看门的厮役；皆因郭泰的援引，先后进入太学为学生。此外，出身于屠沽卒伍之士，因郭泰之援助而入太学者，尚不知有若干人。这样，当时的太学，便变成了零落的小所有者政治活动的中心。

在桓帝末，这些太学生便出现于政治斗争的前线，他们发动了两次大规模的政治请愿。第一次是在永兴元年的七月，这一次是为了朱穆的案子。据史载，朱穆为冀州刺史，时冀饥荒，人民流亡者数十万，而宦官赵忠，丧父归葬，僭为玉匣。朱穆下郡按验，吏发坟墓，剖棺出之。皇帝听了，大为震怒，征朱穆下狱，罚作苦工[1]。这件事，引起了学生的愤怒，于是太学生刘陶等数千人，走到皇宫之前请愿，并上书为朱穆诉冤。其书有曰："当今中官近习，窃持国柄，手握王爵，口含天宪。运赏则使饿隶富于季孙；呼嗡则令伊、颜化为桀、跖[2]。而穆独亢然不顾身害，非恶荣而好辱，恶生而好死也，徒感王纲之不摄，惧天网之久失，

---

① 《后汉书·朱穆传》："输作左校"。李贤注："左校，署名，属将作，掌左工徒。"

② 季孙，春秋鲁国执政；伊，伊尹；颜，颜回；桀，夏桀；跖，盗跖。

故竭心怀忧，为上深计。臣愿黥首系趾，代穆校作"①。第二次是在延熹五年，这一次是为了皇甫规的案子。据史载，皇甫规平羌有功，因宦官徐璜、左棺向之敲诈不遂而诬以"余寇不绝"之罪，也是被判决要罚作苦工，因而又有太学生张凤等三百余人的大请愿，皇甫规因此得以赦免。由此看来，当时的太学生，是以何等英勇的姿态，出现于东汉末年的历史。

由于在野的处士，在朝的中下级官吏和当时的太学生三种力量的平行发展，相互声援，于是就形成了士大夫反宦官政治的浪潮。在斗争的高潮中，接连发生了几件严重的事件：一件是南阳太守成瑨与其功曹岑晊，诛杀了一个与宦官勾结"用势纵横"的商人地主张汜；一件是太原太守刘瓆诛杀了一个"贪横放恣"的小宦官赵津；再有一件，是山阳太守翟超没收了宦官侯览的家财；还有一件是东海相黄浮诛杀了一个曾经射杀太守李嵩之女的宦官徐宣及其一家老幼。这几件事，当然要引起宦官与豪强地主的愤怒，结果，成瑨、刘瓆诚心去恶而反伏殴刀，翟超、黄浮奉公不挠而并蒙刑坐。天下之人，无不冤之。

宦官的反攻，日益凶猛，恰恰又发生了张成的事件，于是黑天的党狱，遂发生了。据《后汉书·党锢列传·序言》云："时河内张成，善说风角，推占当赦，遂教子杀人。李膺为河南尹，督促收捕。既而逢宥获免，膺愈怀愤疾，竟案杀之。初，成以方伎交通宦官，帝亦颇诿其占。成弟子牢修因上书诬告膺等养太学游士，交结诸郡生徒，更相驱驰，共为部党，诽讪朝廷，疑乱风俗。于是天子震怒，班下郡国，逮捕党人。布告天下，使同忿疾。遂收执膺等。其辞所连及陈寔之徒二百余人。或有逃遁不

① 《后汉书·朱穆传》。

获，皆悬金搆募。使者四出，相望于道。"① 当此之时，皇帝的诏令，迫切州郡，髡笞掾史。从事坐传舍，钩捕党人。州郡为了报命，只有乱捕善良。只要是一个士大夫，就加他一顶党人的帽子，而予以逮捕。所以，当时每一州郡，所捕党人，多者至数百。天下士大夫，几乎一网打尽。当时只有平原相史弼，未捕一人。使者责曰："青州六郡，其五有党，……平原何理而得独无？"史弼曰："先王疆理天下，画界分境，水土异齐，风俗不同。它郡自有，平原自无，胡可相比？若承望上司，诬陷良善，淫刑滥罚，以逞非理，则平原之人，户可为党，相有死而已，所不能也。"② 实际上当时所捕的"党人"，都是一时的人望，诚如陈蕃所云："今所考案，皆海内人誉，尤国忠公之臣。此等犹将十世宥也，岂有罪名不彰而致收掠者乎？"③

党狱一天天扩大。当时，太学生首领贾彪乃潜入洛阳，求援于城门校尉窦武。窦武是一个有正义感的外戚。他看到宦官鱼肉天下的士大夫，也感到不平。乃上书皇帝，请赦党人。其书有曰："膺等建忠抗节，志经王室，此诚陛下稷、离、伊、吕之佐；而虚为奸臣贼子之所诬枉，天下寒心，海内失望。惟陛下留神澄省，时见理出，以厌人鬼喁喁之心。"④ 同时尚书霍谞等亦为"党人"诉冤。宦官见天下舆论哗然，乃于次年赦党人二百余人，放归田里，书名三府，禁锢终身，永不录用。从此以后，正直废放，邪枉炽结。满朝文武，尽是奴才。虽然如此，而当时士大夫，仍然高尚其道而污秽朝廷，没有一个人向宦官投降。这种

---

① 《集解》惠栋曰：《考异》云："膺时为司隶，非尹也。"
② 《后汉书·史弼传》。
③ 《后汉书·党锢列传》。
④ 《后汉书·窦武传》。

为正义而斗争的高风亮节，是值得他们的后辈学习的。

士大夫的灾难，并不到此为止。桓帝死，灵帝立，胜利的宦官威风更大，侯览、曹节、王甫、郑飒、公乘昕等与灵帝的乳母赵娆及诸女尚书，相互奸妍，秽乱宫廷；操弄国柄，荼毒海内。为了巩固他们反动的政权，于是发动政变，展开对士大夫的大规模屠杀。在这次政变中，士大夫的领袖大将军窦武、太尉陈蕃均被害，太学生被屠杀者数十人。

到建宁二年十月，再兴党狱，于是李膺、杜密、虞放、朱寓、荀昱、翟超、刘儒、范滂等百余人，俱被诬杀，妻子皆徙边，天下豪杰及传家有行义者，一律加他一顶党人的帽子，或杀，或徙，或废禁者，又有六七百人。当时，郭泰私为之恸曰："'人之云亡，邦国殄瘁。''瞻乌爰止，不知于谁之屋'耳。"①

士大夫的灾难还没有终止。熹平五年，永昌太守曹鸾上书为党人讼冤。其书曰："夫党人者，或耆年渊德，或衣冠英贤，皆宜股肱王室，左右大猷者也；而久被禁锢，辱在涂泥。……所以灾异屡见，水旱荐臻，皆由于斯。宜加沛然，以副天心。"②这一封奏书，又激怒了宦官，除将曹鸾免职，掠死黑狱，又诏州郡更考党人及其门生、故吏、父子、兄弟之在位者，悉免官禁锢，爰及五属。从此以后，当时有气节的士大夫，遂无遗类；而中国的文化也为之凋残。

现在，留在东汉朝廷中的，只是一群戴着人冠的狗子。据史载，灵帝时，"省内冠狗带绶，以为笑乐。有一狗突出，走入司徒府门，或见之者，莫不惊怪。……后灵帝笼用便嬖子弟，永乐

---

① 《后汉书·郭太传》。

② 《资治通鉴·汉纪》灵帝熹平五年。

宾客。鸿都群小，传相汲引。公卿牧守，比肩是也。又遣御史于西邸卖官，关内侯顾五百万者，赐与金紫；诣阙上书占令长，随县好丑，丰约有贾。强者贪如豺虎，弱者略不类物，实狗而冠者也。司徒，古之丞相，壹统国政。天戒若曰："宰相多非其人，尸禄素餐，莫能据正持重，阿意曲从。今在位者皆如狗也。故狗走入其门。"①

# 三

东汉末年，士大夫反奴才政治的抗争是失败了；他们留下来的只是一页血肉狼藉的历史。但是他们的鲜血，却写成了一篇慷慨悲壮的政治宣言。在这血写的宣言中，明白而有力地指出了当时的暴虐与黑暗的政治已经没有改良的希望。换言之，当时的反动政权决不接受任何修改的建议；它一定要坚持反动，而且要反动到底。如果人民不能忍受这种反动，惟一的办法，只有武装暴动。因此，跟着"党锢之祸"而来的，再不是"匹夫抗愤"，"处士横议"，"学生请愿"，而是"黄巾的大暴动"；再不是士大夫被屠杀，而是屠杀者被屠杀了。

跟着东汉的士大夫之后，中国的士大夫，继续不断出现于政治斗争的前线，发动改良运动。例如在唐则有牛僧孺、李宗闵反贵族政治的运动，在宋则有王安石的变法运动，在明则有东林党人反宦官反锦衣卫（特务）的运动，在清则有康有为、梁启超的变法运动。这些运动，在本质上都是改良运动，不是革命运

---

① 《后汉书·五行志》。

动；但是都不能为当时的反动派所接受。结果，都和东汉的士大夫一样，"衣冠填于阶陛，善类殒于刀锯"，一个跟着一个失败了。不过，跟着他们的失败而来的，也和东汉一样，再不是士大夫的哭脸，而是农民的大刀。例如跟着牛、李反贵族政治的失败而来的，是黄巢大暴动；跟着王安石变法运动的失败而来的，是宋江、方腊的大暴动；跟着东林党人反宦官反锦衣卫的失败而来的，是李自成、张献忠所领导的大暴动；跟着康、梁变法运动的失败而来的，是辛亥大革命。从这些史实，我们得到了一个结论，即"士大夫政治抗争的失败，就是农民大暴动的信号"。

现在中国的士大夫又在为了和平与民主而出现于政治斗争的前线。我希望他们再不是失败，如果不幸而失败，我敢预言，跟着而来的还是人民的武装革命。

（上海《理论与现实》第三卷第二期，1946 年 7 月 25 日出版）

# 两汉的尚书台与宫廷政治

## 一　尚书的沿革

封建专制主义的政治与宫廷是分不开的。因为这种政治的特征，是皇帝个人的独裁，皇帝深居高拱于宫廷之内，所以宫廷就必然要成为国家大政的机枢。即因如此，在封建专制主义时代，皇帝往往于其御用的中央政府以外，又再有其宫廷政治机构的组织。皇帝就运用这种宫廷政治的机构，把政权从朝堂集中到自己的卧室。亦即因为如此，在中国史上，皇帝的近侍，往往渐变而为掌握国家大权的执政。两汉的尚书，就是一个典型的例子。

考尚书之职，在战国时代就已经有了，如魏之主书，齐之掌书，实际上就是尚书。不过当时的主书或掌书，其职位并不重要，只是替封建诸侯主管文书的小吏而已。

尚书的官名，始见于秦。《通考·职官考》云："秦时少府遣吏四人在殿中主法书，故谓之尚书。"又云："尚，犹主也。""主"与"掌"同义，故秦之尚书，实即由战国时之"主书"及"掌书"发展而来。

据《宋书·百官志》云："秦时有尚书令、尚书仆射，尚书丞。"是秦代尚书，虽系少府属吏，但已形成其自己的机构。虽然形成其自己的机构，但其地位，仍不重要。《唐六典》云：
"秦置尚书禁中，有令丞，掌通章奏而已，事皆决于丞相。"换
言之，秦代的尚书，尚不过皇帝与丞相相间之一传达吏而已。

汉兴，官制多承秦旧，仍设尚书之官，到武帝时，随着诸侯
王国势力的削弱，边疆战争的展开，因而建立了中央集权的政治
体制，从而提高了总理中央政府之丞相的权力。为了削弱丞相的
权力，武帝乃改用宦官为尚书，更尚书之名曰中书，组成其宫廷
的办公厅，转移丞相之权于其自己，自是尚书之权，渐次重要。
虽然如此，当武帝之世，中书的地位，尚不尊崇。司马迁即曾任
武帝的中书令，他写给友人任安的信中有云："今已亏形为扫除
之隶"①，这里所谓"扫除之隶"，即指中书令而言，由此可以
想见。

自武帝以后，随着君权的发展，尚书的职权，亦因之而扩
大。降至西汉末叶，建三公分权之制。以前以丞相总理庶政之中
央政府，一变而为司徒、司马、司空三公平等的中央政府。自是
三公各不相属而总隶于皇帝，因而皇帝遂成为中央政府之实际的
首领。但不论怎样专制独裁的皇帝，总不能一手揽尽天下之事；
而天下万事，又非通过他的裁决，不能实施。因此，皇帝就不
能不委政于其近侍。因而扩大尚书的名额，提高尚书的权力，
组成其宫廷政府的机构，遂成为必要。于是以前隶属少府的尚
书，遂从中央的组织中分离出来，一变而直接隶属于皇帝的尚
书台。《文献通考》卷五一《尚书省》云："尚书，总谓之尚书
台，亦谓之中书台。"这个中台，与被称为外台之谒者，宪台之
御史，总称曰三台。(《初学记》一二，引《汉官仪》)但是在三

_____
① 《汉书·司马迁传》。

台之中，尚书台的地位，最为重要。因为尚书台是皇帝私人的办公厅，是独裁政治的出发点，是超中央政府的御用政治机关。虽然如此，但直至成帝时，尚书还不过"通掌图书、秘记、章奏之事，及封奏宣示内外而已。"（《通考·尚书省》）

尚书的地位之更加重要，是在东汉时代。东汉光武，以商人地主，乘天下之乱，篡窃新市背叛农民，剿灭新市平林等农民革命军的力量，揭起复兴汉室的旗帜，以后又背叛农民，剿灭赤眉铜马，以取媚于地位；更后，削平群雄，统一天下，而致身于皇帝。因为他自己反复无常，欺诈成事，所以他对任何臣民，都不信任。他虽然也组织了一个以三公为首，九卿为职的中央政府，但这只是为了完成国家的政治体制，实际上，国家的大权，完全集中于宫廷，好集中于尚书台。《后汉书·仲长统传》云："光武皇帝愠数世之失权，忿强臣之窃命，矫枉过直，政不任下，虽置三公，政归台阁，自此以来，三公之职，备员而已。"《唐六典》亦云："光武亲总吏职，天下事皆上尚书，（尚书）与人主参决，乃下三府。"

自此以后，迄于东汉之末，尚书的威权，日益高涨。《通考·尚书省》云："至后汉，（尚书）则为优重，出纳王命敷奏万机，盖政令之所由宣，选举之所由定，罪赏之所由正，斯乃文昌天府，众务渊薮，内外所折衷，远近所禀仰。"由此看来，则东汉的尚书，已少府的属吏，变为三公的上司，东汉的尚书台，已由皇帝私人的办公室，变成了高居中央政府之上的国家最高权力机关了。

## 二　尚书的职权

尚书台，是独裁政治必要的机构。因为独裁政治发展到顶点的时候，连自己御用的中央政府，也是不要的。他要求把政权引渡到自己的卧榻之侧。即因尚书台的代替中央政府的一个机关，所以尚书台权力的提高，中央政府的权力就要减低。到最后，大权集中尚书，总经理国家庶政的三公，便变成"坐而论道"的闲员了。

如上所述，尚书在最初不过"在殿中主法书"，或"掌通章奏而已"。他的职务，就是收发章奏，本身并没有甚么政治的权力。又《汉书·王嘉传》云："故事，尚书稀下章，为烦扰百姓。"是最初的尚书，除传达章奏于各该机关以外，并无下章之权。但是自武帝以后，尚书的职权，逐渐提高，他由"通章奏"而"读章奏"，由"读章奏"而"裁决章奏"，由"裁决章奏"而直接"下章"。

《汉书·霍光传》云："光与群臣连名奏（昌邑）王，尚书令读奏。"这就是尚书有读奏之权。同书《魏相传》云："故事，诸尚书者，皆为二封，署其一曰副，领尚书者先发副封，所言不善，屏去不奏。"《后汉书·明帝纪》亦云："间者章奏颇多浮词，自今若有过称虚誉，尚书皆宜抑而不省。"这就是尚书有裁决章奏之权。又《无极山碑》光和四年八月丁丑诏书有云："尚书令下太常了，太常耽丞敏下常山相。"这就是尚书有下章之权。即因尚书不仅出纳章奏，而且拆阅章奏，裁决章奏，所以扬雄《尚书箴》谓尚书之官，"是机是密，出入王命，王之喉舌，献善宣美，而谗说是折。"《后汉书·李固传》亦云："今陛下之有尚书，犹天之有北斗也。斗为天喉舌；尚书亦为陛下喉舌……

尚书出纳王命，赋政四海，权尊势重，责之所归。"

尚书不仅把持言路，而且渐渐侵蚀中央政府的职权。例如选举、铨叙、任用之权，在武帝以前，乃操之于丞相御史二府，但武帝以后，此种用人行政之权，却转移于尚书台之"侍曹"与"二千石曹"。例如《汉书·冯野王传》云："上（元帝）使尚书选第中二千石，而野王行能第一。"又如同书《张敞传》云："吏追捕有功，上名尚书，调补县令者数十人。"这些都是例证。至东汉，光武改"三公曹"为"吏曹"，于是"吏曹"遂成为专掌选举的一科。用今日的名称言之，就是人事科。

尚书不仅掌握官吏任用及黜陟的大权，而且还掌握刑狱诛赏的大权。如《汉书·黄霸传》云："天子使尚书召问霸。"同书《王嘉传》言，丞相王嘉荐故廷尉梁相等"明习治狱……上（哀帝）乃发怒，召嘉诣尚书。"同书《朱博传》云："上（哀帝）知傅太后素怨（傅）喜，疑（丞相）博、（御史大夫）玄承指，即召玄诣尚书问状。"又《后汉书·杨秉传》云：大尉杨秉劾奏中常侍侯览……"尚书召对秉掾属。"以上皆系决狱之例。自成帝于尚书台设"三公曹"主断狱以后，而廷尉遂成虚设之官。

总之，两汉的尚书，特别是东汉的尚书，他们真是包办一切，无所不总，不仅侵蚀中央政府的职权，而且陵驾丞相、御史之上。陈树镛《汉官问答》有云："大臣有罪，则尚书劾之；天子责问大臣，则尚书受辞；选举中二千石，则使尚书定其高下；吏追浦有功，则上名尚书，因录用；刺史奏事京师，则见尚书。"像这样掌有"选举诛尚"、"留难书奏"的尚书，当然其"其任重于三公"，而三公也就当然"徒有其名，而无其实"了。

由于尚书的职权在政治机构中之畸形的发展，在两汉时代，尚书台的台官，遂成为一种凌驾于百官之的特权阶级。《汉官仪》

云："其三公、列卿、将、五营校尉，行复道中，遇尚书仆射，左右丞相回车队豫避，卫士传不得纡台官，台官过乃得去。"由此可以想见其权势。

尚书的实际职权，虽高于三公，但终两汉之世，尚书还是少府的属吏，其位秩不过千石。而少府为九卿之一，九卿又分隶于三公，因而尚书在名义上，还是三公的部属之部属。这里就发生了矛盾，即部属变成了上司，上司不能指挥部属。为了解决这一矛盾，于是西汉时代的中央大员，多加"平尚书部""领尚书事""录尚书事"等官衔。这样，一方面以中央大员，仍能保持基本职的位秩，而同时平尚书奏事，知枢密者，始领尚书事。张安世以车骑将军，霍光以大将军，王凤以大司马，师舟以左将军，并领尚书事。后汉章帝以太傅赵熹、太尉牟融，并录尚书事。尚书有录名，盖自融、熹始。……和帝时，太尉邓彪为太傅，录尚书事，位上公，在三公上。汉制遂以为常，每少帝立，则置太傅录尚书事，犹古冢宰总己之义，虿辄省之。"由此看来，两汉的尚书台实为权势之所归，虽上公、三公、大将军，亦必加领录尚书之衔，而后始能成为实际上执政者。

## 三 尚书台的组织

跟着尚书的权力日益提高，尚书台的组织也日益扩大。如前所述，尚书的名额自秦迄武帝，都不过四人，其中有令，有仆射，有丞。尚书台的组织之扩大，始于西汉成帝，《通考》谓成帝建始四年，于尚书令之下，"又置尚书五人，一人为仆射，四人分为四曹。"曹、犹科也，四曹就是四科，从此尚书便分科办事。至于东汉，尚书台便增为六曹，俨然是一个小型的中央政府了。

尚书台的首长的尚书令，尚书令之下有尚书仆射、尚书丞、尚书郎及令史等职，以此而构成尚书台组织。

尚书令就是皇帝私人办公室的主任。这个官名，创于秦代。至武帝时，因用宦者，改名为中书谒者令，简称中书令。武帝以后，或用宦者，或用士人，或宦者与士人并用，故尚书与中书并见。至成帝时，专用人士，故又恢复尚书令之名。自此迄于东汉之末，皆用士人，故皆称尚书令。

即因武帝以后，成帝以前，尚书与中书并见，因而学者遂有疑尚书与中书各为一官者。如《通考》谓武帝后，"中间遂罢其官，以为中书之职"，即以中书与尚书各为一官。赵翼因之，他在《陔余丛考·尚书》条说："武帝用中书谒者令，于是尚书与中书事多相连。"亦以中书与尚书各为一官。但应劭《汉官仪》云："汉旧置中书官，领尚书事。"则以中书之职尚书之职。《续汉书·百官志》亦云："尚书令一人，千石。本注曰：'承秦所置，武帝用宦者，更为中书谒者令。'"亦以中书即尚书之称。我以为《汉官仪》与《续汉志》之说是也。按秦汉称宦官皆曰中官，中官者宫中之官，犹后来宫女之称内人，内人者，内廷之人也。即因宦官称中官，故凡宦官兼任之官，皆冠以中字，如赵高为丞相则曰中丞相，即其一例。因而宦是官任尚书，则曰中书。中书者，中尚书之简称也。

至于昭宣之世，尚书与中书两名确有同时并见之事。如《汉书·霍光传》云："后上书者益黠，尽奏封事，辄下中书令出取之，不关尚书。"又同书《京房传》云："中书令石显、尚书令五鹿君相与合同，巧佞之人也。"因此，《通考》曰："其时中书、尚书似已分而为二。"实则不然，中书与尚书之同时并见，乃系宦官与士人之同时并用而异其官称，实一官之两称，非分而为二。

尚书令的职掌，最初不过通章奏，已于前述。但至元帝时，石显为令，则"事无小大，因显白决，贵幸倾朝，百僚皆敬事显。"据此，则知尚书令之职权，自西汉中叶以后，即以扩大。以后遂如《汉官仪》所云："尚书令，主赞奏，总典纲纪，无所不统。"尚书令的官阶，据同上书云："秩千石，故公为之，朝会不陛奏事，增秩二千石。"尚书令秩虽不过千石，但地位却甚尊崇。在东汉时，光武特诏尚书令与御史中丞、司隶校尉于朝会均专席独坐，京师谓之"三独坐"。

尚书令之下有仆射。仆射即副尚书令，其职掌同于尚书令。"令不在，则仆射奏下众事。"仆射"秩六百石，若公为之，加至二千石。"原来只有一人，谓之尚书仆射，至献帝建安四年，始置左右仆射。

仆射以下，有尚书丞。尚书丞秦置一人。至西汉成帝建始四年，置四人，皆属少府。东汉光武减其二，改为左右丞各一人，秩四百石。其职掌系佐令、仆治事。其所治之事，据《续汉志》云："左丞主吏民章报及骑伯吏，右丞假置印绶，及纸、笔、墨诸财用库藏。"

令仆丞之外，有尚书侍郎。《晋书·职官志》云："尚书郎，西汉旧置四人，以分掌尚书。其一人主匈奴单于营部，一人主夷吏民，一人主户口垦田，一人主财帛委输。及光武分尚书分为六曹之后，合置三十四人，秩四百石，并左右丞为三十六人。郎主作文书起草，更直五日于建礼门内。尚书郎初从三署诣台试守尚书郎中，岁满称尚书郎，三年称侍郎。选有吏能者为之。"侍郎一曹有六人。

关于尚书台分曹之事，《续汉志》与《汉官仪》所载颇有出入。《续汉志》云："成帝初置尚书四人，分为四曹：'常侍曹尚书'主公卿事；'二千石曹尚书'主郡国二千石事；'民曹尚书'主凡吏上书事；'客曹尚书'主外国夷狄事。世祖（光武）……分'二千石曹'，又分'客曹'为'南主客曹''北主客曹'，凡六曹。"《汉官仪》云："尚书四员，武帝置。成帝加一为五：有侍曹尚书，主庶人上书事，主客尚书，主外国四夷事。成帝加公尚书，主断狱事。"按以上二说，一谓成帝时为四曹，一谓为五曹，但我以为五曹之说较为合理，因为在秦代，尚书已分左右曹，以后自武帝历昭宣之世，尚书台的职务，日益发展，可能已有四曹之设。至成帝时加一为五，非常自然。光武增为六曹，合令仆各一人，遂有八座之称。

诸曹职务已如上述，但亦有异说。如蔡质《汉仪》谓三公曹"典天下岁尽集课事"；二千石曹，"掌中都官水火、盗贼、辞讼、罪眚"；客曹，"天子出猎驾御府曹郎属之。"[1] 这与以上所说，又大有差异。大抵两汉尚书的职权日有发展，在发展中常于原的职务之外，处理新的职务，故说者不同。

此外尚书台又有令史。令史之设，始于西汉，至东汉则有十八人，秩皆二百石，每曹三人。以后又增剧曹三人，合为二十一人，皆选兰台令史有吏能者充之。

总之，两汉的尚书台，其职权实至为重要，其规模亦至为宏大，他是天子的喉舌，也是百官的冢宰。在名义上，虽为宫廷的政治机构，实际上就是中央政府。西汉的专制皇帝，就利用这种

---

[1] 见《后汉书·百官志》注。

宫廷政治的组织，把政权由中央政府移到自己的卧室，他以为这样就可以大权在握，子孙万年。而不知政权移到宫外以后不久，大权又旁落于近侍。降至东汉末叶，外戚、宦官，迭起窃政，皇帝竟变成了他的亲戚和奴才用以升官发财的傀儡，而卒以灭亡。由此看来，把政权集中到宫廷，又何补于灭亡？

（重庆《中华论坛》第一卷第五、第六期合刊，1945 年 4 月出版）

# 三国时内战中的民族军队

自汉末以至三国，是中国史上（汉族）内战最激烈的一个时代。在内战中，肝脑涂地者，当然为当时的农民，但亦有少数民族参加。早在汉末的大混战中，少数民族的军队，即出现于内战的战场，从史籍上可以看出当时的豪族，竞引少数民族，进行内战。如袁术之勾结匈奴于夫罗，袁尚之托庇乌桓，袁熙之投依蹋顿及辽西单于楼班等。特别是刘备，他的起家部队，就有乌丸杂胡。

降至三国，魏、蜀、吴鼎立而峙，仍各引少数民族，以相拒抗。所谓"疆场之戎，一彼一此"，即指此而言。

史载当时魏国曾引羌胡以拒蜀。《晋书·江统传》引《徙戎论》云："汉末之乱，关中残灭。魏兴之初，与蜀分隔。疆场之戎，一彼一此。魏武皇帝令将军夏侯妙才讨叛氐阿贵、千万等。后因拔弃汉中，遂徙武都之种于秦川，欲以弱寇强国，捍御蜀虏。此盖权宜之计，一时之势，非所以为万世之利也。"

按魏徙氐、羌御蜀，系从邓艾之议。《魏书·邓艾传》载：艾上书云："闻刘豹部有叛胡，可因叛割为二国，以分其势。去卑功显前朝，而子不继业。宜加其子显号，使居雁门。离国弱寇，追录旧勋，此御边长计也。"

魏国的统治者接受了邓艾的建议，故邓艾伐蜀，即有羌胡兵马五千余人从征。《晋书·段灼传》载灼上武帝书云！

> 昔伐蜀，募取凉州兵马、羌胡健儿，许以重报。五千余人，随艾讨贼，功皆第一。

其在蜀国，刘璋时代，即有"叟兵"。《蜀书·刘璋传》：

> 璋闻曹公征荆州，已定汉中，遣河内阴溥致敬于曹公。……璋复遣别驾从事蜀郡张肃送叟兵三百人并杂御物于曹公。

按所谓"叟兵"，即越嶲夷兵。《蜀书·张嶷传》云："初越嶲郡自丞相亮讨高定之后，叟夷数反。"由此可知越嶲夷，又称叟夷。而叟兵，即越嶲夷兵也。惟刘备时，此种叟兵是否继续存在，史无所载。但据《张嶷传》载，嶷为越嶲太守，"诱以恩信，蛮夷皆服"。"种落三千余户，皆安土供职"。可能征发夷人以供兵役。

蜀国之有无叟兵，留以待考。惟在夷陵战役中，则确有蛮兵参加。《蜀书·刘备传》云：

> （章武二年二月），先主自秭归率诸将进军，缘山截岭，于夷道猇亭驻营，自很山通武陵，遣侍中马良安慰五溪蛮夷，咸相率响应。

同书卷九《马良传》亦云：

> 先生称尊号，以良为侍中。及东征吴，遣良入武陵，招纳五溪蛮夷，蛮夷渠师皆受印号，咸如意指。

此外，蜀国亦有氐羌之军，如蜀之名将马超、姜维，余疑皆是羌人。按马超为马腾之子。史载马腾之父"与羌错居",其母且为"羌女"[1]。马超是否为羌女所生,史无所载;但有羌人血液,则为事实。又超在入蜀以前,曾"走保诸戎","甚得羌胡心"[2],其与羌人有密切关系,又可断言。其后超率以投依刘备的军队之为羌兵,更为事实。

至于姜维是否为羌人,史籍亦无明证;但曾诱致羌胡以拒魏,则见于史乘。《蜀书·姜维传》谓:"维自以练西方风俗,兼负其才武,欲诱诸羌胡以为羽翼。"

吴国割据江南,亦尝捕捉山越,以充精锐。《吴书·陆逊传》云:

> 丹阳贼帅费栈受曹公印绶,扇动山越,作为内应。权遣逊讨栈。……应时破散。遂部伍东三郡,强者为兵,羸者为补户,得精卒数万人。

又《吴书·陈表传》去:

> 嘉禾三年,诸葛恪领丹阳太守,讨平山越,以表领新安都尉,与恪参势。初,表所受赐复人得二百家,在会稽新安县。表简视其人,皆堪好兵,乃上疏陈让,乞以还官,充足精锐。

吴国不但有山越之兵,且有山越之将,如祖郎、随春,皆系山越之酋,因战败而被俘者,以后皆为吴国叛将。《孙辅传》云:"(辅)又从(孙)策讨陵阳,生得祖郎等。"同书《吕范

---

① 《三国志·蜀书·马超传》注引《典略》。

② 《三国志·蜀书·马超传》。

传》云："又从攻祖郎于陵阳。"又《孙辅传》注引《江表传》
云："策自率将士讨郎，生获之。……署门下贼曹。"

关于随春，《吴书·吕岱传》有如此之记载：

> （嘉禾）四年，庐陵贼李桓、路合、会稽东治贼随春、
> 南海贼罗厉等一时并起。权复诏岱督刘纂、唐咨等分部讨
> 击。春即时首降，岱拜春为偏将军，使领其众，遂为刘将。
> 桓厉等皆见斩获，传首诣都。

以上所述，乃三国时的情形。降至西晋，依然如此。晋武帝
之平吴，就准备用匈奴刘渊做统帅[①]。此事虽未实现，但在平吴
战争中，仍然有匈奴的骑兵出现。《晋书·匈奴传》云，"武帝
时，有骑督纂毋倪邪，伐吴有功，迁赤沙都尉。"

由此可知，借少数民族之力以进行内战，是中国统治阶级传
统的故智，自古如此，于今为甚。

（香港《文汇报》1948 年 9 月 10 日《史地周刊》第一期）

---

① 《晋书·刘元海载记》。

# 孙皓的末日


王濬楼船下益州，金陵王气黯然收。

千寻铁锁沉江底，一片降幡出石头。

人世几回伤往事，山形依旧枕寒流。

从今四海为家日，故垒萧萧芦荻秋。


这是唐代诗人刘禹锡凭吊吴国故都的一首诗[①]。在这首诗中，流露着无穷的兴亡之感，甚至令人不得不对那位末代君主孙皓表示同情。但是假如我们查查孙皓的历史，即刻就会发现他是自取灭亡，同情之心也就随之消灭。

孙皓，孙权之孙，孙和之子，在公元264年即帝位，统治了吴国17年之久。虽然是偏安江南，然而作威作福，也算是末代帝王。

据史载，当孙皓即位之年，"蜀初亡（263年亡），而交阯携叛，国内震惧"[②]。其后年，司马炎篡魏，西晋建国，以后即以全力准备伐吴。孙皓所处的环境实至为险恶。

虽然如此，历史并未注定他的灭亡，因为当时孙皓还拥有长

---

① 《西塞山怀古》。此处吴国故都指今湖北鄂城，吴末帝孙皓曾迁都于此。西塞山在附近。

② 《三国志·吴书·三嗣主传·孙皓传》。

江以南广大的领土和领土上的人民，并有军队数十万。据《晋书·武帝纪》载：平吴以后，"收其图籍，克州四，郡四十三，县三百一十三，户五十二万三千，吏三万二千，兵二十三万，男女口二百三十万。"这些数字具体地说明了孙皓还有不少的政治资本。假使励精图治，最低限度也不致肉袒牵牛，归命晋廷。但孙皓不仅是一个昏君，而且是一个暴君，所以结果不免于灭亡。

据《吴志·孙皓传》载："（皓）粗暴骄盈，多忌讳，好酒色。"在他即位以后，虽大敌当前，而荒淫自若，只知游戏后宫，眩惑妇女。在他的后宫中，妃嫔万数，而采择未已。《吴志·陆凯传》云："今中宫万数，不备嫔嫱。外多鳏夫，女吟于中。"又云："今宫女旷积，而黄门复走州郡，条牒民女。有钱则舍，无钱则取，怨呼道路，母子死诀。"

孙皓不仅荒淫，又多疑嗜杀，暴虐成性。杀人的刑法极其残酷。据《孙皓传》云：皓"激水入宫，宫人有不合意者，辄杀流之。或剥人之面，或凿人之眼。"又尝故意醉其臣下以酒，因其酒后之过失而加之以刑戮。《孙皓传》云："皓每宴会群臣，无不咸令沈醉。置黄门郎十人，特不与酒，侍立终日，为司过之吏。宴罢之后，各奏其阙失，迕视之咎，谬言之愆，罔有不举。大者即加威刑，小者辄以为罪。"《韦曜传》："皓每飨宴，无不竟日。坐席无能否，率以七升为限，虽不悉入口，皆浇灌取尽。曜素饮酒不过二升，初见礼异时，常为裁减，或密赐茶荈以当酒。至于宠衰，更见逼强，辄以为罪。又于酒后使侍臣难折公卿，以嘲弄侵克，发摘私短以为欢。时有愆过，或误犯皓讳，辄见收缚，至于诛戮。"

孙皓又不引用正人君子，一心宠爱小人。例如岑昏险谀贵幸，致位九列。高通、詹廉、羊度，"黄门小人"，而"赏以重爵，权以战兵。"①"万彧琐才凡庸之质，昔从家隶，超步紫闼"，"荣以尊辅，越尚旧臣。"②"何定本趋走小人，仆隶之下，身无锱铢之行，能无鹰犬之用，而陛下爱其佞媚，假其威柄。使定恃宠放恣，自擅威福，口正国议，手弄天机。"③此外，如陈声、曹辅之辈，皆斗筲小吏，而并蒙信任。

这些宵小一旦当权，因恃宠放恣，擅作威福，口正国议，手弄天机，于是忠臣义士遂无噍类。如楼玄、王蕃、李勖，同为当世秀颖，一时显器，初皆从容列位，继则并受诛夷，或圮族替祀，或投弃荒裔，致令"百姓哀耸，士民同戚。"④

孙皓不但宠爱宵小，又组织特务，谓之"校事"，侦视臣民，以至一个百姓，有十个特务监视。《陆凯传》云："夫校事，吏民之仇也。先帝末年，虽有吕壹、钱钦，寻皆诛夷，以谢百姓。今复张立校曹，纵吏言事。"又云："今在所监司，已为烦猥；兼有内使，扰乱其中，一民十吏，何以堪命。"

"校事"以外，又有"弹曲"，也是特务之一种，从此孙皓的监狱里便充满了"无罪的犯人"。《江表传》云："（张）俶表立弹曲二十人，专纠司不法。于是爱恶相攻，互相谤告。弹曲承言，收系囹圄，听讼失理，狱以贿成。人民穷困，无所措手足。俶奢淫无厌，取小妻三十余人，擅杀无辜。"⑤

孙皓的政府，可以说就是宵小和特务的政府，这个政府的特色就是贪污、剥削。《贺邵传》云：自孙皓即位以来，"法禁转苛，赋调益繁；中宫内竖分布州郡，横兴事役，竞造奸利；百

---

① 《三国志·吴书·陆凯传》。
② 《三国志·吴书·陆凯传》。
③ 《三国志·吴书·贺邵传》。
④ 《三国志·吴书·陆抗传》。
⑤ 《三国志·吴书·三嗣主传·孙皓传》注引。

姓罷杼轴之困，黎民罷无已之求，老幼饥寒，家户菜色；而所在长吏，迫畏罪负，严法峻刑，苦民求办。是以人力不堪，家户离散，呼嗟之声，感伤和气。"《华覈传》云："都下诸官，所掌别异，各自下调，不计民力，辄与近期。长吏畏罪，昼夜催民，委舍佃事，遑赴会日，定送到都，或蕴积不用，而徒使百姓消力失时。到秋收月，督其限入，夺其播殖之时，而责其今年之税。如有逋悬，则籍没财物。故家户贫困，衣食不足。"不仅剥削，甚至白昼行劫。《孙皓传》："皓爱妾或使人至市劫夺百姓财物，司市中郎将陈声，素皓幸臣也，恃皓宠遇，绳之以法。妾以愬皓，皓大怒，假他事烧锯断声头，投其身于四望之下。"

这个特务的政府，因为晋兵一天天逼近长江，他们又风行雷厉的拉夫。但他们拉夫还是和孙权时代一样，专拉穷人，有钱者则卖放。《骆统传》云："每有征发，羸谨居家重累者先见输送。小有财货，倾居行赂，不顾穷尽。"这是因为当时的士兵"生则困苦，无有温饱；死则委弃，骸骨不反。"所以当时的穷人相率逃避兵役。《陆抗传》云："又黄门竖宦，开立占募，兵民怨役，逋逃入占。"

为了搜捕穷人和敲诈富人，当时的特务便大举检，查户口。《孙皓传》云：凤皇"三年……秋七月，遣使者二十五人分至州郡，科出亡叛。"因为捕捉壮丁，曾引起广州人民的暴动。《孙皓传》又云：天纪三年，"皓时又科实广州户口，（合浦郡部曲督部）马与部曲将何典、王族、吴述、殷兴等因此恐动兵民，合聚人众，攻杀广州督虞授。"

孙皓的政府对于士兵也极为虐待。《陆凯传》云："先帝战士（屯田之兵），不给他役，使春惟知农，秋惟收稻。江渚有事，责其死效。今之战士，供给众役，禀赐不赡。"他们和一般百姓一样，"征发赋调，烟至云集"，以至成兵"衣不全短褐，食不赡朝夕；出当锋镝之难，入抱无聊之感。是以父子相弃，叛者成行。"不仅士兵背叛，将官亦复如此。

当时孙皓的特务也知道孙皓政府的寿命不长，但他们却用一种阿Q的办法来粉饰太平。他们知道孙皓迷信天命，于是假造符瑞，以蒙蔽这位昏君。因而在孙皓的末年，便出现了一连串的瑞物，例如凤凰集于西苑，银块出自吴郡，石函发于临平，文石来自历阳，谓空石为大瑞，以鬼耳菜为芝草。每得瑞物必大赦改元，抑若天命方眷吴国，国祚可以久长，但实则欺人自欺，聊以解嘲而已。

太平不可粉饰而致。不久，孙皓的末日便到来了。咸宁五年十一月，西晋政府发动了讨伐吴国的战争，十万大军在统帅贾充的指挥之下，水陆齐发，六路并进，风驰电掣，指向当时的建业（今江苏南京市）。西晋的各路大军都没有遇到抵抗，特别是王濬的水军，自四川东下，冲破了吴国铁锁铁链的封锁，扬帆而东，兵不血刃而下夏口、武昌。这时，孙皓接到了前线的报告，才知道自己的天下完了蛋。而他的天下之完蛋，并不是兵不足，械不良；而是士兵反战。士兵的反战，又是他自己不好。《江表传》载：皓将败，与其舅何植书曰："闻晋大众，远来临江，庶竭劳瘁，众皆摧退，而张悌不反，丧军过半。孤甚愧怅，于今无聊。得陶濬表云：武昌以西，并复不守。不守者，非粮不足，非城不固，兵将背战耳。兵之背战，岂怨兵邪？孤之罪也。天文县变于上，士民愤叹于下。观此事势，危如累卵，吴祚终讫，何其局哉！天匪亡吴，孤所招也。瞑目黄壤，当复何颜见四帝乎！？"[1]

---

[1] 《三国志·吴书·三嗣主传·孙皓传》注引《江表传》。

王濬的水军自武昌顺流而下，一直到建业附近才看到吴军的旗帜，这是孙皓最后的出手，即张象的水军。但张象之军，却望旗而降。

一切都完了，摆在这末代君王面前的只有两条路，不投降就是死。孙皓究竟是贪生怕死的庸夫，他选择了投降的路。《孙皓传》云："皓用光禄勋薛莹，中书令胡冲等计，分遣使奉书于（王）濬、（司马）伷、（王）浑。"这封书就是降表。降表之文曰："昔汉室失统，九州分裂，先人因时，略有江南，遂分阻山川，与魏乖隔。今大晋龙兴，德覆四海。暗劣偷安，未喻天命。至于今者，猥烦六军，衡盖路次，远临江渚，举国震惶，假息漏刻。敢缘天朝含弘光大，谨遣私署太常张夔等奉所佩印绶，委质请命。惟垂信纳，以济元元。"

当投降的使臣出发以后，孙皓最宠爱的特务便开始"劫夺财物，略取妻女，放火烧宫。"这时，孙皓不得不舍弃他华贵的宫殿，美丽的妃嫔，和他从百姓身上剥削而来的庞大的财富，逃身窜首于一小舟之上。三月壬申，王濬的舟师至于建业之石头，旌旗器甲，属天满江，这时孙皓已魂不附体。不久，这一代的人王便素车白马、肉袒牵牛，衔璧舆榇，前至王濬的大营，稽首投降。

石头城上升起了晋国的旗，吴国灭亡了；但孙皓还是活着，不过从皇帝变成了晋国的归命侯。

1948 年 9 月 14 日

（香港《文汇报》1948 年 9 月 17 日《史地周刊》第二期）

# 补三国食货志

## 农　业

### （一）

三国时代，是中国史上内战最繁盛的时代。

在这一时代，中国的地主阶级分裂为三个集团，组织了三个政府，形成了魏、蜀、吴鼎立的局面。

魏、蜀、吴三国，各人皆自命为合法的政府，而以其他的统治集团为"虏"为"贼"，实则在本质上，他们并没有什么分别。

三国的政府，都以侵略邻人为发展自己的手段，因之，内战成为当时统治阶级的业务。在当时，中国的人力与物力，都集中于内战的进行。在今日的陕甘边境、淮河流域和荆襄一带，都是当时最主要的战场。今日楼船南下，明日木马北转，六出祁山，九伐中原，万众梯山，千里连营。中国的人民，就在这些接二连三的内战中，遗尸遍野；中国的农村，就在这些内战"英雄"的马蹄之下，变成沙漠。

本来，三国时代所承继的社会，就是一个被豪族所捣毁了的社会。到了三国时代，天下不耕者已20余年。当时的中原，"名都空而不居，百里绝而无人"者不可胜数。洛阳、长安、颍川、南阳、荥阳、彭城、睢阳、夏邱以及山东、河北、河南、安徽、陕西的许多都市，都堕为丘墟，鞠为茂草。其在南方，樊城、襄阳、夏口、九江、建业等都市，亦大半毁于兵燹，残破不堪。当时的农村，则农民逃亡，鸡犬无声，"避役钟于可里，逋逃盈于寺庙。"农民们"携白首于山野，弃幼子于沟壑，顾故乡而哀叹，向阡陌而流涕。""强者四散，嬴者相食。"饥饿流徙，加以疠疫。于是农民转死，农村荒废。据史载："当时天下之田，既不在官，然亦终不在民。以为在官，则官无人收营；以为在民，则又无簿籍契券，但随力之所能至而耕之。"因此，当时曹操、袁绍的军队，至以桑椹、蓬实、萱豆为食；袁术的军队，至以螺蛤为粮。这真是中国社会经济极端萧条的时代。

## （二）

鼎立的局面形成以后，三国的统治者为了巩固各自的政权，都企图恢复自己领域内的农村秩序，增进农业生产，从而开拓其各自之租税的泉源。

如前所述，三国时代的农业，不是土地缺乏的问题，而是劳动人口缺乏的问题。因为在当时多的是无主的旷土，少的是农民。即因农民太少，许多土地都没有人耕种。为了恢复农业生产，因而劳动人口的获得，遂成为三国统治者共同的要求。

要等待劳动人口之自然的增殖，那是缓不济急的。为了解决人口缺乏的问题，三国的统治者遂采取了各种救急的手段，这就是战争的掠夺、逃户的搜查、暴民的招安与蛮族的内徙同时进行。

在大混战的时代，我们就可看到人口的掠夺，例如：曹操降青州黄巾于济北，受降卒 30 万，掳男女百余万口。官渡之战，曹操掠白马的人民循河而西。征张绣之后，曹操遣曹仁别徇旁县，掳男女3,000余人。但这主要的是为了军事的目的，即为了兵员的补充，或者是为了执行"坚壁清野"的战略，以打击敌人。等到三国的疆域略已定局，而各国在边疆战争中，既然彼此互掠人口，那就是为了经济的目的了。

据《魏志》载："（艾）少孤，太祖破荆州，徙汝南，为农民养犊。"（《邓艾传》）

（张）鲁降，（张）既说太祖拔汉中民数万户，以实长安及三辅。（《张既传》）

鲁降，太祖还，留（张）郃与夏侯渊等守汉中，拒刘备。郃别督诸军，降巴东、巴西二郡，徙其民于汉中。（《张郃传》）

（王昶击吴）纳降数千口。于是移其降民，置夷陵县，（《王基传》）

（诞破寿春）一无所杀，分布（其民于）三河近郡以安处之。（《诸葛诞传》）

据《吴志》载："（建安）十二年，（权）西征黄祖，虏其人民而还。"（《孙权传》）

十三年春，权复征黄祖……虏其男女数万口。（同上）

十九年五月，权征皖城。闰月，克之，获……男女数万口。（同上）

（赤乌四年，权遣）卫将军全琮略淮南，决芍陂，烧安城邸阁，收其人民。（同上）

（赤乌六年）破魏将谢顺营，收其民人。（同上）

（赤乌二年，遣将军）孙怡之辽东击魏……虏得男女。（同上）

（永安七年）王稚浮海入句章，略……男女二百余口。（《孙休传》）

（诸葛恪）率众佃庐江皖口，因轻兵袭舒，掩得其民而还。（《诸葛恪传》）

据《蜀志》载："（诸葛亮出祁山）拔西县千余家，还于汉中。"（《诸葛亮传》）

维乘胜多所降下，拔河关、狄道、临洮三县民还。（《姜维传》）

据此可知，当时在魏国，则曹操拔荆州之民，徙之汝南；拔汉中之民，以实渭水流域；又拔巴东、巴西之民，徙之汉中。此外，王昶击吴，诸葛诞破寿春，无不掳其人民。在吴国，则孙权两征黄祖，皆掳其人民；以后在与魏国的战争中，如征皖城、略淮南、袭舒城等役，亦无不掳其人民。此外，吴国并有浮海掠夺人口之事。在蜀国，则诸葛亮、姜维曾徙甘肃之民于四川。这些，都是在战争中掠夺人口的例子。

其次，说到逃户的搜查，自东汉末至三国初，人民四散逃亡，皆脱户籍。他们或流落他乡，变为游民；或荫附豪族，沦为部曲。到三国时，为了避免赋税与徭役，此辈游民与荫附于豪族者，仍未著籍。为了发掘劳动人口，所以三国的统治者皆搜查逃户。

当时在魏国境内，则荫户最多。这些荫户都是在大混战中荫附于豪强者。在魏初，乡村政权尚未建立，故此种荫户无人清查。而荫户为了逃避兵役，宁愿以加倍的贡纳缴付豪强，不肯向政府注籍。当时"（青州）邑有万户者，著籍不盈数百，收赋纳税，参分不入一。"（《魏志·袁绍传》注引《九州春秋》）为了搜查此种逃户，故史载曹操入冀州，首按其户籍。

在蜀，在吴，则以游户为最多。这些游户都是在大混战中逃来的游民，也是为了避免发调，大半都未著籍。《诸葛亮传》注引《魏略》曰："今荆州非少人也，而著籍者寡，平居发调，则人心不悦；可语镇南（刘表），令国中凡有游户，皆使自实，因录以益众可也。"后刘备从其议，故众遂强。又"（吕乂为蜀郡太守，）开喻劝导，数年之中，漏脱自出者万余口。"（《蜀志》九《吕乂传》）

其在吴国，甚至以搜查逃户得力者为能吏。如《吴志·骆统传》载："（统）为乌程相，民户过万，咸叹其惠理。"吴国的统治者，把逃户搜查出来以后，即使"强者为兵，羸者补户。"据《吴志·陆逊传》云："（逊）部伍东三郡，强者为兵，羸者补户，得精卒数万人"，即因如此。所以当科实广州户口时，几乎引起民变，据《吴志·孙皓传》云："（天纪三年），科实广州户口，（郭）马与部曲将何典、王族、吴述、殷兴等因此恐动兵民。"

在三国时，仍有不少的农民窜藏山谷，集团而居，武装自卫。这些农民的武装集团都集合了庞大的人口。据《吴志·贺齐传》云："贼洪明、洪进、苑御、吴免、华当等五人率各万户，连屯汉兴，吴五六千户别屯大潭，邹临六千户别屯盖竹……歙贼帅金奇万户屯安勒山，毛甘万户屯乌聊山，黟帅陈仆、祖山等二万户屯林历山。"由此可知，当时农民窜藏山谷之间者，每一集团皆有几千户乃至几万户。他们既不纳税，也不当兵，更不服任何徭役，而且有时还引起"骚动"。为了解决劳动力的缺乏问题，并从而稳定国内的封建秩序，三国的统治者无不积极从事于这种不遵守封建秩序的农民武装集团之剿抚。

据《魏志》载:"自天子西迁,洛阳人民单尽,鲧徙关中民,又招纳亡叛以充之,数年间户口稍实。"(《钟繇传》)

> （浑）迁左冯翊,时梁兴等略吏民五千余家为寇钞,诸县不能御,皆恐惧,寄治郡下。……浑率吏民前登,斩兴及其支党。又贼靳富等,胁将夏阳长、邵陵令并其吏民入砲山,浑复讨击破富等……前后归附四千余家,由是山贼皆平,民安产业。（《郑浑传》）

> 时泰山多盗贼,以茂为泰山太守,旬月之间,襁负而至者千余家。（《凉茂传》）

"太祖以虔领泰山太守。郡接山海,世乱,闻民人多藏窜。袁绍所置中郎将郭祖、公孙犊等数十辈,保山为寇,百姓苦之。虔将家兵到郡,开恩信,祖等党属皆降服,诸山中亡匿者尽出安土业。"(《吕虔传》)按泰山一带为黄巾根据地,故农民之藏窜山谷间者,较他处为多,同时袁绍的残部又因而煽惑之,故相聚不散。

《吴志》中亦有此类记载。《诸葛恪传》云:"乃分内诸将,罗兵幽阻,……候其谷稼将熟,辄纵兵芟刈,使无遗种。旧谷既尽,新田不收,平民屯居,略无所入,于是山民饥穷,渐出降首……老幼相携而出。岁期,人数皆如本规。恪自领万人,余分给诸将。"

《蜀志》中亦有此类记载。《李严传》云:"盗贼马秦、高胜等起事于郪,合聚部伍数万人。……（李严）率将郡士五千人讨之,斩秦、胜等首。枝党星散,悉复民籍。"这些都是招安暴民的例子。

最后就是掠夺蛮族,或招降蛮族使之内附,以实边郡。亦有蛮族自请内附，因而收容之者。

据《魏志》载："刘备取汉中以逼下辩，太祖以武都孤远……前后徙民、氐，使居京兆、扶风、天水界者万余户。"(《杨阜传》)

> 太祖从其策，乃自到汉中引出诸军，令既之武都，徙氐五万余落出居扶风、天水界。(《张既传》)
>
> 武都氐王杨仆率种人内附，居汉阳郡。(《文帝纪》)
>
> (青龙元年)十月，步度根部落大人戴胡阿狼泥等诣并州降。(《明帝纪》)
>
> 鲜卑内附，置辽东属国，立昌黎县以居之。(《齐王芳纪》)
>
> (时)单于恭顺，名王稽颡，部曲服事供职，同于编户。(《梁习传》)

《蜀志》亦载："(建兴十四年)，徙武都氐王苻健及氐民四百余户于广都。"(《后主传》)

> (延熙)十年，凉州胡王白虎文、治无戴等率众降，卫将军姜维迎逆安抚，居之于繁县。(同上)

《吴志》亦载："(黄龙二年，权)遣将军卫温、诸葛直将甲士万人浮海……得夷洲数千人还。"(《孙权传》)

这些都是内徙蛮族的例子。三国的统治者之内徙蛮族，是想利用蛮族来复兴中国，特别是边疆的经济。他们没有想到，因此而奠定了后来蛮族入据中原的基础。

在当时，除三国的统治者用以上种种手段以求增加本国的劳动人口以外，难民也渐渐有回到故乡的。

据《魏志》载："时四方大有还民，关中诸将多引为部曲，觊书与荀彧曰：'关中膏腴之地，顷遭荒乱，人民流入荆州者十万

余家，闻本土安宁，皆企望思归。而归者无以自业，诸将各竞招怀以为部曲。'"（《卫觊传》）

以辽东汶、北丰县民流徙渡海，规齐郡之西安、临菑、昌国县界为新汶、南丰县，以居流民。（《齐王芳纪》）

馥既受命，单马造合肥空城，建立州治，……数年中恩化大行，百姓乐其政，流民越江山而归者以万数。（《刘馥传》）

（则）徙为金城太守。是时丧乱之后，吏民流散饥穷，户口损耗，则抚循之甚谨。……旬月之间，流民皆归，得数千家。（《苏则传》）

这些都是难民还乡的记录，由于难民还乡，黄河流域的人口便渐渐加多了。

## （三）

当时三国的统治者，一方面致力于劳动人口的获得，同时又开始对劳动人口再编制的工作。所谓再编制，就是把国内的既存人口，平均分配于各地，使劳动力与土地获得适当的配合，从而使农村经济获得均衡的发展。特别是把边郡的人民徙于内地，以避免邻国的掠夺。

劳动人口再编制的工作，在魏国最为开展，因为魏国的农村组织破坏得最厉害，如果不再编制，就不能进行生产。从史籍上我们可以看出，当时在魏国的人口再编制，是以繁荣河南为目的。

据《魏志》载："太祖还许，使辽与乐进拔阴安，徙其民河南。"（《张辽传》）

（文）帝欲徙冀州士家千万户实河南。时连蝗民饥，群司以为不可，而帝意甚盛，……遂徙其半。（《辛毗传》）

帝以谯旧乡，故大徙民充之，以为屯田。而谯土地烧瘠，百姓穷困，毓愍之，上表徙民于梁国就沃衍。（《卢毓传》）

大军出征，（并州之民）分请以为勇力。吏民已去之后，稍移其家，前后送邺，凡数万口。（《梁习传》）

留督汉中军事，绥怀开导，百姓自乐出徙洛、邺者八万余口。（《杜袭传》）

《吴志》亦载："初，曹公恐江滨郡县为权所略，征令内移。（《孙权传》）

以上诸例，均系把河北人口大批徙至河南，而以山西和陕西的人口填补河北。同时为了避免吴、蜀的掳掠，又把汉中和淮南的人口内移。此外，也有向西北移民之事。如《张既传》云："太祖徙民以充河北、陇西、天水、南安。"而这大概是为了军事的目的。

在劳动人口的再编制中，并不是每一个农民都得到了土地。他们得不到土地的原因，当然不是因为土地的缺乏，而是因为大量的无主土地仍然以屯田的名义，掌握在统治者集团的手中，不肯分配出来。

最初施行屯田的是曹操，而其动机则是为了军队缺乏粮食。据史载：建安元年，曹操从枣祗、韩浩之议，屯田许下。自是以后，各州各郡皆设田官。据《晋书·食货志》："魏武既破黄巾，欲经略四方，而苦军食不足，羽林监颍川枣祗建置屯田议。（《魏志·武帝纪》谓：武帝用枣祗、韩浩等议，始兴屯田。）……于是以任峻为典农中郎将，募百姓屯田许下，得谷百万斛。郡国列置田官，数年之中，所在积粟，仓廪皆满。"自是以后，豪族的屯田遂遍天下。

到三国时，农村复员；而州郡屯田并未取消，并且魏蜀吴三国在边境一带的屯田，反而因为军事上的需要更为发达。

据《魏志》载："（艾）又以为'昔破黄巾，因为屯田，积谷于许都以制四方。今三隅已定，事在淮南，每大军征举，运兵过半，功费巨亿，以为大役。陈、蔡之间，土下田良，可省许昌左右诸稻田，并水东下。令淮北屯二万人，淮南三万人，十二分休，常有四万人且田且守。水丰常收三倍于西，计除众费，岁完五百万斛以为军资。六七年间，可积三千万斛于淮上，此则十万之众五年食也。以此乘吴，无往而不克矣。'"（《邓艾传》）

> 遂北临淮水，自钟离而南横石以西，尽沘水四百余里，五里置一营，营六十人（共四千八百人），且佃且守。兼修广淮阳、百尺二渠，上引河流，下通淮颍，大治诸陂于颍南、颍北，穿渠三百余里，溉田二万顷（《通典》作三万顷），淮南、淮北皆相连接。（《晋书·食货志》）

吴国则屯田江北一带。《魏志·满宠传》："（青龙）三年春，权遣兵数千家佃于江北。"

《吴志·诸葛瑾传》注引《吴书》亦载："赤乌中，诸郡出部伍，新都都尉陈表、吴郡都尉顾承各率所领人会佃毗陵，男女各数万口。"

《蜀志·诸葛亮传》亦载："亮每患粮不继，使己志不申，是以分兵屯田，为久驻之基。耕者杂于渭滨居民之间，而百姓安堵，军无私焉。"

以上都是屯田的例子。当时三国的豪族，就用屯田的方法，

"宿兵边陲，且耕且战"，"且佃且守"。这些屯田的土地，都是属于各国豪族政府之集团的所有。而其耕种，则大半利用军队的无偿劳动，或者以类似兵役的性质，强制移民耕种。其收获物则除给耕种者以最低生活资料以外，其余则充作军粮。

即因有大量的州郡屯田与边疆屯田之存在，所以在劳动人口的再编制中，有许多农民反而要失掉他们原来占有的小块土地，而被徙为屯田的"佃客"。即以此故，当时的农民皆不愿迁徙。《魏志·袁涣传》云："是时新募民开屯田，民不乐，多逃亡。"《吴志·孙权传》云："初，曹公恐江滨郡县为权所略，征令内移。民转相惊，自庐江、九江、蕲春、广陵户十余万皆东渡江，江西遂虚，合肥以南惟有皖城。"《魏志·司马郎传》亦云："今寇未至而先徙，带山之县必骇，是摇动民之心，而开奸宄之原也。"史书上说民不乐徙，是由于怀念乡土，实则也即是舍不得自己已经占有的土地。

与劳动人口的再编制同时，魏国的政府又积极建设水利，修筑陂堨，开通河渠，引水灌田，不遗余力。当时水利事业最发达的地方是淮河流域和河南汝颍一带，《晋书·食货志》载：刘馥为扬州刺史，在合肥修芍陂、茹陂、七门、吴塘诸堨，以溉稻田。又载：淮南有淮阳、百尺二渠，上引河流，下通淮颍。颍南、颍北诸陂相望，穿渠三百余里，灌田二万顷。此外，在苏北，则郑浑于肖、相二县界兴陂堨，开稻田，顷亩岁增（《魏志·郑浑传》）。在豫北，则自陈仓至槐里筑临晋陂，引汧洛溉舄卤之田三千余顷《晋书·食货志》）。在河北，则刘靖导高梁河造戾陵堨。开车箱渠，引水灌田二千顷。凡所封地百余万亩（《水经注·鲍丘水》）。在山西，则司马孚造石门堨，堨沁水灌田（《水经注·沁水》）。乃至在甘肃，亦有凉州刺史徐邈修武威、酒泉盐池，以灌西北屯田（《晋书·食货志》）。由此可知，三国时黄河流域的水利事业，实在盛极一时。水利事业的发达，是由于农业生产的要求，而水利事业发达以后，即又助长农业生产的发展。

当时的农民或回到自己原有的土地，或被政府编制于新分配的土地与屯田区。他们在荒废已久的原野里又重新盖起农舍，造作水碓（《魏志·张既传》），渐渐聚成村落。他们最感困难的是缺乏耕牛，因为耕牛已经在大混战的时代中被豪族的军队几乎吃光了，即使有少数的残存，又被统治者当作奇货而掌握。农民必须以最高的代价才能租到官牛。因此，当时的农民大概家家都养着肥猪，以卖猪之钱购买耕牛。不久农民也就渐渐有了自己的耕牛。关于此事，《晋书·食货志》曾有如此之记载："京兆自马超之乱，百姓不专农殖，乃无车牛。（京兆太守颜）斐又课百姓，令闲月取车材，转相教匠。其无牛者令养猪，投贵卖以买牛。始者皆以为烦，一二年中编户皆有车牛。"

大纷乱的时代过去了，中国的历史又进入了小康时代。农民是最驯良的人民，只要让他们安居乐业，他们决不会造反。而且他们将忍受一切不合理的压榨，以死守他们所有的小小的土地。所以，自三国定局以后，农民又放下了武器，拿起了锄头，"日出而作，日入而息"。而全国各地的农业，也就日益发展起来了。到三国时代的中叶，中原一带再不是"千里无烟"，而是"华实蔽野，黍稷盈畴"了。据《晋书·食货志》载："（在当时）自寿春到京师，农官兵田，鸡犬之声，阡陌相属。"王粲《从军诗》歌颂谯郡的景象曰："朝入谯郡界，旷然消人忧，鸡鸣达四境，黍稷盈原畴，馆宅充廛里，女士蒲庄馗。"淮南一带，在以前是空无人烟的地方，谯郡则是土地墝瘠的地方。这些地方农村繁荣，尚且如此，其他各地可以想见。至于蜀国沃野千里，古称"天府之国"。吴国饭稻羹鱼，原为火耕水耨之乡，加以破坏较少，人口加多，其恢复当然更为容易。总之，三国时代的农业又走向了发展的道路。

## （四）

跟着农业的发展，苛捐杂税和繁重的徭役毕竟压到农民的头上来了。三国时的剥削关系，还是田租、户调、徭役三种，尤以徭役最为繁重。

本来在大混战的时代中，人民死亡逃散，土地荒废，已无所谓田租、户调，就是公开放抢，拦路打劫。《魏志·武帝纪》注引《魏书》曰："袁氏（绍）之治也，使豪强擅恣，亲戚兼并，下民贫弱，代出租赋，衒鬻家财，不足应命。"这就是说租税没有定额，随便苛索。

到了曹操平定中原以后，才规定每亩收田租四升，至于屯田佃农的田租则有两种，《晋书·傅玄传》云："旧兵持官牛（耕）者，官得六分，士（佃农）得四分；自持私牛（耕）者，与官中分。"这种四分或中分的地租率，也适用于一般地主对农民的剥削。总之，当时魏国的佃农，除以收获的一半乃至十分之六缴纳于地主以外，还要缴纳于政府每亩四升的田赋。

此外，还要缴纳户口税。户口税的税率，据《魏志·武帝纪》注引《魏书》云："（每年）户出绢二匹，绵二斤。"

吴蜀的田赋和户口税的税率，史无明文，但据《吴志·孙休传》永安二年诏云："今欲广开田业，轻其赋税，差科强赢，课其田亩，务令优均。"是则当时吴国的田赋也很繁重。又据《陆逊传》云："（逊）部伍东三郡，强者为兵，赢者补户。"是则吴国亦有户口税。又据《孙皓传》云："会稽太守车浚、湘东太守张咏不出算缗，就在所斩之，徇首诸郡。"是则当时吴国又有人头税和财产税。

至于蜀国，在荆州时即曾派诸葛亮督零陵、桂阳、长沙三郡，调其赋税。同时诸葛亮还注意到户口的清查。入蜀之后军事繁兴，赋税之重决不会减于魏吴。

三国时的徭役以兵役为最重。本来在大混战的时代中，已无所谓按户抽丁，而是"放兵捕索如猎鸟兽。"（《袁谭传》）到三国时，边境的战争仍继续进行，汉中、陇右、淮南、皖北一带，三国皆有"不释之备"，因而当时的人民遂就"无已之役"。大军出征，动辄数十万人，州郡征发急如星火，捕捉捆绑若逮罪犯。若有逃亡则罪及妻子，家属男女并没为奴婢。（《魏志·卢毓传》及《高柔传》）

当时征兵，按政府法令，本来是不论贫富按户抽丁。但是，实际上当时的大地主或土豪，他们不但自己的子弟不当兵，而且包庇逃丁，从中渔利。《魏志·司马芝传》曾载一大地主包庇逃丁之事云："太祖平荆州，以芝为营长。时天下草创，多不奉法。郡主簿刘节，旧族豪侠，宾客千余家，出为盗贼，入乱吏治。顷之，芝差节客王同等为兵，掾史据白：'节家前后未尝给徭，若至时藏匿，必为留负。'芝不听，与节书曰：'君为大宗，加股肱郡，而宾客每不与役，既众庶怨望，或流声上闻。今调同等为兵，幸时发遣。'兵已集郡，而节藏同等，因令督邮以军兴诡责县，县掾史穷困，乞代同行。芝乃驰檄济南，具陈节罪。太守郝光素敬信芝，即以节代同行，青州号芝'以郡主簿为兵'。"

又少有财产者亦买通县令或亭长不应兵役，结果绑上战场的都是贫苦的农民。《吴志·骆统传》云："每有征发，羸谨居家重累者先见输送。小有财货，倾居行赂，不顾穷尽。"可知兵役之有买放，自古如此。

三国时农民除兵役外，其他各种徭役亦极繁重。首先就是军事运输，因为在三国时，边境一带始终都在战争的状态中，运漕发调、转相供奉者千里相接，数十年中无有休止。其次就是土木徭役，因为在大混战中，城市夷为丘墟，宫殿堕为瓦砾。到三国时，特别是魏国，便要复兴城市，再造宫殿。明帝筑洛阳宫殿，作者便三四万人，以致"丁夫疲于力作，农者离其南亩。"（《魏志·王肃传》）吴国筑石头城，所役农民当亦不少。此外则为开凿道路，修筑陂渠。孙权凿句容中道，发屯田乃作士三万人（《孙权传》）。至修筑陂渠，则役人更多。所以三国时的农民皆疲于力役，至为哀叹。

据《孙休传》载孙休永安元年诏曰："诸吏家有五人三人兼重为役，父兄在都，子弟给郡县吏，既出限米，军出又从，至于家事无经护者，朕甚愍之。其有五人三人为役，听其父兄所欲留，为留一人，除其米限，军出不从。"从这里我们可以看出当时吴国的徭役之重，而且可以看出当时的农民，父兄子弟全家应役，而其家属尚须缴纳军粮。吴国如此，魏蜀亦未必不如此。由此可知，在战争中贫苦农民除出力以外，又须出钱，这亦自古如此。

# 手工业

在东汉末以至三国初这一大混战的时期中，中国的手工业，无论是城市的或农村的，都要遭到极大的破坏，这是可以推想而知的。但是，我们知道，战争所能毁灭的只是手工业者个人的生命和他们的作坊或生产工具，它并不能毁灭手工业生产已经达到了的技术水准。这就是说，战争给与手工业生产的影响，只是量的减少，不是质的倒退。

在历史上，不论在任何一种时代，社会生产力总是向前发展的。就是在刀锋马蹄之间，它也是要寻找它发展的道路的。所以，在大混战的时期中，中国的手工业并不如若干史学家所云，已经陷于完全停顿，它仍然在崎岖的道路上缓步前进。而且一到三国时代，跟着各国农村经济的渐渐复苏，社会生产力的慢慢增长，中国的手工业生产，又在两汉的技术水准之上展开它的发展。

关于三国时代的手工业生产，史籍几无所载，但我们也可以从若干简略的语句中得到一些暗示。例如《魏志·鲜卑传》云："袁绍据河北，中国人多亡叛归之，教（鲜卑人）作兵器铠楯。"从这里我们就知道，在大混乱时，兵器制作的手工业，一定是一种突出发展的手工业。并且知道中原的兵器作坊，已经开设到鲜卑人的部落中去了。

又如《吴志·诸葛恪传》云："丹杨地势险阻，与吴郡、会稽、新都、鄱阳四郡邻接"，"山出铜铁，自铸甲兵。"从这里我们又知道，在大混战时，采矿和冶铸的事业并没有消歇，或者反而更加发展。因为在当时，几百万人都手持武器，如果没有冶铁炉之普遍的存在，如果没有工人继续采取铁矿以供给这些冶铁炉的原料，则大量的武器之制造是不可能的。

又如《后汉书·刘虞传》谓：刘虞为幽州牧，曾"通渔阳盐铁之饶"。从这里我们又知道，在大混战时，不但铁的生产没有停顿，食盐的生产也仍然在继续进行。不过在这一混乱时代，盐铁事业已经不是国营，而是各地豪族用以专利的事业了。

到三国时，魏蜀吴皆设盐官，但未见有铁官的设置。惟蜀国的盐官兼管铁的生产。《蜀志·吕乂传》云："先主定益州，置盐府校尉，较盐铁之利。"同书《王连传》云："成都既平，以连为什邡令，转在广都，所居有绩。迁司盐校尉，较盐铁之利，利入甚多，有裨国用。……迁蜀郡太守、兴业将军，领盐府如故。"

魏国的盐官则仅云监盐。《通考·征榷考》二云："卫觊议以盐者国家之大宝……今宜依旧置使者监卖……魏武于是遣谒者仆射监盐官。"

至于吴国的盐官，是否兼管铁的生产，史无明文。《吴志·孙休传》云："海贼破海盐，杀司盐校尉骆秀。"但《诸葛恪传》谓丹阳山民"自铸甲兵"为"逋亡宿恶"，则铁的生产似乎已为政府所统制。

造船业在大混战时亦未停顿，这从"赤壁之役"所用的船只之多即可证明。到三国时，吴国的统治者曾屡次发动大规模的海洋征伐，如孙权派遣军队浮海求夷洲、亶洲，浮海击辽东，浮海讨今日海南岛的珠崖儋耳。孙休派遣军队浮海击句章。孙皓派遣军队浮海征合浦交趾。这些大规模的海洋征伐，如果没有大批的海船是不能实现的。同时如果没有很多造船厂的存在，这大批的海船也是不会有的。

纺织业在混战中遭到了极大的破坏，但也没有完全摧毁，这从当时阳安郡尚能征出绵绢即可证明。《魏志·赵俨传》云："太祖以俨为朗陵长。……时袁绍举兵南侵，遣使招诱豫州诸郡，诸郡多受其命。唯阳安郡不动，而都尉李通急录户调。俨见通曰：'方今天下未集，诸郡并叛，怀附者复收其绵绢，小人乐乱，能无遗恨！'……（后俨函荀彧，请免阳安郡当送绵绢）。
彧报曰：'辄白曹公，公文下郡，绵绢悉以还民'。"据此，可知
当时民间尚有绵绢可征。

到三国时，纺织业又在民间普遍地发展起来了，这从魏国以
绢绵为户调可以看得出来。至于纺织业的中心成都，根本没有遭
到什么破坏，所以刘备入成都以后，除分赐诸葛亮、法正、张飞
及关羽金各五百斤、银各千斤以外，又各赐绢千匹。其余颁赐各
有差（《张飞传》）。

织绵的技术，在三国时较前大有改进。当时有马钧者，曾发
明一种新式的织绵机。《魏志·杜夔传》注引傅玄云："（马钧）
为博士，居贫，乃思绫机之变，不言而世人知其巧矣。旧绫机
五十综者五十蹑，六十综者六十蹑，先生患其丧功费日，乃皆易
以十二蹑。"

随着三国政局的相对稳定和贵族豪富的奢侈欲望之提高，
金银器物等奢侈品的制作也应时而起。《魏志·齐王芳纪》载：
齐王芳正始元年诏曰："方今百姓不足，而御府多作金银杂物，
将奚以为？今出黄金银物百五十种，千八百余斤，销冶以供军
用。"《吴志·华覈传》载华覈奏云："今事多而役繁，民贫而俗
奢，百工作无用之器，妇人为绮靡之饰，不勤麻枲，并绣文黼
黻，转相仿效，耻独无有。"这种史料都暗示着当时金银器物及
文绣等奢侈品制造的盛行。而且为了制作珠玑瑇瑁及犀象等奢侈
的装饰品，吴国的统治者，曾从交趾征调一千以上的手工业工
人到建业，并且因此而引起交趾的叛乱。《吴志·孙休传》云：
"（永安六年）五月，交趾郡吏吕兴等反，杀太守孙……先是科
郡上手工业千余人送建业，而察战至，恐复见取，故兴等因此扇
动兵民，招诱诸夷也。"

此外，在三国时还有很多其他的手工业，如《蜀志·简雍传》："时天旱禁酒，酿者有刑。吏于人家索得酿具，论者欲令与作酒者同罚。"《蜀志·先主传》："先主少孤，与母贩履织席为业。"《魏志·文帝纪》载黄初三年诏曰："（殉葬）无施苇炭，无藏金银铜铁，一以瓦器，合古涂车、刍灵之义。"据此，可知当时手工业如酿造、制履、编席以及泥车、土马等的制造，无不应有尽有。

此外，在手工业上除绫机的改良以外，还有许多新的发明。如曹操军中使用的"霹雳雷"（《袁绍传》），诸葛亮发明的"木牛""流马"（《诸葛亮传》），韩暨发明的"水排"《韩暨传》）。这些都指示了手工业技术的发展。

# 商 业

跟着手工业生产的发展，商业交换也开始活跃起来了。具体的史实指示出来，就是在大混战的时代中，商业也并没有完全停止它的活动。例如当袁绍与公孙瓒对峙于河北的时候，而"中山大商张世平、苏双等资累千金，（仍然）贩马周旋于涿郡"《先主传》）。同时，在公孙瓒的占领区域，仍有不少的"商贩庸儿，所在侵暴。"（《公孙瓒传》）又如当袁术横行河南的时候，淮泗一带的商人仍然在孙坚的军队保护之下，在战争中冒险。《吴志·孙坚传》云："（坚）又募诸商旅及淮、泗精兵，合千许人。"按坚所募"商旅"，并非当兵，而是缴纳一定的金额，取得孙坚的护送。

又如当孙权与刘备相持于荆州的时候，在长沙中仍有不少

"白衣摇橹"的商船。《吴志·吕蒙传》云："蒙至寻阳，尽伏其精兵艓䑠中，使白衣摇橹，作商贾人服。"足见在当时白衣摇橹于长江中的商船一定很多。

此外，农村中的定期市集仍然到处都有。《魏书·王修传》云："（修）母以社日亡，来岁邻里社，修感念母，哀甚。邻里闻之，为之罢社。"这里所谓"社"，就是"赶集"。

不过当时"赶集"的农民，随时可以遇到豪族军队的打劫。例如阳城人会于"社"下，便遇着了董卓的军队来劫"社"，许多"赶集"的人民都被屠杀。董卓的军队，"驾其车牛，载其妇女财物，以所断头系车辕轴，连轸而还洛。"（《董卓传》）

不但国内的商业交换没有完全停止，就是国际贸易在某些边疆城市也还是继续地进行。例如当时刘虞为幽州牧，即曾"开上谷胡市之利"，"自鲜卑、乌桓、夫余、秽貊之辈，皆随时（以）朝贡"之形式来与汉人贸易（《后汉书·刘虞传》）。又如公孙瓒在易京（今河北雄县）亦曾与辽海一带有贸易的关系。《后汉书·公孙瓒传》云："（瓒）乃盛修营垒，楼观数十，临易河，通辽海。"

到三国时，各国的商业都逐渐发达。尤以吴国的商业最为活跃。《吴志·孙休传》载孙休永安二年之诏云："顷年以来，州郡吏民及诸营兵多违此业（耕战之业），皆浮船长江，贾作上下，良田渐废，见谷日少，欲求大定，岂可得哉？"从这里我们可以看出，在吴国不仅人民多弃农经商，即使官吏与军官亦无不兼做买卖。

这种情形，在魏国也是一样。魏国的官吏亦凭借其政治地位，与人民争刀锥之末利。《全三国文》卷三二载刘放奏云："今官贩卖胡粉，与百姓争锥刀之末利，宜乞停之。"

至于蜀国，据《蜀志·董和传》云："蜀土富实，时俗奢侈，货殖之家，侯服玉食。"由此亦可以想见其商业之盛。

在三国时，边境仍有不断的战争，屯戍军队的地方多设军市。如魏国在长安立军市。据《魏志·仓慈传》注引《魏略》曰："至青龙中，司马宣王在长安立军市，而军中吏士多侵侮县民。（颜）斐以白宣王。宣王乃发怒，召军市候，便于斐前杖一百。"

吴国亦有军市。《吴志·潘璋传》云："璋为人粗猛，禁令肃然。……征伐止顿，便立军市，他军所无，皆仰取足。"

蜀国是否有军市，史无明文。

军市有市长曰军市候。此种军市乃系军官营利的组织，故史载多侵侮百姓。。

当休战期间，三国之间尝恢复彼此之间的商业关系。如222年，吴魏议和，便通商旅，当时魏国的商人故意压低由吴国输入商品的价格。魏国政府并曾因邦交之故，为之平价。《太平御览》卷八一七引魏文帝诏曰："今与孙骠骑（将军权）和通商旅，当日月而至，而百贾偷利，喜贱其物。平价，又与其绢。故官遂为平准耳，官岂少此物辈耶？"

即使在相持期间，商业关系也没有断绝。例如吴嘉禾四年（235年），魏国政府就曾经派遣使臣，用马匹来交换吴国的珠玑、翡翠和玳瑁。《吴志·孙权传》："（嘉禾四年七月），魏使以马求易珠玑、翡翠、玳瑁。权曰：'此皆孤所不用，而可得马，何苦而不听其交易？'"这还是公开的买卖。此外，商人的走私大概也是难免的。

# 中原与边疆及海外贸易

三国之间常有走私的贸易，并且间或也有公开的贸易。但究竟由于各国边疆都有着军事的封锁，贸易不能顺畅进行。跟着商业资本的发展，各国的商人便不能不寻求更能自由贸易的市场，而这最好就是那些没有军事封锁的地方。所以当时魏国的商人则向西北和东北边疆发展，吴国的商人则向东南海洋方面发展，蜀国的商人则向西南落后的区域发展。向四周开展而不向中原集中，这就是三国时代商业资本的动向。这种动向是军事封锁的结果。

据史载，当时魏国在西北方面，与塔里木盆地乃至中亚诸国都有贸易关系。关于这一点，我们从焉耆、于阗、鄯善、龟兹乃至大月氏皆曾遣使向魏国进贡上可获证明。关于这一点，《三国志》上曾有如次的记载：《魏志·文帝纪》载："（延康元年），焉耆、于阗王皆各遣使奉献。""（黄初三年），鄯善、龟兹、于阗王各遣使奉献。"同上《明帝纪》载："（太和三年），大月氏王波调遣使奉献。"

以上所谓"朝贡"，实际上就是"贸易"，因为在封建时代，国际贸易大半都隐蔽在"朝贡"关系之中。当时西域商人输入的商品中，最有名的是火浣布。《魏志·齐王芳纪》云："（景初三年）二月，西域重译献火浣布。"至于中国商人运往西域的商品是些什么？史无所载。惟史载当时敦煌又变成国际贸易的中心城市，西域各国的商人，有些在这里就卖掉了他们的货物，再由中国商人转贩至内地。有些从这里径入中国本部的洛阳，则由敦煌太守派兵护送。《魏志·仓慈传》云："太和中，（慈）迁敦煌太守。郡在西陲，以丧乱隔绝，旷无太守二十岁。大姓雄张，遂以为俗。前太守尹奉等，循故而已，无所匡革。慈到，抑挫权右，抚恤贫羸，甚得其理。……常日西域杂胡欲来贡献，而诸豪族多逆断绝。既与贸迁，欺诈侮易，多不得分明，胡常怨望，慈皆劳之。欲诣洛者，为封过所，欲从（敦煌）郡还者，官为平取，辄以府见物与共交市，使吏民护送道路，由是民夷翕然"。

在北方，魏国的商人和鲜卑乃至分布于今日贝加尔湖一带的丁零人，都有贸易的关系。如前所述，中国人的手工业作坊已经开设在鲜卑人的部落之中；同时，当时的鲜卑人和丁零人又常以畜群，特别是马匹，来交换中国的手工业制品或生活必需品。《魏志·明帝纪》："（太和五年）四月，鲜卑附义王轲比能率其种人及丁零大人儿禅诣幽州贡名马。"按上谷本有胡市，此所谓贡马，实即以马为商品，与中国交易。

在东北，魏国的商人和辽东半岛的夫余、朝鲜半岛的高句骊、涉貊及韩国，都有贸易的关系。《魏志·文帝纪》云："黄初元年，涉陌、夫余单于……各遣使奉献。"同上《明帝纪》云："（青龙四年），高句骊王宫斩送孙权使胡卫等首，诣幽州。"同上《陈留王纪》曰："（景元二年）七月，乐浪外夷韩、涉貊，各率其属来朝贡。"这些记录虽甚简单，但也暗示魏国与东北诸国之间有着贸易的关系。

又《魏志·陈留王纪》载，肃慎国曾于景元三年（262年）四月遣使重译入贡。他们带来的贡物（商品）是："弓三十张，长三尺五寸，楛矢长一尺八寸，石弩三百枚，皮骨铁杂铠二十领，貂皮四百枚。"他们带回去的是什么？史无所载。但从这里我们已可看出，肃慎输入中国的商品最主要的是皮毛。

当时倭国与中国的贸易关系也很密切，关于这一点，我们从当时两国使节往来之频繁可以看得出来。特别是倭国，在三国时代曾派遣三批使节，前后来到魏国进贡。

第一批使节为倭国女王卑弥呼所派遣，于238年到达中国。其使臣为难升米、都市牛利等。他们带来的贡物是："男生口四人，女生口六人，班布二匹二丈。"带回去的商品是："绛地交龙锦五匹、绛地绉粟罽十张、蒨绛五十匹、绀青五十匹……绀地句文锦三匹、细班华罽五张、白绢五十匹、金八两、五尺刀二口、铜镜百枚、真珠、铅丹各五十斤。"（《魏志·倭人传》）

第二批使节也是倭女王卑弥呼所派遣，于243年到达中国。其使臣为伊声耆、掖邪狗等。他们带来的贡物（商品）是："（男女）生口、倭锦、绎青缣、绵衣、帛布、丹木、狇、短弓矢。"（同上）

第三批使节是倭女王壹与（卑弥呼之宗女）所派遣，于247年到达中国。其使臣为率善中郎将掖邪狗，率二十余人。带来的贡物（商品）是："男女生口三十人，贡白珠五千，孔青大句珠二枚，异文杂锦二十匹。"（同上）

此外，240年魏王芳曾派遣建忠校尉梯俊等奉诏书印绶前赴倭国，去封拜倭王。他们带去的赏赐品（商品）是："金、帛、锦罽、刀、镜、采物。"（同上）

从这里我们可以看出，当时倭国运到中国来的商品最主要的是男女生口，换言之就是男女奴隶。中国运往倭国的商品最主要的是丝织物，其次则为铜镜之类的手工业制品。

当时倭国商人来中国的道路是浮海至乐浪，经辽东陆路以入中国本部。中国商人之赴倭国者亦经辽东陆路至乐浪，然后乘船渡海。据《魏志·倭人传》载："（当时倭人）其行来渡海诣中国，恒使一人，不梳头，不去虮虱，衣服垢污，不食肉，不近妇人，如丧人，名之为持衰。若行者吉善，共顾其生口财物；若有疾病，遭暴害，便欲杀之，谓其持衰不谨。"由此而知，当时倭人的航海技术尚不甚高明。但商人是最能冒险的，所以当时往来于倭国与乐浪之间的商船还是络绎不绝于海上。

现在再说吴国。吴国的海洋贸易较之魏国更为发达。当时吴国的海洋贸易，在东方则以会稽为中心，在南方则合浦、南海、交州等处，都是国际贸易的城市。

早在黄龙二年（230年）孙权就派遣军队浮海求夷洲、亶洲。虽然这个武装商船队只是达到夷洲，而没有达到亶洲，但据《孙权传》云："（亶洲）人民时有至会稽货布；会稽东县人海行，亦有遭风流移至亶洲者。"据此，则当时吴国商人与夷洲、亶洲的商人都有贸易的关系。

如前所述，孙权曾派遣水军万人以上浮海征辽东，又曾派遣使节浮海赴高句骊。是则当时自会稽北至朝鲜，辽东的海道已通，而打通这条海道的先锋必然是商人。由此我们又知道，当时吴国的商人与朝鲜半岛及辽东半岛诸国，已发生贸易关系，并且在乐浪一带与倭人亦有接触。

在南方，吴国商人的足迹已普遍于广东安南一带。他们从广东安南一带运回许多珍奇的商品，如"杂香细葛……明珠、大贝、流离、翡翠、玳瑁、犀、象之珍，奇物异果，蕉、邪、龙眼之属。"（《吴志·士燮传》）

三国时的安南，不仅有中国商人，而且有罗马商人，因为从东汉末，自红海至安南的海道已通，许多罗马的商船都纷纷东来。《梁书》载："黄武五年（226年）有贾人秦伦者，自大秦至交趾。交趾太守吴邈遣使诣权，权差吏会稽刘咸送伦。咸于道物故，伦乃径还本国。"由此又知当时吴国的商人已与罗马商人发生直接的交易。

总之，当时吴国与南洋一带的贸易，由于东西海道之畅通已甚发达。如《孙权传》谓赤乌六年，扶南王范旃遣使献乐人及方物，即其一例。可惜史无详记，无法考证。

至于蜀国的首都成都，自秦汉以来就是中国西南经济的重心。在三国时，其与西南夷族之间的贸易必然继续发展，但其国际贸易较之吴魏则大有逊色。

# 货　币

与以上所述之国内的和国际的贸易情况相适应，在三国时似应有比较发展的货币经济之存在，但是在实际上并不如此，在当时反而出现了物物交易。

例如在魏国，自文帝黄初二年起即废除五铢钱，使百姓以谷帛相市。《晋书·食货志》云："黄初二年，魏文帝罢五铢钱，使百姓以谷帛为市。"《通典》八云："魏文帝谷帛相贸。"《晋书·食货志》亦云："至明帝世，钱废谷用既久，人间巧伪渐多，竞湿谷以要利，作薄绢以为市，虽处以严刑，而不能禁也。"

明帝时，因司马芝等的建议，曾一度新铸五铢钞。《魏志·明帝纪》：太和元年（227年）"四月乙亥，行五铢钱。"但谷帛相贸，依然并行，这从《魏志》列传中，我们可以看出，当时魏国无论买卖、俸给、借贷乃至贿赂，大半都用绢帛。

关于买卖用绢帛者，如《魏志·王昶传》注引《任嘏别传》云："嘏，乐安博昌人……与人共买生口，各雇（绢）八匹。后生口家来赎，时价直六十匹。共买者欲随时价取赎，嘏自取本价八匹。共买者惭，亦还取本价。"此以绢帛相贸之例也。又如《太平御览》

引《羊祜别传》云："祜周行贼境七百余里，往返四十余日，刈贼谷以为军粮，皆计顷亩送绢还值，使如谷价。"此虽非正式买卖，亦以绢易谷之一例也。

关于俸给用绢帛者，如《魏志·胡质传》注引《晋阳秋》云："（胡）威字伯虎……（胡）质之为荆州也,（其子）威自京都省之……拜见父，停厩中十余日，告归。临辞，质赐绢一匹，为道路粮。威跪曰：'大人清白，不审于何得此绢？'质曰：'是吾俸禄之余，故以为汝粮耳！'"是以绢帛为俸给之例也。

关于贿赂之用绢帛者，如《魏志·夏侯玄传》注引《魏略》云："玄既迁，司马景王代为护军。护军总统诸将，任主武官选举，前后当此官者，不能止货赂。故蒋济为护军时，（魏明帝景初年间）有谣言：'欲求牙门，当得千匹；百人督，五百匹。'宣王与济善，闲以问济，济无以解之，因戏曰：'洛中市买，一钱不足则不行。'遂相对欢笑。"此绢帛用于贿赂之例也。

关于借贷之用绢帛者，如《魏志·曹洪传》注引《魏略》云："文帝在东宫，尝从洪贷绢百匹，洪不称意。"此以绢帛用于借贷之例也。

在蜀国，刘备入蜀以后，以军用不足，曾从刘巴之议，铸直百大钱。据《蜀志·刘巴传》注引《零陵先贤传》云："及（刘备）拔成都，士众皆舍干戈，赴诸藏竞取宝物。军用不足，备甚忧之。（刘）巴曰：'易耳，但当铸值百钱，平诸物贾，令吏为官市。'备从之。数月之间，府库充实。"又《三国志旁证》二四引洪遵《泉志》云："蜀直百钱，建安十九年刘备铸。旧谱云：'径七分，重四铢。'又直百五铢钱，径一寸一分，重八铢，文曰五铢直百。"

但亦仍有物物交易。常璩《华阳国志》卷一一《后贤志》云："何随……除安汉令，蜀亡去官。时巴土饥荒，所在无谷，送吏行，乏，辄取道侧民芋。随以绵（《太平御览》卷九七五作帛）系其处，使足所取直。"以绵易芋，即物物交易之例也。

在吴国，孙权曾于嘉禾五年（236年）铸一当五百大钱。据《吴志·孙权传》："（嘉禾五年）铸大钱，一当五百。诏使吏民输铜，计铜畀直。设盗铸之科。"《通典·食货典》云："吴孙权嘉禾五年铸大钱，一当五百，文曰：'大泉五百'，径一寸三分，重十二铢。"以后于赤乌元年（238年）更铸当千大钱（《孙权传》）。后以百姓不便，于赤乌九年（246年）宣布废止当千大钱。而值五百的大钱仍然流行如故。

吴国虽有铸币，但物物交易也还是并行。史籍中关于此类记载甚多，如《吴志·孙皓传》注引《江表传》云："（何）定又使诸将各上好犬，皆千里远求，一犬至直数千匹。"

葛洪《神仙传》六云："董奉者，字君异，侯官人也。吴先主时……奉居山……栽杏……十余万株，郁然成林……后杏子大熟，于林中作一草仓，示时人曰：'欲买杏者，不须报奉，但将谷一器置仓中，即自往取一器杏去。'……奉每年货杏得谷……岁二万余斛。"

《吴志·孙休传》注引《襄阳记》云："（李）衡每欲治家，妻辄不听，后密遣客十人于武陵龙阳氾洲上作宅，种甘橘千株。临死敕儿曰：'汝母恶我治家，故穷如是。然吾州里有千头木奴，不责汝衣食，岁上一匹绢，亦可足用耳。'……吴末，衡甘橘成，岁得绢数千匹，家道殷足。"（后魏贾思勰《齐民要术》序及《太平御览》卷九六六引《襄阳记》语略同）

《晋书·陶璜传》云："合浦郡土地硗确，无有田农，百姓唯以采珠为业，商贾去来，以珠贸米。而吴时珠禁甚严，虑百姓私散好珠，禁绝来去，人以饥困。"

《太平御览》引《南州异物志》云："俚人不爱骨肉，而贪宝货，见贾人财物牛犊，便以子易之。"

以上以帛买犬、以杏易谷、以橘致绢、以珠贸米、以人换牛，皆物物交易之例也。

由于物物交易的存在，许多史学家遂谓三国时代已经回到自然经济，而为之惊异不已。实际上，这种现象在三国时的出现是非常自然的。其原因不外如次的几点：

第一，由于黄金的死藏。在东汉末的大乱中，当时的贵族豪强为了保持自己财产的价值，使不受货币贬值的影响，都把黄金当作惟一宝藏的东西。例如汉灵帝把大批的黄金交给他的家奴分别埋藏。又如当董卓入洛阳时，洛阳城里的贵戚"金帛财产，家家殷盛。"即以董卓储藏在他万岁坞中的赃物而论，其中即有黄金二三万斤，银八九万斤。此外在大乱中，大大小小的豪族无不收买金银，用为宝藏。《魏志·文昭甄皇后传》云："后天下兵乱，加以饥馑，百姓皆卖金银珠玉宝物。"这就反证大多数的百姓都藏有金银珠玉宝物。黄金死藏之后，则大量的交易便无法清偿，只好以物易物，反而两得其便。

其次，由于铸币的贬值。我们记得东汉时，最通用的铸币是五铢钱，但后来董卓另铸小钱，与五铢钱并用。这种小钱既无轮廓，亦无文章（《董卓传》），就是一块薄薄的铜片。分量既减轻，则其名义价值与实际价值当然不符。依据恶货币驱逐良货币的原理，以前的五铢钱不是改铸，便被死藏，当然不复再见于市场。代之而流行于市场上的都是小钱了。即因小钱流行，因而物价大涨，以至谷每斛五十万，斗麦二十万。为了平抑物价，所以文帝便毅然废止此种小钱，而令以谷帛相市。至于蜀国的值百大钱，吴国的值五百大钱乃至值千大钱，这较之董卓所铸的小钱，其名义价值与实际价值相距更远。所以百姓宁肯物物交易，而不愿接受此种不值钱的铸币。

再次，则由于各国币制之不同。如当时魏国所用的，初为小钱，后为五铢钱，而蜀国所用的则为值百大钱，吴国所用的则为值五百乃至值千的大钱。此种不同之铸币，即本国人民亦不愿接受，邻国的人民当然更不会接受。而且都是与实际价值不符的铸币，而不符的程度又大有出入。如欲加以换算最不容易，除非还原为铜块称其重量。所以三国之间的交换还是以物易物最为方便，最为公平。

最后，则是由于三国时代的贸易，国际贸易比之国内贸易更为发展。在任何时代，不管哪一国的铸币，一旦走到国际市场，便要脱掉货币的衣裳，而以其本身所具有之实际价值作为换算之基础。因之，三国时代的那些名实不符的货币，不能适用于国际贸易。而且当时的国际贸易的对手大半都是一些比较落后的国家或种族，他们贸易的目的主要是用他们的畜群、奴婢或其他土产来交换中国的手工业制品，特别是丝织物。所以在当时的国际贸易上所表现的也是物物交易。

由此，我们就知道了三国时代之所以出现物物交易，并不是经济的倒退，而是在大乱后的封建割据局面中必然要发生的一种畸形状态。

（重庆《一般评论》半月刊创刊号、第二期、第三期，1946 年 2 月 1 日、16 日、3 月 15 日出版）

# 魏晋时代之塔里木盆地及其与中国的关系

## 一

两汉时期，中国西部的疆域，不仅已扩展到今日天山以南的塔里木盆地和天山以北的准噶尔高原；并且还越过帕米尔高原，把大汉帝国的国旗，插在中央亚细亚。

大汉帝国的昌盛时代，由于统治阶级的腐化，不久便成了过去。东汉末叶，围绕在边疆地区的四裔诸种族，正如阴云四合，从四方八面，向中原地区压缩，特别是匈奴和西羌，袭入甘、陕，遮断了中原通达塔里木盆地之惟一的道路——河西走廊，因而中原与这个盆地之和平交通的情形，就改变了。以后中原地区爆发了农民战争，演化而为豪族火并，内战削弱了国家的元气，因而对这个盆地的统治，遂不能维持。

三国时，魏、蜀、吴割据一方，互相火并，内战持续半个世纪。当时魏、蜀、吴的统治者，都以全力对敌国，更没有想到去恢复塔里木盆地的统治。西晋虽然结束了三国割据的局面，建立了一个统一的王朝；但这个新兴的王朝，一开始便把刀锋向内，在平吴的战役中，已经用尽了所有的国力。以后跟着又有八王之乱，骨肉相残，若屠犬豕。在内战中征兵征粮，弄得民穷财竭；四海困穷，更没有力量顾到遥远的塔里木盆地。

正当这时，南匈奴乘中原混乱，揭起自己种族的旗帜，在山西、河北一带，相煽而起，覆灭了西晋王朝。从此以后，氐、羌、鲜卑，像潮水一样涌进中原北部，僭号称尊，建立了许多短期的王朝。而司马氏政权遂退到长江以南，是为东晋。东晋偏安江左，西北为入主中原的民族封锁，当然与塔里木盆地的关系，更加隔绝。

因此，自三国以至两晋这两个世纪的时间中，中国史上对于塔里木盆地的纪录，甚为模糊。但是塔里木盆地自汉以来，对于欧、亚的贸易和文化，有着走廊的作用。即使在魏、晋时代，中原王朝的势力从塔里木盆地退出，但留在这个盆地的中国文明，并不会因此而消灭；同时也不会因此而使佛教文化及艺术就不从伊朗和印度继续流入这个盆地。因而在魏、晋时代，这个盆地还是应该有着或多或少的变化。

关于这方面的史料，《三国志》上根本没有记载。《晋书·四夷列传》中亦只有焉耆、龟兹两国的列传，而且记载极其简略。《焉耆传》不足四百字，《龟兹传》也不过一百二十字左右。可见当时的人对于这个盆地的情形，已不甚了了。只有在《三国志·魏书》卷三十《乌丸、鲜卑、东夷传》裴松之注引《魏略·西戎传》中对当时塔里木盆地诸国，略有记述；但亦不详。

其次，只有从那时候的一些中国僧侣经由这个盆地以向辽远的印度参拜圣迹的行纪中，可以反映一些；惟这一时期的行纪大半亡佚，今仅存者，只有法显的《历游天竺记传》。此书常名《佛国记》，或《法显传》。按《高僧传》谓法显以晋隆安三年（公元399年）西度流沙至天竺。本纪则云以姚兴宏始二年（400年），岁在己亥，发自长安，六年到天竺（404年），停6年，还3年，往返15年。其赴天竺，系取道塔里木盆地，因而在其行纪中记有当时塔里木盆地诸国之事。

此外，则为晚近英人斯坦因（原籍匈牙利）及日人橘瑞超在尼雅河下流废址及罗布淖尔东北故城所发现的魏、晋间人所书的木简。这种木简之一部，王国维和罗振玉曾加以考释，收入《流沙坠简》中。虽然如此，要想确切地说明魏、晋时的塔里木盆地及其与中原地区的关系，还是十分不够的。

# 二

关于魏、晋时西域诸国的大势，据《魏略》所述，汉时五十余国。从建武以来，更相并吞。至三国时，存者只有二十国。其在塔里木盆地者，只有六国。《魏略》述塔里木盆地之兼并情形云：

> （由）南道西行，且志国（《汉书》作'且末'）、小宛国、精绝国、楼兰国，皆并属鄯善也。戎卢国、扜弥国（《后汉书》作"拘弥"）、渠勒国、皮山国，皆并属于寘。
>
> "（由）中道西行尉梨国、危须国、山王国（《后汉书）作'山国'），皆并属焉耆。姑墨国、温宿国、尉头国，皆并属龟兹也桢中国（《后汉书》卷一一八，《班超传》作'桢中城'）、莎车国、竭石国（《汉书》作'劫国'）、渠沙国、西夜国、依耐国、满犁国、亿若国（《后汉书》作'德若国'）、榆令国、捐毒国、休脩国（《汉书》作'休循'）、琴国，皆并属疏勒。

此外，天山以北，即今日之准噶尔高原，汉时诸小国，似已全部并属车师。《魏略》云：

（由）北新道西行，至东且弥国、西且弥国、单桓国、毕陆国（《汉书》作"卑陆国"）、蒲陆国（《汉书》作"蒲类国"）、乌贪国（《汉书》作"乌贪訾离"），皆并属车师后部王①。

其他乌孙、大宛、康居，奄蔡、大月氏、条支、安息、天竺、大秦等，或有变动，或无变动，因在葱岭以外，不在本文讨论之列。

从以上的记录中，我们可以看出，当中原王朝的势力从西域退出以后，塔里木盆地诸国即开始一个互相并吞的时代。并吞的结果，是两汉时代的西域五十余国逐渐被覆灭，吞并，或沦为邻国的附庸。到三国时，整个塔里木盆地，只存鄯善、于阗、焉耆、龟兹、疏勒五国。若并天山以北之车师后部计之，则存者六国。

这样的情形，到两晋时代，并没有什么改变。《晋书·四夷列传》，对于塔里木盆地诸国，虽只为焉耆、龟兹两国立传；但鄯善、于阗、沙勒（即疏勒）及车师后部的名字，皆散见于纪传之中。

又这样的情形，证之晋代残简，亦复相合。《流沙坠简·补遗考释》载晋简二：

其一云：

晋守侍中大都尉奉晋大侯亲晋鄯善、焉耆、龟兹、疏勒。（第三简）

其二云：

于阗王写下诏书到。（第四简）

---

① 以上均见《三国志·魏书》卷三十《乌丸鲜卑东夷传》裴注引《魏略·西戎传》。

从以上二简，我们可以看出：

第一，晋代塔里木盆地诸国，确已相互兼并，只存鄯善、焉耆、龟兹、疏勒、于阗五国。王国维云："此简（以上二简）所举五国，西域长史所辖，殆尽于此。"

第二，上简所举，不见车师，则以当时车师不隶属于西域长史，而是役属于鲜卑。据王国维考证："晋初车师后部当为鲜卑所役属。《魏书·鲜卑传》注引王沈《魏书》云：鲜卑西部，西接乌孙。《晋书·武帝纪》：咸宁元年六月，西域戊己校尉马循，讨叛鲜卑，破之。二年。鲜卑阿罗多等寇边，西域戊己校尉马循讨之。时鲜卑当据车师后部之地，故能西接乌孙，南侵戊己校尉治所矣。（上）简令诸国写下诏书，而独不云车师王者，当由于此。然则晋初属西域长史诸国，唯鄯善、焉耆、龟兹、疏勒、于阗五国而已，此西域诸国之大势得由上简知之者也。"

第三，当时精绝国确已失掉了独立。据王国维云："此简所出之地，当汉精绝国境。《后》书言，后汉明帝时，精绝为鄯善所并，而斯氏后十年在此地所得木简，见于本书（流沙坠简）简牍遗文中者，其中称谓有"大王"，有"王"，有"夫人"①，隶书精妙，似后汉桓灵间书。余前序中已疑精绝一国，汉末复有独

---

① 《流沙坠简》释文卷三，录尼雅出土汉简，有如次各简："（一）王母谨以琅玕一致问（面）王（背）。"（二）"臣承德叩头谨以玫瑰一再拜致问（面）大王（背）。"（三）"休乌宋耶谨以琅玕一致问（面）小大子九健持一（背）。"（四）君华谨以琅玕一致问（面）且末夫人（背）。"（五）大子笑夫人叩头谨以琅玕一致问（面）夫人春君（背）。"（六）苏且谨以琅玕一致问（面）春君（背）。"（七）苏且谨以黄琅玕一致问（面）春君（背）。"（八）奉谨以琅玕一致问（面）春君狋母相忘（背）。"王国维曰："右八简隶书至精，其所致问之人曰'王'，曰'大王'，曰'小大子'，曰'且末夫人'，曰'夫人春君'，曰'春君'；其致问之物曰'琅玕'，曰'玫瑰'，曰'黄琅玕'。斯君谓此简出土之地，当为精绝国，王君谓且末夫人，当是且末之女，女（嫁）于精绝者如齐姜宋子之类其说均至确。"

立之事，今此简中，无精绝王而诏书乃到此者，必自鄯善或于阗传写而来，可见精绝至晋初又为他国所并矣。自地理上言之，则精绝去于阗近而去鄯善较远，自当并属于阗，而《魏略》则云，"并属鄯善。"无论何属，此时已无精绝国可知。

又法显《佛国记》所载塔里木盆地诸国，亦皆见于《魏略》。《佛国记》云：

> （自敦煌）行十七日，计可千五百里，得至鄯善国。
>
> 复（自鄯善）西北行，十五日到焉夷国。
>
> （自焉夷）西南行，……在道一月五日，得到于阗。
>
> （自于阗）进向子合国，在道二十五日，便到其国
>
> （自安居）行二十五日，到竭义国。……从此西行，向北天竺①。

以上国名，有鄯善、焉夷、于阗、子合、安居、竭义六国。其中焉夷、竭义，不见《魏略》。而子合在《魏略》中，谓已并于疏勒。此则称国，是其不同。

按《佛国记》中之焉夷国，在鄯善西北十五日程，以地望推之，当在焉耆。据《汉书·西域传》云：鄯善去长安六千一百里，焉耆去长安七千三百里，由此知焉耆在鄯善西北一千二百里。以每日行八十里计，由鄯善到焉耆，十五日可到。《佛国记》谓自鄯善西北行十五日，到焉夷国，与此相符，故焉夷国实即焉耆之别称。

《佛国记》又云："（自焉夷）西南行，路中无居民。涉行艰难，所经之苦，人理莫比。在道一月五日，得到于阗。"据此，

---

① 《佛国记》龙溪精舍丛书本（1—3页）。

可知傉夷国在于阗之东北三十五日程。而在这三十五日所历的途程中，都无居民，这当然是三十五日的沙漠旅行。从这里，我们又知道当时中路与南路之间，还有一条横断今日塔斯马干沙漠的通路。

至于竭义国，当即《汉书·西域传》之劫国，《魏略》中之劫石国。惟《魏略》谓劫石国与子合国皆已并属于阗，而《佛国记》皆称国，并谓各皆有王。从这里，我们又知当时塔里木盆地诸小国之被兼并者，其中有王朝被覆灭者，如精绝；亦有保存其王朝而仅责其供纳者，如子合、竭义。总之，魏、晋时塔里木盆地诸国，已并为六国，则信而有征。

说到魏、晋时代塔里木盆地诸国的状况，《魏略》无一字记载，《晋书·西域列传》亦记而不详。惟从《佛国记》中可以看出；在晋代，佛教已经成为这个盆地的人民之信仰。《佛国记》云：

> （鄯善国）其国王奉法，可有四千余僧，悉小乘学。诸国俗人及沙门尽行天竺法；但有精粗。从此西行，所经诸国，类皆如是。唯国国胡语不同，然出家人皆习天竺书、天竺语。
>
> （傉夷国）僧亦有四千余人，皆小乘学，法则齐整。
>
> （于阗国）其国丰乐，人民殷盛，尽皆奉法，以法乐相娱。众僧乃数万人，多大乘学。
>
> （子合国）国王精进，有千余僧，多大乘学。
>
> （竭义国）有千余僧，尽小乘学。

据此可知当时佛教在塔里木盆地，已经获得了广大的信徒，特别在于阗，僧侣之数多至万余。又从"诸国俗人及沙门，尽行天竺法"一语看来，则这里的佛教信徒又不仅限于僧侣，而是在一般的俗人中，也建立了普遍的信仰。同时，从"出家人皆习天竺书、天竺语"一语看来，则当时的天竺语文，已经成为这个盆地的通行语文了。

跟着佛教信仰和文化的东渐，佛教的艺术也传到这个盆地。据《佛国记》所载：当时于阗国"人民星居，家家门前皆起小塔，最小者可高二丈许。"佛寺之多，小者不算，大者十四。其最大寺院曰"瞿摩帝，是大乘寺，三千僧其犍槌食。"又"有僧伽蓝，名王新寺，作来80年，经三王方成，可高二十五丈，雕文刻镂，金银覆上，众宝合成。塔后作佛堂，庄严妙好，梁柱户扇窗牖，皆以金薄。别作僧房，亦严丽整饰，非言可尽。"此外，对于佛像及诸天侍从的塑像，"皆金银雕莹"这些佛塔寺庙的建筑样式和佛像的雕刻，正是佛教艺术的精髓。这种佛教艺术，不仅存在于于阗，而是普遍存在于塔里木盆地诸国。《晋书·西域传》谓龟兹城内"有佛塔庙千所，"可以想见一斑。

由此可知，自3世纪初至5世纪这二个世纪中，佛教的信仰及其文化、艺术，已经掩袭这个盆地，成为这个盆地的人民之主要的精神生活和知识源泉。而待到南北朝、隋、唐时期，佛教遂成为中原地区人民之普遍的信仰。

# 三

魏、晋时代塔里木盆地诸国的兼并及其生活，已如上述。现在要说明的，是这一时代这个盆地的诸国家和内地的关系。《三国志·魏书》卷二《文帝纪》云：

（黄初三年）二月，鄯善、龟兹、于阗王各遣使奉献。诏曰："西戎即叙，氐、羌来王，《诗》《书》美之。顷者，西域外夷并款塞内附，其遣使者抚劳之。"是后西域遂通，置戊己校尉。

据此，则曹魏初年的势力又曾一度伸入塔里木盆地，并再建其统治。惟曹魏在这个盆地的统治继续到什么时候，不得而知。但明帝时，焉耆、车师后部、乃至大月氏，皆曾遣使朝贡，则为史籍所载。《魏书·明帝纪》云：

（太和元年十月）焉耆王遣子入侍。

（太和三年十二月）大月氏王波调遣使奉献，以调为亲魏大月氏王。

又《魏略》云：

（车师后部）王治于赖城，魏赐其王壹多杂守魏侍中，号大都尉，受魏王印[1]。

这段记载，至少可以证明3世纪初中原和塔里木盆地乃至中央亚细亚的某些国家，尚保有名义上之隶属关系。但从此以后，迄于东晋前期的一百余年中，西域的消息不见于中国的史乘。直到4世纪中叶的东晋康帝和穆帝时代，又才见有西域诸国向中原王朝的边疆官吏贡献的纪录。

《晋书》卷八十六《张骏传》云：

西域诸国献汗血马、火浣布、犎牛、孔雀、巨象及诸珍异二百余品。

---

[1] 《三国志·魏书》卷三十《乌丸鲜卑东夷传》裴注引《魏略·西戎传》。

按汗血马出大宛 [①]；火浣布出大秦 [②]；犛牛，孔雀，巨象出罽宾 [③]；其他诸珍，则来自西域其他各国。由此，可知当 4 世纪中叶，中原与塔里木盆地及葱岭以西诸国，远至大秦，尚有往来。

不久以后，张骏便有远征塔里木盆地之举，而东晋的军队又出现于于阗与焉耆，《晋书》卷七《康帝纪》云：

> （建元）二年（344 年）春正月，张骏遣其将和驎、谢艾讨南羌于阗和，大破之。

《晋书》卷八《穆帝纪》云：

> （永和元年）（345 年）冬十二月，凉州牧张骏伐焉耆，降之。

张骏的远征军，胜利地征服了鄯善、车师前部、焉耆、龟兹及于阗，再建塔里木盆地的统治。《晋书》卷八十六《张骏传》亦云：

> （骏）使其将杨宣率众越流沙，伐龟兹、鄯善，于是西域并降。鄯善王元孟献女，号曰美人，立宾遐观以处之。焉耆（车师）前部、于阗王并遣使贡方物。

据史籍所载，张骏之远征西域，其动机系应西域长史李柏的请求。《晋书》卷八十六《张骏传》云：

> 西域长史李柏请击叛将赵贞，为贞所败。

① 《汉书·西域传》云：（大宛）多善马。马汗血。
② 《后汉书·西域传》云："（大秦）作黄金涂、火浣布。又有细布"。
③ 《汉书·西域传》云：（罽宾）出封牛、水牛、象、大狗、沐猴、孔爵……"。

又云：

> 初，戊己校尉赵贞不附于骏，至是，骏击擒之，以其地
> 为高昌郡。

从这个简单的纪录，我们可以看出，张骏远征西域之前，中原王朝在塔里木盆地尚驻有戊己校尉、长史，因而证明了在4世纪中叶以前，中原王朝在这个盆地的统治并未消灭，不管他们统治的地方有多大。

关于李柏的史料，晚近由日人橘瑞超在罗布淖尔北古城废址，已有所发现，计表文一通，书稿三通。

一

尚书

臣柏言焉耆王龙

月十五日

二

五月七日□□西域长史关内

侯李柏顿首顿首□□□□

恒不去心今奉台使来西月

二日到此（海头）未知王消息想国中

平安王使回复罗从北虏

中与严参事往想是到也

今遣使符太往相闻通

知消息书不悉意李柏顿首顿

首

### 三

五月七日西域长史关内侯李

柏顿首□□阔久不相□□

怀思想不知亲相念□

□见忘也诏家见遣□

来慰劳诸国月二日来到

海头不知王问邑邑天热

想王国大小平安王使

□遂俱共发从北房中与

严参事往未知到未今

□使符太往通消息

书不尽意李柏顿

首顿首

### 四

五月七日西域长史关内

侯李柏五

以上四简，据王国维考证，皆前凉西域长史李柏书稿。王氏云：

> 第一纸仅存十三字。以文例求之，实柏上张氏表文也。……骏初称大将军凉州牧西平公，后称假凉王。李柏表文乃云上尚书，又自称臣柏者。《晋书》称骏虽称臣于晋，而不行中兴正朔，官僚府寺，拟于王者，而微异其名，二府官僚，莫不称臣，此盖纪骏称王后事。此表亦当上于骏称王

之后矣。至后三书，则书中所署月日与所言之事，所遣之
使，一一相合，实一书之草稿。其所致之人，当即焉耆王，
书中云：王使回复罗从北虏中。北虏者，匈奴遗种。后汉以
来，常在伊吾、车师间。谓之曰北虏，犹用后汉时语也。使
回从北虏中，盖自敦煌直北行，取《魏略》之所谓新道，必
北道诸国之使。案此时北道诸国，车师已微，唯有焉耆、龟
兹、疏勒三国，（见《流沙坠简·补遗考释》），而龟兹疏勒
之使，当取碛道（即《魏略》之中道），不得从北虏中。唯
往焉耆者，则或从北虏中，径高昌而西，或由碛道而北（即
杨宣伐焉之道），有二道可从。故须明言回使所从之道，则
此三书之致焉耆王殆无可疑①。

张骏在塔里木盆地的统治，究竟有若干时期，不得而知。
但至苻坚时（东晋穆帝升平元年（357年）——孝武帝太元十年
（385年））又曾一度派遣外交使节至西域，因而西域诸国又有
朝献之事。《晋书》卷一一三《苻坚载记》（上）云：

> 先是，梁熙遣使西域，称扬（苻）坚之威德，并以缯彩
> 赐诸国王，于是朝献者十有余国。大宛献天马千里驹，皆汗
> 血、朱鬣、五色、凤膺、麟身，及诸珍异五百余种。

又云：

> 鄯善王、车师前部王来朝，大宛献汗血马，……天竺献
> 火浣布，康居、于阗……皆遣使贡其方物。

---

① 《流沙坠简·附录》一一二页。

但苻坚时，塔里木盆地已无中原王朝之驻军，则为史籍所暗示。《晋书》卷——四《苻坚载记》（下）云：

> 车师前部王弥寘、鄯善王休密驮朝于坚，坚赐以朝服，引见西堂。寘等观其宫宇壮丽，仪卫严肃，甚惧，因请年年贡献。坚以西域路遥，不许；令三年一贡，九年一朝，以为永制。等请曰：'大宛诸国虽通贡献，然诚节未纯，请乞依汉置都护故事。若王师出关，请为向导。'坚于是以骁骑吕光为持节、都督西讨诸军事，与陵江将军姜飞、轻骑将军彭晃（《吕光载记》尚有轻骑将军杜进、康盛等）等配兵七万，以讨定西域。

> 明年（孝武帝太元七年，苻坚建元十八年，382年），吕光发长安，坚送于建章宫。谓光曰：'西戎荒俗，非礼义之邦。羁縻之道，服而赦之，示以中国之威，导以王化之法，勿极武穷兵，过深残掠。'加鄯善王休密驮使持节、散骑常侍，都督西域诸军事、宁西将军，车师前部王弥寘使持节、平西将军、西域都护，率其国兵为光向导。

在以上的记载中，如车师前部王及鄯善王请依汉故事设都护，并请派兵出关，这就证明了当时中原王朝在塔里木盆地已无驻军，如加鄯善王休密驮及车师前部王弥真的官爵，这又证明当时盆地诸国，已无中原王朝之属领。至于鄯善车师之请求苻坚出兵，则是因为受到鲜卑的压迫，即《晋书·焉耆传》所谓狯胡。当吕光西征之前，狯胡已侵入塔里木盆地之东北，焉耆、龟兹、温宿、尉须皆受其控制。即因鲜卑侵入塔里木盆地，车师前部及鄯善感到威胁，所以他们跑到中原，求援于苻坚。关于这一点，我们从吕光西征，一到龟兹，便碰到狯胡可以证明。《晋书》卷一二二《吕光载记》云：

> 光攻（龟兹）城既急，（龟兹王）帛纯乃倾国财宝请救狯胡。狯胡弟呐龙、侯将馗率骑二十余万，并引温宿、尉头等国王，合七十余万以救之。胡便弓马，善矛稍，铠如连锁，射不可入，以草索为羁，策马掷人，多有中者。众甚惮之。

吕光这次的远征，击溃了狯胡，征服了焉耆、龟兹等国，又重新在西域树立了中原王朝的声威；但是吕光的远征军，并没有占领他所征服的地方，他们不久便带着大批的胜利品，凯旋回朝。《吕光载记》云：

> （光）进兵至焉耆，其王泥流率其旁国请降。龟兹王帛纯距光，光军其城南，五里为一营，深沟高垒，广设疑兵，以木为人，被之以甲，罗之垒上。帛纯驱徙城外人入于城中，附庸侯王各婴城自守。……又进攻龟兹城，……光攻城既急，帛纯乃倾国财宝请救狯胡。……（光击败狯胡）斩万余级。帛纯收其珍宝而走，王侯降者三十余国。……诸国惮光威名，贡款属路，乃立帛纯弟震为王以安之。光抚宁西域，感恩甚著，桀黠胡王所未宾者，不远万里皆来归附，上汉所赐节传，光皆表而易之。

> 光既平龟兹，有留焉之志。时始获鸠摩罗什，罗什劝之东还，语在《四夷传》。光于是大飨文武，博议进止。众咸请还，光从之，以驼二万余头致外国珍宝及奇伎异戏、殊禽怪兽千有余品，骏马万余匹。

即因吕光没有占领塔里木盆地，所以不久，盆地诸国又在北匈奴别种的支持之下背叛。这从凉武昭王又有远征西域之举，可以看出。《晋书》卷八十七《凉武昭王李玄盛传》云：

> （玄盛）又遣宋繇东伐凉兴，并击玉门已西诸城，皆下之，遂屯玉门、阳关，广田积谷，为东伐之资。

玄盛击下玉门已西诸城之后，显然又未继续占领，只是还屯玉门、阳关，以与盆地诸国相拒。按凉武昭王李玄盛之征西域，时在东晋之末，以后中国历史即进入南北朝，这时嚈哒人已侵入塔里木盆地，后来代替汉族成为这个盆地的主人。

总之，在魏晋时，中原王朝在塔里木盆地的统治，虽时断时续，而这一具有欧亚贸易和文化走廊作用的塔里木盆地，仍然有苦行的僧侣和冒险的商人不断的穿过。据梁启超在其所著《千五百年前之中国留学生》一文中，谓魏蜀时代赴西域求佛法的中国僧侣之有姓名可考者有二十八人[1]，此外，在晋简中，亦有西域人入境之纪录。如：

> 卅中人黑色大目有髭须（二十九简）
>
> 月支国胡（三十简）
>
> 月支国胡支柱年廿九中人黑色（三十一简）
>
> 口胡（下漫灭）（三十二简）
>
> （上漫灭）有髭须著白布（三十三简）
>
> 有髭须（三十四简）[2]

---

① 见《梁任公近著》第一辑中卷二十八—三十七页。

② 《流沙坠简·补遗考释》七页。

这些黑色大目，而又有髭须著白布的人，当然不是中原人，而是来自塔里木盆地或中亚的商人和僧侣。由此足证魏晋时代，这个盆地，还是有东西文化在这里汇合，并不是一个寂寞的世界。

（上海《历史社会季刊》第一卷第二期，大夏大学历史社会研究部 1947 年 9 月 1 日出版）

# 论西晋的豪门政治

## 一

西晋一代，短短半个世纪，前有外戚乱政，后有八王祸国；同时，周旋于外戚与宗室之间者，又有一由世家豪族中选拔出来之庞大的官僚群。皇族、外戚、世家，都是豪门，所以西晋的政治可以说是典型的豪门政治。

西晋豪门政治的典型性，就在于他把豪门政治制度化。因为他的形成，除靠血统，靠裙带，靠人事关系以外，尚有一种九品官人的铨叙制度。用此种制度，保证豪门政治世代相承，永远不替。

所谓九品官人的制度，即用人不以才能而以门第。在此种制度之下，豪门之子，虽白痴，亦得袭高官；寒素之士，虽贤圣，只能为下吏。其结果，当然如王沉《释时论》所云："百辟君子，奕世相生，公门有公，卿门有卿"。一言以蔽之，"贱有常辱，贵有常荣。"[①]

考九品官人的制度，创于曹魏，原系战争时代之临时办法。盖当时人物播远，户籍散亡，无法进行贡举。不得已，只有录豪

① 《晋书·王沉传》。

右于军府。《晋书·刘毅传》云："魏立九品，权时之制。"同书《李重传》亦云："九品始于丧乱，军中之政，诚非经国不刊之法也。"

晋兴，天下统一，本可改行贡举之制，惟豪族不肯放弃前代特权，仍因魏氏之旧，于是九品官人遂为永制。而且变本加厉，严门第之别，末流所趋，竟至如刘毅所云："上品无寒门，下品无势族。暨时有之，皆曲有故。"①

证之史实，刘毅之言，并不为虚。余尝就《晋书》所传西晋人物的世系，加以考察，其中最显赫的人物，皆系皇族与外戚，盖前者与皇帝有血统关系，后者与皇帝有贴肉连皮的纽带。此外则为世家，以此辈之祖若父，皆曾为天家之犬马。

据《晋书·职官志》载，西晋皇子，例皆封王。如前有宣五王、文六王，后有汝南、楚、赵、齐、长沙、成都、河间、东海等八王。此辈诸王之支庶，亦以公侯伯世代相承。此外，又广建宗室，以为屏藩。"诸父同虞、虢之尊，兄弟受鲁卫之祉。"而此辈宗室之后裔，复皆世袭藩封，"本支百世。"

如此庞大的皇族，已挤满朝廷，而又益之以外戚。以言外戚，则前有杨氏兄弟（杨骏、杨珧、杨济），权倾天下；后有贾氏父子（贾充、贾谧），威震人主；至于羊琇之荒淫，王恺之奢侈，乃至如王衍之妻郭氏，以"贾后之亲，借宫中之势，刚愎贪戾，聚敛无厌"②尚不知有多少。而此辈外戚，复各有姻娅，姻娅又有姻娅，如此之辈，皆得辗转攀援，排金门而入紫闼，夺取国家之显位，于是庙堂之上，裙带飘飘。

---

① 《晋书·刘毅传》。

② 《晋书·王衍传》。

此外，则为世家子弟。在《晋书》所传之西晋人物一百六七十人中，其祖若父并有官爵者 27 人；父有官爵者 60 人；祖、远祖或疏属有官爵者 20 人；世为豪族者 6 人；总计出身世家及豪族者 113 人左右。此外世系不明者 30 人左右，出身小吏者七、八人。至于书明"起自寒微"，"出自寒素"，"录自微贱"或"世贫贱"者，不过 7 人而已。

此外，《晋书》上尚有不少记录，指明当时有豪门政治存在之事实。如《刘颂传》，载刘颂上武帝书中有云："泰始之初，陛下践祚，其所服乘皆先代功臣之胤，非其子孙，则其曾玄。"《刘实传》载刘实《崇让论》亦云："同才之人先用者，非势家之子，则必为有势者之所念也。"《段灼传》载段灼上书云："今台阁选举，徒塞耳目，九品访人，唯问中正。故据上品者，非公侯之子孙，则当涂之兄弟也。二者苟然，则筚门蓬户之俊，安得不有陆沉者哉！"

总之，西晋的政治，诚如王沉《释时论》所云：

"多士丰于贵族，爵命不出闺庭。四门穆穆，绮襦是盈，"其结果，则为"肉食继踵于华屋，疏饭袭迹于耨耕。"猗欤休哉，是天下归于豪门。

## 二

豪门政治，似乎和内战是分不开的。特别是西晋的豪族，他们几乎是在内战中诞生，在内战中成长，又在内战中灭亡。一言以蔽之，他们一代的伟业，就是内战。

早在曹魏时，以司马氏为首的豪族，即出身为魏蜀边疆战争中的主角，造成了军事的阀阅集团。嗣后，又曾发动一连串的内战，如讨伐王浚、毋丘俭、诸葛诞等战役，消灭了杂牌的势力，更后，灭蜀篡魏，奄有天下。

西晋的豪族建立政权以后，一开始即把刀锋向内，进行平吴战争。虽然此辈明知当时西北边疆，蛮族压境，特别是五部匈奴，深入山西。如当时江统即尝著《徙戎论》指陈这种危机；并警告政府，谓一旦不虞，或有风尘之警，则并州之域可为寒心。甚至外戚贾充亦谓："西有昆夷之患，北有幽、并之戍，天下劳扰，年谷不登，兴兵致讨，惧非其时。"[①] 但当时豪族的首脑部，为了扩张剥削的地盘，仍然不顾民族国家的危险，坚持内战的进行。

在内战的进行中，征兵征粮，残民以逞。据《晋书·傅咸传》云："（当时）服役为兵者，当农之半。"《王浚传》云："（浚）除巴郡太守。郡边吴境，兵士苦役，生男多养不。浚乃严其科条，宽其徭课，其产育者皆与休复，所全活者数千人。"巴郡如此，其它郡国，莫不皆然。

内战总算得到了报偿，西晋的豪族胜利地击灭了吴国。在接收中，获得了 313 县的土地，52 万户人口，以及土地上一切的财富，甚至连孙皓的数千宫女，也一并接收过来了。可是这时的西晋，已经民穷财竭，回首北望，只有临朝兴叹了。《晋书，马隆传》曰："帝每有西顾之忧，临朝而叹曰：'谁能为我讨此虏，通凉州者乎？'"

平吴之后，"天下怀静"，本应有一和平统一的局面。诚然，在太康年间，确曾有一时安定。但这种安定，正如昙花一现，

---

① 《晋书·贾充传》。

跟着便到来了一个更残酷的内战时代，八王内讧，内战持续十余年之久。在这十余年中，西晋豪族互为戎首，骨肉相残，伏尸遍野，荼毒之惨，古所未有。《晋书·齐王冏传》载孙惠上冏书云："自永熙以来，十有一载，人不见德，惟戮是闻。公族构篡夺之祸，骨肉遭枭夷之刑，群王被囚槛之困，妃主有离绝之哀。历观前代，国家之祸，至亲之乱，未有今日之甚者也。"

为了战胜自己的兄弟，西晋的贵族豪门，不但残民以逞，自相楚剥，致使"边陲无备豫之储，中华有杼轴之困"。而且又钩引边疆民族，以为己援，由此而招致"五胡乱华"之悲剧。

假借边族力量以进行内战之行为，这似乎是中原统治者的特性。早在三国时，魏国的统治者即曾徙武都之氐于秦川，"欲以弱寇强国，捍御蜀虏。"[①] 至于西晋，此风更张。在平吴的战争中，已有匈奴骑兵出现。《晋书·四夷传》"匈奴"条云："武帝时，有骑督纂母傀邪（匈奴人）伐吴有功，迁赤沙（匈奴之一部）都尉。"降至八王之乱，则当时诸王几无不援引边族，以为靠山。特别是王浚，为了结好于鲜卑，至于不惜把自己的两个女儿送给鲜卑的酋长。如成都王颖之援引匈奴，刘琨之依靠鲜卑，东海王越之利用乌丸。《晋书·王浚传》云："于时朝廷昏乱，盗贼蜂起，浚为自安之计，结好夷狄，以女妻鲜卑务勿尘，又以一女妻苏恕延。"吾人读史至此，始知媚外求荣，自古如此。

即因如此，所以在八王内战中，黄河南北，到处都可以看到边族的军队。《晋书》上关于这一类的纪载甚多。例如：《成都王颖传》云："（王浚）与（东瀛公）腾及乌丸、羯朱袭颖。"《王浚传》亦云："（浚）召（鲜卑）务勿尘，率胡、晋合二万

---

① 《晋书·江统传》。

人，进军讨颖。"又云："越将迎大驾，后遣祁弘率乌丸突骑为先驱。""浚遣燕相胡矩督护诸军与疾陆眷并力攻破希。"《东海王越传》云，"越率诸侯及鲜卑许扶历、驹次宿归等步骑迎惠帝反洛阳。"《河间王颙传》云："范阳王虓遣鲜卑骑与平昌、博陵众袭河桥。"《刘琨传》云："初，（鲜卑）单于猗㐌以救东瀛公腾之功，琨表其弟猗卢为代郡公，与刘希合众于中山。"凡此皆其例证。

当时边族军队在中原杀人放火，奸淫掳掠，都不算犯罪，而且西晋的统治者并为之捕捉妇女，供其奸淫。《王浚传》云："（浚率鲜卑军）乘胜遂克邺城，士众暴掠，死者甚多。鲜卑大略妇女，浚命敢有挟藏者斩，于是沉于易水者八千人。黔庶荼毒，自此始也。"

## 三

除内战外，西晋统治者最光辉的史迹，便是收夺土地，垄断商业与彻头彻尾的贪污。

据《晋书·食货志》载，西晋统治者，已依官品之高卑，每人获得自一千亩以至五千亩之土地，一户以至五十户之佃农；此外并得荫其亲属，多者及九族，少者三世；又得荫人以为衣食客。这就是说此辈已利用其门第，一跃而为高官，再跃而为大土地所有者与佃农的主人。

政府之待遇，不可谓不厚，然而此辈犹以为未足，又在法定的占田与应有的佃客之外，肆行土地的收夺与佃农的猎取。

《晋书·愍怀太子传》云："（愍怀）太子广买田业，多蓄私财以结小人者。"《石崇传》云:"崇水碓三十余区","田宅称是。"《李熹传》云:"故立进令刘友、前尚书山涛、中山王睦、故尚书仆射武陔各占官三更稻田。"《裴秀传》云:"骑都尉刘尚为尚书令裴秀占官稻田。"《王浚传》云:"浚……将吏贪残,并广占山泽。"此外,如《张辅传》谓强弩将军庞宗一次被没收之田,即有二万余亩。《刘颂传》谓河内一带,"多公主水碓,"至于"遏塞流水,转为浸害。"淮南豪强,并兼水田,致使"孤弱失业。"《束皙传》谓汲郡强豪,霸占吴泽,"利其渔蒲之饶,"竟使良田数十万亩,沦为薮泽。诸如此类,不胜枚举。

至于应有佃农亦超过法定户数。据《晋书·王恂传》载:"魏氏给公卿已下租牛客户数各有差。自后小人惮役,多乐为之,贵势之门动有百数。又太原诸部亦以匈奴胡人为田客,多者数千。"武帝曾下诏禁止,足证直至晋代,此风犹炽。

当时的统治者不仅收夺土地,又假借政治权力经营商业。例如《晋书·愍怀太子传》云:"(太子于)宫中为市,使人屠酤,手揣斤两,轻重不差。"《义阳王望传》云:"(望之孙)奇亦好畜聚,不知纪极,遣三部使到交广商货,"《石苞传》云:"时魏世王侯多居邺下,尚书丁谧贵倾一时,并较时利。"《赵王伦传》云:"(孙秀之子)会,初与富室儿于城西贩马,百姓忽闻其尚主,莫不骇愕。"此外,据《潘岳传》载,西晋政府,并曾一度将所有客舍,收归官营,而坐收其利。凡此,皆官僚经商之例也。

由上所述,知当时的统治者不仅是大地主,又是官僚大商人。他们几乎是地上一切财富(连人在内)的主人,但犹以为未足,而又肆行贪污。在西晋时,上自皇帝、贵族,下至刺史、县令,皆以贪污为行政之本。据《晋书·刘毅传》载,当时刘毅比武帝于汉之桓、灵，武帝以为太过。刘毅对曰："桓灵卖官，钱入官库；陛下卖官，钱入私门。以此言之，殆不如也。"

当时豪族之贪污，由鬲令袁毅贿赂一案，完全暴露。据《晋书·华表传》云："以袁毅货赇者多，不可尽罪。"《郑默传》云："是时鬲令袁毅坐交通货赂，大兴刑狱。在朝多见引逮。"由此可以证明，受赂者之多，至于不可胜罪。甚至被文帝许以"雅操遇时"之山涛，"博学善属文"之何劭兄弟，亦在其内。

《山涛传》："初，陈郡袁毅尝为鬲令，贪浊而赂遗公卿，以求虚誉。亦遗涛丝百斤，涛不欲异于时，受而藏于阁上。后毅事露，槛车送廷尉。凡所受赂，皆见推检。涛乃取丝付吏，积年尘埃，印封如初。"《何劭传》云："咸宁初，有司奏劭及兄遵等受故鬲令袁毅货，虽经赦宥，宜皆禁止。事下廷尉。诏曰：'太保与毅有累世之交，遵等所取差簿，一皆置之。'"

按山涛受丝百斤，虽曰"积年尘埃，印封未动，"然究竟"藏于（自己之）阁上"，固未能以"不欲异与时"而谓接受此丝非贪污也。至于何遵，即使真如诏书所云："所取差簿"。但总有所取，以此"原之"，何以服人！

此外，《晋书》所载贪污之事尚多，如《王戎传》云："南郡太守刘肇赂戎筒中细布五十端，为司隶所纠。以知而未纳，故得不坐。"《苟晞传》云："晞见朝政日乱，惧祸及己，而广所交结。每得珍物，即赂都下亲贵。"又如《齐王冏传》谓冏"货赂公行。"《高光传》谓"光为廷尉时，（子）韬受货赇。"《刘实传》谓"实竟坐（子）夏受赂，免官。"《罗尚传》谓尚性贪，蜀人谓其"贪如豺狼，无复极已。"又曰："蜀贼尚可，罗尚杀我。"由此可证，当时之贪官污吏，甚于盗贼。实际上，西晋的官僚，确有白昼行劫者。《石崇传》谓"崇……在荆州（刺史任内）劫远使商客，致富不赀。"

官吏可以贪污，可以贿赂，乃至白昼行劫。至于百姓则"盗百钱加大辟。"①

# 四

与收夺、垄断、贪污平行，是奢侈与荒淫。

西晋一代贵族、势家，奢侈相尚，已成风习。《晋书·王导传》云："自魏氏以来，迄于太康之际，公卿世族，豪侈相高，政教陵迟，不遵法度。"是则此风之盛，由来已久。

上行下化，势所必然，流风所扇，天下风靡。其结果，竟至如傅咸所云："奢侈之费，甚于天灾。"②

其中奢侈之尤者，为何曾父子、石崇、王恺、羊琇、王济等，《晋书·何曾传》云："（曾）性豪奢，务在华侈。帷帐车服，穷极绮丽。厨膳滋味，过于王者。每燕见，不食太官所设，帝辄命取其食。蒸饼上不坼作十字不食。食日万钱，犹曰无下箸处。"又"都官从事刘享尝奏曾华侈，以铜钩绲纼车，莹牛蹄角。"

其子何劭，"骄奢简贵，亦有父风。衣裘服玩，新故巨积。食必尽四方珍异。一日之供，以钱二万为限。时论以为太官御膳，无以加之。"按晋制夷人之最远者，每岁凡输钱二十八文。钱二万，乃七百十余人一年之赋。

劭弟何遵，性亦奢汰。《何遵传》云："性亦奢汰，役使御

---

① 《晋书·羊祜传》。
② 《晋书·傅咸传》，

府工匠作禁物。"则其享受，已拟于人主。

至于石崇、王恺、羊琇、王济之徒，则更变本加厉，相兴赌富。《石崇传》云："与贵戚王恺、羊琇之徒以奢靡相尚。恺以饴澳釜，崇以蜡代薪。恺作紫丝布步障四十里，崇作锦步障五十里以敌之。崇涂屋以椒，恺用赤石脂。崇、恺争豪如此。"

《王济传》云："性豪侈，丽服玉食。时洛京地甚贵，济买地为马埒，编钱满之，时人谓为'金沟'。王恺以帝舅奢豪，有牛名'八百里驳'，常莹其蹄角。济请以钱千万马牛对射而赌之。"又云："帝尝幸其宅，供馔甚丰，悉贮琉璃器中，蒸肫甚美。帝问其故，答曰：'以人乳蒸之'。"

此外，诸王及贵势之门，无不穷极奢侈。如《齐王冏传》谓："大筑第馆，北取五谷市，南开诸署，毁坏庐舍以百数。使大匠营制，与西宫等。凿千秋门墙以通西阁，后房施钟悬，前庭舞八佾。"《陆云传》谓："（吴王）宴于西园，大营第室。"《贾谧传》谓："负其骄宠，奢侈逾度，室宇崇僭，器服珍丽，歌僮舞女，选极一时。"《崔洪传》谓："汝南王亮常宴公卿，以琉璃钟行酒。"《王浚传》谓："玉食锦服，纵奢侈以自逸。……葬柏谷山，大营茔域，葬垣周四十五里。"《夏侯湛传》谓："湛族为盛门，情颇豪侈，侯服玉食，穷滋极珍。"《和峤传》谓："峤家产丰富，拟于王者。"

不仅如此，当时豪贵，又流行一种用番货、穿番服、吃番菜的风气，并以此相高。《晋书·五行志（上）》云："泰始之后，中国相尚用胡床貊槃，及为羌煮貊炙，贵人富室，必畜其器。吉享嘉会、皆以为先。太康中，又以毡力帕头及络带袴口。百姓相戏曰：中国必为胡所破。夫毡毳产于胡，而天下以为帕头、带身袴口，胡既三制之矣，能无败乎？至元康中，氐、羌互反。永嘉后，刘、石篡中都。自后四夷迭据华土，是服妖之应也。"

最奇异者，即当时豪贵穷极奢侈，而向百姓则提倡节约。例如，此辈可以大筑馆第，而不许百姓"缮壁修墙，正瓦动屋。"①此辈可以被曳纨绮，而不许百姓衣紫绛，及绮绣锦缋，甚至当街检查妇人的内衣。《王宏传》："宏缘此复遣吏科检妇人袒服，至褰发于路。"至于此辈可以用人乳蒸，而不许百姓有糟糠之食，更被视为当然。但亦有宽大之处，即"诏骨肉相卖者不禁。"②

奢侈与荒淫是分不开的。西晋上自宫闱，下及诸王豪贵，无不荒淫无耻。这一类的秽史，充溢《晋书》。

荒淫也是自上而下，晋武帝便是一个荒淫的典型。《武元杨皇后传》云："泰始中，帝博选良家以充后宫。先下书禁天下嫁娶，使宦者乘使车，给绐骑，驰传州郡……名家盛族子女，多败衣瘁貌以避之。"《胡贵嫔传》云："泰始九年，帝多简良家子女以充内职，自择其美者以绛纱系臂。……时帝多内宠，平吴之后复纳孙皓宫人数千。自此掖庭殆将万人。而并宠者甚众，帝莫知所适，常乘羊车，恣其所之，至便宴寝。宫人乃取竹叶插户，以盐汁洒地，而引帝车。"像这样荒淫之徒，在当时，却被尊为"神圣"。

惠帝贾皇后的荒淫，也别出心裁。《晋书》本传云："后遂荒淫放恣，与太医令程据等乱彰内外。"尚不足以恣其淫奸，则经常以黑马车劫美貌少年入宫，"共寝欢宴"。尝将洛阳南"盗尉部"小吏劫入宫闱。"时他人入者多死，惟此小吏，以后爱之，得全而出。"像这样的荒淫之妇，在当时，却是"天下之母仪"。

---

① 《晋书·愍怀太子传》。

② 《晋书·惠帝纪》。

至于当时贵族官僚，虽不能如皇家之大规模的荒淫，但皆有妾媵伎乐，多者数百数十，少者亦数人。例如《石崇传》谓："后房百数，皆曳纨绣，珥金翠。丝竹尽当时之选"。《苟晞传》谓："奴婢将千人，侍妾数十，终日累夜不出户庭。"《刘琨传》谓："然素奢豪，嗜声色。"《齐王冏传》谓："幸妻嬖妾，名号比之中宫。"最奇异的是被称为"清虚静退，简于情欲"的平原王干，竟淫死尸。本传云："前后爱妾死，既敛，辄不钉棺，置后空室中，数日一发视，或行淫秽，须其尸坏乃葬之。"像这些荒淫无耻之徒，在当时，即是"人伦之表率。"

# 五

豪门政治，尚有一最大之特征，即腐败与无能。这主要的是因为豪门子弟，大抵皆为不学无术之徒。《傅玄传》云："百官子弟不修经艺而务交游，未知莅事而坐享天禄。""徒系名于太学，然不闻先生之风。"故此辈虽借"祖先之余荫"，或"姊妹之媚态"，致身显贵，掌握权势，但显贵与权势，并不能改变其无知。因而此辈即使口衔天宪，手握王爵，其无能，依然如故。若谓此辈亦有所能，则其所能即贪污、剥削、荒淫与无耻，此外，"但知共鲜衣好马，纵酒高会，嬉游博弈。"特别是外戚子弟，"若吴太妃家室乃贾、郭之党。如此之辈，生而富溢，无念修己，率多轻薄浮华，相驱放纵。"[①]

其次，是因为豪族植党营私，公行贿赂。因此，用人选官，

---

① 《晋书·阎缵传》。

"不精才实，务依党利。不均称尺，务随爱憎。"① 即因"务依党利"，所以"无报于身，必见割夺；有私于己，不必其欲。"即因"务随爱憎"，所以"所欲与者，获虚以成誉；所欲下者，吹毛以求疵。"② 又不论党利与爱憎，皆决于贿赂，所以鲁褒《钱神论》曰："仕无中人，不如归田。虽有中人，而无家兄，不异无翼而欲飞，无足而欲行。"③ 这样自然会使"优劣异地，首尾倒置。推贵异之器，使在凡品之下，负戴不肖，越在成人之首。"④

即因此辈"凡品"、"不肖"当政，政治的表现自然是腐败与无能。最鲜明的现象，是因人设官，因官设署，多立衙门，虚耗国币。《晋书·傅咸传》云："旧都督有四，今并监军，乃盈于十。夏禹敷土，分为九州，今之刺史，几向一倍。户口比汉十分之一，而置郡县更多，空校牙门，无益宿卫，而虚立军府，动有百数。五等诸侯，复坐置官属。诸所宠给，皆生于百姓。"

其次，则为一般官僚，耽于酒色，放弃职守。例如，《胡母辅之传》谓辅之"为……乐安太守，与郡人光逸昼夜酣饮，不视郡事。"《山简传》谓永嘉三年，简镇襄阳，"于时四方寇乱，天下分崩，王威不振，朝野危惧，简优游卒岁，唯酒是耽。"不仅山简、胡母辅之为然；如此之辈，在当时滔滔者，天下皆是。

当时政治之腐败，诚如郄诜所云。《晋书·郄诜传》云："今则不然，世之悠悠者，各自取办耳。故其材行并不可必，于公则政事纷乱，于私则污秽狼藉。自顷，长吏特多此累，有亡命而被购悬者矣，有缚束而交戮者矣。贪鄙窃位，不知谁升之者？鲁凶

① 《晋书·刘毅传》。

② 《晋书·刘毅传》。

③ 《晋书·鲁褒传》。

④ 《晋书·刘毅传》。

出槛，不知谁可咎者？漏网吞舟，何以过此！人之于利，如蹈水火焉。前人虽败，后人复起。如彼此无已，谁止之者？风流日竟，谁忧之者？虽今圣思劳于夙夜，所使为政，恒得此属，欲圣世化美俗平，亦俟河之清耳。"

又何曾亦曾有如此之指陈：《何曾传》载曾《上武帝书》云："臣闻诸郡守，有年老或疾病，皆委政丞掾，不恤庶事。或体性疏怠，不以政理为意。在官积年，惠泽不加于人。然于考课之限，罪亦不至讪免。故得经延岁月，而无斥罢之期。臣愚以为可密诏主者，使稳核参访郡守，其有老病不隐亲人物，及宰牧少恩，好修人事，烦扰百姓者，皆可征还，为更选代。"

何曾的建议，显然并未执行，因为当时尚有四伯在位。而四伯者即四凶之谓也。《晋书·羊聃传》云："先是兖州有八伯之号，其后有四伯。大鸿胪陈留江泉以能食为谷伯，豫章太守史畴以大肥为笨伯，散骑郎高平张嶷以狡妄为猾伯，而（羊）耽以狼戾为琐伯，盖拟古之四凶。"此外，尚有"屠伯"。《苟晞传》云："晞乃多置参佐，转易守令，以严刻立功，日加斩戮，流血成川，人不堪命，号曰'屠伯'。"

像这样的政府，当然不会有所作为。据《晋书》所载，对内，则"道路桥梁不修，斗讼屠沽不绝。"[①]对外，则"边守遂息，障塞不设。"[②]所以，不久便到来了永嘉之乱。在永嘉之乱中，豪门政治，充分的表现了他们的无能。《晋书·刘聪载记》云：当匈奴南侵时"比及河南，王师前后十二败，死者三万余人。"以后，此辈内战"英雄"竟毫无抵抗，或望风而逃，或举

---

① 《晋书·傅咸传》，

② 《晋书·阮种传》。

军而降，或反戈而叛，不旋踵而两京覆没，怀、愍北狩，半壁山河沦丧，西晋遂亡。这样看来，西晋的豪族，是"内战的内行"，又是"外战的外行"。

历来史家，对于西晋之亡，不胜浩叹；但我以为这正是豪门政治之必然的归宿。盖西晋人民之痛恨豪族，特别是外戚，由来已久。庾纯斥贾充之言曰："贾充！天下凶凶，由尔一人。"[1]傅咸《上武帝书》曰："委任亲戚，此天下所以喧哗。"[2]《语》云："千夫所指，无疾而死"。而况"天下凶凶"，"天下喧哗"，如此的政权，安得而不亡。

1947 年 9 月 16 日

（上海《大学月刊》第六卷第五期，1947 年 10 月 1 日出版）

---

[1] 《晋书·庾纯传》。
[2] 《晋书·傅咸传》。

# "九品中正"与西晋的豪门政治

一

西晋的政治，是豪门政治，而且是制度化了的豪门政治。

西晋曾施行一种所谓九品中正的选举制度，这种制度就是实现并巩固豪门政治的一种制度。

考九品中正的制度创始于曹魏，是一种以身分为标准的选举制度。赵翼《二十二史劄记》八引柳芳《论世族》文云：

> 魏氏立九品，置中正，尊世胄，卑寒士，权归右族。以中州六中正主簿，郡中正功曹，皆取著姓士族为之，以定门胄，品藻人物。晋、宋因之（南朝多以寒人掌机要节）。

曹魏创立这个制度，据说并不是立意要造成一种豪族政治，而是适应一种特殊的环境。因为魏承汉末大乱之后，人物播越，户籍散亡，无法进行正常的选举。权时制宜，以为此制。《宋书·恩倖传·序》云：

> 汉末丧乱，魏武始基，军中仓卒，权立九品，盖以论人才优劣，非为世族高卑。因此相沿，遂为成法。自魏至晋，莫之能改。

又据《晋书·李重传》云：

> 九品始于丧乱，军中之政，诚非经国不刊之法也。

西晋灭蜀，篡魏，平吴，天下一统，这种"权时之制"本可废除；但西晋的豪族为了保卫自己的特权，不但相沿不改，而且变本加厉，严门第之别，从此豪族与寒士便有云泥之隔。《宋书·恩倖传·序》云：

> （九品中正之制）自魏至晋，莫之能改，州都郡正，以才品人，而举世人才，升降盖寡。徒以凭借世资，用相陵驾，都正俗士，斟酌时宜，品目少多，随事俯仰。刘毅所云："下品无高门，上品无贱族"者也。岁月递讹，斯风渐笃。凡厥衣冠，莫非二品。自此以还，遂成卑庶。周、汉之道，以智役愚，台隶参差，用成等级，魏晋以来，以贵役愚，台隶参差，用成等级；魏晋以来，以贵役贱，士庶之科，较然有辨。

为了推行这种制度，西晋仿照曹魏的办法，于州、郡设置中正之官，掌管选政。吏部（类似今之内政部）用人，必命中正去查考他的籍贯、三代和阶级，查明他们的祖先是否为世家贵族。查明他们是否为中原的世家贵族，也查明他们是否真有世家贵族的血液，而查籍贯、查三代、查阶级所根据的是谱牒。据《通典》卷一四《选举》二《历代制》中云：

> 晋依魏氏九品之制，内官吏部尚书、司徒左长史、外官州有大中正，郡国有小中正，皆掌选举。若吏部选用，必下中正，征其人居及父祖官名。

　　查三代、查阶级的用意，是杜绝非豪门子弟渗入统治阶级，亦即向豪门以外之一切社会阶层的人民关闭政治之门。这种选举制度的特色，就是用人选官，不问才能，但论门第。因之，豪门之子，虽白痴，亦得袭高官；寒门之士，虽贤圣，只能为下吏。这种选举制度的结果，自然会如王沉《释时论》所云："百辟君子，奕世相生，公门有公，卿门有卿。"①末流所趋，竟至如刘毅所云："上品无寒门，下品无势家。暨时有之，皆曲有故。"②

　　查籍贯的用意是杜绝吴、蜀的豪门子弟渗入政治，亦即向中原，特别是豫州以外之其他各处的豪族关闭政治之门。这种地方主义的选举，自然要造成一种轻视吴、蜀人士的观念。例如伏波将军孙秀，即因他是吴国的支庶，中华人士，遂耻为掾属③。廷尉平何攀，即因他是蜀士，廷尉卿诸葛冲遂以此轻之④。由于查籍贯的结果，所以当时的情形竟如贺循所云："荆、扬二州，户各数十万，今扬州无郎，而荆州江南乃无一人为京城职者。"⑤反之，则如陈頵所云："豫州人士，常半天下。"⑥

　　西晋的豪族就用这样的选举制度保证他们的政权，企图使这个政权世世代代掌握在自己手中。但是在这个制度的实行当中，没有能严格执行，发生了许多弊端。这是因为作为决定人品尊卑的谱牒，在汉末以来的大乱中多已亡失，替这个制度留下一个漏洞。《晋书·挚虞传》云：

----

① 《晋书·王沉传》。
② 《晋书·刘毅传》。
③ 《晋书·陶侃》。
④ 《晋书·何攀》。
⑤ 《晋书·贺循传》。
⑥ 《晋书·陈頵传》。

虞以汉末丧乱，谱传多亡失，虽其子孙不能言其先祖。撰《族姓昭穆》十卷，上疏进之，以为足以备物致用，广多闻之益。以定品违法，为司徒所劾。诏原之。

因为谱牒亡失，当时的中正便可依照自己的爱憎，进退人才。刘毅上武帝书有云：

今之中正，不精才实，务依党利；不在称尺，务随爱憎。所欲与者，获虚以成誉；所欲下者，吹毛以求疵。高下逐强弱，是非由爱憎，随世兴衰，不顾才实。衰则削下，兴则扶上。一人之身，旬日异状，或以货赂自通，或以计协登进；附托者必达，守道者困悴。

这样看来，似乎寒门之士，也有走上政治舞台的希望；但是实际上并不可能。因为这里所谓强弱，是豪族之中的强弱；并不是指的豪族与寒门。同时，能以"贿赂自通"或以"计协登进"的人物，亦必为有钱有势的富豪。至于寒门之士，衣食不赡，门路不通，何来金钱以通贿赂，谁与计协而谋登进。故中正的舞弊，并不妨碍这个制度之仍然是豪族政治的保证。

二

西晋豪族的登进，有一定的程序可循，如有爵者袭爵，无爵者大半起家尚书郎、中书郎、秘书郎、著作郎，或太子舍人，然后由此转入显位。据《晋书》载，陈骞、杜预，皆起家尚书郎，王齐起家中书郎，郭默起家秘书郎，张载起家著作郎，山简和峤卢浮皆起家太子舍人。

此外，也有经由所谓选举而致身腾达的人物。如山涛、卢钦、傅玄等，皆系举"孝廉"；卢湛、刘颂、乐广等，皆系举"秀才"；夏侯湛、阮种皆系举"贤良、方正、直言"。但所谓选举，不过是一种欺骗人民的形式，等于玩弄魔术。实际上，如果一个人不是豪族，就没有被选举的资格。这种情形，正如段灼所云："今台阁选举，徒塞耳目。九品访人，唯问中正。故据上品者，非公侯之子孙，则当涂之兄弟也。"①

诚然，西晋政府亦曾颁布举寒素的诏命，如李重之奏有云："案如《癸酉诏书》，廉让宜崇，浮竞宜黜。其如履谦寒素靖恭求己者，应有以先之。"②但这不过替豪门政治找一个掩饰。实际上，是等于海船上的救生衣，备而不用。

因为当时所谓"寒素"，虽然是指的"身寒门素，无世祚之资"③的人；但同时这种寒素之士又必须"隐居求志，笃古好学"，又要草野之誉既洽，德礼有闻。像这样的人，如果不是没落之地主，也是乡曲的士绅。

据史籍所示，在西晋时期，读书是豪门子弟的特权。西晋曾设太学、国子学，但在这种学校里面的学生，都是清一色的豪门子弟；非豪门子弟即使混入学校，也要被清除出来。关于此事，有诏书为证。《通典》卷五三《礼》一三《吉礼》"大学"条载武帝诏云："已试经者留之。大臣子弟堪受教者令入学，其余遣还郡国。"

非豪门子弟，既无读书之权，又安能有笃学好古之士？然

---

① 《晋书·段灼传》。

② 《晋书·李重传》。

③ 《晋书·李重传》。

而笃学好古却是被选举的条件，这岂不是和寒士开心？但是就是有资格笃古好学的寒素，在举荐中也横遭排抑。《晋书·李重传》云：

> 燕国中正刘沈举霍原为寒素，司徒府不从。

又如《晋书·光逸传》：

> （逸）初为搏昌小吏，……后举孝廉，为州从事，弃官投辅之。辅之时为太傅越从事中郎，荐逸于越，越以门寒而不召。越后因闲宴，责辅之无所举荐。辅之曰："前举光逸，公以非世家不召，非不举也。"

此外，西晋时的寒士，被豪族抑压、轻视和侮辱的事情，《晋书》亦有所载。《晋书·王沉传》云：

> （沉）少有俊才，出于寒素，不能随俗沉浮，为时豪所抑。

《晋书·郭奕传》云：

> 时亭长李含有俊才，而门寒，为豪族所排。

《晋书·李含传》亦云：

> （含）少有才干，两郡（狄道、始平）并举孝廉。安定皇甫商州里少年，少恃豪族，以含门寒微，欲与给交。含距而不纳，商恨焉，遂讽州以短檄召含为门亭长。

《晋书·张光传》云：

> （光）少为郡吏，……擢授新平太守，……（秦州刺史皇甫）重自以关西大族，心每轻光，谋多不用。

《晋书·孙铄传》云：

> （铄）少为县吏，太守吴奋转以为主簿。铄自微贱登纪
> 纲，时僚大姓，不与铄同坐。

《晋书·霍原传》云：

> （原）叔父坐法当死，原入狱讼之，楚毒备加，终免叔
> 父。年十八，观太学行礼，因留习之。贵游子弟闻而重之，
> 欲与相见，以其名微，不欲昼往，乃夜共造焉。

《晋书·易雄传》云：

> （雄）少为县吏，自念卑贱，无由自达，……举孝廉，
> 为州主簿，迁别驾。自以门寒，不宜久处上纲，谢职还家。

这些例证，充分地说明了当时的寒门之士要想走上政治舞
台，真是难于上青天。即使有之，亦如刘毅所云："皆曲有故"。
像这样对寒士关门的选举制度，正如段灼所云："筚门蓬户之俊，
安得不有陆沈者哉！"

三

上述的情形并不是过甚其词。我们若就《晋书》"列传"所
录之西晋人物世系加以考察，就可以发现，其中最显赫的人物几
乎都是豪族的子弟。

第一等的豪族，是皇族。据《晋书》记载，晋朝皇子，例皆

封王。如有宣五王 ①、文六王 ②。还有参加"八王之乱"的汝南、楚、赵、齐、长沙、成都、河间、东海等八王；以及武十三王 ③ 等。这些诸王的支庶，又得世代相承，袭其先王的封爵。

此外，又广建宗室，以为屏藩。"诸父同虞、虢之尊，兄弟受鲁、卫之祉。"如司马懿之诸弟孚、权、泰、绥、遂、逊、睦、陵，于司马昭为诸父，皆封王。这些宗室的后裔，也得本支百世，世袭封爵。

又《初学记》卷十及《御览》卷一五二皆云："帝之姑、姊、妹皆为长公主，如绿绶。"这种情形，诚如王沉《释时论》所云："多士丰于贵族，爵命不出闺庭，四门穆穆，纨绮是盈。"

与皇族并驾齐驱的是外戚。西晋一代，特别是太康年间，外戚之势，最为嚣张。如杨骏（武帝杨皇后之父）兄弟，势倾天下。贾充（惠帝贾皇后之父）、贾谧（贾充之嗣孙），权过人主。他如羊琇（景献皇后从父弟）、王恂、王虔、王恺（文明皇后之弟）、羊玄之（惠帝羊皇后之父）等，皆以后党而致身显要。李胤、胡奋、臧权、冯荪、左思、诸葛冲辈，并以妃嫔之父兄而布列内外。

此外，西晋的许多权要，大抵都与皇家有切肉连皮的关系。如山涛因与宣穆皇后为中表，是以总选政。羊祜因与景献皇后为姊弟，是以典重兵。杜预（尚文帝妹高陆公主）、王济（尚武帝女常山公主）、温裕（尚武帝女长安公主）、卢谌（尚武帝女荥

---

① 宣帝司马懿九男。五王为平原王仙、琅邪王籦、扶风王骏、梁王肜、清惠亭侯京（魏末以公子赐爵，年二十四薨。泰始元年，其嗣子机封燕王）。

② 文帝司马昭九男。六王为齐王攸、城阳王兆、辽东王定国、广汉王广德、乐安王鉴、乐平王延祚。

③ 武帝二十六男。十三王为毗陵王轨、秦王柬、城阳王景、东海王祇、始平王裕、淮南王允、代王演、新都王该、清河王遐、汝阴王谟、吴王晏、渤海王恢（十二王）。

阳公主）等，皆以尚公主而或外署重镇，内参机要，王衍、乐广、孙旂、缪胤、刘琨等，皆因与皇族有姻娅关系而煊赫一时。这些，尚不过是与皇族有直接姻娅关系的外戚。实际上，此辈外戚，又各有姻娅，姻娅复有姻娅，如此之辈，皆得辗转因缘，攀援裙带，排金门而入紫闼，窃取天下之显位。

除皇族、外戚以外，西晋的显要人物大半出身于世家。《晋书》"列传"中所录西晋人物，出身世家者占三分之二以上。这些人或祖若父并有官爵，或父有官爵，或其远祖、疏属有官爵，这诚如刘颂上武帝书所云："泰始之初，陛下践阼，其所服乘，皆先代功臣之胤，非其子孙，则其曾玄。"

此外，则为地方著姓或名族之子弟，亦有世系不明者。这些人则使不是世家，亦为地方豪族。即使不是地方豪族，则亦如刘实《崇实论》所云："必为势家之所念也。"于出身小吏或起自寒微者，则聊聊可数。

从此可知，西晋的统治阶级，都是豪门子弟，这些豪门子弟，又大半籍隶豫州，因而所谓西晋政府，不过是豫州的豪族之集团。这个豪族集团在九品中正选举制度之下，用身份把自己变成官僚。以后又在九品占田的制度之下，用官品把自己变成更大的地主；同时又利用政治权力，以其封建剥削之所得，转化为商业资本，而从事于货殖。因而他们是官僚，是地主，也是商人。所以，西晋的政权是豪族的政权，也是商人地主的政权。

1948 年 5 月

（香港《时代批评》第一〇二期，1948 年 6 月 15 日出版）

# 西晋的宫闱

西晋的宫闱，大体上承袭汉魏的旧制，置三夫人、九嫔等名位。《初学记》卷十引臧荣绪《晋书》云：

> 晋武帝采汉魏之号，以拟周之六官，置贵嫔、夫人、贵人，是为三夫人，淑妃、淑媛、淑仪、修容、修仪、修华、婕妤、容华、充华，是为九嫔；又置美人、才人、中才人，以为散职。

按所谓汉魏之制，《三国志·魏书·后妃列传·序》有云：

> 魏因汉法，母后之号，皆如旧制，自夫人以下，世有增损。太祖建国，始命王后，其下五等：有夫人，有昭仪，有婕妤，有容华，有美人。文帝增贵嫔、淑媛、修容、顺成、良人。明帝增淑妃、昭华、修仪，除顺成官。太和中，始复命夫人，登其位于淑妃之上。自夫人以下，爵凡十二等：贵嫔、夫人，位次皇后，爵无所视；淑妃位视相国，爵比诸侯王；淑媛位视御史大夫，爵比县公；昭仪比县侯；昭华比乡侯；修容比亭侯；修仪比关内侯；婕妤视中二千石；容华视真二千石；美人视比二千石，良人视千石。

西晋的宫闱制度虽似汉魏，但规模则大为扩张。由于晋武帝之荒淫，两晋的宫闱简直是一个囚禁女人的大集中营。据《晋书》所载，晋武帝于泰始年间曾大举选妃，为了企图一举而将天下之美女网罗殆尽。在选妃的期间，禁止臣民婚嫁。《晋书·武帝纪》云："（泰始九年七月）诏聘公卿以下子女以备六宫。采择未毕，权禁断婚姻。"同时，为了防止隐匿，并发表了"有隐匿者以不禁论"的命令。"不禁"之罪，在封建时代是死刑。

在颁布命令之后，武帝便派遣宦官驰传州郡，开始采择，名门盛族女子皆不能免，举国惶惶，天下为之骚然。被选的少女解送京城，由武帝亲自简选。中选者则以绛纱系臂，送入后宫。母女离别，相抱号哭。关于此事，《晋书》记载甚多，如《晋书·武元杨皇后传》云：

> 泰始中，帝博选良家以充后宫，……使宦者乘使车，给驺骑，驰传州郡，召充选者使后拣择。后性妒，惟取洁白长大，其端正美丽者并不见留。时卞藩女有美色，帝掩扇谓后曰："卞氏女佳。"后曰："藩三世后族，其女不可枉以卑位。"帝乃止。

《晋书·五行志》（上）云：

> 去年采择良家子女，露面入殿，帝亲简阅，务在姿色，不访德行。……搢绅愁怨，天下非之。

同书《胡贵嫔传》云：

> 泰始九年，帝多简良家子女以充内职，自择其美者以绛纱系臂。而芳既入选，下殿号泣。左右止之曰："陛下闻声。"芳曰："死且不畏，何畏陛下！"

《晋书·五行志》（中）云：

> 去年秋冬，采择卿校诸葛冲等女。是春（泰始十年春）五十余人入殿简选。又取小将吏女数十人，母子号哭于宫中，声闻于外，行人悲酸。

泰始九年所选的妃嫔，其数当以千计。但武帝犹以为未足。平吴以后，复命其接收大员把孙皓的宫女五千人当作胜利品，送入后宫。自是，武帝的后宫便有妃嫔万人以上。武帝也就从此沉迷酒色，不理政事，把他的帝国交给外戚杨骏兄弟，自己则乘坐羊车，游宴宫闱，依照羊的意思走到饮酒作乐的地方。

《晋书·胡贵嫔传》云：

> 时帝多内宠，平吴之后，复纳孙皓宫人数千，自此掖庭殆将万人。而并宠者甚众，帝莫知所适，常乘羊车，恣其所之，至便宴寝。宫人乃取竹叶插户，以盐洒地而引帝车。

一个男子而拥有一万个以上的女人，这在今日是不可想象的事；但封建专制主义之下，这却是一个皇帝应有的权利。因为一个皇帝之所以尊荣，就在于他有权蹂躏人民的妻女。所以晋武帝虽然如此荒淫，而历史家仍然说他"厉以恭俭，敦以寡欲"。

第二个荒淫的人物，当推贾后。《晋书·惠贾皇后传》云："惠贾皇后讳南风，平阳人也，小名旹。"是贾充的女儿，惠帝的皇后。其人"丑而短黑"，"眉后有疵"，为人"妒忌多权诈"，性又酷虐，"尝手杀数人。或以戟掷孕妾，子随刃堕地。"她又具有强烈的政治野心，曾经发动了两次政变，诛灭了他的政敌杨骏兄弟、汝南王亮、卫瓘及楚王玮等，把帝国的政权转移到自己的手中，专制天下九年之久。

贾后不仅在政治上敢作敢为；以荒淫而论，也是一个打破历史记录的女人。关于她荒淫的故事，在她的本传中曾有如此之记载：

> 后（执政以后，）遂荒淫放恣，与太医令程据等乱彰内外。洛南有盗尉部小吏，端丽美容止。既给厮役，忽有非常衣服，众咸疑其盗窃，尉嫌而辩之。贾后疏亲欲求盗物，往听对辞。小吏云："先行逢一老妪，说家有疾病，师卜云宜得城南少年压之，欲暂相烦，必有重报。于是随去，上车下帷，内篼箱中，行可十余里，过六七门限，开篼箱，忽见楼阙好屋。问此是何处，云是天上，即以香汤见浴，好衣美食将入，见一妇人，年可三十五、六，短形青黑色，眉后有疵。见留数夕，共寝欢宴，临出，赠此众物。"听者闻其形状，知是贾后，惭笑而去，尉亦解意。时他人入者多死，惟此小吏，以后爱之，得全而出。

据此，则贾后除与其内侍公行淫秽，又常派遣宫女从民间采择美男子用黑马车拖进她的宫廷，以满足其淫欲。像这样荒淫的女人，在当时，却是"天下之母仪"。

西晋的宫闱，就是这样一幅男荒女淫的画图；但这幅画图没有好久，就在内乱外患中被涂灭了。据《惠帝纪》载，八王之乱，张方入洛阳，"因劫帝幸长安。方以所乘车入殿中，……逼帝升车，……军人因妻略后宫，分争府藏，魏晋已来之积，扫地无遗矣。"至怀帝时，刘曜陷洛阳，竟至"焚烧宫殿，逼辱后妃"。从此西晋的宫闱，化为灰烬。留下来的，只是一些断垣颓宇，和少女的幽灵而已。

1948 年 9 月 8 日

（香港《文汇报》1948 年 9 月 10 日《史地周刊》第一期）

# 西晋末年的"流人"及其"叛乱"

## 一 三国到晋初的"内乱"招来了五胡的"外患"

从西晋末起，终东晋之世，百余年间，这在中国历史上是一个边疆民族大侵入的时代，也是一个中原汉族大移动的时代。当时"司、冀、雍、凉、青、并、衮、豫、幽、平诸州皆沦没，江南所得，但有扬、荆、湘、江、梁、益、交、广，其徐州则有过半，豫州惟得谯城而已。"而当时的中原，则"大率半为夷居。刘渊，匈奴也，而居晋阳；石勒，羯也，而居上党；姚氏，羌也，而居扶风；苻氏，氐也，而居临渭；慕容，鲜卑也，而居昌黎。是以刘渊一倡，而雍、并之胡，乘时四起，自长、淮以北，无复晋土，而为战争之场者几二百年。"在这二百年中，黄河南北完全沦于西北诸族的蹂躏之下，汉族政权，则被迫而退出中原，南渡江左，由东晋与五胡十六国的相持局面，迭嬗而为南北朝的对立形势，直至隋代的统一。

这一次西北诸族的侵入，"八王之乱"固为其直接原因，但其迁入的开始，则早在前汉之末。到三国尤其西晋初年，西北诸族则已遍布山、陕、河北。"八王之乱"实不过提供西北诸族以一种毁灭西晋王朝的客观条件而已。

据《晋书·匈奴传》："前汉末，匈奴大乱，五单于争立，而呼邪单于失其国，携率部落，入臣于汉，汉嘉其意，割并州北界以安之，于是匈奴五千余落，入居朔方诸郡，与汉人杂处。……而不输贡赋，多历年所，户口渐滋。"由此，而知前汉之末，已有大批匈奴部落"入臣"于汉，迁入山西的北部，与"编户"杂居。

随着大汉帝国在黄巾"叛乱"中之崩溃，中原豪族乘时四起，各据州郡，互相混战。以后虽演化而为三国鼎立，但内战并未停止，而且以更集中的形式表现为南征北伐，以至中国陷于分崩离析之封建割据局面者垂五六十年。在这一时期中，中原豪族只知致其全力于内部的火并，舻船南下，流马北转，陕南汉北，内战连年。而于西北边防，则置之度外，于西北民族则任其进出。于是并州之胡则"听其部落散居六郡"（《江统传》）。辽东、句骊则徙其余种，居之荥阳。当此之时，"西北杂虏及鲜卑、匈奴、五溪蛮夷、东夷……十余辈，各帅种人部落内附"。（《晋书·武帝本纪》）而在诸族之中，其侵入中原最深而又最多者，则为匈奴，据《晋书·匈奴传》云："魏末……其（匈奴）左部都尉所统可万余落，居于太原故兹氏县，右部都尉可六千余落，居祁县；南部都尉可三千余落，居蒲子县；北部都尉可四千余落，居新兴县；中部都尉可六千余落，居大陵县。"由此，而知在三国之末，匈奴已有三万余部落，移入山西之南。而其他所谓"杂虏"之以"内附"而移入中国北部者亦十余辈。

西北诸族的内徙，一方面固由于当时中原的内战，提供他们以最好的客观条件；但另一方面，则当时中原的豪族为了战胜敌人而主观地招致西北民族亦为原因之一。如"魏武帝……徙武都之种于秦川，欲以弱寇强国，捍御蜀虏"（《江统传》）。如"邓艾苟欲取一时之利，不虞后患，使鲜卑数万，散居人间"。

（《傅玄传》）故匈奴入陕，鲜卑入关，与当时魏之防蜀实有密切关系。而氐、羌之东徙，又与蜀之抗魏有其密切关系。

西晋虽然灭蜀平吴，结束了三国割据的局面，但亦即因此而消耗并削弱了它的国力，以致始终再无余力从事于西北诸族之驱逐，甚至无力防止这些民族之继续南侵。在西晋初年对于西北诸族的政策是"来者安之"，"降者纳之"。于是胡骑南渐，其势遂不可遏止。

在这一时代，匈奴族之南称者，其数更多；据《晋书·匈奴传》云："武帝践祚后，塞外匈奴，大水、泥塞、黑难等二万余落归化，帝复纳之，使居河西故宜阳城下，后复与晋人杂居。由是平阳、西河、太原、新兴、上党、乐平诸郡靡不有焉。"又云："太康五年，复有匈奴胡太阿厚率其部落二万九千三百人归化。七年，又有匈奴胡都大博及萎莎胡等各率种类大小凡十万余口，诣雍州刺史扶风王骏降附。明年（八年），匈奴都督大豆得一育鞠等复率种落大小一千五百口，牛二万二千头，羊十万五千口，车庐什物不可胜计来降，并贡其方物，帝并抚纳之。"

因而，在西晋初年，北狄之入居塞内者"凡十九种，皆有部落，不相杂错"。（《匈奴传》）此外在冯翊、北地、新平、安定一带则有诸羌。在扶风、始平、京兆一带，则有诸氐。（《江统传》）而鲜卑族则早已散居河北，深入河南。由此而知在永嘉之前，西北诸族，在"降附"与"归化"的名义之下，已成群地进入中国的腹部了。他们有着庞大的数目，而尤以关中为最多，据《江统传》云："关中之人百余万口，率其少多，戎狄居半。"是则当时关中已有氐、羌五十余万。又冉闵在邺，一次诛胡之数，竟达二十万，则河北诸族之数，亦当不少。如此，若合山西、河北一带的匈奴与鲜卑计之，其数至少当在百万以上。据史册所载，晋代人口总数，为20302544人，则西北诸族已占当时人口之半数了。

八王之乱，骨肉相残，若屠犬豕，内战延长，竟达十六年之久。在内战中，各引外族以歼灭自己的兄弟。如成都王颖则引刘渊为外援，于是匈奴五部，遂借“赴国难”之美名长驱入邺。东嬴公腾又引“乌桓、羯以袭颖”，于是东夷遂连骑入关。王浚又“召务勿尘率胡晋合二万人，进军讨颖……克邺城。”于是中原之地从此胡骑纵横，而“黔庶荼毒，自此始也”。(《王浚传》)这些民族在最初，不过“劫夺财货”，“虏掠妇女”，既至部众大集，武装渐盛，于是慨然皆有据地自雄之志。是以刘渊一倡，石勒继之，而西北诸族遂挟其强弓劲弩，闯入中原，建号立国，称帝称王，卒至渡河而南，攻陷洛阳，连骑而西，占领长安，怀、愍北狩，衣冠南迁，颠覆了西晋的天下。这样看来，汉族势力之张弛，与诸族在中原之进出实有其密切的关系，而“内乱”为“外患”之厉防，岂不然乎？

## 二 “衣冠南渡”以后大河南北的“坞屯壁聚”

西北诸族内侵，与司马氏政权南迁的时候，也正是中国史上一个天灾大流行的时候。本来晋承三国割据纷乱之后，农村经济并未恢复。虽干宝有“牛马被野，余粮委亩”之颂，潘岳有“华实纷敷，桑麻条畅”之赋，然而实际上则诚如齐王攸所云：“暂一水旱，便忧饥馁”。也如傅咸所云：“自泰始开元以暨于今，十有五年矣，而军国未丰，百姓不赡，一岁不登，便有菜色。”自咸宁以降，水旱虫蝗，遍于郡国。饥馑疠疫，因而随之。自咸宁二年（276）至泰安元年（302）26年间，荆、扬、梁、益、徐、豫、冀、兖诸州，大水十次，而雍、梁、关中一带，大旱及大蝗两次，大疫一次。二十六年中，而有十五年在天灾中，农村经济自然陷于破产，以至"斛米万钱"，"骨肉相卖不禁"。

"至于永嘉，丧乱弥甚。雍州以东，民多饥乏，更相鬻卖，奔迸流移，不可胜数。幽、并、司、冀、秦、雍六州大蝗，草木及牛马毛皆尽。又大疾疫，兼以饥馑。百姓又为寇贼所杀，流尸满河，白骨蔽野。刘曜之逼，朝廷议欲迁都仓垣，人多相食，饥疫总至，百官流亡者十八九。"（《晋书·食货志》）

加以西晋时代贵族外戚朋比为政，"公卿世族，豪侈相高，政教陵迟，不遵法度。"（《王导传》）"空校衙门，无益宿卫，而虚立军府，动有百数，五等诸侯，复坐置官属，诸所宠给，皆生于百姓。"（《傅咸传》）"以（惠帝）居大位，政出群下，纲纪大坏，货赂公行。势位之家，以贵陵物，忠贤路绝，谗邪得志，更相荐举，天下谓之互市焉。"（《惠帝本纪》）在这种腐败政治之下，自然是"豪富横肆，百姓失职"；而"豪富者，其力足惮，其货足欲"，是以"大奸犯政"则"官长顾势而顿笔；下吏纵奸，惧所司之不举，则谨密网以罗微罪，使奏劾相接。状似尽公，而挠法不亮，固在其中矣。"

饥馑疠疫而又加之以剥削搜括，即无八王之乱，人民已经无法生活；而况继之以八王之乱，内战延长及十六年。于是"百姓流亡，中原萧条，千里无烟，饥寒流殒，相继沟壑。"（《慕容皝载记》）"长安城中，户中盈百，墙宇颓毁，蒿棘成林。"（《愍帝本纪》）而洛阳城中，甚至"比屋不见火烟，饥人自相啖食。"（《晋书·食货志》）

及至西北诸族侵入，种族仇杀，尤为骇人。如祁"弘等所部

鲜卑,大掠长安,杀二万余人",(《惠帝本纪》)刘聪破洛阳,
"害诸王公百官以下三万余人,于洛水北筑为京观。"(《刘聪载
记》)其他所谓"枕尸二百里""枕尸千里"的记载,不胜枚举。

由此看来,当时中原人民不死于天灾,即死于刑网;不死于
刑网,即死于内战。其不死于天灾、刑网与内战者,则又大半
死于诸族之屠杀。如汲桑陷邺而"诸名家流移依邺者,死亡并
尽。"鲜卑入河北,"士众暴掠,死者甚多",中国妇女"沉于易
水者,八千人。"(《王凌传》)

其余未被屠杀者,不论男女又为强迫征去,以从事于苦役。
《石季龙载记》有云:"沙门吴进言于季龙曰,胡运将衰,晋当
复兴,宜苦役晋人,以厌其气。季龙于是使尚书张群发近郡男女
十六万人,车十万乘,运土建华园及长墙于邺北。"其中壮丁则
强迫当兵。如王弥"与刘曜、石勒等攻魏郡、汲郡、顿丘,陷
五十余壁,皆调为士兵。"(《于谕传》)

当此之时,晋代的政府已南迁建业,其势力不及于淮河之
北。在这种情势之下,当时沦陷区域的人民,只有两条出路;不
是拿起武器斗争,便只有辗转逃亡,苟全性命。所以当时黄河以
北的沦陷区域中,到处展开人民自动的武装斗争。山东、河北、
河南一带,坞屯壁垒,所在屯聚。刘聪入山东,"齐鲁之间,郡
县壁垒降者四十余所";其不降者尚不知多少。刘曜、石勒攻魏
郡、汲郡、顿丘,"陷五十余壁";其未陷者,亦不知多少。这些
沦陷区域的人民,他们自推领袖,保护家乡,如"苏峻纠合得数
千家,结垒于本县"。"郗鉴得归乡里……三年众至数万。""李矩
素为乡人所爱,乃推为坞主,东屯荥阳,后移新郑……招怀离散,
远近多附之。"他们能自制武器,如魏浚"及洛阳陷,屯于洛北
石梁坞,抚养遗众,渐修器械,于是远近咸襁负,至者甚众"。

即因有沦陷区域人民的武装斗争，所以晋代政权虽退至江南，而人民的堡垒，依然对峙于大河的南北。他们常以巧妙的方法，刺探敌情，以密闻于政府，据《祖逖传》云："河上堡固，先有任子在胡者，皆听两属，时遣游军伪抄之，明其未附，诸坞主感戴，胡中有异谋，辄索以闻。"可惜东晋政府餍于偏安，不能积极北伐，以致先后为诸族所扫荡。随着河北壁垒坞屯之扫荡，诸族势力便在中国北部，获得更大的扩展，因而施于中原人民之各族压迫，日益加甚。于是中原人民便不能不开始其逃亡的生活，而形成中国史上空前的民族大迁徙。

## 三　饥饿与压迫唤起了流人的叛乱

我们必须指出，在一般人民迁徙之前，中原的士族早在永嘉之乱的时候，便已"亡官弃守"，卷其子女财货及其佃客，开始其向江南之逃亡。据唐林中记有云："永嘉之乱，中原士族，林、黄、陈、郑四姓，先入闽。"又据明何乔远书云："晋永嘉二年，中州板荡，衣冠始入闽者八族，林、黄、陈、郑、詹、丘、何、胡是也。"即至"洛京倾覆，中州士女避乱江左者十六、七。"（《王导传》）

这些中原士族，逃亡到江南以后，当时的执政王导，便"劝（元）帝收其贤人，与之图事。"（《王导传》）于是"中原亡官失守之士，避乱来者，多居显位。"而"中州人士"皆由难民而一变为"佐佑王业"的显贵了。（参看《晋书·周玘传》）其另一部分士族，则要求政府分剖江南的土地，侨置郡县，重新过度其地主的生活。他们除了带来的佃农以外，又招收由北方逃来的一部分贫农而为其"荫客"以进行其大规模之土地耕种。所谓"荫客",即在大姓庇荫之下,不纳国税,而以其收入与大姓"量分"的贫农。

这种"荫客之制",据杜佑云:西晋已经盛行,"至东晋,其数更加"。因为他们南渡以后,利用江南的肥沃土地,与大批流亡的难民,更有可能将这种制度以扩大规模在江南再版。据《南齐书·州郡志》云:"时百姓遭难,流移此境,流民多庇大姓以为客。"《文献通考》云:"东晋寓居江左……都下人多为王公贵人左右佃客、典计、衣食客之类,皆无课役。"

这种办法很快就被江南的豪族学会了。于是当"王师岁动,编户虚耗"之时,而"南北权豪,竞招游食(难民)"。当时这些大姓所包庇的壮丁数目,《山遐传》云:"遐绳以峻法,到县八旬,出口万余"。一县之内即可"出口万余",若合当时所有的"侨置郡县",则其数当有可观。这样一来,少数大姓豪族,自然是大发其国难财,而对于当时政府为了对抗诸族而动员人力与物力的政策,却发生了极大的阻碍。所以当时颜含看到这种"国弊家丰"的情形,便向王导建议,主张"征之势门,使(荫客)返田桑"。

但是结果,颜含的建议并未为当时的政府所重视。终东晋之世,政治皆为豪族所把持,王、谢、庾、郗,迭嬗执政。以至当时有"王与马,共天下"之民谣,与"淮流竭,王室灭"之预言。由此可以想见当时豪族之盛,而其根基不可动摇有如此也。他们把持中央,餍于宴安,丝竹自随,清浅度日,几不知中国北部尚有诸族。结果,文武不和,内外相贰。王敦、苏峻、祖约、桓玄、王恭、殷仲堪等,相继叛乱于内,西北诸族压迫于外,而东晋遂亡。

当沦陷区域一般人民开始逃亡的时候，已经是他们的庐舍丘虚，田园被占的时候。他们四顾茫茫，无可投依，因而他们的逃亡，显然是无目的的。不过，从历史记载中，也可以看出他们是向着东南与西南两个方面逃亡的。其向东南流徙者，都是山东、河北及淮北带的人民，他们大概都流徙于苏、皖、闽、浙一带。据《晋书·地理志》云："幽、冀、青、并、兖五州及徐州之淮北流人，相帅过江、淮，帝并侨立郡县以司牧之。"《荀晞传》云："顿丘太守魏植为流人所逼，众五六万，大掠兖州。"《地理志》云："琅邪国人随帝过江者，遂置怀德县及琅邪郡以统之。"以后当"胡寇南侵，淮南百姓皆渡江。成帝初，苏峻、祖约为乱于江淮，胡寇又大至，百姓南渡者转多，乃于江南侨立淮南郡及诸县。"此外，还有一部分山西人也逃到东南，据同书云："上党百姓南渡，侨立上党郡为四县，寄居芜湖。"由此而知当时北方人民之流徙于东南者，大概都多少获得一些政府的援助，他们也许在江南获得了一块小小土地，而重度其自耕自食的生活，最低限度，也可以投身于大姓而为佃客。

至于向西南流徙者则大部皆为山、陕的人民，他们大概都流徙于四种、豫南、鄂西一带。

关于陕西人民之移徙，《李特载记》言：元康年间，"关西……百姓乃流移就谷，相与入汉川者数万家……流人十万余口……散在益梁。"又《通鉴》卷八六云："汉中民东走荆、沔。"

此外当时四川遭李流之乱，四川的人民亦多流徙于湘、鄂或云南。《李雄载记》："蜀人流散，东下江阳，南入七郡。"《杜弢传》云："巴蜀流人，汝班、蹇硕等数万家，布在荆襄间。"《刘弘传》云："益梁流人……在荆州十余万户。"《通鉴》卷八五云：蜀民"或南入宁州，或东下荆州，城邑皆空，野无烟火。"甚至云南的人民也有向安南移徙的,据《通鉴》八六云:"宁州……吏民流入交州者甚众。"

又据《王弥传》云:"河东、平阳、弘农、上党诸流人之在颍川、襄城、汝南、南阳、河南者数万家。"关于山西人民之移徙,据刘琨向政府的报告云:"臣自涉(并)州疆,目睹困乏,流移四散,十不存二,携老扶弱,不绝于路"……"并土饥荒,百姓随腾南下,余户不满二万。"

这样看来,今日豫南、鄂西、湘北和四川一带,正是当时流人集中之地,这些从沦陷区中逃亡出来的流人,他们既不像中原士族一样,挟着政权南渡江左,仍然可以"鞭笞百越,称制南州。"以过度其"连骑结驷,高盖华轴"的侈奢生活;恰恰相反,那些失去了一切的农民,"扶老携幼",远涉山河,"羁旅贫乏",流困异乡。政府既不为分剖土地,侨立郡县;当地的"居人"又视同盗贼,不与合作。他们不是"为旧百姓之所侵苦",便是"为旧居民所不礼。"在国破家亡而又不能继续下去的环境之下,流人之中迫于生计,难免不有强暴之徒铤而走险,流为盗贼。如《刘弘传》云:"益梁流人萧条,在荆州者十余万户,羁旅贫乏,多为盗贼。"然而其为盗贼,实不得已。决不如《李流载记》所言,"流人专为盗贼"。或如《华阳国志》所载,"流人恃此,专为盗劫"。陕西流人遂与蜀人"客主不能相制";同时"巴蜀流人散在荆湘者,与土人忿争。"

当时政府不察实情,对于西南流人,或则勒令回籍,或则欲于尽诛。前者如对于南阳一带之关中流人,"有诏遣还乡里";后者如对湘州之四川流人,湘州刺史荀眺欲尽诛之。在这样情形之下,西南流人归亦死,不归亦死,于是相率屯聚,煽而为乱,杀戮官吏,攻陷城邑者,到处皆有。其最著者,如秦安二年,张昌的叛乱,"江沔间一时焱起,树牙旗,鸣鼓角以应昌,旬月之间,众至三万。"攻弋阳,破武昌,攻宛攻襄阳,又破江扬二州,扰乱扬、豫、荆、徐、江五州之地。其次,永嘉二年,王弥的叛乱,豫西的流人,群起响应,以致为诸族所利用。以后永嘉四年,王如、庞实、严嶷、侯脱等流人的叛乱,扰乱司、雍二州。最后,永嘉五年,杜弢、汝班、蹇硕等四川流人在湖南所发动的叛乱,南破零陵,东陷武昌,延长五六年之久。这些叛乱,考其原因,并非具有任何政治动机,而皆为迫于饥饿,集团求食而已。所以陶侃对于剿灭流人,颇有经验。其督剿杜弢时所用武器,并非弓矢,而为米粥。流人一见米粥,叛乱即时瓦解。反之,若山简之剿王如,专用武力,则反而不能不由南阳败退夏口。由此而知当时西南一带流人的生活之艰苦实已达到极点。以如此庞大数目的流人,而当时政府不能把他们的力量引向抵抗诸族的方向;反而使他们崩溃决裂,扰乱自己的后方,岂不可叹。

总之,从西晋末到东晋之初,一方面是西北诸族的内徙,一方面是中原民族的南迁,这是中国历史上一个民族大移动的时代。而民族的大移动则由于中国自三国以来之长期内乱有以启其渐,而八王之乱,则为其最直接之原因。这一民族大移动在中国历史上,固然是表征西晋势力的衰落;但也留下了一种积极的影响,即由此而加速了中国南部的发展,并从而展开了后来六朝的文明。

(重庆《学习生活》第三卷第二期,重庆读书生活出版社 1942 年 7 月 20 日出版)

# 东晋初黄河南北的坞屯垒壁

## 一

在东晋史上，特别是东晋初年的历史上，常见有坞屯垒壁的记录。其分布之广，普遍于北方民族统治区域，特别是黄河南北。这种坞屯垒壁，正是4世纪初中原人民反抗北方民族入侵之武装战斗的据点。

在4世纪初，中原地区曾经经历了一个北方民族大侵入的时期，历史上称之曰"五胡乱华"。这是众所周知的。在北方民族入侵的当时，西晋的统治阶级，毫无抗抵地委弃国土，委弃人民，卷其子女玉帛，南渡江左，坐视两京覆没，怀愍北狩；而雍容江表，视若无睹。这也是众所周知的。但是在北方民族以雷霆万钧之力闪击中原的当时，在晋朝的官军或溃或败或逃或降的当时，中原的人民曾经拿起武器，保卫乡土，代替官军而出现于沦陷区域，展开敌后的武装斗争。这一页英雄的史实，直至现在，还没有被人注意。现在，我把这一史实提示出来，也许在一片灰暗色的《晋书》中，可以放出一些光辉。

# 二

大约和匈奴发动入侵晋朝的战争同时，中原的人民就开始了自己的武装组织。他们结为坞屯垒壁，准备对敌作战。关于这一点，我们可以从当时的政府曾有号召人民武装保卫长安的史实看得出来。《晋书·麴允传》云：

> （当长安危急时，）村坞主帅小者，犹假银青将军之号，欲以抚结众心。然诸将骄恣，恩不及下，人情颇离，……（卷八九）

这里所谓"村坞主帅"，就是人民军的首领。所谓"恩不及下"，就是对人民军的待遇不好。虽然如此，在民族国家的大难之前，当时的人民军并不因此而放弃保卫长安的战斗。而且当官军逃亡殆尽的时候，最后死守长安的还是人民军。《索綝传》云：

> （刘曜围长安，）城中饥窘，人相食，死亡逃奔不可制；唯凉州义众千人守死不移。（卷六〇）

及洛阳、长安先后沦陷，自河以北，关以西，全部国土，沦于匈奴。自陇以南，川、滇、黔一带，又沦于氐、羌，以后鲜卑、乌丸接踵而来，叠演而为"五胡乱华"的变局。当时偏安江左的东晋政府，方以全力剿灭流人。所谓流人，即从沦陷区域逃到大后方的难民。他们认为这些难民，足以扰乱大后方的秩序，比北方民族更为危险，所以必须加以剿灭，因而分不出兵力去抵抗入侵者。在这一时期，政府军之在今华北者仅有刘琨、王浚两部。刘琨困守太原，王浚局促幽州，皆孤危不能自存，更谈不到反攻。当此之时，执干戈以卫社稷者，是中原的人民，特别是农民。

从《晋书》上可以看出，在当时的沦陷区域，到处都是人民军的坞屯垒壁。因而匈奴人在中原所遇到的敌人，不是晋朝的官军，而是中原的人民军。当时人民军的单位之多，我们可以从各地出现的坞屯垒壁的数字看得出来。据《晋书》载：

元海（刘渊）遂入都蒲子，河东平阳属县垒壁尽降。（卷一百一《刘元海载记》）

刘粲（与王弥、刘曜）周旋梁、陈、汝、颍之间，陷垒壁百余。（卷一百二《刘聪载记》）

（刘聪）青州刺史曹嶷攻汶阳关、公丘，陷之，……齐、鲁之间郡县垒壁降者四十余所。（同上）

（石勒）率众三万寇魏郡、顿丘诸垒壁，多陷之，假垒主将军、都尉，简强壮五万为军士，……（卷一百四《石勒载记》上）

（石勒）进军攻钜鹿、常山，害二郡守将。陷冀州郡县堡壁百余，众至十余万，……（同上）

（石勒）与闫黑攻腊圈、苑市二垒，陷之，黑中流矢死，……（同上）

（石）勒南寇襄阳，攻陷江西垒壁三十余所。（同上）

（石）勒命诸将攻冀州郡县垒壁，率多降附。（同上）

（自曹嶷叛降石勒后，）青州诸郡县垒壁尽陷。（卷一百五《石勒载记》下）

（当祖逖北伐时，）冀、并、幽州、辽西巴西诸屯结皆陷于勒。（同上）

（晋梁州刺史司马勋反攻长安，）三辅豪右多杀其令长，拥三十余壁，有众五万以应勋。（卷一百七《石季龙载记》下）

（李流寇蜀时，）三蜀百姓并保险结坞，城邑皆空。（卷一百二十七《李流载记》）

根据以上的记录，可以看出当时敌后的人民武装，已布满于今日山东、河北、河南、山西、陕西、四川，北至辽西，南至鄂北，东南至于淮河流域。至于垒壁的数目，似以陕西为最多。但这是因为除陕西以外，其它各地之垒壁，皆系就被已征服者而言；其未被征服者并未计入。若总计之，其数当亦不少于陕西。因而当时沦陷区域的垒壁，或已近万。以每一垒壁数百人计之，则当时敌后的武装人民，当有数百万人。其未武装的人民，亦无不怀念故国。《刘聪载记》载其中军王彰之言曰："且愚人系汉之心未专，而思晋之怀犹盛。"（卷一百二）所以当赵国、郭默之军，反攻河东，至于绛邑之时，"右司隶部人盗牧马、负妻子奔之者三万余骑。"（《刘聪载记》）由此足证当时人心振奋之一般。

# 三

关于当时垒壁的组织及其活动，史籍不详；但从《晋书》列传中，也可以找到一些影子。大概当时人民武装皆以坞屯垒壁阻险自固，即以所据之地以名其武装集团。《晋书》上多有殿以坞堡垒壁之地名，其以"坞"名者，"如一泉坞"（《刘聪载记》），"柏谷坞"（《姚泓载记》），"赵氏坞"（《苻坚载记》），"桑凶坞"（《张轨传》）等；其以"堡"名者，如"逆万堡"（《姚苌载记》），"避世堡"（《姚兴载记》上），"马嵬堡"（同上），"白涯堡""石堡"（《姚兴载记》下）等；其以"垒"名者，如"山桑垒"（《姚襄载记》），"张春故垒"《刘曜载记》）等；其以"壁"名者，如"杨氏壁"《姚兴载记》上），"铜壁"（《吕光载记》）等。这些地方，大半都是当时人民保聚的地方。

所谓坞屯垒壁，用现代语说，就是堡垒。当时的人民既然守不住城市，当然只有退到乡村；但难保敌军不扫荡乡村，于是在乡村中选择一种险要的地方，周围筑起堡垒，以抵抗敌人的扫荡。为了巩固一定区域的安全，堡垒当然不止一座，而是无数座。《晋书·孝怀纪》云："苟晞又破汲桑，陷其九垒。"（卷五）又《石勒载记》谓勒使夔安、支雄等七将攻广平游纶、张豺，"破其外垒"。有外垒，必有内垒，是当时一个人民武装集团屯集之地，周围都是堡垒，而且不止一层，有外层，并有里层。

每一个人民武装集团，都有自己的领袖。这种领袖，或称"坞主"，或称"垒帅"。坞主与垒帅，出自各种身份不同的人物，惜其姓名事业皆不传，无从查考。其在《晋书》有列传者，不过邵续、李矩、魏浚、魏该、郭默数人而已。据《晋书》云：

> 邵续，字嗣祖，魏郡安阳人也。父乘，散骑侍郎。……续……初为成都王颖参军，……后为苟晞参军，除沁水令。时天下渐乱，续去县还家，纠合亡命，得数百人。王浚假续绥集将军、乐陵太守，屯厌次，……续绥怀流散，多归附之。（卷六三）

> 李矩字世回，平阳人也。……及长，为吏，送故县令于长安，征西将军梁王肜以为牙门。伐氐齐万年有殊功，封东明亭侯。还为本郡督护。……属刘元海攻平阳，百姓奔走，矩素为乡人所爱，乃推为坞主，东屯荥阳，后移新郑。（卷六三）

> 魏浚，东郡东阿人也，寓居关中。初为雍州小吏，河间王颙败乱之际，以为武威将军。后为度支校尉，有干用。永

275

嘉末，与流人数百家东保河阴之硖石。……及洛阳陷，屯于洛北石梁坞，……（卷六三）

（魏）该一名亥，本侨居京兆阴磐。河间王颙之伐赵王伦，以该为将兵都尉。及刘曜攻洛阳，随浚赴难。先领兵守金墉城，故得无他。曜引去，余众依之。时杜预子尹为弘农太守，屯宜阳界一泉坞，……（卷六三）

郭默，河内怀人。少微贱，以壮勇事太守裴整，为督将。永嘉之乱，默率遗众自为坞主，……（卷六三）

从以上的记载，我们可以看出当时的坞主，也有晋朝的官吏，但这在成千成万的坞主垒帅中，不过是九牛一毛。其中大部分恐怕都是乡曲的土豪，或者是英勇的农民子弟。对于非官吏出身的坞主，《晋书》即使偶有记录，亦仅记其名。如云：

杜人王秃、纪特等攻刘粲于新丰。（卷一百二，《刘聪载记》）

平阳人李洪有众数千，垒于舞阳。（卷一百四《石勒载记》上）

章武人王春起兵于科斗垒。（同上）

汲郡向冰有众数千，壁于枋头。（同上）

广平游纶、张豺拥众数万，受王浚假署，保据苑乡。（同上）

坞主垒帅之下，有部将。《祖逖传》云："逖遣使求救于川（篷陂坞主），川遣将李头率众援之。"（卷六二）又《魏该传》亦云："该遣其将马瞻将三百人赴尹。"（卷六三）《郭默传》亦云："循抚将士，甚得其欢心。"（卷六三）这些都是例子。

部将之下，则为"堡户"（按"堡户"二字见《姚兴载记》），堡户的数目因垒壁的大小而或多或少。如《晋书·慕容宝载记》谓："宜令郡县聚千军为一堡，深沟高垒。"（卷一百二十四）而《石勒载记》谓："汲郡向冰，有众数千，壁于枋头。"（卷一百四）大抵当时每一垒壁自数百人、千余人至数千人不等。

此等堡户，在平时仍然耕地种田，从事生产。《邵续传》云："嶷……乃破续屯田"。（卷六三）是邵续的垒堡之中既有屯田，亦有牛马，布于山谷。一旦紧急，则壮者为兵士，老弱者避入深山。《李矩传》云："石勒亲率大众袭矩，矩遣老弱入山，令所在散牛马，因设伏以待之。贼争取牛马，伏发，齐呼，声动山谷，遂大破之，斩获甚众，勒乃退。"（卷六三）总之，在当时，每一个垒壁，都是一个小社会。他们在生产中战斗，在战斗中生产，因而这种垒壁是生产的集团，也是战斗的集团。

坞主与坞主之间，也是隶属关系。一个大的坞主，常常统辖若干小的坞主。《祖逖传》云："又有董瞻、于武、谢浮等十余部，众各数百，皆统属（坞主张）平。"（卷六二）若遇情况紧急之时，各坞主并推出共同的"统主"，作统一的指挥。《苻坚载记》（下）云："关中堡壁三千余所，推平远将军冯翊赵敖为统主，相率结盟，遣兵粮助坚。"（卷一百十四）从这里可以看出，当时的人民军并不完全是乌合之众，而是一种有组织的力量。

当时沦陷区域的人民，就在坞主垒帅的领导之下，展开敌后的武装斗争。他们在武力不抵之时，有时投降；但一旦得手，又复反正。《石勒载记》云："勒分诸将讨攻未下及叛者。"这里所谓叛者，就是反正的人民军。

可惜当时的统治阶级，不但不加以支持，反而加以压迫。例如击楫渡江，誓清中原的祖逖，最辉煌的伟绩，就是剿灭了张平、樊雅、董瞻、于武、谢浮及陈川等十几个坞主（参看《晋书·祖逖传》）。虽然如此，当时黄河南北的人民军，并不因此而不效忠于晋朝。他们还是替官军作间谍工作，经常把敌人的情报送到祖逖的大营。后来祖逖之能稍建功勋，还是由于人民军的帮助。关于这一点，《祖逖传》曾有如次之记载：

> 逖爱人下士，虽疏交贱隶，皆恩礼遇之，由是黄河以南盖为晋土。河上堡固先有任子在胡者，皆听两属，时遣游军伪抄之，明其未附。诸坞主感戴，胡中有异谋，辄密以闻。前后克获，亦由此也。（卷六二）

即因得不到政府的支持，当时的人民军逐渐被入侵者征服或消灭。但敌人消灭他们也不是一件容易事情。据《晋书》载，直至慕容俊时，在今山西，尚有堡壁三千余所；苻坚灭亡时，陕西的堡壁依然还是三千余所。甚至到刘牢之北伐时，河南一带尚有晋人的堡壁。《刘牢之传》云："牢之进屯鄄城，讨诸未服，河南城堡承风归顺者甚众。"可惜当时东晋政府，雍容江左，坐观祸败，终至被入侵者扫荡无余，因而使中原的人民，沦为入侵者之奴虏垂二百六十余年之久，不得翻身。若追究历史责任，东晋初年政府衮衮诸公，实为罪魁。诚如桓温所云："遂使神州陆沉，百年丘墟，王夷甫[①]诸人不得不任其责！"（《晋书·桓温传》卷九八）

（上海《大学月刊》第六卷第一期，1947年6月1日出版）

---

① 即王衍，西晋末宰相，专谋自保。后为石勒所俘，劝勒称帝，以图苟活，为勒所杀。

# 《晋书·祖逖传》书后

祖逖，在中国传说中，已经被渲染为一个典型的民族英雄。他的故事，"闻鸡起舞"，"击楫渡江"，一直到现在，尚脍炙人口，成为万人皆知的典故。

是的，在一片灰色的东晋历史中，祖逖的确是一个比较光辉的人物。特别是从民族主义这一历史侧面看，也是值得称赞的。因为祖逖以一个"世吏二千石，为北州旧姓"的官僚豪族子弟，当东晋的统治阶级宴于偏安，准备过度其小朝廷的生活时，竟能慷慨陈词，请缨北伐；特别是当他带着一千名徒手队伍和一百多家流徙部曲渡过大江时，敢于说出这样坚决壮烈的誓言："祖逖不能清中原而复济者，有如大江！"像这样一个人物，以视东晋当时一般亡官失守之徒，只知新亭 ① 对泣，当然不可同日而语。

但是慷慨的辞令和壮烈的誓言，只是表现他的"英雄气概"；而"英雄气概"，不就是"英雄事业"。评论一个人物，不能只凭他的"气概"，更重要的应该是他的"事业"。

祖逖的确也做了一些"英雄事业"，但他的"英雄事业"之最光辉的一面，与其说是抵抗匈奴军的侵占，不如说是剿灭自己

---

① 《世说新语·言语》"过江诸人，每至美日，辄相邀新亭，藉卉饮宴。周侯（顗）中坐而叹曰：'风景不殊，正自有山河之异！'皆相视流泪。"

的人民义勇军。据《晋书·祖逖传》载："初，北中郎将刘演距于石勒也，流人坞主张平、樊雅等在谯，演署平为豫州刺史，雅为谯郡太守。又有董瞻、于武、谢浮等十余部，众各数百，皆统属平。逖诱浮使取平，浮谲平与会，遂斩以献逖。"

> （逖）进据太丘。樊雅遣众夜袭逖……张平余众助雅攻逖。蓬陂坞主陈川，自号宁朔将军、陈留太守。逖遣使求救于（陈）川，川遣将李头率众援之，逖遂克谯城。……李头之讨樊雅也，力战有勋。逖时获雅骏马，（李）头甚欲之而不敢言，逖知其意，遂与之。头感逖恩遇，每叹曰："若得此人为主，吾死无恨。"（陈）川闻而怒，遂杀（李）头。头亲党冯宠率其属四百人归于逖，川益怒，遣将魏硕掠豫州诸郡，大获子女车马。逖遣将军卫策邀击于谷水，……川大惧，遂以众附石勒。

> 初，樊雅之据谯也，逖以力弱，求助于南中郎将王含，含遣桓宣领兵助逖。逖既克谯，宣等乃去。石季龙闻而引众围谯，含又遣宣救逖，季龙闻宣至而退。宣遂留，助逖讨诸屯坞未附者。

按上述以张平、樊雅为首之流人坞主董瞻、于武、谢浮等十余部，皆系当时淮河流域一带的人民义勇军。这些义勇军是晋朝政府军撤退以后，人民为了保卫家乡自己组织的武装。从他们的首领大半都接受了政府的官职一点看来，这些义勇军已经和政府站在一面，成为政府抵抗入侵者之最前线的守卫者。祖逖以奋武将军、豫州刺史出师北伐，正宜视此等人民义勇军为自己最好的友军，与之联络，并肩作战，以扩大自己的声势。

然而他却不此之图，一过长江，便把刀锋指向人民的武装。初则勾结谢浮，使之诱杀其首领张平。继复以小恩小惠收买坞主陈川之部将李头，企图拖出陈川的部队，因而引起陈川部队的内讧，从而乘机对陈川发动袭击，以致迫使陈川附于石勒。此外，并以南中郎将王含之军队，进剿诸屯坞未附之人民武装，使王含之军不得以全力抵抗匈奴，因而给匈奴以可乘之隙，于是而有石季龙围谯之役和石勒大掠豫州之举。假如这些事实及其所发生的影响不算是一个民族英雄所应为的事业，可是这却是祖逖最主要的事业。

诚然，祖逖也曾经与匈奴相拒一时；但这与其说是由于武装的战斗，不如说是由于对敌的妥协。据《晋书·石勒载记》云："时晋征北将军祖逖据谯，将平中原。逖善于抚纳，自河以南多背勒归顺。勒惮之，不敢为寇。乃下书曰：'祖逖屡为边患。逖，北州士望也，尚有首丘之思。其下幽州，修祖氏坟墓，为置守冢二家。冀逖如赵佗感恩，辍其寇暴。'逖闻之甚悦，遣参军王愉使于勒，赠以方物，修结和好。勒厚宾其使，遣左常侍董树报聘，以马百匹，金五十斤答之。自是兖豫乂安，人得休息矣。"

同记又云："祖逖牙门童建害新蔡内史周密，遣使降于勒。勒斩之，送首于祖逖。曰：'天下之恶一也。叛臣逃吏，吾之深仇，将军之恶，犹吾恶也。'逖遣使报谢。自是兖、豫间垒壁叛者，逖皆不纳，二州之人率多两属矣。"

以上两事亦见《祖逖传》，惟略有出入。《祖逖传》谓"（勒）使成皋县修逖母墓，因与逖书，求通使交市。逖不报书，而听互市，收利十倍。"又云："河上堡固先有任子在胡者，皆听两属，时遣游军伪抄之，明其未附。诸坞主感戴，胡中有异谋，辄密以闻。前后克获，亦由此也。"

据此，可知祖逖与石勒，虽在敌对之中，而有信使往来。不仅有信使往来，且在两军对垒之时，并有公开的走私贸易，而祖逖即以此"收利十倍"。又不仅如此，为了与匈奴保持暂时的和平，祖逖竟不惜拒绝黄河沿岸中国人民游击军的归附。假如这些不算是英雄事业，则祖逖便没有其他的功勋了。

又据《祖逖传》载，当祖逖与石勒通使互市，收利十倍之时，政府适于此时将派戴若思为都督[①]，祖逖以"已翦荆棘，收河南地。而若思雍容，一旦来统之，意甚怏怏"。于是乃一面置妻孥汝南大木山下，险厄之处；另一面又遣其从子汝南太守济率众，筑垒于豫南。祖逖为什么置家于险厄？为什么筑垒于豫南？我不敢妄加推测，但这种举措，不是为了抵抗外敌，则可断言。幸而筑垒未成，祖逖即以病死，他的这种行动，便不为人所注意。但我以为对于祖逖最后的这一行动，还是应该加上一个疑问的符号。

总之，根据以上的史实，我以为祖逖这一个历史人物，实在应该重新评价。

（香港《春日》《野草文丛》第八集，1948 年 2 月 9 日出版）

---

① 即戴渊，《资治通鉴·晋纪》"元帝太兴四年"记载：渊"为征西将军、都督司、兖、豫、并、雍、冀六州诸军事、司州刺史，镇合肥。"《晋书·戴若思传》记载：若思"出为征西将军、都督兖、豫、幽、冀、雍、并六州诸军事、假节，加散骑常侍。"与《通鉴》异。

# 吐蕃人种起源考

## 一　吐蕃在中国史上的出现

西藏高原诸种族，直至唐贞观八年（公元 634 年）始以吐蕃之名，见于中国史籍，在此以前，未尝通于中国。

当唐代与吐蕃接触时，吐蕃之族已经知道冶铸金属[①]，知道种植牧畜[②]，并且在这种社会经济基础上，形成了一个强大的种族国家。在这国家内，有君长曰"赞普"[③]，有各种臣僚曰"尚论掣逋突瞿"[④]，有军队[⑤]，有监狱[⑥]，而且已经从印度传入佛

[①]　《新唐书·吐蕃传》上云："其官之章饰，最上瑟瑟，金次之，金涂银又次之，银次之，最下至铜止，差大小，辍臂前以辨贵贱。"《旧唐书·吐蕃传》上云："吐蕃多金银铜锡"。二书皆不言有铁，意者唐时吐蕃尚在青铜器时代。

[②]　《旧唐书·吐蕃传》云："其地（吐蕃之地）气候大寒，不生粳稻，有青稞麦、丰豆、小麦、乔麦。畜多牦牛、猪、犬、羊、马。又有天鼠，状如雀鼠，其大如猫，皮可为裘。……其人或随畜牧，而不常厥居。"

[③]　《新唐书·吐蕃传》云："其俗谓强雄曰'赞'，丈夫曰'普'，故号君长曰，'赞普'，赞普妻曰'末蒙'。"

[④]　同上书云："其官有大相曰'论茝'；副相曰'论茝扈莽'，各一人，亦号'大论'、'小论'；都护一人，曰'悉编掣逋'。又有内大相曰：'曩论掣逋'，亦曰'论莽热'；副相曰'曩论觅零逋'，小相曰'曩论充'，各一人；又有整事大相曰'喻寒波掣逋'，副整事曰'喻寒觅零逋'，小整事曰'喻寒波充'，皆任国事，总号'尚论掣逋突瞿'。"

[⑤]　《旧唐书·吐蕃传》云："军令严肃，每战，前队皆死，后队方进。重兵死，恶病终。"《新唐书·吐蕃传》亦云："（吐蕃）以屡世战没为甲门，败懦者垂狐尾于首示辱，不得列于人。"

[⑥]　《旧唐书·吐蕃传》云："用刑严峻，小罪剜眼鼻，或皮鞭鞭之，但随喜怒，而无常科。囚人于地牢，深数丈，二三年方出之。"

教，因而也有僧侣①，惟尚无文字②。

吐蕃在唐太宗时（公元 627 年至 649 年），正开展其向四周的征服，北向青海，东向川边，成为大唐帝国西南之严重威胁。致使大唐帝国不能不把文成公主送到吐蕃，而下嫁于其国王弄赞③。到高宗时（公元 650 年到 683 年），吐蕃强盛达到极点，其国土北至甘肃西北凉州一带，东至四川松潘及西昌一带，南至印度西北，西至新疆南部，巍然为中国西南的一个央央的大国，与大唐帝国相匹敌。④

武后时，虽曾从吐蕃手中收复新疆西南四镇⑤，但是当时的吐蕃，西结大食（今之阿拉伯人），屡次企图由克什米尔北之小勃律（今吉尔吉特）侵入新疆。同时，东结南诏（在今云南、四川），扰乱西南；并常由青海方面威胁大唐帝国通达西域之孔

---

① 《新唐书·吐蕃传》云："其俗重鬼右巫，事鄉衹为大神，喜浮屠法，习咒诅。"

② 《旧唐书·吐蕃传》云："（吐蕃）无文字，刻木结绳齿木为约。"

③ 《旧唐书·吐蕃传》云："弄赞弱冠嗣位，性骁武，多英略，其邻国羊同及诸羌并宾伏之。太宗遣行人冯德遐，往抚慰之。见德遐大悦。……乃遣使随德遐入朝，……奉表求婚，太宗未之许。……弄赞遂与羊同连，发兵以击吐谷浑。吐谷浑不能支，遁于青海之上，以避其锋，……于是进兵攻破党项及白兰诸羌，率其众二十余万，顿于松州西境（今四川松潘）。……太宗遣吏部尚书侯君集为当弥道行营大总管……以击之……弄赞大惧，引兵而退，遣使谢罪，因复请婚，太宗许之。……贞观十五年（641 年）太宗以文成公主妻之。"

④ 同上书云："（高宗）咸亨元年（670 年）四月，诏以右威卫大将军薛仁贵……率众十余万以讨之……为吐蕃……所败，……自是吐蕃连岁寇边，当、悉等州诸羌尽降之。……吐蕃尽收羊同、党项及诸羌之地，东与凉（今甘肃武威）松（今四川松潘）茂（今四川茂汶）篱（今四川西昌）等州相接，南至婆罗门（印度），西又攻陷龟兹、疏勒（于阗、碎叶）等四镇，北抵突厥，地方万余里，自汉、魏以来，西戎之盛，未之有也。"

⑤ "长寿元年（692 年）武威军总管王孝杰大破吐蕃之众，克复龟兹、于阗、疏勒、碎叶等四镇。"（《旧唐书·吐蕃传》）

道。所以到中宗时，又不得不把金城公主送到这个神秘的国土。[①]

玄宗时（8世纪中叶），阿拉伯人已经征服了妫水盆地，大唐帝国的西方，又感到一种新的危险。[②]为了抵抗大唐帝国在中亚的优势，吐蕃人与阿拉伯人携手，突入印度河流域，横越吉尔吉特（唐代称为娑夷水）和雅西尔的兴都库什地方，进到妫水流域的最上游处，向新疆的塔里木盆地进展。吐蕃与阿拉伯人的联合攻势，严重的威胁着唐代在西域的地位。为挽救这种危险，于是乃有玄宗天宝六年（747年）大唐将军高仙芝横越世界屋脊的帕米尔和冰雪皑皑的兴都库什山达科特（即唐代所谓坦驹岭）之远征。但是高仙芝的远征，终于在塔什干城附近一战，由于同盟军中的突厥人之背叛而归于惨败。不久安史之乱爆发，于是吐蕃遂乘间由青海方面大举北犯，进入陕西。[③]到代宗时，并攻陷大唐帝国的首都。[④]以后又再犯首都，唐朝借回纥之力才把吐蕃从近

① 《旧唐书·吐蕃传》云："神龙元年（705年）……中宗以所养雍王守礼女为金城公主许嫁之（吐蕃）。"

② 《惠超往五天竺国传》（见《敦煌石室遗书》）中谓：当时西天竺、波斯均属大实（即大食）所管。吐火罗都城有大实兵在彼镇压。吐火罗国王被迫，向东走一月程，在普特山居，属大食所管。胡蜜（即护蜜）兵马少弱，现属大食所管，每年输税捐三千匹。安国、曹国、史国、石骡（即石国）、米国、康国，虽各有王，并臣属于大实。拔汗邮（即拔汗那）河南一王属大食，河北一王属于西突厥。由此可知当时阿拉伯人在中亚一带之势力。按惠超之往印度，不知在何年，但其归国，则在开元十五年（727年），是在玄宗时，正阿拉伯人势力在中亚扩展之时。当时，适值吐蕃势力西展，故此两大势力得以相遇于中亚。证之《唐书》所纪，当时拔汗那、安国、康国、俱密国、吐火罗国均有因大食之侵略而请援于大唐之事，就可证明。

③ 《旧唐书·吐蕃传》云："吐蕃乘我间隙（安史之乱）日蹙边域。……数年之后，凤翔之西，邠州之北，尽蕃戎之境，湮没者数十州。"

④ 《新唐书·吐蕃传》："肃宗宝应元年（762年）（吐蕃）陷临洮，取秦、成、渭等州……明年，入大震关，取兰、河、鄯、洮等州，于是陇右地尽亡。进围泾州，人之，……又破邠州，入奉天……代宗幸陕……高晖导虏入长安，……吐蕃留京师十五日乃走，天子还京。"

畿驱逐出去。① 德宗时，唐朝有朱泚之乱，吐蕃又在"请助讨贼"
的名义之下，一度进入陕甘。② 自是以后，吐蕃内乱，逐渐衰弱。

吐蕃在8世纪中叶，勃然兴起于从无历史纪录的西藏高原，
南略印度，东入川滇，北犯甘肃，西侵中亚，并且与阿剌伯人的
势力结合，与大唐帝国展开争夺帕米尔高原内外一带世界的斗
争。这一个新兴的势力之兴起于西藏高原，决不是偶然的，而是
很早以前居住于这个高原的诸种族，在其长期的历史发展中孳殖
与融混的结果。可惜吐蕃以前之西藏诸种族的历史，已消失于没
有文字记载的历史时代之中。到现在，只剩下一些模糊影响，似
是而非的传说而已。虽然，假如我们根据这些传说的暗示，则对
于吐蕃的人种之来源，仍可以找到一些线索。假若我们对于吐蕃
种族的渊源，找到了一些线索，则同时对于西藏高原诸种族的来
源也就可以解决了。

## 二　吐蕃的原始人种是羌族的苗裔

关于吐蕃种族的来源，《旧唐书·吐蕃传》云：

> 吐蕃，在长安之西八千里，本汉西羌之地也。其种落莫
> 知所出也，或云南凉秃发利鹿孤之后也。利鹿孤有子曰樊

---

① 《旧唐书·吐蕃传》云："（代宗）永泰元年（765年）……仆固怀恩诱吐蕃回纥之众，
南犯王畿。……至奉天界……京城戒严，……郭子仪于河中府领众赴援，……交战
二百余阵……诣泾阳降款，请击吐蕃为效，子仪许之。于是……合……攻破吐蕃……
京师解严。"

② 《新唐书·吐蕃传》云："（德宗时）朱泚之乱，吐蕃请助讨贼……及泚平，责
先约求地，天子薄其劳……于是虏以为怨。……泾、陇、邠之民荡然尽矣。诸将曾
不能得一俘，但贺贼出塞而已，"

尼，及利鹿孤卒，樊尼尚幼，弟傉檀嗣位，以樊尼为安西将军。后魏神瑞元年，傉檀为西秦乞佛炽盘所灭。樊尼召集余众，以投沮渠蒙逊，蒙逊以为临松太守。及蒙逊灭，樊尼乃率众西奔，济黄河，逾积石，于羌中建国，开地千里。樊尼威惠夙著，为群羌所怀，皆抚以恩信，归之如市。遂改姓为窣勃野，以秃发为国号，语讹谓之吐蕃。其后子孙繁昌，又侵伐不息，土宇渐广，历周（北周）及隋，犹隔诸羌，未通于中国。

《新唐书·吐蕃传》云：

> 吐蕃本西羌属，盖百有五十种，散处河、湟、江、岷间，有发羌、唐旄等，然未始与中国通。居析支水西，祖曰鹘提勃悉野，健武多智，稍并诸羌，据其地。"蕃""发"声近，故其子孙曰"吐蕃"，而姓"勃窣野"。或曰，南凉秃发利鹿孤之后，二子，曰樊尼，曰傉檀。傉檀嗣，为乞佛炽盘所灭。樊尼挈残部臣沮渠蒙逊，以为临松太守。蒙逊灭，樊尼率兵西济河，逾积石，遂抚有群羌云。

按新旧《唐书》皆载吐蕃为南凉秃发利鹿孤之后的传说，此外此说亦见《通典·西戎吐蕃》条、《通考·四夷吐蕃》条、《唐会要·吐蕃》条、《太平寰宇记·四夷》《宋史·外国·吐蕃传》。而《新唐书》吐蕃出于西羌之说，则不见于以上各书，不知其说何所本。

按以上二说，一谓吐蕃之族为南凉秃发利鹿孤之子樊尼之后，"吐蕃"之得名，乃"秃发"之音转；一谓吐蕃之族为发羌之苗裔，"吐蕃"之得名，乃"蕃""发"二字一音之转。

考秃发利鹿孤者，秃发乌孤之弟。秃发乌孤曾于东晋末年据甘肃凉州一带，建立一个短期王朝，是为南凉。《十六国春秋·南凉录》云：

> 秃发乌孤者，河西鲜卑人也。世祖疋孤，率其部自塞北迁于河西。孤子寿阗立，寿阗卒，孙机树能立……尽有凉州之地，武帝为之盱食。能死，从弟务丸立……丸死，孙椎斤立；斤死，子思复鞬立：部众渐盛，遂据凉土。鞬死，子乌孤袭位，……徙于乐都。

据此，则秃发利鹿孤者，鲜卑人也。《后汉书·鲜卑传》云：“鲜卑者，亦东胡之支也。别依鲜卑山，故因号焉。”鲜卑之族，在西汉时，尚远在辽东塞外，西阻匈奴，南隔乌桓，未尝通于中国。直至东汉末叶，桓、灵之际，匈奴西徙，中原大乱，鲜卑之族始乘间西徙，占领匈奴故地。以后，其族类渐次分徙于陕甘北部塞外，及塔里木盆地之东北一带。由此而知所谓秃发族者，乃自东汉末以迄西晋，在鲜卑西徙的猛潮中，徙入凉州之一支。在秃发族以前，中国西部甘肃一带，乃匈奴与西羌交错之地，并无鲜卑之族类也。

秃发族确为鲜卑族中向中国西南突入之一支。据《十六国春秋辑补》云：“（当秃发族全盛之时，）其地东至麦田、牟屯，西至湿罗，南至浇河，北接大漠。”按浇河，在今青海东北，或即湟河。是秃发盛时，其族类已进入青海。

惟秃发族种落甚小，不久即为其他鲜卑种之乞伏族所驱散。当其散亡时，确有一支，在樊尼领导之下，由乐都再向西徙。《十六国春秋·傉檀利传》云：

乞伏炽盘乘虚来袭，旦而城溃。安西樊尼自西平奔告傉檀，谓众曰"今乐都为炽盘所陷，卿等能为吾籍乙弗之资，（著者按：乙弗乃乞伏之讹，此族当时在秃发之西，因傉檀于乐都陷落之时正西征乙弗，大破之，获牛马羊四十万，故炽盘得以乘虚而入，此所谓乙弗之资者，即指傉檀之虏获物）取契汗以赎妻子者，是所望也。"遂引师而西，众多逃返。遣征段苟追之，苟亦不还。于是将士皆散。

但《十六国春秋》仅谓樊尼引师而西，不及其所至何地，且谓"众多逃返"。是则秃发之族，即使有西济黄河逾积石建国于羌中者，其种落亦必甚小。过去的历史家，因不明吐蕃种族的渊源，见秃发族有自青海西徙之事，而"秃发"与"吐蕃"之声又极相似，故谓吐蕃为秃发之音讹，于是推而论之，谓吐蕃即秃发。果如此说，则直至东晋末年，西藏高原一带，始初有人类。而此种人类，在短短二百年左右，即发展为一强盛的吐蕃，岂非历史的奇迹？实际上，据传说所云：秃发者，乃鲜卑语"被"之称谓[1]；而吐蕃则为西藏语之释音（详后节），两者之音虽偶同，而实则毫不相干。

再考吐蕃出于发羌之说。

考发羌之名，首见于《后汉书·西羌传·滇良》条。其中有云：

迷唐（烧当羌滇良之后裔）遂弱，其种众不满千人，远逾赐支河首，依发羌居。

如上所记，则所谓发羌者，乃烧当羌南徙以前赐支河首以外

---

[1] 《十六国春秋辑补》云："寿阗之在孕，母胡掖氏（此句亦见《广韵》）因寝而产于被中，鲜卑谓'被'为'秃发'，因而氏焉。"

的先住种族。据《后汉书》所载，烧当羌的南徙，在和帝十三年（公元101年），是发羌之族，至迟在东汉以前，已定住在赐支河首一带。惟唐代吐蕃所居之地在今日西藏，赐支河首以外是否系今日之西藏，其说不一。但据《通典边防·西戎·党项羌》条云"党项羌在古析支之地……大唐贞观三年……后诸部相次内附，列其地为盼、奉、岩、远四州。"又《州郡·雪山郡·奉州》条云："奉州蛮夷之地，南接吐蕃。"则赐支以南，实即吐蕃之地，亦即今日西藏高原，殆无可疑。据此，我们又知在东汉以前已有发羌之族，分布西藏高原。

惟发羌之族是否为后来吐蕃之原始的渊源，则尚待考证。近人郑天挺氏曾著《发羌之地望与对音》一文，引申《新唐书》之说从音韵学上论证发羌即吐蕃。其中有云：

> 窃疑中国史传中之所谓发羌，实即西藏土名 Bod（西藏自称其种族曰 Bod，自称其人曰 Bod-Pa）之对音。《广韵》月韵发，方代切，为合口三等非母字，Kar Cren 氏拟读为 piwdt。案《说文》"发，从弓发声"；"发，从癶，从殳"。段玉裁注："癶：亦声，普活切，滂母"；"癶，读若拨，北末切，帮母"；均属重唇。而从发得普之字拨，北末切，帮母；铍，普活切，滂母；亦属重唇音。钱大昕云："古读发如拨。《诗》鳣鲔发发。《释文》补末切，此古音也，"一之日觱发，《说文》作泭波，此双声，亦当为补末切。《释文》云"如字误矣，说文，波，分勿切。"此古音上发可读拨之证。

郑氏即据此而作出发羌即吐蕃之音转的结论。余以为发之古音读拨为一事，而发羌之是否为吐蕃又为一事。盖藏语 pod 之音为"拨"，决不能于"拨"之前加上一个"吐"字之音。若谓系

pod-pa 之译音，则应译"拨巴"，而"拨"音总应在前。诚如郑氏所云，中国古代翻译名词，亦有省略者，如"帆衍那"之译"帆延"或"帆引"，"阿刺伯"之或译"修罗"，"迦毗罗婆"之或译"迦毗"，但只有略音，决无凭空添注原文无有之音节如pod 之前而加一吐字音者，故吐蕃为发羌之对音，实不能通。

余近考藏语中有 To-po 一语，其音读如"吐拨"，其意义则为"上西藏"（uper Tibet）。此语阿刺伯人译为土伯特（Tobet），嗣后英人转译为底伯特（Tibet）。中国后来亦称西藏为土伯特，或图伯特，皆系出于 To-Po 之译音。中国古音拨与番通，故译为吐蕃。因此，余以为吐蕃者，乃藏语 To-po 之直译，而非发羌之对音也。

吐蕃种族，既不始于东汉之发羌，亦不始于东晋末之秃发。其最古的远祖，可能是史前时代的羌族。盖羌族在史前时代，即有一分支由甘肃西南缓缓南徙。

关于史前羌族的南徙，吾人至今于甘肃与西藏之间，尚未发现史前人类之遗迹。惟步达生氏曾于其所著《甘肃河南晚石器时代及甘肃史前后期人类头骨与现代华北及其他人种之比较》一书中云："甘肃晚期旧石器时代的人类头骨，与西藏 B 种及'甘姆斯人种'（Khams Tibetitns）有许多形状相同。"按甘肃史前人种，即系后来所谓羌族。此种史前人种的肉体型，与西藏 B 种及甘姆斯人种的肉体型，有相同之处，则后者必然出于前者，因而吾人以为吐蕃最古的祖先，可能就是史前南徙的羌族之支裔。

其次，《铁云藏龟》一〇五页有一条云："贞。吴弗其哉，羌蜀"。"蜀"字之上冠以"羌"字，其意当然是指蜀中之羌。又《卜辞》中有"湔方"后上九页云："□乎湔光。"前七，四二页云："湔方"。按《许书》谓："湔水出蜀绵芊玉垒山，东南入江。"此湔方，余疑即《华阳国志》所谓"鱼凫王田于湔山"之"湔"，其地在四川西北松潘境内。《卜辞》为殷人之记载，《卜辞》中而谓蜀中有羌，是则当殷人进入四川以前，四川西北已有羌族之分布，其南徙之时，正值传说中之夏代也。

又据《后汉书·西羌传》云："羌无弋爰剑者，秦厉公时为秦所拘执，以为奴隶，不知爰剑何戎之别也。后得亡归，……诸羌……推以为豪，……至爰剑曾孙忍时，秦献公初立，欲复穆公之迹，兵临渭首，灭狄表戎。忍季父卬畏秦之威，将其种人附落而南，出赐支河曲西数千里，与众羌绝远，不复交通。其后子孙分别，各自为种，任随所之。或为牦牛种，越巂羌是也；或为白马种，广汉羌是也；或为参狼种，武都羌是也。"

按广汉、武都，在今松潘，越巂在今西昌，这一带到西汉初，皆诸羌分布之地。《史记·西南夷列传》云："自巂以东北，君长以什数，徙、筰都最大。自筰以东北，君长以什数，冄駹最大。……自冄駹以东北，君长以什数，白马最大，皆氐类也。"余以为此等诸羌之南徙，必在秦献公时代以前。否则，不能在西汉初有如此广大之分布与繁盛之发展。而且据《史记》所载，在汉初西南诸羌已贩卖枸酱于南越，贩卖邛竹杖于身毒，则当时已与广东、印度发生关系。其入印度，可能是道出缅甸，也可能是道出西藏。余因疑西汉时代之羌族的一支，或者已于秦汉时代以前徙入西藏，特未被汉人所发见而已。而其南徙，则在史前时代也。故《水经注·河水注》引司马彪语曰："西羌者，自析支以西，滨于河首左右居也。"而这一带，正是今日之西藏。

至于诸羌之徙入西藏的路线，吾人于烧当羌之南徙，可以窥见一般。《后汉书·西羌传》云：

自烧当至滇良，世居河北大允谷，种小人贫。而先零、卑湳，并皆强富，数侵犯之。滇良父子……于是集会附落，及诸杂种，乃从大榆入，掩击先零卑湿，大破之。……夺居其地，大榆中由是始强。滇良子滇吾立，……滇吾子东吾立，以父降汉，乃入居塞内，谨愿自守，而诸弟迷吾等数为寇盗。……迷吾子迷唐，……去大、小榆谷。徙居颇岩谷。和帝永元四年（公元92年）……蜀郡太守聂尚代为校尉……乃遣译使招呼迷唐，使还居大、小榆谷。（和帝）十二年（公元100年）遂复背版。……明年，……迷唐复将兵向塞，周鲔与金城守侯霸及诸郡兵、属湟中月氏诸胡、陇西牢姐羌，合三万人，出塞，至允川，与迷唐战。周鲔还营自守，唯侯霸兵陷陈，斩首四百余级，羌众折伤，种人瓦解，降者六千余口，分徙汉阳、安定、陇西，迷唐遂弱，其种众不满千人，远逾赐支河首。

按大允谷及大、小榆谷，皆在今日甘肃西南，赐支则在今日西藏。烧当羌自大、小榆谷徙于赐支河首以外，是自甘肃西南徙入西藏，其间有广漠的青海草原。古人要从甘肃西北徙入西藏，必须穿过青海草原。据史乘所载，秦汉时代的诸羌之南徙西藏，以及东晋时代的秃发族，皆系采取这条道路。是知自甘肃西南通过青海草原以达于西藏，自古以来即有一条通道。所以自秦汉以至隋唐，这一通路几乎成为羌族通达西藏的大道，尤其是他们在紧急环境中的一条逃亡路线。因而西藏高原不啻为羌族的避乱所，积而久之，他们便聚成了许多种落，在一个新的世界中，展开了他们新的发展。因此吾人推想史前的羌族之南徙川、藏一带，亦或是采取这条道路。

总上所述，吾人因知羌族之南徙西藏，盖早在史前时代。发羌者，不过南徙的羌族之一支，所以吐蕃的人种之主要的成份是南徙之诸羌，并非发羌一族，更非后来之秃发族。

## 三　评吐蕃人种来自印度或缅甸诸说

学者亦有疑吐蕃人种来自印度者。盖吐蕃建国在西藏与印度接境，其间仅隔一喜马拉雅山。印度人种逾过喜马拉雅山徙入西藏，实至为可能。而且至今西藏人的典籍中尚有西藏人种起源印度的传说。惟此类传说之反面，皆谓吐蕃族形成之前，西藏尚无印度人种。近人冷亮氏节译《西藏纪年史》中有云：

> 吾人导师释迦牟尼涅槃后，圣人观世音菩萨化身为猿猴，降临西藏，修道于某黑山中。黑山中有一魔女，一日来至菩萨处，告以相爱之忱，菩萨无所动也。魔女白菩萨曰："余以夙孽，转生为魔，已大不幸，今复为情欲所驱，眷念于汝，愿与汝缔为因缘。汝或不许，余则与其他男魔为婚姻，诞育魔类，以荼毒于藏土。汝若有不忍人之心，则从余之所请。"菩萨聆言，发慈悲心，遂与魔女为夫妇。生六男六女，菩萨饲以神谷，于是其子女身上之毛渐脱落，尾亦缩短，终至消灭。……菩萨携此六子六女，至于马亚磋森林中自相配偶，由是族类繁衍，以后孳裂为十二国。

按此神话首云："吾人导师释迦牟尼涅槃后"，则神话之构成时代必在佛教进入西藏以后。次云"圣人观世音菩萨化身为猿猴，降临西藏。"考观世音菩萨之出现于佛教诸神中，在亚历山大远征印度之后。当时希腊艺术家麕集犍陀罗，把许多希腊诸神改装为佛教的诸神。观世音菩萨者，即希腊诸神中之埃西，印度称之曰阿利帝母，到中国则称之曰观世音，或简称观音。亚历山大之远征印度在公元前330年，而观世音之出现则又当在此时之后。其辗转以传播于西藏，而成为西藏土人之信仰，恐在隋、唐之际。因其中所谓魔女、魔男，乃指异教徒而言。据《西藏纪年史》所载，在佛教未传入西藏之前，西藏地方，流行一种黑教，藏文称之曰"班"，此种宗教系由阿拉伯输入，乃系一种崇拜自然的宗教。即《新唐书》所云："事羱羝为大神"者是也。当佛教进入西藏时，此种黑教曾与佛教作激烈之斗争。西藏之通于阿拉伯，正在唐代，亦即吐蕃全盛的时代。故黑教之传入西藏，亦当在唐代。此时即有印度人种之加入，亦与吐蕃之种族来源无关。所以传说中虽欲制造西藏人种来自印度之假说；然而在这个神话的反面，却露出了当观世音菩萨未化身入西藏以前，西藏高原早已布满魔男、魔女。而此魔男、魔女，正是信奉阿拉伯黑教的吐蕃种族。是印度人在西藏所遇到的，不是一块无人的世界，而是强大的吐蕃族。

同书中又载一类似之神话云：

昔印度释迦族中阿育王之后，有玛加达与结巴者，孪生兄弟也。以政见不睦，玛加达太子，被窜于藏土。或曰太子生而状不类人，手指足趾间，皆缀有薄膜若鹅鸭之蹼然。其眼皮复自下而上覆，有如鸟雀。其父以为不祥，故放逐之。太子至于藏边，登拉纳子（按即喜马拉雅山），乃纵望藏土。于是逾雪山，良地阿隆，至于真塘之贡比纳山。由此降于山麓，遂为郊原牧人所见。牧人询之曰："君从何来？"太子以手指天，意谓来自高山之上。牧人误其意，以为自天而降，神也。乃负之归其部落，戴以为王，是为仰赐赞普。仰赐赞普者，西藏首出之人王也。

按玛加达，在公元前5世纪即出现于印度。而阿育王之时代则在公元前264年至227年。故神话中谓玛加达为阿育王之后，时代颠倒。玛加达与释迦族同系雅里安人种，但是否属于释迦族，则不得而知。佛典中谓净饭、白饭、斛饭、甘露，皆为释迦族，但未见玛加达。从世界史的文献考察，当公元前5世纪时，正是佛教兴起的时代。当时雅里安种族已进到恒河流域，建设了强大的国家。他们的势力，几乎扩大到全印度。从犍陀罗到亚梵提之间，散在有十六个国家，而玛加达与哥萨拉最为强大。据《摩拿法典》所载，当时印度已有六十种职业，想见当时手工业分工之发达。佛典中亦常有关于商人之记载，或者在当时已有少数玛加达的商人逾过喜马拉雅山而至于西藏，亦未可知。但是诚如传说所云：当玛加达的太子到达西藏之时，西藏高原已经有了"郊原牧人"之部落。此"郊原牧人"之部落，即吐蕃之原始种属也。

由此看来，吐蕃族中即使有印度人种之血液，也是非常稀薄的。

学者又或疑吐蕃之族来自缅甸。因今日西藏的语言系统属于缅甸语系。英人查理贝尔氏（Charles Pell）于其所著《西藏之今昔》（Tibet Past and Present）一书中即谓西藏人中一部分来自东北（甘肃一带），一部分来自南方阿萨密（Assam）与缅甸。

按缅甸人种属于南太平洋系统。此种人种之一分支在史前时代，即与南徙于西昌一带的诸羌发生接触。在当时，南北两系人种之间当然有血统与文化的交流。但当时彼此皆处于无文字的历史阶段。甚至到唐代，吐蕃种族还是没有文字。故西藏的语言即使受南太平洋系人种之影响，亦为吐蕃占领西藏以后之事。考西藏人种与南太平洋人种之繁密接触，当在唐代中叶。吐蕃族与南诏角逐于西南山岳地带之时，当时吐蕃与南诏在联盟[①]与战争[②]中，确实有着血统与文化的交流。但其时在吐蕃种族形成之后，与吐蕃人种之渊源无关也。

由此，吾人又知吐蕃之人种与印度、缅甸人种无关。因而余以为其种族之来源乃自史前以迄秦、汉时代南徙诸羌之汇合也。

（重庆《中山文化季刊》第一卷第四期，1944 年 5 月出版）

---

① 《旧唐书·南诏蛮传》云："明年，（剑南节度使鲜于）仲通……进兵逼大和城，为南诏所败。自是阁罗凤北臣吐蕃，吐蕃令阁罗凤为赞普钟，号曰东帝，给以金印。蛮谓弟为钟，时天宝十一年也。"同上书又云："大历十四年……吐蕃役赋南蛮重数，又夺诸蛮险地立城堡，岁征兵以助镇防，牟寻厌苦之……乃去吐蕃所立帝号。"

② 同上书云："初（贞元十年），吐蕃因争北庭，与回鹘大战，死伤颇众，乃征兵于牟寻，须万人。牟寻既定计归我，欲因征兵以袭之，乃示寡弱……遣兵五千人戍吐蕃，乃自将数万蹑其后，昼夜兼行，乘其无备，大破吐蕃于神川。"

# 杜甫研究

## 一　前　言

　　杜甫，字子美，是唐代的一个大诗人。他在中国文艺史上有诗圣之尊称。诗如何而后始为圣，没有标准。不论杜甫的诗，是否至于圣，但自唐以来，迄于近世，言诗者无不推尊他，确是事实。

　　唐代有名的诗人元稹曾为杜甫作墓铭，他在墓铭序言上说：

> 至于子美，盖所谓上薄《风骚》，下该沈、宋，言夺苏、李，气吞曹、刘，掩颜、谢之孤高，杂徐、庾之流丽，尽得古人之体势，而兼今人之所独专矣。使仲尼考锻其旨要，尚不知贵，其多乎哉？苟以为能所不能，无可无不可，则诗人以来，未有如子美者。

宋王安石为一目无古人之作家，但对于杜甫之诗，则曰：

> 至于子美，则悲欢穷泰，发敛抑扬，疾徐纵横，无施不可。故其诗有平淡简易者，有绮丽精确者，有严重威武若三军之帅者，有奋迅驰骤若泛驾之马者，有淡泊幽静若山谷隐士者，有风流蕴藉若贵介公子者……此子美所以光掩前人，而后来无续也。

清毕沅序《杜诗镜铨》，其言有曰：

> （杜）诗发源于三百篇及楚《骚》汉魏《乐府》，吸群书之芳润，撷百代之精英，抒写胸臆，熔铸伟词，以鸿博绝丽之学，自成一家言。

梁任公曾为《情圣杜甫》一文，其结语有曰：

> 像情感热烈的杜工部，他的作品自然是刺激性很强，近于哭叫人生目的那一路，主张人生艺术观的人，固然要读他。但还要知道：他的哭声，是三板一眼的哭出来，节节含着真美；主张唯美艺术观的人，也非读他不可。

以上诸人对杜甫作品的评价，虽各有其自己之观点，但推崇备至，则异代同声。其推崇的出发点，除梁任公着重于他的作品中所含的情感，其余皆系赞扬他的文学素养之深厚与文字技术之熟练、严谨、细致与醇朴。

我在二十岁以前，曾一度对中国文学发生热烈的兴趣。当时，我最喜欢读杜诗。现在回想起来，已经有 30 年左右了。我在当时虽喜欢杜诗，但并没有发现他真实的价值；只是为了模仿他用字造句的方法。因为在唐代诗人作品中，杜诗最为丰富，他有各种不同的格调，足以为学诗的范本。后来，我研究中国史。在新、旧《唐书》中，读到了杜甫的列传，才知道他所处的时代和他个人的身世。我再读杜诗，才知道他并不是为作诗而作诗，而是为了不得不作诗而作诗。这次我读的本子，是清人杨西甦所辑的《杜诗镜铨》。《杜诗镜铨》的编辑方法，不是依诗的体例分类，而是依其写作的前后，依次编排。这种编排方法，使我对杜诗发生了一种时间性上的概念。因而杜诗中的任何一首诗歌，到我眼中，都是最珍贵的历史材料了。

从这里，我发见了杜诗的真正价值，固然在于他具有灵活、熟练、细致、谨严的文学手腕，固然在于他具有深厚、渊博、温柔、敦厚的文学素养，足以纪事、抒情，铺陈终始；属对切律，排比声韵，令人读之，余味悠然；但最主要的，还是由于杜甫的作品具有丰富的内容、深刻的含义和真实的情感。易言之，杜甫作品的价值，不仅在于他的美辞，而是在于他的现实主义。诚如梁任公所云：杜甫的诗，是"三板一眼"地在"哭叫人生"。他不仅为自己的穷愁抑郁而哭叫，也为贫苦大众、为变动的时代而哭叫。他控诉社会的罪恶，代言人民的痛苦。所以杜甫的诗可以说是唐代天宝前后的时代呼声。即因如此，所以他的诗歌便具有一种不冷的热力。一直到现在，尚能鞭辟读者的情绪，震荡读者的心弦，所谓千古之后，有余响也。

杜甫为什么要为自己、为大众而哭叫？这就与他所处的时代、他个人在他所处的时代中的遭遇乃至他的性格都有很大的关系。因为一个文学家，不论怎样冷静、超然，总不能对自己的时代和个人的遭遇丝毫没有感觉，而飘然高举于时代之外。此中国诗人所以常有伤时感世以及感怀身世之作也。

# 二　杜甫的时代

杜甫生于何年，新、旧《唐书》本传皆不记。二书虽皆记其死年，但其说不一。《旧唐书》谓其卒于代宗永泰二年，《新唐书》谓其卒于大历中，不详大历何年。但均谓其享年五十九岁。

杜甫究竟死于何年，我们可以从他自己的作品中考察出来。

杜甫到了湖南以后，曾有《追酬故高蜀州（适）人日见寄》一诗，其序言中有云："大历5年正月21日，却追酬高公此作，因寄王及敬弟。"他就在是年秋死在湖南，所以我们知道他是死在大历5年。由大历5年上推59年，便是他的生年，则其生年当为睿宗先天元年（公元712年，即开元元年之先一年）。由此，因知杜甫所处的时代是从睿宗先天元年到代宗大历5年间（公元712年至770年）之59年。

在杜甫生存之59年间，唐朝的政权，有着很大的变化。这个变化是以天宝之乱为转捩点。在天宝之乱以前，特别是开元年间，可以说是大唐帝国全盛时代的顶点。当此之时，帝国的声威远播异域，正如杜甫《赠哥舒翰》诗所云："先锋百胜在，略地两隅空，青海无传箭，天山早挂弓。"又如他赠《田九判官梁邱诗》所云："崆峒使节上青霄，河、陇降王款圣朝。"同时，国内人民虽在大远征中遭受了灾难，但封建秩序还是井然。像这样的景象，在中国史上，总算是头等的太平盛世。即因如此，所以当时诗人辈出，歌颂升平，文彩风流，英华竞吐，形成了中国文学史上的一个黄金时代。据杜甫《饮中八仙歌》所述，当时的诗人，真是自由而又快乐，他们或"脱帽露顶王公前，挥毫落纸如云烟。"或"长安市上酒家眠，天子呼来不上船。"或"道逢曲车口流涎，恨不移封向酒泉。"或"举觞白眼望青天，皎如玉树临风前。"像这样"痛饮狂歌空度日"的诗酒之会，杜甫也曾参加过。

全盛的时代，并不长久。不久，唐朝的统治者就在丰富的赋税和贡纳中腐化了。玄宗晚年，以为天下无复可忧，遂深居禁中，昏倒在杨贵妃的怀抱之中，吃广东进贡的荔枝，一切政事，都委之于李林甫。李林甫是一个大大的奸臣，他勾结皇帝的左右，专门逢迎皇帝，蒙蔽皇帝，排除异己，树党营私，妄兴冤狱，诛逐大臣，并且私通胡人，以张其声势，而这就埋下了后来安史之乱的祸根。

李林甫在相位十九年，天下侧目，而玄宗假装不知道。当李林甫为相时，把持朝政的都是一群毫无知识的混蛋；那些天真烂漫的诗人们，当然不能进身。杜甫《赠鲜于仲通诗》中有云："王国称多士，贤良复几人。"又《天育骠骑歌》云："呜呼！健步无由骋，如今岂无騕褭与骅骝，时至无王良，伯乐死即休。"像这样的感慨，不只是杜甫一人的感慨，而是当时一般才智之士共同的感慨。

李林甫死，继任首相的是杨贵妃之兄杨国忠。他恃有椒房贴肉之亲，专断独行，颐指气使，公卿以下，莫不震惕。他之所以敢于横行，就因为他除杨贵妃以外尚有妹三人，皆封国夫人，并承恩泽，出入宫廷，四条裙带，当然不会同时断绝。据《杨贵妃传》云："（杨氏）姊妹昆仲五家，甲第洞开，僭拟宫掖；车马仆御，照耀京华，递相奢尚，每构一堂，费逾千万计……土木之工，不舍昼夜。玄宗颁赐及四方献遗，五家如一，中使不绝。开元以来，豪贵雄盛，无如杨氏之比也。"这诚如当时诗人白居易所云："姊妹兄弟皆列土，可怜光彩生门户。致令天下父母心，不重生男重生女。"

当这些外戚和贵妇们穷奢极欲的时候，而杜甫却发出了"有儒愁饿死，早晚报平津"的呼号。（按汉武帝丞相公孙弘曾封平津侯，此指杨国忠也。）"愁饿死"的，当然也不只杜甫一人，而是当时一般智识分子的境遇。所以杜甫又说："纨袴不饿死，儒冠总误身。"

腐化的局面，也不允许长久的，在天宝十四年，冬，召来了安禄山之乱。大河南北，顿时成为蛮骑驰逐之场，洛阳、长安，先后沦陷。当此之时，玄宗皇帝不得不从芙蓉帐里翻身起来，带着他宠爱的妃子和信任的国舅，仓惶逃遁。不幸逃到马嵬，御林军叛变了，他们杀了杨国忠和韩国、虢国二夫人，并且逼着杨贵妃也自杀了。这真如当代诗人白居易所云："六军不发无奈何，宛转娥眉马前死。""君王掩面救不得，回看血泪相和流。"

皇帝和许多达官贵人都望风而逃，到了成都，长安变成了蛮族的兵营，文化之宫倒塌了，黄金时代变成了黑灰。当此之时，那些穷困旅邸的诗人当然也东逃西散，杜甫就是其中的一个，他并且曾经被蛮族所俘虏。

不久，肃宗即位于灵武，新的抗战政府在西北出现，这才收回首都，扭转危局。但天宝之乱，自安禄山、安庆绪以至史思明、史朝义继起为祸，其间经过 7 年之久。在这 7 年中，河、朔、关、陕化为丘墟，世变之剧实无其比。如果不是回纥帮忙，也许大唐的天下就此断送了。

接着安史之乱以后，又有仆固怀恩之叛和回纥、吐蕃的屡次入寇。同时，自关以东，藩镇割据，朝廷的命令已不能出国门一步。这一幕一幕的悲剧，杜甫都亲自经历过，亲眼看见过。他怎能望着千军万马在他面前咆哮而过而自己却高卧在象牙之塔？

政治的变局必然要影响到文学的作风。天宝之乱以前太平盛世之静止的文学，到天宝之乱以后，自然而然就会一变而为波澜壮阔之动的文学了。杜甫正是这个变局时代的诗人。

# 三　杜甫的身世

杜甫，河南巩县人。他出生于一个小官吏的家庭①，在洛阳附近的土娄庄有他祖遗的小小的田园②。他是一个天才的诗人，他在《壮游》诗中自述曰："七龄思即壮，开口咏凤凰。九龄书大字，有作成一囊。"又曰："往昔十四五，出游翰墨场。斯文崔（尚）魏（启心）徒，以我似班（固）扬（雄）。"这样看来，他七岁即能作诗，在十四五岁时，已在当时的文坛卓然露头角了。

杜甫在二十岁时，就开始了他的流浪生活。他最初流浪于山西③，以后又流浪于吴、越之间④。二十四岁时，曾由地方官贡举，政府不用，于是他又浪迹于齐、赵之间。他在《壮游》诗中有云："忤下考功第，独辞京兆堂。放荡齐、赵间，裘马颇清狂。"由此看来，他在少年时代的生活，虽在流浪之中，还是很快乐的。

杜甫在齐、赵流浪了好几年，到三十岁时，（开元29年）又回到洛阳。他在洛阳一连住了三年。这几年他家庭多故，他的姑母和祖母相继逝世。在这一时期杜甫的生涯大半消磨于料理丧葬和写作墓志。这时他的生活境况似乎更坏，他在《赠韦济》诗中自述云："骑驴三十载，旅食京华春（洛阳在唐时称东京）。

---

①　《旧唐书》本传云：甫"曾祖依艺，位终巩令；祖审言，终膳部员外郎，自有传。父闲，终奉天令。"

②　见《凭孟仓曹将书觅土娄庄》诗。

③　《哭韦之晋》诗云："凄怆郇瑕邑，差池弱冠年。"又《酬寇侍御》诗云："往别郇瑕地，于今40年。"案郇瑕，晋地也。

④　《壮游》诗中关于游吴、越之事有云："东下姑苏台"，"渡浙想秦皇"，"剡溪蕴秀异"。又在《进大礼赋表》中亦云："浪迹于陛下丰草长林，实自弱冠之年。"此所谓："陛下丰草长林"，当即指吴、越而言。

朝扣富儿门，暮随肥马尘。残杯与冷炙，到处潜悲辛。"

家里实在住不下去，杜甫在三十四岁时（天宝四年），又再游齐、鲁，过着流浪的日子。恰好当时李白也自翰林放归，客游梁、宋、齐、鲁之间，他们就在一起，痛饮狂歌起来。他们"醉眠秋共被，携手日同行。"相怜如兄弟，大有"不愿论簪笏，悠悠沧海情"的遐想。

生活问题压迫这个中年诗人不能不寻找职业，天宝五年，杜甫（三十五岁）便走进繁华的长安。天宝六年，他应诏赴尚书省试；但李林甫要向皇帝证明"野无遗贤"，所有应试的人都一律落第了[①]，杜甫也在其内。这一落第，就有四五年不曾翻身，生活的困苦，不堪设想。

天宝十年，玄宗举行郊祀大典，杜甫因进呈《三大礼赋》（按《三大礼赋》载《滏阳张溍读书堂杜工部文集注解》卷之一。此书共二卷，即附在《杜诗镜铨》之后）。这一次，算是碰着了皇帝的高兴，派他待制集贤院，这算是杜甫第一次做了官，他的年纪已经是四十岁了。

从此以后，一直到天宝之乱以前，杜甫都在长安。长安城里的生活很贵，居大不易。而况集贤院又是一个冷衙门，俸禄很薄。为了要守住这个穷官，杜甫在郊外杜曲的地方买了一座小小的园宅。他在《曲江》诗中有云："自断此身休问天，杜曲幸有桑麻田，"正是指明此事。

杜甫虽然住在乡下，还是不能解决生活。他在《醉时歌》中有云："诸公衮衮登台省，广文先生[②]官独冷；甲第纷纷厌粱

---

① 元结谕友文云："天宝六年，诏天下有一艺诣毂下，李林甫命尚书省皆下之，遂贺野无遗贤。"

② 天宝九年，国子监设广文馆。

肉，广文先生饭不足。（原稿删去"杜陵野客人更嗤，被褐短窄鬓如丝。……但觉高歌有鬼神，焉知饿死填沟壑。"这里简直可以听到杜甫在饥饿中向他朋友哭叫的声音。）又《投简咸华两县诸子》有云："赤省官曹拥才杰，软裘快马当冰雪。长安苦寒谁独悲，杜陵野老骨欲折。"这样看来，杜甫在长安的生活还是在饥寒交迫之中。

即因不能生活，所以杜甫的家眷当时寄住鄜州（以后曾移居奉先，本文原附年谱云：十一月往奉先），不能接到长安。到天宝十五年，他自己也不能不前往白水，就食于其舅父崔少府，以后又从白水到奉先去探望他陷于饥饿中的家眷（原稿删去下面一段："他在《自京赴奉先县咏怀五百字》诗中有云：'老妻寄异县，十口隔风雪。谁能久不顾，庶往共饥渴。入门闻号咷，幼子饿已卒。吾宁舍一哀，里巷亦呜咽。所愧为人父，无食致夭折。'而这就是当时小公务员的生活"）。

当时安禄山之乱，已经爆发。（十一月，安禄山反见原附年谱）洛阳、长安先后沦陷，他既不能回长安，又不能回家乡。后来他听说肃宗已即位于甘肃的灵武，就抛弃了妻子，奔赴行在。中间经过沦陷区，为贼军所俘，不久脱身贼中，终于到达了行在，见了肃宗，肃宗委他一个"拾遗"的官。关于此事，他在《述怀》诗中说："去年潼关破，妻子隔绝久。今夏草木长，脱身得西走。麻鞋见天子，衣袖露两肘。朝廷愍生还，亲故伤老丑。涕泪授拾遗，流离主恩厚。"

这位老诗人抛妻弃子，历尽艰险，来赴国难。本想能对国家有所匡救，但是当时的流亡政府并不把智识分子当人。他在《徒步归行》中说："凤翔千官且饱饭，衣马不复能轻肥。青袍朝士最困者，白头拾遗徒步归。"

不久，杜甫为了疏救房琯，几乎下狱①，幸有张镐救他，才改为贬放华州司功的处分。这时杜甫又不得不离开凤翔前往华州。在到华州之前，他顺道回到鄜州去探视妻子。乾元元年（四十七岁），杜甫到了华州，是年曾间至洛阳，探视他的兄弟。

经过这一次打击，杜甫遂决心从此放弃政治生活，准备到四川去投依他的友人西川节度使严武。乾元二年辞官不做，带着他的夫人和几个儿女，开始入蜀的行程。由鄜州、秦州，辗转到同谷。当时陕西大饥，他的幼子早已活活地饿死。而他自己也弄得"白头乱发垂过耳"，"手脚冻皴皮肉死"，简直不像样子了。在同谷没有住一月，又由剑阁南行，上元元年定居成都，（杜甫于乾元二年十二月至成都，见原附年谱）这时杜甫已经四十九岁了。

因为王司马的资助，在成都郊外"浣花溪水水西头"盖了几间茅屋，这就是他诗中所谓"浣花溪草堂"。他有《王十五司马弟出郭相访兼遗营草堂资》一诗云："客里何迁次，江边正寂寥。肯来寻一老，愁破是今朝。忧我营茅栋，携钱过野桥。他乡惟表弟，还往莫辞遥。"他在草堂的周围栽种了许多花木、果树，特别是松竹，又养了一群鸡鸭，就在这里住下来了。可怜"三年饿走荒山道"的白头诗人，好容易得到这样一个栖息之所。

代宗宝应元年严武入朝。西川兵马使徐知道发动了叛乱；同时吐蕃入寇今日之松潘，成都危急。这时，杜甫再逃乱到梓州。第二年（广德元年），又流浪于汉州、阆州。第三年（广德二年），严武再镇蜀，他才回到成都草堂。就在这年，严武保举

---

① 《旧唐书》本传云："房琯布衣时与甫善。时琯为宰相，请自帅师讨贼，帝许之。是年（至德元年）十月，琯兵败于陈涛斜。明年春，琯罢相。甫上书言琯有才，不宜罢免。肃宗怒，贬琯为刺史，出甫为华州司功参军。"《新唐书》本传谓："帝怒，诏三司推问。宰相张镐曰：'甫若抵罪，则绝言者路。'帝乃解。"

他为节度参谋、检校工部员外郎，遂入严武的幕府。杜甫的脾气很大，他虽依靠严武，却不善恭维。在幕府时几乎和严武闹翻了。所以不到半年（永泰元年正月），他便辞了幕府。辞幕府后之四月，严武也死了。

这时，这位老诗人，不能不离开他浣花溪的草堂，再走上流浪的旅程。永泰元年五月，杜甫离别了成都，扁舟东下，经今日之泸州、重庆，东向夔州。大历元年春，到了夔州。他在夔州住了两年，大概是等候故乡的消息。

从杜甫的诗中，我们知道他在夔州的郊外瀼西有四十亩果园，又在东屯有一百亩稻田，两处相距不远，都有茅屋数间。他曾请了几个工人，经营果园和稻田。他在《课伐木》诗中有云："课隶人伯夷、辛秀、信行等，入谷斩阴木，人日四根止。"又有《示獠奴阿段》诗，及《清晨遣女奴阿稽》诗。这里所谓隶人、獠奴、女奴，大概就是他雇的男女工人。此外又有《修理水筒》《建造鸡栅》及《筑禾场》等诗，足见他在夔州已经是过的耕田而食的生活。这里的果园和稻田，大概也是朋友送他的。

大历三年正月，杜甫离夔，东出巫峡。三月，至于江陵。不久又离江陵。当他离江陵时，他自己都不知飘流到那里去？他在《暮归》诗中说："南渡桂水阙舟楫，北归秦川多鼓鼙。"又在《出江陵南浦寄郑少尹》诗中说："更欲投何处？飘然去此都。"但是船还是顺流而下。秋，至公安。冬，至岳州。从此以后，他的生活完全在船上。当时他曾写了一首极沉痛的诗，其中有云："亲朋无一字，老病有孤舟。"

大历四年，夔府孤城落日中的老诗人，又出现在洞庭舟中。诗人的孤舟不久便渡过洞庭，溯湘江而上，到了长沙。真是奇怪，杜甫走到那里，灾难就追踪到那里。当他到长沙时，长沙又发生了臧玠之乱，这诚如他自己所云："社稷缠妖气，干戈送老儒。"（原稿删去：实则不是灾难追逐杜甫，而是当时唐代的天下，已经开始溃烂，干戈满地，到处都是内战。正如他在《蚕谷行》中所云："天下郡国向万城，无有一城无甲兵。"）为了避臧玠之乱，他不得不把船开到衡州。

大历五年，他想到郴州去投依他的舅父崔伟，走到耒阳就病了，因转帆北上，想回洛阳故乡，不幸舟下荆楚，就死在船上。这就是杜甫的一生。

杜甫一生，真是阅尽治乱盛衰之迹，历尽刀兵山川之险，尝尽饥寒流离之苦。自中年以后，一官废黜，万里饥驱，饿走荒山，老病孤舟，其生世之惨淡，实已极人生之酸辛。虽然，在天宝乱中，智识分子之遭遇如杜甫者岂少也哉？杜甫《寄柏学士林居》诗云："自胡之反持干戈，天下学士亦奔波。叹彼幽栖载典籍，萧然暴露依山阿。"呜呼，智识分子之"萧然暴露依山阿"者，又岂仅在天宝之乱为然哉？诚如杜甫《西阁曝日》诗所云：

> 古来遭丧乱，贤圣尽萧索。

又如杜甫《锦树行》所云：

> 自古圣贤多薄命，奸雄恶少皆封侯。


# 四　杜甫的性格

杜甫晚年的性格，看起来很沉郁；但他的沉郁并不是天生的，而是残酷的现实把他压迫到展不开眉头。实在他也曾经是一个活泼而天真的孩子，曾经是一个浪漫、清狂、豪放的青年。

他在《百忧集行》中自述曰："忆年十五心尚孩，健如黄犊走复来。庭前八月梨枣熟，一日上树能千回。"这不是活现了一个顽皮的孩子吗？

他在《壮游》诗中自述青年时在齐、赵的生活曰："春歌丛台上，冬猎青丘旁。呼鹰皂枥林，逐兽云雪冈。射飞曾纵鞚，引臂落鹙鸧。"又在《今夕行》中自述青年时在长安度除夕，"相与博塞为欢娱"的情景曰："冯陵大叫呼五白，袒跣不肯成枭卢。"又在《赠李白》诗中自叙曰："痛饮狂歌空度日，飞扬跋扈为谁雄。"这不是活现了一个飞鹰走兔、纵鞚据马、呼卢喝雉、醉酒狂歌的青年吗？

中年以后，这位生气勃勃的青年诗人的确是沉郁了。他在《杜位宅守岁》诗云："四十明朝过，飞腾暮景斜。谁能更拘束，烂醉是生涯。"又《病后遇王倚赠歌》中自述云："但使残年饱吃饭，只愿无事常相见。"又在《重游何氏园》诗中云："何日沾微禄，归山买薄田。"在饥寒交迫的环境中，他怎能笑得出来？

到晚年他更是伤感了。他在《哭台州郑司户》诗中自哭云："疟病餐巴水，疮痍老蜀都。飘零迷哭处，天地日榛芜。"这简直是一副老泪纵横的面孔了。在饥饿走荒山，白头趋幕府的生活中，他怎能不哭？

杜甫是一个极有骨气的人；他虽然穷困，但毫不将就。他在《自京赴奉先县咏怀五百字》诗中说："以兹悟生理，独耻事干谒。"也许就因为他不愿趋炎附势，所以"潦倒终生"。

他常以清白自赏，不肯同流合污。他在《赠韦左丞》诗中有云："白鸥没浩荡，万里谁能驯。"又在《白丝行》中云："已悲素质随时染，裂下鸣机色相射。"又在《佳人》诗中云："绝代有佳人，幽居在空谷。自云良家子，零落依草木。……在山泉水清，出山泉水浊。侍婢卖珠回，牵萝补茅屋。摘花不插鬓，采柏动盈掬。天寒翠袖薄，日暮倚修竹。"这里所谓"白鸥""白丝""佳人"，都是他自己的写照。

杜甫的脾气虽然很大，但情感却非常热烈。实际上，也只有这样清高的人，才有真正的情感。他对于他的夫人、儿女、兄弟、姊妹、朋友，都有一种真挚的情感。他有一首思家的诗，题曰《月夜》，诗云：

> 今夜鄜州月，闺中只独看。遥怜小儿女，未解忆长安。香雾云鬟湿，清辉玉臂寒。何时倚虚幌，双照泪痕干。

分明是他望着长安的月亮想念他的夫人和儿女；但他却进一步想到他的夫人也在望着鄜州的月亮在想念他。这种思维过程的描写，是何等的细腻。

又在《同谷七歌》中，有《忆弟》《忆妹》两诗。其诗曰：

> 有弟有弟在远方，三人各瘦何人强。生别辗转不相见，胡尘暗天道路长。前飞鴐鹅后鹙鸧，安得送我置汝旁。呜呼！三歌兮歌三发，汝归何处收兄骨。

> 有妹有妹在钟离，良人早没诸孤痴。长淮浪高蛟龙怒，十年不见来何时。扁舟欲往箭满眼，杳杳南国多旌旗。呜呼！四歌兮歌四奏，林猿为我啼清昼。

他忆弟妹诗前后二十余首，无不至性流露。至于怀友的诗，那就更多了。例如：

> 死别已吞声，生别常恻恻。江南瘴疠地，逐客无消息。（时李白因附永王璘造反事，流放夜郎，故曰逐客。）故人

入我梦，明我常相忆。恐非平生魂，路远不可测。魂来枫林青，魂返关塞黑。君今在罗网，何以有羽翼。落月满屋梁，犹疑照颜色。水深波浪阔，毋使蛟龙得。

像这样的诗句，真是字字出于心坎。

杜甫的情感，不仅表现在家人骨肉和朋友之间，也表现于对当时贫苦人民的关怀。例如在《自京赴奉先县咏怀五百字》诗中有云："穷年忧黎元，叹息肠内热。"《三川观水涨》诗中有云："应沉数州没，如听万室哭。"《自京赴奉先县咏怀五百字》诗中有云："默思失业徒，因念远戍卒。"《喜雨》诗中有云："巴人困军需，恸哭厚土热。"像这一类的诗句，在杜甫的诗中举不胜举。这并不是他随便说漂亮话，杜甫的目光的确常常注视到社会最下层的人民。因为他自己有贫困的经验，他最了解这些可怜的穷人的痛苦。举例来说，他有一次在石龛，看见一个农民伐竹，他就想起他们的徭役。《石龛》诗曰："伐竹者谁子，悲歌上云梯，为官采美箭，五岁供梁齐。"他看见了阔人所穿的布帛，就想起了贫穷的妇女。《自京赴奉先县咏怀五百字》诗中有云："彤庭所分帛，本自寒女出。鞭挞其夫家，聚敛贡城阙。"他看见了四川的橘子，就想起了农民的贡纳。《柑林》诗中有云："子实不得吃，货市送王畿。尽添军旅用，迫此公家威。主人长跪问，戎马何时稀？"

他最能了解穷人的心理，有一次他住在成都。（原稿删去："有一个农民在社日请他吃春酒，这个农民向他陈诉征兵征粮的痛苦。虽然他觉得这个农民的言语太琐碎，举止近粗野，但他总觉得这个农民请客不容易，也只好听着。他在《遭田父泥饮美严中丞》诗中述此事云：'步履随春风，村村自花柳。田父逼社日，邀我尝春酒。酒酣夸新尹，畜眼未见有。回头指大男，渠是弓弩手。名在飞骑籍，长番岁时久。前日放营农，辛苦救衰朽。差科死则已，誓不举家走。今年大作社，拾遗能住否？叫妇开大瓶，盆中为吾取。感此气扬扬，须知风化首。语多虽杂乱，说尹终在口。朝来偶然出，自卯将及酉。久客惜人情，如何拒邻叟。高声索果栗，欲起时被肘。指挥过无礼，未觉村野丑。月出遮我留，仍嗔问升斗。'"）又有一次他在夔州，他西邻的一个穷妇人，偷他的枣子吃。他发觉了，那穷妇人很恐惧；但他却因此而更同情那穷妇人。他在《戏呈吴郎》诗中记其事云："堂前扑枣任西邻，无食无儿一妇人。不为家贫宁有此，只缘恐惧更相亲。"即因他了解穷人的痛苦，同情穷人的痛苦，所以他痛恨当时的剥削人民的贪官污吏。他在《送韦讽上阆州录事参军》诗中有云：

> 国步犹艰难，兵革未衰息。万方哀嗷嗷，十载供军食。庶官务割剥，不暇忧反侧。诛求何多门，贤者贵为德。……当令豪夺吏，自此无颜色。必若救疮痍，先应去蟊贼。

《园官送菜》诗云：

> 呜呼战伐久，荆棘暗长原。乃知苦苣辈，倾夺蕙草根。小人塞道路，为态何喧喧！

《昼梦》诗云：

> 故乡门巷荆棘底，中原君臣豺虎边。安得务农息战斗，普天无吏横索钱。

他把好人比作新松，恶人比作苦竹，于是作诗曰："新松恨不高千尺，恶竹应须斩万竿。"他又把恶人比作草莱，作诗曰：

"芟荑不可阙，疾恶信如仇。"他在《述怀》诗中说："无贵贱不悲，无富贫亦足。"这简直有些社会主义者的嫌疑了。

富有不屈的气节，最真挚的情感，同情贫穷人民，痛恨贪官污吏，这就是杜甫的性格。

# 五　杜甫的作品

杜甫处在这样一个变局的时代，他个人的身世，又如此惨淡，同时，他又是一个孤芳自赏，情感热烈的人，所以他的作品必然要走上现实主义的道路，用梁任公的话说，他必然要"哭叫人生"。

在杜甫的作品中，很少有那种吟风弄月，留连光景之作，也很少有那种歌颂功圣，赞美权要之辞；他的诗完全是纪录他的时代，纪录他的身世，而且丝毫不走样地纪录出来。他有时直书，有时暗示，有时讽刺，有时谴责，极尽"哭叫"之能事。从他的作品中，我们可以看出他的时代，他的身世。换言之，杜甫的诗歌，简直就是天宝前后的一部历史。

从杜甫的作品中，我们可以看到天宝以前的唐代社会是何等的安定，繁荣，太平。他在《忆昔》诗中说：

> 忆昔开元全盛日，小邑犹藏万家室。稻米流脂粟米白，公私仓廪俱丰实。九州道路无豺虎，远行不劳吉日出。齐纨鲁缟车班班，男耕女桑不相失。宫中圣人奏云门，天下朋友皆胶漆。百余年间未灾变，叔孙礼乐萧何律。

在这样的太平盛世，租税集中之地的长安自然变成了纸醉金迷的城市。每当春秋佳日，在长安城外的风景之区，如乐游古园的森林中，渼陂的荷塘中，曲江的两岸，都挤满了游人。在这些游人中，有风流的皇帝，显赫的贵族，凯旋的将军，得意的官僚，腐朽的地主，发财的商人，猎艳的公子哥儿。这些人都带着漂亮的妃子、姬妾、情人，在郊外展开歌舞盛宴。只有那些落魄的诗人，他们既没有爱人，也没有酒宴，只有徘徊于山水人物之中，搜集一些作诗的材料而已。

在游人中最惹人注目的，是唐玄宗和他的几位妃子。杜甫的《丽人行》，就是描写他们。诗曰："三月三日天气新，长安水边多丽人。态浓意远淑且真，肌理细腻骨肉匀。绣罗衣裳照暮春，蹙金孔雀银麒麟。头上何所有？翠微匐叶垂鬓唇。背后何所见，珠压腰衱稳称身。就中云幕椒房亲，赐名大国虢与秦。紫驼之峰出翠釜，水精之盘行素鳞。犀箸厌饫久未下，鸾刀缕切空纷纶。黄门飞鞚不动尘，御厨络绎送八珍。箫鼓哀吟感鬼神，宾从杂沓实要津。后来鞍马何逡巡，当轩下马入锦茵。杨花雪落覆白苹，青鸟飞去衔红巾。炙手可热势绝伦，慎莫近前丞相嗔。"这首诗简直把杨家姊妹游春的情景活现出来了。他们穿的甚么，吃的甚么，连箫鼓的声音和卫队的呼喝，都隐隐可闻。全诗写实，不加批评，到最后两句，才来了一个哭笑不得的讽刺。堂堂的丞相，现出了椒房亲贵的色相了。

唐玄宗和杨家姊妹，有时也到芙蓉园。杜甫在《乐游园歌》中说："青春波浪芙蓉园，白日雷霆夹城仗。阊阖晴开诀荡荡，曲江翠幕排银榜。拂水低徊舞袖翻，缘云清切歌声上。"

再听杜甫报告当时显贵子弟的游宴。《乐游园歌》中云："乐游古园崪森爽，烟绵碧草萋萋长。公子华筵势最高，秦川对酒平如掌。"《西陂泛舟》诗云："青娥皓齿在楼船，横笛短箫悲远天。春风自信牙樯动，迟日徐看锦缆牵。鱼吹细浪摇歌扇，燕蹴飞花落舞筵。不有小船能荡桨，百壶那送酒如泉。"当此之时，青娥皓齿在歌舞，横笛短箫在吹奏，锦缆牙樯在徐牵，公子歌扇在摇动，百壶美酒在飞送，这是何等的快乐呵！

杜甫又有一诗，报告他有一次参加了诸贵公子丈八沟携妓纳凉，晚际遇雨的情景。他说：正当"落日放船好，轻风生浪迟，""么子调冰水，佳人雪藕丝"的时候，忽然"雨来沾席上，风急打船头。"于是"越女红妆湿，燕姬翠黛愁。"又有一次，陪一位官僚游宴渼陂，他吃了很多好东西。他说："饭炒之子白，瓜嚼水精寒。"又有一次他亲眼看见一个贵族公子在郊外某酒店胡闹。他曾为《少年行》以纪其事曰："马上谁家白面郎，临轩下马坐人床。不通姓氏粗豪甚，指点银瓶索酒尝。"从这些记事诗，我们可以想象，天宝之乱以前的长安城郊是一种怎样的景象。

当时的贵族，以外戚最为阔绰。（原稿删去以下一段：《旧唐书·杨国忠传》云："国忠于宣义里构连里第，土木被绨绣，栋宇之盛，两都莫比，昼会夜集，无复礼度。有时与虢国并辔入朝，挥鞭走马，以为谐谑。衢路观之，无不骇叹。"他们骇叹这位依靠姊妹的媚态而致身于宰相的杨国忠之荒淫无耻，至于如此。至若当时的智识分子，即使"读书破万卷，下笔如有神。"（《赠韦左丞》）也只好和原宪一样，守着贫困。所以杜甫把这种贫富悬殊的情形，来了一个对比的描写。）他在《自京赴奉先县咏怀五百字》诗中云："况闻内金盘，尽在卫霍室。中堂舞神仙，烟雾散玉质。暖客貂鼠裘，悲管逐清瑟。劝客驼蹄羹，霜橙压香橘。朱门酒肉臭，路有冻死骨。"

其他豪贵的奢侈亦复大有可观。《李监宅》诗云："尚觉王孙贵，豪家意颇浓。屏开金孔雀，褥隐绣芙蓉。且食双鱼美，谁看异味重。门阑多喜色，女婿近乘龙。"又《郑驸马宅宴洞中》

诗云："主家阴洞细烟雾，留客夏簟青琅玕。春酒杯浓琥珀薄，冰浆碗碧玛瑙寒。误疑茅堂过江麓，已入风磴霾云端。自是秦楼压郑谷，时闻杂佩声珊珊。"从这些诗句中，可以看出当这位穷诗人走进那些豪贵邸宅中时，大有刘姥姥进大观园的感觉。

原稿删去以下一大段：

> 至于当时的农民，他们的生活就和当时的达官贵族大不相同，他们在租、庸、调的压榨之下，要缴出谷物，缴出布帛，还要缴出生命。关于唐朝政府怎样剥削农民，详见"作品"节中，这里我只略述当时农民怎样为统治阶级的利益而粉身碎骨于万里之外的黩武战争。

我们从史籍上知道在玄宗天宝六年（公元747年），中国曾经发动一次空前的大远征，这就是高仙芝横越世界屋脊的帕米尔高原及冰雪皑皑的兴都库什山，远征小勃律之战。唐代的这一次远征，是想从中亚驱逐大食的势力。但是在怛逻斯城一战，却因为他的同盟军葛逻禄部的倒戈，为大食所大败。虽然虏回了小勃律王，但从此以后，大唐的势力遂退出中亚。杜甫《高都护骢马行》一诗正是借高都护的青骢马，以纪述这一次大远征。

以后，吐蕃北侵，变成唐朝西疆之威胁，因而玄宗季年，穷兵陇右，征戍绎骚，内郡几遍。杜甫曾有《兵车行》一篇，前一段描写远征军出发的情形，其诗曰：

> 车辚辚，马萧萧，行人弓箭各在腰。耶娘妻子走相送，尘埃不见咸阳桥。牵衣顿足拦道哭，哭声直上干云霄。道旁过者问行人，行人但云点行频。或从十五北防河，便至四十西营田。去时里正与裹头，归来头白还戍边。

后一段描写当时租税繁重，农村破产，出征军人的家属之痛苦。其诗曰：

> 君不闻汉家山东二百州，千村万落生荆杞。纵有健妇把锄犁，禾生陇亩无东西。况复秦兵耐苦战，被驱不异犬与鸡。长者虽有问，役夫敢伸恨。且如今年冬，未休关西卒，县官急索租，租税从何出。信知生男恶，反是生女好，生女犹得嫁比邻，生男埋没随百草。君不见青海头，古来白骨无人收。新鬼烦冤旧鬼哭，天阴雨湿声啾啾。

此外又在《前出塞》诗中，描写远征军人的痛苦。诗中云："戚戚去故里，悠悠赴交河。公家有程期，亡命婴祸罗。"这是说，逃避兵役者有罪。又云："送徒既有长，远戍亦有身。生死向前去，不劳吏怒嗔。"这是说，出征军人遭受吏人的压迫。又云："迢迢万里余，领我赴三军。军中异苦乐，主将宁尽闻。……我始为奴仆，几时树功勋。"这是说军中苦乐不均。又云："从军十年余，能无分寸功，众人贵苟得，欲语羞雷同。"这是说，有功者不赏，无功者谎报胜利。从这些诗歌中，我们就可以看到大唐帝国全盛时代的社会之反面。一方面歌舞天堂，一方面转死地狱，这样的局面当然不能久长。

暴风雨来了，安禄山的兵马打进了繁华的长安。（原稿删去：安禄山之乱，实际上就是隐蔽在外族叛变的旗帜之下的农民暴动。否则，若无农民自愿地参加，安禄山的叛变，是发动不起来的。）现在我们看杜甫怎样纪录长安沦陷时的情景。他在《往在》诗中说："往在西京日，胡来满彤宫。中宵焚九庙，云汉为之红。解瓦飞十里，穗帷纷曾空。疚心惜木主，一一灰悲风。合昏排铁骑，清旭散锦马蒙。贼臣表逆节，相贺以成功。是时妃嫔戮，连为粪土丛。当宁陷玉座，白间剥画虫。不知二圣处，私泣百岁翁。"从这首诗里，我们如见长安大火，胡骑咆哮，陈希烈辈投降蛮族，妃嫔被杀，皇帝失踪。

当此之时，"箭入昭阳殿，筋吟细柳营，内人红袖泣，王子白衣行。"《送郭中丞诗》）当此之时，"蛮兵汹汹入大屋，屋底达官走避胡。金鞭折断九马死，骨肉不得同驰驱。"（《哀王孙》）当此之时，大唐的天兵惨败了，"血作陈陶泽中水，""四万义军同日死。"（《悲陈陶》）"山雪河冰野萧瑟，青是烽烟白人骨。"（《悲青坂》）

长安已经不是当时的景象了。杜甫在《哀江头》中有曰："少陵野老吞声哭，春日潜行曲江曲。江头宫殿锁千门，细柳新蒲为谁绿？"又说："明眸皓齿今何在？血污游魂归不得。"在长安，他看到"群胡归来血洗箭，仍唱胡歌饮都市。都人回面向北号，日夜更望官军至。"在长安，他看到"腰下宝玦青珊瑚，可怜王孙泣路隅。问之不肯道姓名，但道困苦乞为奴。已经百日窜荆棘，身上无有完肌肤。"在长安，他看到"黄头奚儿日向西"，"东来橐驼满旧都"。

原稿删去以下一大段：

> 为了讨伐安史，唐朝政府曾经发动了大规模的战争。在战争的进行中，征兵，征粮，民不聊生。杜甫描写当时征兵的情形，最为生动逼真。

《石壕吏》诗云："暮投石壕村，有吏夜捉人。老翁逾墙走，老妇出门看。吏呼一何怒，妇啼一何苦。听妇前致词：三男邺城戍，一男附书至，二男新战死。存者且偷生，死者长已矣。室中更无人，唯有乳下孙。有孙母未去，出入无完裙。老妪力虽衰，请从吏夜归。急应河阳役，犹得备晨炊。夜久语声绝，如闻泣幽咽。天明登前途，独与老翁别。"

《新安吏》诗有云："客行新安道，喧呼闻点兵。借问新安吏，县小更无丁。府帖昨夜下，次选中男行。中男绝短小，何以守王城。肥男有母送，瘦男独伶俜。白水暮东流，青山犹哭声。莫自使眼枯，收汝泪纵横。眼枯即见骨，天地终无情。"

《垂老别》诗有云："四郊未宁静，垂老不得安。子孙阵亡尽，焉用身独完。投杖出门去，同行为辛酸。幸有牙齿存，所悲骨髓干。男儿既介胄，长揖别上官。老妻卧路啼，岁暮衣裳单。孰知是死别，且复伤其寒。此去必不归，还闻劝加餐。"

《无家别》诗有云："寂寞天宝后，园庐但蒿藜。我里百余家，世乱各东西。存者无消息，死者为尘泥。贱子因阵败，归来寻旧蹊。久行见空巷，日瘦气惨凄。但对狐与狸，竖毛怒我啼。四邻何所有，一二老寡妻。……县吏知我至，召令习鼓鞞。虽从本州役，内顾无所携。……家乡既荡尽，远近理亦齐。永痛长病母，五年委沟溪。生我不得力，终身两酸嘶。人生无家别，何以为蒸黎。"

《新婚别》诗云："……结发为君妻，席不暖君床。暮婚晨告别，无乃太匆忙。君行虽不远，守边赴河阳。妾身未分明，何以拜姑嫜。……君今往死地，沉痛迫中肠。誓欲随君去，形势反苍黄。勿为新婚念，努力事戎行。妇人在军中，兵气恐不扬。自嗟贫家女，久致罗襦裳。罗襦不复施，对君洗红妆。……人事多错迕，与君永相望。"

这些诗篇简直把唐朝政府抓壮丁的情形活现出来。从这些诗篇里，我们可以看见当时的人民，被抓得鸡飞狗上屋。年青的抓完了，又抓年老的；男人抓完了，竟抓女人；抓了一次的壮丁，又抓第二次。在这些诗篇里，我们也可以看到新妇送新郎从军，母亲送儿子从军，老太婆送老头子从军，媳妇送婆婆从军。并且还可以听到这些可怜的男女牵衣顿足拦道哭的声音。

再听杜甫报告当时贪官污吏，假借战争，搜刮人民。

《遭遇》诗云："石间采蕨女，鬻市输官曹。丈夫死百役，暮返空村号。闻见事略同，刻剥及锥刀。贵人岂不仁，视汝如莠蒿。索钱多门户，丧乱纷嗷嗷。奈何黠吏徒，渔夺成逋逃。"

《岁晏行》云："去年米贵阙军食，今年米贱大伤农。高马达官厌酒肉，此辈杼柚茅茨空……况闻处处鬻男女，割慈忍爱还租庸。……"

《客从》诗云："客从南溟来，遗我泉客珠。珠中有隐字，欲辨不成书。缄之箧笥久，以俟公家须。开视化为血，哀今征敛无。"

《夜》诗云："城郭悲笳暮，村墟过翼稀。甲兵年数久，赋敛夜深归。"

《夔府书怀》诗云："使者分王命，群公各典司。恐乖均赋税，不似问疮痍。万里烦供给，孤城最怨思。"

《驱竖子摘苍耳》诗云："乱世诛求急，黎民糠粃窄。饱食复何心，荒哉膏粱客。富家厨肉臭，战地骸骨白。寄语恶少年，黄金且休掷。"

《枯棕》诗云："蜀门多棕榈，高者十八九。其皮割剥甚，虽众亦易朽。徒布如云叶，青青岁寒后。交横集斧斤，凋丧先蒲柳。伤时苦军乏，一物官尽取。嗟尔江汉人，生成复何有。有同枯棕木，使我沉叹久。"

杜甫诗中，关于贪污剥削的记录甚多，不胜枚举。总之，当时的剥削，正如他在《虎牙行》中所云："八荒十年防盗贼，征戍诛求寡妇哭。"而那些防盗贼的官兵又比盗贼更坏。他有三绝句诗，其一云："殿前兵马虽骁雄，纵暴略与羌浑同。闻道杀人汉水上，妇女多在官军中。"

安史之乱，总算借着回纥的兵马把他打平了，但是回纥的骄横又还了得。杜甫《洗兵马》诗中有曰："京师皆骑汗血马，回纥喂肉蒲萄宫。"好容易把回纥送走，吐蕃又攻陷长安。《忆昔》诗曰："犬戎直来坐御床，百官跣足随天王。"吐蕃打退了，而"幽蓟余蛇豕，乾坤尚虎狼。诸侯春不贡，使者日相望。"又变成了藩镇割据的世界了。打来打去，结果，会账的还是老百姓。杜甫《白帝》诗曰，"戎马不如归马逸，千家今有百家存。哀哀寡妇诛求尽，恸哭秋原何处村。"

以上都是杜甫诗歌中所含的史料，而且这还不过是举例而已。假使能全部纂辑，杜诗中所含的史料，一定可以给与天宝前后的历史以新的内容。像这样的诗歌，我称之曰"写实主义"大概没有什么不妥当吧？

# 六　余论

杜甫的诗最大的特点，就是不以美辞而害意，因而字字真切，毫无浮辞浪语。而且描写细腻，真实入微。例如《北征》诗中有一段云：

> 况我堕胡尘，及归尽华发。经年至茅屋，妻子衣百结。恸哭松声回，悲泉共呜咽。平生所娇儿，颜色白胜雪；见耶背面啼，垢腻脚不袜。床前两小女，补绽才过膝；海图拆波涛，旧绣移曲折；天吴及紫凤，颠倒在短褐。老夫情怀恶，数日卧呕泄，那无囊中帛，救汝寒凛栗！纷黛亦解苞，衾裯

稍罗列。瘦妻面复光，痴女头自栉，学母无不为，晓妆随手抹；移时施朱铅，狼藉画眉阔。生还对童稚，似欲忘饥渴。问事竞挽须，谁能即嗔喝。翻思在贼愁，甘受杂乱聒。新归且慰意，生理焉得说。

这一段诗，简直把他久客初归，见到他的妻子儿女，破破烂烂，面有菜色的情景，毫不隐瞒地写了出来。他的妻子、儿女、女儿的形象、表情，都活现在纸上。又在《彭衙行》上有一段云：

忆昔避贼初，北走经险艰。夜深彭衙道，月照白水山。尽室久徒步，逢人多厚颜。……痴女饥咬我，啼畏虎狼闻。怀中掩其口，反侧声愈嗔。小儿强解事，故索苦李餐。一旬半雷雨，泥泞相牵攀。既无御雨备，径滑衣又寒。有时经契阔，竟日数里间。野果充糇粮，卑枝成屋椽，早行石上水，暮宿天边烟。少留同家洼，欲出芦子关。……

任何人读了这段诗，都会觉得这位老诗人带着他的夫人儿女，在风雨泥泞之中，饿走荒山穷谷的情景，如在目前。

杜甫的诗，亦有完全描写情绪之作。如前所引"今夜鄜州月"一诗，就是最好的例子。此外，这一类的诗在他集子中还很多。例如他在夔州接到他兄弟的信，谓已由洛阳到了江陵，不久要来看他。他喜欢极了，作了一首诗。诗曰：

尔到江陵府，何时到峡州？乱离生有别，聚集病应瘳。飒飒开啼眼，朝朝上水楼。老身须付托，白骨更何忧。

这简直把他接到家书时内心的感动，完全记录出来。以后又接到他兄弟马上就要到的信，他又作诗曰：

> 巫峡千山暗，终南万里春。病中吾见弟，书到汝为人。意答儿童问，来经战伐新。泊船悲喜后，款款话归秦。

> 待尔嗔乌鹊，抛书示鹡鸰。枝间喜不去，原上急曾经。江阁嫌津柳，风帆数驿亭。应论十年事，捻绝始星星。

从这两首诗中，我们可以看到这位流落在四川山谷之间的老诗人，当接到他兄弟即到的信后，书也不看了，病也好了。他每天跑到江边的阁子上去望着那些由江陵来的上水船，恨不得即刻就看到他久别的兄弟从船上出现，相见拥抱，痛哭一场。然后向他打听故乡沦陷以后的情形，商量回家的办法。这样的诗，真可以说："情见乎词"。

关于这一类的诗，还有一首情文并茂的，这就是他听说官军收复了河南、河北以后所作的一首诗。其诗曰：

> 剑外忽传收蓟北，初闻涕泪满衣裳。却看妻子愁何在？漫卷诗书喜欲狂！白日放歌须纵酒，青春作伴好还乡。即从巴峡穿巫峡，便下襄阳向洛阳。

在这首诗中，我们可以看到这位老诗人忽而哭，忽而笑，忽而抛去诗卷高歌，一种手舞足蹈的情状，跃然纸上。他饥饿流离于四川，已经三四年了。一旦听说收复了中原，想到明年春天就可以回故乡，这种意外的消息，当然要使他的情感激越以至飞舞疯狂起来。

杜甫留连风景之作很少，偶尔有之，必精细入微，而且非常自然。例如《江畔独步》诗云："黄四娘家花满蹊，千朵万朵压枝低。留连戏蝶时时舞，自在娇莺恰恰啼。""黄师塔前江水东，春花懒困倚微风。桃花一簇开无主，可爱深红爱浅红。"《漫兴》诗云："手种桃李非无主，野老墙低还是家。恰似春风相欺得，夜来吹折数枝花。""熟知茅斋绝低小，江上燕子故来频。衔泥点污琴书内，更接飞虫打着人。""糁径杨花铺白毡，点溪荷叶叠青钱。笋根雉子无人见，沙上浮雏傍母眠。""隔户杨柳弱袅袅，恰似十五女儿腰。谁谓朝来不作意，狂风挽断最长条。"像以上诸诗，与今日的白话诗已经没有很大的分别；但由于作者的文学手腕，却使读者如历其境。

杜甫诗中有时毫不客气，直陈时弊。如在《忆昔》诗中云："忆昔先皇（肃宗）巡朔方，千乘万骑入咸阳。阴山骄子汗血马，长驱东胡胡走藏。邺城（史思明）反覆不足怪，关中小儿（李辅国）坏纪纲。"有时委婉曲折，暗示己意。如他在《前出塞》中有云："君已富土境，开边一何多。"又云"杀人亦有限，立国自有疆。"这就是反对侵略战争的暗示。有时讽刺。如《忆昔》诗中有云："张后不乐上为忙"，这就讽刺肃宗怕老婆。《丽人行》中有云："慎勿近前丞相嗔。"这就是讽刺一位系在裙带上的丞相。《遭田父泥饮》诗中云："差科死则已，誓不举家走。"这就是讽刺当时苛捐杂税之繁多。有时公然谴责。如《释闷》诗云："四海十年不解兵，犬戎也复临咸京。失道非关出襄野，扬鞭忽是过湖城。豺狼塞路人断绝，烽火照夜尸纵横。天子亦应厌奔走，群公固合思升平。但恐诛求不改辙，闻道嫛婗能全生。江边老翁错料事，眼暗不见风尘清。"又《有感》诗云："莫取金汤固，长令宇宙新。不过行俭德，盗贼本王臣。"这简直是大开其教训了。

（重庆《群众》第九卷第 21 期，1944 年 11 月 15 日出版）

# 杜甫的世系及其家属考

## 一

杜甫的世系，《新唐书》无所载。《旧唐书》及元稹《杜工部墓志铭》所载，亦甚简略。《旧唐书·杜甫传》云：

> 杜甫字子美，本襄阳人，后徙河南巩县。曾祖依艺，位终巩令。祖审言，位终膳部员外郎，自有传。父闲，终奉天令。（卷一百九十下）

元稹《杜工部墓志铭》云：

> 晋当阳成侯姓杜氏，下（十）世而生依艺，令于巩。依艺生审言，善诗，官至膳部员外郎。审言生闲，闲生甫。闲为奉天令。（《元氏长庆集》）

从以上两种记载，吾人对于杜甫的世系所能获得之知识，仅知其远祖为晋当阳侯，自当阳侯以下九世，传世不明。能确知者仅为杜甫之曾祖依艺、祖审言、父闲而已。

按当阳侯，为杜预之封号，《晋书·杜预传》云："孙皓既平，（预）振旅凯入，以功进爵当阳县侯。"墓志如此云云，系以杜甫有《祭远祖当阳君文》。文中自称"十三世孙甫"，故曰

326

"下十世而生依艺"。自依艺至甫又三世，恰为十三世也。

惟据《新唐书》"宰相世系表"：预有四子，曰锡、曰跻、曰耽、曰尹。杜甫究为谁后，索之史乘，不得而考。盖杜预四子，除锡子乂见于《晋书·杜预传》，其余皆不记其传世。

由杜预下推，实无从查考。惟一可能，只有由杜甫之祖审言上溯。审言，《新唐书》有传。传中有云："杜审言字必简，襄州襄阳人，晋征南将军预远裔。"（卷二〇一）同传又云："从祖兄易简。"易简，《旧唐书》有传，其中有云：

> 杜易简，襄州襄阳人，周硖州刺吏叔毗曾孙也。九岁能属文……易简从祖弟审言。……次子闲，闲子甫。（卷一九〇上）

据此，知审言与易简确为从祖兄弟。易简既为叔毗之曾孙，则审言当亦为叔毗之曾孙，而叔毗则为审言与易简之曾祖。

杜叔毗，《周书》有传。传中有云：

> 杜叔毗字子弼。其先，京兆杜陵人也，徙居襄阳。祖乾光，齐司徒右长史。父渐，梁边城太守……子廉卿。（卷四六）

据此，吾人又推知叔毗以前之二代。唯叔毗之子廉卿，不知是易简之祖抑审言之祖？

总上所述，杜甫之世系可得而知者如此，即远祖杜预，预生锡、跻、耽、尹（二世祖），锡生乂（三世祖），乂生某（四世祖），某生某（五世祖），某生乾光（六世祖），乾光生渐（七世祖），渐生叔毗（八世祖），叔毗生廉卿（九世祖），廉卿之次一代为依艺（十世祖），依艺生审言（十一世祖），审言与易简为行，审言生闲（十二世祖），闲生甫，至甫为十三世。

但颜鲁公撰《杜济神道碑》，谓甫为杜预十四世孙，盖以甫有《示从孙济》诗。按世系表，杜济与杜位同为杜预十六世孙。杜甫称杜济为从孙，与颜说合；但杜甫称杜位又曰"从弟位"，不知何故，想系世系表之误也。

## 二

关于杜甫的家属，新旧《唐书》皆不详。但杜甫在诗篇中自述，则其家属甚为庞大。例如他在《得弟消息》一诗中云："两京三十口，虽在命如丝"。又在《自京赴奉先县咏怀》诗中云："老妻寄异县，十口隔风雪。"据此，则其直系亲属有十人左右，合两京之旁系亲属计之，近三十人。

据杜甫《唐故范阳太君卢氏墓志》中所述，杜甫之诸姑诸叔甚多。按卢太君为杜甫祖父审言之继室；审言原配为薛氏，早卒。志中列举薛、卢二氏之子女，亦即杜甫之诸叔诸姑也。铭文云：

> 薛氏所生子，适曰某（闲），故朝议大夫兖州司马；次曰升，幼卒，报复父仇，国史有传；次曰专，历开封尉，先是不录。息女，长适钜鹿魏上瑜，蜀县承；次适河东裴荣期，济王府录事；次适范阳卢正均，平阳郡司仓参军。《唐故范阳太君卢氏墓志》见《四部备要》零六八册二四一页（下）《杜工部诗集》卷二十。下同）

铭文中又谓卢太君生一子二女，铭文云：

登即太君所生，前任武康尉。二女曰适京兆王佑，任硖石尉；曰适会稽贺执，卒常熟主簿。

据此，则杜甫之父闲，共有兄弟四人、而闲为长，次曰升，次曰专，又次曰登，其中除升早殁，专、登皆存。又甫父有妹五人，薛出者三，卢出者二。惟墓志谓薛出三女，皆于嫁后不久即逝世；存者仅卢出二女，卢出次女远适会稽。会稽滨海，故杜甫在《送舍弟颖赴齐州诗》中有云："诸姑今海畔"。

# 三

杜甫诗中，从未提及其母。盖以其母早逝，这从杜甫自幼即育于诸姑，可以证明。杜甫在《唐故万年县君京兆杜氏墓志》中有云："昔甫卧病于我诸姑。"

杜甫之母，姓崔氏，卢太君墓志谓冢妇卢氏，误也。因甫之诸舅皆姓崔氏。杜甫有《奉送二十三舅录事崔伟之摄郴州》等诗，可以证明。

杜甫诗篇中，述及弟妹者甚多。其弟名之见于诗篇者有四：曰颖、曰观、曰占、曰丰。例如杜诗中《送舍弟颖赴齐州》，《得舍弟观书》，《舍弟占归草堂》及《第五弟丰独在江左》等诗。由诗题皆称"舍弟"，知杜甫于兄弟中为长，颖、观、占、丰于杜甫皆为弟。又诗题称丰为第五弟，知丰于兄弟中为最小；此外，颖、观、占序次不明。

杜甫四弟，只有占随甫入蜀。甫有《舍弟占归草堂检校，聊示此诗》一诗，其中有云："久客应吾道，相随独尔来。"

其他三弟，皆散在各处。杜甫《月夜忆舍弟》诗有云："有弟皆分散，无家问死生。"《乾元中寓同谷县作歌》亦云："有弟有弟在远方，三人各瘦何人强。"

颖与观皆在山东，流浪平阴。杜甫《送舍弟颖赴齐州》诗有云："两弟亦山东"。又在《得弟消息二首》诗中有云："近有平阴信，遥怜舍弟存。侧身千里道，寄食一家村。"又《忆弟》诗中有云："丧乱闻吾弟，饥寒傍济州。"按平阴隋属济州，天宝十三年，州废，改隶郓州；故诗称济州，即平阴也。

其后，观以丧偶，赴蓝田迎新妇，曾绕道夔州探视杜甫。杜甫《得舍弟消息》诗中有："汝书犹在壁，汝妾（一作室）已辞房"之语，即指观丧偶之事。此外又有《又喜观即到》等诗，记观将至夔州事。

观到夔州后，旋赴蓝田迎妻子，以后移居江陵之当阳。杜甫有《舍弟观归蓝田迎新妇送示两篇》《舍弟观赴蓝田取妻子到江陵，喜寄三首》，及《续得观书迎妻就当阳居止》等诗，记述其事。

自是以后，观、颖又各在一处。甫在《远忆舍弟观、颖》诗中有云："阳翟空知处，荆南近得书。"盖其时颖住阳翟，观居荆南也。

其第五弟丰流落江南。杜甫有《第五弟丰独在江左，近三、四载，寂无消息，觅使寄此二首》一诗，其中有曰："闻汝依山寺，杭州定（走）越州。"

杜甫有一妹，适钟离韦姓。杜甫《乾元中寓同谷县作歌》云："有妹有妹在钟离，良人早殁诸孤痴。"又《元日寄韦氏妹》诗云："近闻韦氏妹，迎在汉钟离。"

# 四

杜甫诗篇中，提及其夫人之处甚多，但未及其姓氏。元稹《杜工部墓志》云："夫人弘农杨氏女，父曰司农少卿怡。"

至于子女，元稹无所载。而《旧唐书》仅谓："子宗武，流落湖湘而卒。……宗武子嗣业。"如《旧唐书》所云，则杜甫仅有一子曰宗武。但杜甫在得家书诗中有云："熊儿幸无恙，骥子最怜渠。"《北征》诗云："床前两小女，补绽才过膝。"是明明有二子二女；不如《旧唐书》所云仅有一子也。

又杜甫忆幼诗中有云："骥子春犹隔"。则骥子为幼，熊儿为长。故钱注谓熊儿为宗文小字，骥子为宗武小字。

但杜甫在《自京赴奉先县咏怀》诗中云："入门闻号咷，幼子饥已卒。"如钱注之说，则宗武早已饿死。然而樊晃《杜工部小集序》谓，直至杜甫死后，宗文与宗武尚漂寓江陵；则饿死者非宗武可知。然则杜甫原有三子欤？

1948 年 9 月 6 日于香港

（香港《文汇报》1948 年 9 月 10 日《史地周刊》第一期）

# 陈东与靖康元年的太学生伏阙

## 一

靖康元年（1126 年），中国的历史进入了一个紧急的时代。这一年的正月，金军南侵，进围北宋的首都汴梁（今河南开封）达 33 天之久，迫使北宋政府作城下之盟。

在这一紧急时期中，北宋的太学生曾经挺身而出，走上历史舞台，执行他们抢救民族国家之庄严的任务。靖康元年三月初五日，亦即汴梁被金军围困的第 29 天，在汴梁城出现了空前壮烈的学生请愿运动。

请愿运动的领导者是当时的太学生陈东。陈东的身世，史籍所载不详。据《宋史》卷四五五本传云：

> 陈东，字少阳，镇江丹阳人。早有隽声，倜傥负气，不戚戚于贫贱。蔡京、王黼方用事，人莫敢指言，独东无所隐讳。所至宴集，座客惧为己累，稍引去。以贡入太学。钦宗即位，率其徒伏阙上书。

仅就这简单的记载已可看出，陈东是当时一个杰出的知识青年。由于他不耻贫贱，不畏豪强，在入太学以前，被人认为是一个危险人物。

陈东何时入太学，史无所载；但他第一次以太学生的资格上书，是在宣和七年十月，则其入太学至迟当在宣和七年十月以前。

陈东是一个正直而又大胆的太学生。他在太学时及其以后，先后上书凡八次，每一次都是痛斥当道的权奸。第一次在宣和七年，第二、三、四、五次，皆在靖康元年，亦即他在太学时。其中第四次，即撰在大请愿时所上之书。第六、七、八三次，皆在建炎元年八月，即高宗召赴行在时。陈东就在第八次上书中，丧失了他的生命。

陈东并不是不知道触犯权奸是一件危险的事情；但他为了国家，便不能爱惜自己的生命。（明人）陈沂《宋代太学生陈东尽忠录》（卷一）行状云：

> 初上书论蔡京、王黼等，太学生人言人殊，虽平日与共心腹者，然亦忌惮。盖以此数人者，用事日久，盘根错节，恐未易以言破也。公乃曰：“公等未许我，我当断之于心。”于是闭门，焚香危坐，默自计曰：“书上而言幸中，朝廷设命我以官，虽贵且显，吾不受；设得罪以死，吾不悔，如是可也。”继而诸生见公，翕然愿从，而为始终纷纷矣。

因为有富贵不能淫，威武不能屈的精神，所以陈东在同学中获得了信仰。实际上，陈东的这种精神，不仅是口头的言语，后来在行动中都得到了证实。例如在大请愿时，群众杀死内侍，惹出了乱子。同学劝他逃走曰：“事势至此奈何？盍逃死乎？”东笑曰：“君何言之谬也！吾去则君等戮矣。顾君等何罪？吾今日自是头已在地矣。”[①] 又请愿时，兵士数十人和刽子手都围着

---

① 陈沂《宋代太学生陈东尽忠录》卷二。

他。而"东挺身于斧锧之间"①，毫无惧容。在相反的方面，陈东也不是没有作官的机会。在大请愿后的第四天（初九日），政府曾宠以"迪功郎，同进士出身补太学正录"，但他的回答是："岂敢以此侥幸官爵！"

北宋灭亡以后，陈东又把他的希望寄托在南宋的当局。恰好高宗召他赴行在，他又慷慨陈辞。他不知道当时南宋政府与北宋政府同样是充满了汉奸投降派的政府。这个政府，甚至对于用人行政，都以金人之喜怒为去取。《宣和遗事》云：

> 先是颜歧奏高宗曰："邦昌，金人所喜，宜增其礼；李纲，金人所恶，宜置闲地。"纲既入见，奏曰："外廷之议，命相于金人喜怒之间，更望审处。"高宗曰："朕已告之，以朕之立，亦非金人所喜。"歧自是语塞，乃拜李纲为相。

从这里我们可以看出当时南宋的权要，只知有金人，那知有赵氏？然而陈东这位书生，却一心忠于赵氏，忠于宋朝，硬要和当时的汉奸汪伯彦、黄潜善作对。所以他上的书，都是石沉大海。而且不久在大街上就贴出了传单，说他是附和李纲的小人。当时，有李献者，把传单上的话录示陈东，劝他回家。但陈东说："诚知血泪何益。臣以召来，不敢私还也。"自是以后，陈东即以棺自随，以示决不生还。果然，不久，黄潜善等就借着布衣欧阳彻上书的事情，把他杀了，时年四十二。

陈东被害，当时识与不识，无不悲愤。就是高宗后来也明白了，曾追赠他的官爵，并为词以谏之云：

---

① 徐梦莘《三朝北盟会编》卷三四。

古之人，愿为良臣，不愿为忠臣云云。惟尔东，尔彻，其殆有意于为忠臣乎？虽然，尔不失为忠臣，而天下后世，顾谓朕何如主也①。

<h1 style="text-align:center">二</h1>

陈东的确是北宋末年历史上一个最辉煌的人物，他对靖康元年二月初五的大请愿是一个领导者。但如谓这次请愿是陈东一人煽动起来的，那就未免过于主观。我们只要看当时客观环境，就知道，这次的请愿是当时危城中的人民对于政府所执行的投降政策的一个严厉的批判。

据《宋史·钦宗纪》载：正月初一日，金人陷相州。初二日，陷浚州。河北、河东诸军悉溃。自初三至初六三日间，金人渡黄河。初七日，进围首都。

《宣和遗事》云："自围京城，凡三十三日。"是金人撤退，在二月初十，与《钦宗纪》所载金人撤退的日期相同。但《三朝北盟会编》则谓："自正月七日至二月十一日，金房围城凡三十四日。"想系金人于初十日开始撤退，至十一日才撤退完毕，两说并不矛盾。

当金人围城的当时，宋朝的统治阶级已经面临着灭亡的危险。如果要冲出这个危险，惟一的办法，应该是调集援兵，沉着应战。但是并不如此，他们代替应战的是逃亡，是投降。

据《宋史·钦宗纪》载，早在金人围城的前三天，即初四

①　叶绍翁《四朝见闻录·王竹西驳论黄潜善、汪伯彦》条。

日，退了位的徽宗皇帝已南奔亳州，宰相并欲奉现任的皇帝钦宗出走襄、邓，以致百姓惊惶，纷纷逃亡。

由于李纲的谏止，皇帝总算没有逃走。皇帝既决定留在这坐以待围的城内，那就要有一种守城的布置。所以初五日，下令以李纲为亲征行营使，而以侍卫亲军马军都指挥使曹曚副之。但同时也组成了一个以李邦彦为太宰、张邦昌为少宰的投降内阁。

这个内阁，在金人围城的第一天，就派出了投降使者郑望之、高世则前赴金营，试探金人的要求。初八日，金人遣吴孝民来议和，宋再派李梲使金营，金又使萧三宝奴、耶律忠、张愿恭等来，一日之间使节往返三次。大概就在这一天，协定了投降条件的内容。

初九日，金使萧三宝奴、耶律忠、王汭借宋使李梲来，便带来了最后的通牒。这个通牒上所提的条件是：（一）宋输金五百万两，银五千万两，帛缎百万匹，牛马万头；（二）宋尊金主为伯父；（三）割太原、中山、河间三镇；（四）以宰相、亲王为质。

在这些条件中，使北宋统治者最感困难的，倒不是割地，也不是人质，更不是称侄的问题，因为他们有的是祖宗遗产，有的是汉奸宰相，有的是做儿皇帝的精神。困难只在第一条，因为当时的汴梁城里，实在搜刮不出那样巨额的金银、帛缎和牛马。

从初九日起，政府派遣大批人员，在汴梁城里挨户搜刮金银和帛缎，倡优之家，亦无幸免。但截至十三日，搜刮所得，只有金二十万两，银四百万两，帛缎牛马多少，史籍不详。

十四日，选定了张邦昌和康王构为人质，命他们带着这不足数的金银前往金营，献给斡离不元帅。

在宋、金两方信使往还、谈判条件的期间中，金人并没有停止对汴梁的围攻。据《钦宗纪》载：初七日之夜，金人攻宣泽门。李纲御之，斩获百余人，至旦始退。初九日，金人攻通津、景阳等门。李纲督战，自卯至酉，斩首数千级，何灌战死。

这种记载，一方面说明金人的和平谈判是瓦解北宋的军心；同时，也说明北宋政府在当时并不是完全没有抵抗的能力。然而北宋政府始终不敢和金人宣战，这完全是隐藏在政府中的汉奸妥协分子如张邦昌、李邦彦之流要坚持投降。

从正月十八日起，汴梁城里的政治空气开始转变。因为这一天，统制官马忠以京西募兵至，当日击败金人于顺天门外。到二十一日，靖难军节度使、河北、河东路制置使种师道又督泾原秦凤兵入援。这些援军的到达，使那些盘踞高位的汉奸没有理由继续其投降政策。

这时李纲仍任尚书右丞兼四壁守御使，因援兵到来，更主张宣战，皇帝也同意作一次冒险的出击。因命种师道为京畿河北河东宣抚使，统四方勤王兵及前后军，准备应战。种师道的部下姚平仲为先锋，李纲为后援，准备突袭金营。

抗战派的抬头，就是汉奸和妥协分子的末日。为了打击抗战派，从而把国策仍然拉回投降主义的道路，李邦彦、张邦昌等乃开始失败主义的阴谋。他们一方面把突袭金营的消息密报金人；另一方面，收买种师道的将校，要他们临阵脱逃。所以二月初一，姚平仲将兵夜袭金营，不克而奔。

关于此事，《三朝北盟会编》卷三四，引《宣和录》云："初，种师道为宣抚使，李纲为亲征行营使，姚平仲谋劫寨。数日，行路皆知之，虏先为备。一日出师，以为功在顷刻矣。行营司属官方会封丘门草露布，忽报失利，上震惊。"又同书引《太学生雷观上钦宗书》云："比闻出师攻贼，为统制将校，不肯入敌。"这两种纪录，不是很明白的暴露了汉奸的阴谋吗？

跟着使宋军失败的阴谋而来的，自然是恢复投降的谈判。二月初二日，政府下令罢李纲以谢金人，俾待命（即软禁）浴室院。种师道亦罢宣抚使（亦失去自由，请愿以后始得回家），以右丞蔡懋代之；并撤销亲征行营司，命守城将士戢弓弛炮，无得辄伤虏营。《靖康传信录》卷二云："蔡懋号令将士，金人近城不得辄施放。有引炮及发床子弩者，皆杖之。将士愤怒。"初四日，命驸马都尉曹晟使金军，代表国家向金人道歉，并要求重新恢复和谈。初五日，又命资政殿大学士宇文虚中和知东上阁门事王球使金，许割三镇之地。就在这一天，北宋的太学生怒吼了，于是而有二月五日的大请愿。

三

这种割地、纳款、送质、请降，特别是"罢李纲以谢金人"及种师道撤职的消息传到太学，传遍汴梁城里的人民，一时人情汹汹，无不愤激。特别是当时的太学生，他们感到这种屈辱无异宣告国家的灭亡和自身被人拍卖为金人的奴虏。这些太学生读过圣人之书，记得"国家兴亡，匹夫有责"的教训。为了抢救危亡，他们再不能沉默，他们要为民族的生存而呐喊，而行动。

在二月初五那天，一群激愤而纯洁的太学生在陈东的领导之下，走到皇宫前面，伏阙上书，要求罢免李邦彦等，复用李纲、种师道。其书略云：

奋不顾身，死生以之者，社稷之臣也；妒贤嫉善，妨功害能者，社稷之贼也。恭维皇帝陛下，聪明英睿，独智旁烛，贤邪之分，宸衷默判；任天下之重者，李纲是也，所谓社稷之臣也。其庸谬不才，忌疾贤能，动为身谋，不恤国计者，李邦彦、白时中、张邦昌、赵野、王孝迪、蔡懋、李棁之徒是也，所谓社稷之贼也。……臣等闻纲比日用兵，偶然小有不利，邦彦等遂得乘间投隙，归罪于纲。然一胜一负，兵家之常；小胜固未足为善，而小挫亦未足为辱；况示怯示弱，奇谋秘计，岂可遽以此倾动任事之臣[①]？

太学生的要求，也就是一般人民的要求，所以当请愿的太学生到达皇宫面前的时候，汴梁城里的军民，"数十万，不期而会于宣德门下。"这样，在皇宫之前，就出现了一个空前的大请愿大示威的队伍，学生运动变成了群众运动。关于这次大请愿大示威的经过，《靖康传信录》卷二曾有如此之记述：

初，太学生陈东与书生千余人，是日诣阙上书，明余及师道之无罪，不当罢。军民闻之，不期而集者数千万人，填塞驰道街巷，呼声震地，异登闻鼓于东华门击碎之。上遣吴敏、耿南仲慰谕诸生，俾之退。为军民所拥，不得行，必欲见余及师道乃去。不得报，则杀伤内侍二十余人，反诟詈宰执李邦彦、蔡懋、王孝迪、赵野等欲殴击之，皆散走藏匿。于是上遣中使召余及师道入对。余闻命，惶恐固辞，不敢行。而宣召者络绎而至，中使迫促。不得已，上马出浴室院，由东门街抵驰道，趋东华门，军民壅积，几不可进。

---

① 《三朝北盟会编》卷三四。

宣召中使朱拱之复为众所杀，盖怒其传旨之缓也。入见上于福宁殿阁子中，余泣拜请死，上亦泣。有旨复尚书右丞，充京城四壁守御使。余固辞，上不允，俾出东华门至右掖门一带，安抚军民。余禀上旨宣谕，乃稍散去。

又《靖康要录》卷二亦载此事，与上书所载略同，惟更详细。《要录》云：

初五日，太学生陈东率数百人，伏宣德门下上书，乞留师道与纲。已而，集军民数万人，相谓曰："非见李右丞、种宣抚复用，毋得归。"会百官退朝，自东华门出，至关前。众指宰相李邦彦，数其罪，谩骂至前，提其发，复殴之，邦彦疾驱以免。领开封府事聂山举鞭揖东等曰："诸公如此，可谓忠义矣。"逻者以闻，上命阁门索所上书。顷之，中人传旨云："诸生所上书，朕已亲览。备悉忠义，当便施行。"其中有欲散者，众哄然曰："安知非伪耶？须见李右丞、种宣抚复用而退"。于是知枢密院吴敏传宣曰："李纲用兵失利，不得已罢之。使金贼稍退，即令复职"。犹不退，时日已旰矣。百姓乃舁登闻鼓，置东华门外，挝而坏之，山呼动地。枢密耿南仲至，诸生曰："先生前日为天子传，宣言无不行。……"南仲曰："当便求对，以诸生之意奏上。"众虑南仲诈，拥其马，不得归。南仲亦径入朝。继而，开封尹王时雍来谓诸生曰："胁天子可乎？胡不退！"诸生应之曰："以忠义胁天子，不愈乎以奸佞胁之乎？"复欲前殴之，时雍逸去。

殿帅王宗楚谓上曰："事已尔，无可奈何，当黾勉从之。不然，且生变。"遂遣南仲号于众曰，"已得旨，宣李纲矣。"百姓数千人，诣浴室院迎之。帝益恐，于是相继而宣者络绎不绝。内侍朱拱之先得旨宣谕，继未到，而后发之使先至，众取拱之裔而磔之，即矫制曰："杀内臣者无罪。"又取十余辈杀之，皆裂其尸，碎其骨，其取肝肠，揭之竿首，号于众曰："此逆贼也。"纲既对，即诣行营司，而师道亦归其宅。士庶知其复用也，遂散。"

除以上两种记载外，《三朝北盟会编》卷三四尚有一些零碎的纪事。如云：

邦彦适过，军民骂曰："李邦彦，汝是浪子，岂能做宰相？"拾瓦砾击之，邦彦跃马，奔入庙堂，乃免。（案《宋史》卷三五二《李邦彦传》谓邦彦"生长闾阎，习猥鄙事，应对便捷，善讴谑，能蹴鞠，每缀街市俚语为词曲，人争传之！自号李浪子。……都人目为"浪子宰相"）朱御药（即朱拱之）受宣劄下，不肯去。移刻，一中使出。或者曰："此是朱御药。"众方愤疾。即拽下马，丝裂其尸。其使同时被殴者张太尉等三十七人。

又《宋代太学生陈东尽忠录》卷一行状，亦载此事云：

军民因毁阙前栏盾，挝登闻鼓，其不逞者愤宦官之前为奸者，乘势鼓噪，杀御药朱拱之，至揉其肤发。公（陈东）止之无力，众怒哗不听。百姓见（李）纲，皆呼曰："右丞且与百姓为主。"纲亦言曰："纲已在此，即登城矣，百姓不足忧。"促（百姓）归（家）照管老小。

又《宋史》卷三三五《种师道传》云：

> 太学诸生，都入伏阙，见种、李。诏趣使弹压。师道乘车而来，众褰帘视之，曰："果我公也。"相率声诺而散。

《宋史》卷三九九《高登传》云：

> 登与（陈）东再抱书诣阙，军民不期而会者数万。王时雍（开封府尹）纵兵欲尽歼之，登与十人屹立不动。（按此事亦载《三朝北盟会编》卷三四。是书谓："王时雍以兵士数十人簇定东，又命刽子数人，不离左右，主管殿前司王宗濋亦以殿前兵来往逼视，东挺身于斧钺之间。"）

以上各种记录已经很详细地说明了这一次大请愿的经过。从这里我们可以看出，这次请愿，最初不过是太学生数百人伏阙上书，以后军民不期而集者数万人，竟使一个学生运动发展为群众运动。

由于群众的参加，学生便没有控制请愿秩序的能力，因而发生了拆毁栏楯；捶破登闻鼓、杀伤内侍、辱骂宰相、逼迫枢密，乃至并不否认以忠义胁天子，并且几乎冲进了浴室院等等的愤激行动。

至于当时政府应付这次大请愿的态度，总算开明。虽然曾经出动了大批的军队，如王宗濋所统的禁卫军，王时雍所统的开封府的守备军，乃至刽子手都往来巡逻于群众之中，特别监视着太学生的行动，但他们到底是中世纪的统治者，还有一点旧道德，始终没有对徒手的学生和市民开刀。

# 四

学生在请愿的当时总算平安渡过，但当时的权奸并没有忘记昨天的仇恨。当请愿队伍解散以后，他们便开始对付学生。李棁、蔡懋之徒，硬说"太学生率众伏阙，意在生变，不可不治。"① 而李棁、耿南仲并制造谣言，污蔑学生，说学生请愿是有人指使，指使者即李纲。此辈盖欲以陷害太学生者陷害他们的政敌。《三朝北盟会编》卷四十引《靖康录》李棁言曰："伏阙之士，其间有纲故旧"。《靖康传信录》卷三云："南仲忽起奏曰：'臣适遇左司谏陈公辅于对班中。'公辅乃二月五日为李纲结构士民伏阙者。"但是，这些谣言钦宗也不相信。他说："士庶以亿万计，如何结构？"同时，当时的学者陈时在召对时也说："诸生伏阙纷纷，忠于朝廷，非有他意。"虽然如此，为了泄愤，仍不能不对付学生。

第二天，在太学的大门上，贴出了禁止请愿的文告。《三朝北盟会编》卷四十引《靖康录》云：

> 开封三街犹榜太学门。榜曰："准殿前司牒，准内降御宝批；朝廷方大开言路之时，应文武臣下秀才等，宣以忠言谠论建陈，用纳亲览。于其可否，一一亲行裁决。再有似此伏阙上书为名，意在作乱之人，仰三衙立便收捉，当行军法。奉御笔付王宗濋等出榜，如有似此之人，斩讫奏闻。

跟着这个禁令而来的，便是恐怖政策，大批便衣密探混进了太学，监视学生的行动。《宋代太学生陈东尽忠录》卷三，《陈

---

① 《靖康要录》卷二。

东辞诰命上皇帝书》云：

> 宗濮、时雍又日遣人在太学，视察诸生行动，至今不
> 绝，使一学之士，惴惴然不得游息于其间。

当时有无黑名单，不得而考；但有过半数以上的太学生，未
经请假而自行离校，则系事实。《靖康要录》卷二云：

> 先是诸生闻朝廷欲治其罪，不告而去者大半。学官以不
> 告而去，用学规屏之。诸生复哄然，乞同屏。乃亟命扬时兼
> 祭酒，召诸生慰劳之。越两日，复令聂山传旨抚谕之。

据此，又知当时被迫离校学生，学校当局曾一度要予以开
除；后来以在校同学以罢课抗议，才保留学籍。团结就是力量，
宋代太学生似乎已经知道了。

靖康元年的太学生伏阙，已经是八百多年前的历史，但二月
五日，却是中国知识青年应该纪念的一个日子。陈东也是八百年
前的人物，但是这个人物，也是中国知识青年应该学习的人物。

（上海《大学月刊》第六卷第二期，1947 年 7 月 1 日出版）

# 杨家将故事与杨业父子

## 一　杨家将故事的发展

　　杨家将的故事在中国流传最广。戏剧之所演唱，稗乘之所缀辑，虽闾巷小儿，类能道之。惟剧本取材，皆截其片段；而稗乘构说，又难免附会；因之杨家将的故事，遂如《曲海总目提要》所云："信者悉认为真，而疑者又皆以为子虚乌有矣。"

　　考杨家将的故事，系以北宋名将杨业（亦作继业）父子的史实为中心而构成。杨业父子的史实，《宋史》有传，其不为子虚乌有，实可断言。唯《宋史》本传所载，简略不详。据所云云，则杨业父子，位列偏裨，不关重要。但在剧本稗乘中，则其父子，又显然皆出现为有声有色的人物。因之有人以为杨业父子的史实，即使实有其事，亦不如剧本稗乘中所传之甚也。换言之，即有人以为杨家将的故事，在传说中被放大了。

　　我以为不然，杨业父子的史实，不是在传说中被放大；反之，而是《宋史》上把他缩小了。关于这一点，我们可以从杨家将传说的构成之过程中，看得出来。

　　关于杨家将之最初的纪录，是欧阳修《供备库副使杨君墓志铭》。铭文中有曰：

> 君之伯祖继业……继业有子延昭……父子皆为名将，其智勇号称无敌。至今天下之士，至于里儿野竖，皆能道之。

按欧阳修所铭之杨君名琪，字宝臣，为杨业之侄孙，故铭文中称杨业曰："君之伯祖"。此铭作于皇祐三年，其时杨业已死65年，而铭文中谓"至今天下之士，至于里儿野竖，皆能道之。"是则当杨业父子生时，其为当世人民所传说，更无论矣。

杨业父子之变为传奇中的人物，而出现于舞台，早在南宋时代。《辍耕录》载金院本名目，其中有《打王枢密爨》一剧，此剧即后来元曲中《谢金吾诈拆清风府》杂剧之蓝本。剧情系叙述枢密王钦若使其婿谢金吾拆毁杨业在汴京敕建之官邸。杨延昭率其部将焦赞私离三关防地，潜回汴京，杀死谢金吾全家，因而被逮问罪。后因八贤王智之营救，得免于死。由此而知上述故事在宋代当时已极为流行了。

到元代，杨家的故事之编为剧本者究有若干，以元曲亡佚甚多，无从确考。惟据今存元曲，其中除《谢金吾》外，尚有《昊天塔》一剧。此剧系叙述杨业的灵魂，报梦其子六郎延景（《宋史》作延昭），谓其尸骨被契丹人吊在幽州昊天塔上，日射百回，名曰百箭会，嘱六郎取回他的尸骨。六郎得梦，即与其部将孟良前赴幽州，盗回其父尸骨。

在明代的传奇中，有无以杨家将为题材者，不得而知；但今存《六十种曲》则无此类作品。惟近见《孤本元明杂剧》一书，其中有《开诏救忠臣》《活拿萧天佑》及《破天阵》三剧，则系杨家将的戏剧。《开诏救忠臣》一剧，内容与元曲《谢金吾》相同。《活拿萧天佑》一剧，系描写焦赞生擒契丹大将萧天佑的故事。《破天阵》一剧，则系描写杨六郎擒诛汉奸韩延寿的故事。

　　按以上三剧，皆未著撰人，其为元人作品抑为明人作品，原书无说明。但我以为皆系明人作品，因为在此三剧中皆有对异族大不敬之语。例如在《开诏救忠臣》杂剧中有云："我直教那番兵纳礼拱皇朝。"又云："量你这番贼虏寇，我将你小觑低微。"又云："这个无礼番奴"，"骂你个番也贼波"。在《活拿萧天佑》杂剧中有云："我教那丑虏腥膻命怎熬"。又云："剿灭了腥膻，太平；擒拿住泼匈奴罪难逃。"《破天阵》杂剧中有云："我将那北番兵片时将捕。"又云："稳情取平番寇。"像这样满纸"番贼""番奴""番寇""丑虏""腥膻""泼匈奴"，在异族统治下的元代作剧家，决不敢如此放肆，所以我断定以上三剧，皆系明人之作。只有明人才有《活拿萧天佑》和《调兵破天阵》的魄力。由此又知杨家将的戏剧到明代更增加了。

　　大约在明之末叶，当女真部落侵入中原之际，杨家将的故事便有人把他纂辑起来，再加以穿插附会，写成了一部章回小说，这就是今日流行的《杨家将演义》。因为在明末，中原的局势与宋初相同，是东北民族侵入的时代，当时中原也需要杨业父子这样抵抗侵入的英雄。《杨家将演义》共分五十回，从宋太祖、太宗征北汉，一直说到杨业的孙子征西夏得胜回朝为止。其中大半以过去流传的传说为底本，而加以若干虚构的故事以为穿插，因而与《宋史》有不符之处。《曲海总目提要》卷三纪《昊天塔》云："（杨家）父子兄弟及诸部曲，智略勇绩，不尽无因。特其事迹多在边方，且在辽宋交界，中朝不能尽知，民间闻见，亦多影响，故不免疑信相参差也。杨业撞死李陵碑下，亦史传所无。韩延寿乃以赵延寿韩延徽合为一人。"此外传说中之焦赞、孟良，《宋史》亦无其人，但不能说《宋史》上不录者，遂必无其人其事。

　　至于清代，在京剧中，杨家将的戏剧仍然继续发展。如《李陵碑》《洪羊洞》《四郎探母》《五台会兄》《辕门斩子》等皆是也。杨家将的戏剧在清代之能继续演出，这是因为杨业父子的故事虽系抵抗异族，但结果还是一幕失败的悲剧。而且到清代，杨家将的戏剧又添上了一些取悦于异族的穿插，如《四郎探母》，把四郎写成一个可怜的俘虏。又如《辕门斩子》一剧，更加上一些滑稽的穿插，堂堂的大宋元帅杨延昭，见了他异族的媳妇穆桂英，便骇得发起抖来。这些，都是为了冲淡杨家将故事中之反异族的精神。

　　一直到现在，杨业父子还没有从中国舞台上消灭。不但没有从舞台上消灭，而且也没有从人民的记忆中消灭。在现在我们到处都可以听到人们在歌唱："杨延辉，坐宫院，自思自叹，……"

　　不过，在今日进步的话剧中，还没有杨家将出现。但我想不久也会要出现的，因为目前的中国，也迫切地需要杨家将这样的民族英雄呵！

　　以上就是杨家将的故事发展的过程。这些故事，都是一代一代流传下来的。在流传中自然难免不有穿凿附会之处；但主要的事实，还是有其真实之根源的。特别是元曲中的故事，我以为较之《宋史》更为可靠。因为元曲与《宋史》同为元人所作，元曲出于文学家之手，而《宋史》则出于异族统治者御用文人之手也。同时元曲的取材，多为民间传说；而《宋史》取材，则为经过制造之宋代的官书。因此，关于杨家将的纪录，我以为不应以《宋史》订正元曲，而应以元曲订正《宋史》。至少，亦应视元曲与《宋史》是同等真实的史料。

# 二 杨家将的家世

杨家将被中原人民所传说，所歌颂，已经将近一千年了。他们从口头的传说，变为传奇中的人物，从传奇中的人物，出现于舞台，而且一直到现在还没有从舞台上消灭，这就证明了杨家将有不朽的理由。为了要认识杨家将，我们先说说他们的家世。

据《宋史》本传云："杨业，并州太原人。父信为汉麟州刺史。"但欧阳修《杨琪墓志铭》则谓杨琪，"麟州新秦人也"。依《宋史》之说，则杨业为山西人；依欧阳氏之说，则杨业为甘肃人。我以为杨氏先世系山西人，后以杨业之父信（欧阳修《杨琪墓志铭》作弘信）服官麟州，曾一度移家新秦，又曾以武功雄其一方，故其后裔遂以新秦为其故乡。欧阳修因之而铭曰："杨氏初微自河西，弯弓驰马耀边陲。"近人卫聚贤氏亦因之，以为河西人。其实，《宋史》本传记太宗之诏，其中已明明说杨业"挺陇上之雄才，本山西之茂族。"其为山西人，实无可疑。

又按杨业之父信，演义中作杨衮，亦称火山大王杨令公。查《宋史·地理志》有火山县。《地理志》云：火山军"本岚州之地。太平兴国七年，建为军，治平四年，置火山县，熙宁四年废之。"或者火山大王之名即由火山县而来？但岚州之有火山县，在北汉灭亡后之第三年。其时，杨弘信已死，似不能与之发生联系。果火山大王之名由时代之错误而来，则杨氏原住乃山西岚州？

杨业弟兄几人，《宋史》不载。但欧阳修《杨琪墓志铭》中有云："其曾祖讳弘信，为州刺史，祖讳重勋，又为防御使。"又云："君之伯祖继业。"据此，则杨弘信有二子，继业为长而重勋为季也。后杨业之弟亦投宋，曾官"宿州刺史，保宁军节度使，卒赠侍中。"欧阳修《杨琪墓铭》又谓重勋有子名光扆，

"以西头供奉官，监麟州兵马，卒于官。"杨琪者，即光扆之子，"以父卒于边，补殿侍，后……任三班奉职，累官至供备库副使，阶银青光禄大夫，爵原武伯。"琪有子曰畋，"为尚书屯田员外郎。"后遂无闻。这是杨业之弟一支人的下落。

杨业幼时，大概随父于麟州官次，麟州近胡，以战射为俗，因此他就学会了一身武艺。《宋史》本传云："业幼倜傥任侠，善骑射，好畋猎，所获倍于人。尝谓其从曰：'我他日为将用兵，亦犹用鹰犬逐雉兔耳。'"

大约因为他父亲的关系，杨业在成年以后，就回到山西，在刘崇部下，做了一个军官。当时刘崇为汉河东节度使，开府太原。杨业在刘崇部下，屡立战功，有无敌将军之称。《宋史》本传云：业"弱冠事刘崇，为保卫指挥使。以骁勇闻，累迁至建雄军节度使，屡立战功，所向克捷，国人号为'无敌'。"

杨业妻，《宋史》本传不载；但元曲及演义中，皆出现为有声有色的人物，即所谓老令婆佘太君者是也。卫聚贤氏《杨家将及其考证》中谓佘氏《宋史》作折，佘太君即折太君。此说清人毕沅已言之。清梁绍壬《两般秋雨庵随笔》中有云："小说称老令婆曰佘太君，不知何本？按毕尚书沅《关中金石记》云：'折太君，德扆之女、杨业之妻也。'"惟查《宋史·折德扆传》，又不载有女嫁杨业事，因是以佘为折，又不知毕沅何所本？大概因佘、折音近之故欤？

杨业有七子，即所谓大郎二郎以至七郎者是也。关于杨业之有七子，《宋史》元曲及演义所载皆同。惟七子之名及其下落，则各有异说。《宋史》本传谓杨业七子，除七郎延玉与其父战死陈家谷外，其余六子，在杨业死后，并为朝廷所录用，供奉宫廷。本传云：

业既没，朝廷录其子供奉官。延朗为崇仪副使，次子殿直延浦、延训并为供奉官，延瑰、延贵、延彬，并为殿直。

照《宋史》，则杨业七子，乃为朗、浦、训、瑰、贵、彬、玉。但《宋史·杨业传》后有《杨延昭传》，于是说者谓"延昭，本名延朗。"既为延朗，则应为大郎，而《宋史·杨延昭传》则曰："契丹惮之，目为杨六郎。"是知修《宋史》者对杨家兄弟的行次，已不甚清楚。

元曲《昊天塔》杂剧中，亦曾说到杨家兄弟的名字。在这个剧本的科白中有云：

> 某姓杨名景，字彦明，父亲是金刀无敌大总管杨令公，母亲佘太君，所生俺兄弟七人，乃是平、定、光、昭、朗（景）、嗣，某居第六。

在元曲中，杨家弟兄之名与《宋史》相同者，只有延昭、延朗，而且不是一人，而是各为一人。其所占行次亦与《宋史》不同。《宋史》谓杨延朗为大郎，元曲则谓为五郎；《宋史》谓延昭亦为大郎之别名，元曲则谓为四郎。惟关于七郎与其父同时战死陈家谷一事，则元曲与《宋史》同。但亦小有差异，即元曲谓七郎之死，不是死于敌人之手，而是死于大宋的统帅潘美的乱箭之下。此外，元曲谓五郎延朗于杨业死后在幽州昊天寺为僧，这与《宋史》所载五郎为殿直，又不相同。

《孤本元明杂剧》所载杨业七子之名，与《宋史》、元曲又不同。《开诏救忠》杂剧科白中有云：

> 某所生七子，乃是平、定、光、辉、昭、朗、嗣。

同剧科白中又云：

> 俺（韩延寿）人马浩大，将杨大郎长枪刺死，杨二郎短
> 剑身亡，杨三郎马踏为泥杨四郎不知所在。

明曲系由元曲演化而来，故杨业七子之名，除将延景换上一个延辉以外，其余皆同，但行次则有变更。如延昭在元曲中为四郎，在明曲中则为五郎；延朗在元曲中为五郎，在明曲中则为六郎。至于明曲之四郎，则改名延辉。此外在明曲中亦谓七郎被潘美害死。五郎为僧，与元曲同。惟对于大、二、三郎，都战死疆场，四郎失踪，则为元曲所无。

《杨家将演义》所载杨家七子之名，大半根据元明剧本。他把大郎之名延平，改为渊平，以次为定、安、辉、德、昭、嗣。在演义中，七郎、五郎的下落，与元曲、明曲同。惟明曲中说到四郎，只云不知所在，演义中则谓四郎被俘于契丹，将杨字拆为木易二字，改名换姓，在番邦招了驸马，以后并曾偷关回国，探视母亲。

京戏剧本中，关于杨业七子之名，大概是根据演义而来，如四郎名延辉，七郎名延嗣。对于他们七弟兄的下落，则综合了以前的传说，个个都有了归宿。《李陵碑》剧词中有云：

> 金沙滩，双龙会，一战败了。只杀得，宋营中，鬼哭神号。我的大郎儿，替宋主，把忠尽了；二郎儿，短剑下，命赴阴曹；杨三郎，被马踏，尸骨难找；四郎儿，失番邦，无有下梢；五郎儿，在五台，削发修道；梦七郎，被潘洪射死芭蕉；只剩下，六郎儿，随营征讨……

《四郎探母》剧词文云：

我大哥，替宋主尽忠赴宴；我二哥，短剑下命丧黄泉；
我三哥，马踏泥，尸首不见；我五弟，削了发，竟入深山；
我六弟，保宋主，三关镇守；我七弟，雁门关，乱箭身穿。

总括以上所述，我们对于杨业七子名字的演变，可以列表如次：

《宋史·杨业传》——朗、浦、训、瑰、贵、彬、玉。
（按朗亦作昭）

元曲《昊天塔》——平、定、光、昭、朗、景、嗣。

明曲《开诏救忠臣》——平、定、光、辉、昭、朗、嗣。

《杨家将演义》——渊平、定、安、辉、德、昭、嗣。

从上表，我们可以看出，最成问题的是杨延昭，他在《宋史》上是大郎，在元曲中是四郎，在明曲中是五郎，在《杨家将演义》和今日尚在流行的京剧中是六郎。但是我以为比较可靠的还是元曲中的名字和行次。最不可靠的是《宋史》所载。演义中把延昭排为六郎，大概是因为看见《宋史·杨延昭传》有"目为杨六郎"之语。至于《宋史》谓杨业七子，只有七郎战死，其余均于杨业死后供奉宫廷，尤为不确。因为在《宋史》上，关于杨业诸子，只有延昭有传，而《杨延昭传》中亦未提及其弟兄，因而我以为传说所云杨家将兄弟或战死，或被俘，或为僧，并非无据之说。

《宋史》谓杨延昭有三子，而只有一子文广有传。传谓文广字仲容。演义则谓延昭有二子，长宗保，次文广。惟演义中所述宗保之事，与《宋史》中所述文广之事同，可知是以一人而演化为二人也。其原因大概因文广字仲容，仲之前必有伯，故宗保应运而出？

文广之妻，《宋史》不载，但演义及京剧中皆谓为番邦女子穆桂英。卫聚贤氏于《杨家将及其考证》中谓山西《保德州志》以杨文广之妻为慕容氏。卫氏以为穆桂英即慕容一音之转，颇有可能。按欧阳修《杨琪墓志铭》谓："琪初娶慕容氏，又娶李氏。"琪与文广为堂兄弟，琪娶慕容氏，文广亦可能娶慕容氏也。

# 三　战斗雁门关的杨业及其死

杨业的家世，略如上述。但是杨家父子之成为传奇中的英雄，并不是因为他们的门第，而是因为他们留下了不朽的功业。

说到杨家父子的功业，我们必须简略地说说他们所处的时代。杨业父子所处的时代，正是中国史上之北宋的初叶。北宋承五代之后，内则权豪割据，建号称尊；外则契丹侵凌，威胁中原。当此之时，在大河以南，则孟昶据四川，称后蜀；刘铱据广东，称南汉；李煜据江南，称南唐；钱弘俶据两浙，称吴越；此外，高保勖据荆南，高保雄据朗州，张文表据潭州；此辈皆据地自雄，衮冕巍峨。在大河以北，自石敬瑭以燕云十六州割让契丹后，晋冀北部，久已沦丧。在山西方面，则刘继元据太原，称北汉。北汉者，五代时后汉之支裔。自后汉篡于后周，于是后汉河东节度使刘崇，遂倚契丹为外援而自称北汉，屡传以至刘继元。故所谓北汉者，实即契丹之傀儡也。

赵匡胤篡周以后，经过了16年的战争，总算次第削平了大河以南的中国。即因把力量完全消耗在对内的战争中，所以结果虽群雄破灭，降王满朝，而望着大河以北，一点办法也没有了。

据《宋史》所载，赵匡胤曾于开宝二年亲征北汉，其弟光义（即太宗）亦曾于太平兴国元年，发兵征北汉，但均为契丹援汉之兵所败。北汉且不能征服，契丹更无论矣。

当此之时，杨业正是北汉的一位无敌将军。《宋史》本传云："业弱冠事刘崇为保卫指挥使，以骁勇闻，累迁至建雄军节度使。屡立战功，所向克捷，国人号曰无敌。"这位无敌将军当时正掌握北汉的兵权，有左右北汉政治的力量。他可以辅佐北汉，继续在契丹支持之下，与北宋为敌；也可以从北汉政府内部反正效顺，奉山西之土地与人民还于北宋。杨业究竟是一个爱国志士，他知道契丹之支持北汉，是利用北汉为傀儡，以伸展其势力于山西，从而进窥河南，征服中原。杨业也许久怀反正之心，因迫于契丹的监视，不得其间。太平兴国四年（979 年），宋太宗大举亲征北汉，契丹之援未至，因此杨业便以"保存生聚"为理由，劝其主继元降宋。自是以后，山西三万五千二百二十五户人民，遂得以回到宋朝，而大宋北方的疆界亦因之伸展至雁门以北。

杨业反正以后，显然使当时中国的局势为之一变，这就是把契丹的势力，从山西驱逐出去了。杨业以为从此他可以在宋朝政府领导之下，献身于讨伐契丹的战争，他不知道宋朝政府正在推行一种极端的中央集权政治，特别对于兵权，必须完全掌握在中央政府的手中。北宋政府对于其自己的功臣夙将，尚且要解除其兵权，对于杨业这样的降将，当然更不放心。所以杨业反正以后，他从北宋政府所得到的职务是郑州刺史。

当宋朝政府在开封祝捷之时，契丹却大举进犯山西。为了抵抗契丹的侵略，宋太宗"以业老于边事，复还代州兼三交驻泊兵马都部署。"杨业还镇代州以后，曾于太平兴国五年大败契丹于雁门之北。《宋史》本传云："会契丹入雁门，业领麾下数千骑自西京而出，由小径至雁门北口，南向背击之，契丹大败。以功迁云州观察使，仍判郑州、代州。自是契丹望见业旗旌，即引去。"

山西为杨业的家乡，为了保卫家乡，从而保卫大宋的领土，杨业奋其忠勇，转战于晋北雁门一带者六年之久，卒使契丹不敢南向而弯弓。这种辉煌的战绩，是晋北人民亲眼看见的。朝廷委晋北于化外，而杨业保卫之，当然在晋北人民看来，杨业就是他们的救星。就从这一时代起，他就被人民所歌诵，所传说，即因如此"主将戍边者多忌之，有潜上谤书，斥言其短者。"甚至太宗对他有所赏赐，都要"密封囊装"。杨业在胜利地打击外敌之后，反而遭受诽谤，这如果诽谤者不是汉奸，那就是因为杨业不是政府的嫡系军队。

现在要说到杨业最后的一幕，即战死陈家谷之役。

据《宋史》所载，雍熙三年（986 年），宋朝政府分军三路，进讨契丹。一路由曹彬等指挥，出雄州；一路由田重进等指挥，出飞狐；一路由潘美指挥，出雁门。当时杨业就是潘美的副将。

三路大军同时北进。出雁门之军在杨业的指挥之下，连接克复了云、应、寰、朔四州。但是当杨业前军进次桑干河时，曹彬指挥的河北之军，已经大败。河北之军既败，出山西的两路大军，亦被迫撤退，杨业之军，亦退回代州。

当此之时，政府知道孤军深入，必然失败，所以给潘美的命令，并不是进攻，而是保护雁门关以北的人民向关内撤退。适于此时，契丹主萧氏与其大臣耶律汉宁、南北皮氏及五押惕隐统十余万大军进陷寰州，逼近雁门。

依据当时形势，三路大军，两路已退，雁门之军势成孤军。而况契丹主力军已移晋北，敌我形势甚为悬殊。杨业熟知晋北地理形势和敌人虚实，所以他不主张冒险出击。但监军王侁却坚持要杨业出击（按宋之监军，其职权同于今日之政治部主任），所以结果杨业败死陈家谷。

《宋史》本传记杨业与潘美、王侁的对话中可以看出。当时杨业谓潘美等曰：

> 今辽兵益盛，不可与战。朝廷止令取数州之民，但领兵出大石路，先遣人密告云、朔州守将，俟大军离代州日，令云州之众先出。我师次应州，契丹必来拒，即令朔州民出城，直入石碣谷。遣强弩千人，列于谷口，以骑士援于中路，则三州之众保万全矣。

王侁沮其议曰：

> 领数万精兵而畏懦如此。但趋雁门北川中，鼓行而往。

业曰：

> 不可，此必败之势也。

王侁曰：

> 君侯素号无敌，今见敌逗挠不战，得非有他志乎？

业曰：

> 业非避死，盖时有未利，徒令杀伤士卒而功不立。今君责业以不死，当为诸公先。

将行，又泣谓潘美曰：

此行必不利，业，太原降将，分当死。上不杀，宠以连帅，授之兵柄。非纵敌不击，盖俟其便，将立尺寸功，以报国恩。今诸君责业以避敌，业当先死于敌。

因指陈家谷口曰：

诸君于此张步兵强弩，为左右翼以援。俟业转战至此，即以步兵夹击救之；不然，无遗类矣！

由以上的对话，我们可以看出，勒令杨业孤军出击者，并非主帅潘美，而是监军王侁。至于杨业之慨然走上战场，是明知必死而不得不死。不过他总不希望全军覆没，所以临行时，要求潘美于陈家谷口设步兵伏弩，以为援应。杨业出击后，潘美确曾设伏。至于后来之撤退伏兵也不是潘美，又是监军王侁。《杨业传》云：

美与王侁领麾下兵，阵于谷口。自寅至巳，侁使人登托逻台望之，以为契丹败走，欲争其功，即领兵离谷口，美不能制，乃缘交河西南行二十里。俄闻业败，即麾兵却走。业力战，自午至暮，果至谷口，望见无人，即拊膺大恸，再率帐下士力战，身被数十创，士卒殆尽，业犹手刃数十百人，马重伤不能进，遂为契丹所擒。其子延玉亦没焉。业因太息曰："上遇我厚，期讨贼捍边以报，而反为奸臣所迫，致王师败绩，何面目求活耶？"乃不食，三日死。

由此足证致杨业于死者，非潘美，乃监军王侁也。王侁何以要迫使杨业去打没有把握的败仗，我颇疑其与契丹有勾结。据《王侁传》云："契丹使来贡，诏侁送于境上。"又云："侁一岁中数往来西边，多奏便宜。"从这里便可以找出他暗通敌国的蛛丝马迹。后来又领蔚州刺史，蔚州近契丹，更有暗通之机会。

但据元曲所载，则颇有差异。元曲《昊天塔》有云：

> 老夫，杨令公是也。因与北番韩延寿交战，被他围在虎口交牙峪，里无粮草，外无救军。这个是我第七个孩儿杨延嗣，他为搭救我来，被潘仁美攒箭射死，老夫不能得脱，撞李陵碑而亡。

又云：

> 只恨那潘仁美这个奸贼，逼的俺父子并丧番地。

由《宋史》之说，则潘美曾经设伏，以后王侁撤伏，潘美不能制。由元曲之说，则潘美不但未设伏，且七郎突围求救，亦将其杀害，而援兵始终不出；至于说到杨业的死，《宋史》谓被俘不食死，元曲则谓撞李陵碑而死。总之，不论潘美曾否设伏，而杨业之死则诚如他自己所云，实为"奸臣所迫"而死。王侁一则谓其"畏懦如此"，再则责其"逗挠不战"，甚至疑其有"他志"；而必令其在"时有未利"的情形之下孤军出击。既出，而又撤去援兵。如此用心，其为假手外敌，以消灭异己，实甚显然。此种阴谋，后来宋代朝廷似乎也知道了。太宗追悼杨业的诏书中有云：业"方提貔虎之师，以效边陲之用，而群帅败约，援兵不前，独以孤军陷于沙漠；劲果猋厉，有死不回，求之古人，何以加此。"以后并将潘美降级三秩，监军王侁、刘文裕除名。虽然如此，亦无补于雁门之败矣。

《宋史》本传曰："业不知书，忠烈武勇，有智谋。练习攻战，与士卒同甘苦。代北苦寒，人多服毡罽；业但挟纩，露坐治军事，傍不设火，侍者殆僵仆，而业怡然无寒色。为政简易，御下有恩，故士卒乐为之用。朔州之败，麾下尚百余人。业谓曰：'汝等各有父母妻子，与我俱死无益也。可走，还报天子。'众皆感泣不肯去。……无一生还者，闻者皆流涕。"像这样一个"忠烈武勇有智谋"，而又能"与士卒同甘苦"的大将，当强敌压境之时，竟死于排除异己的奸臣之手，岂不为亲者所痛而为仇者所快耶？此宋太宗所以有："闻鼓鼙而思将帅"之慨也。

## 四　战斗河北平原的杨延昭及其子

《宋史》于杨业诸子只有《延昭传》，已于前述。同时，元曲亦不及其诸子。自明以来，剧本小说，皆谓大郎、二郎、三郎、七郎并死于陈家谷之役，四郎失踪，或云被俘，五郎在五台为僧，只有六郎未死，后来奉命镇守三关。据元曲《昊天塔》云：三关者，梁州遂成关、霸州益津关、雄州瓦桥关之总称，其地均在今日河北保定以南。证之《宋史》，延昭曾被命知定远军，徙保州缘边都巡检使，并以守遂城有功，拜莫州刺史。与元曲所传六郎之事，适相符合。然则延昭或为六郎？而杨业亦唯此一子独存也。

延昭当真宗之世，当时契丹势力日益南渐，河北、山西屡遭侵扰。同时，陕北、绥远一带，又出现了一个西夏王国，与契丹相结，侵扰西北。当此之时，大河以北，东自山东，西迄陕北，几乎完全沦于异族统治或威胁之中。至于宋代政府的内部，则五鬼专政。五鬼者，即王钦若、丁谓、陈彭年、马知节、刘承规也。因为他们相互勾结，踪迹诡秘，故时人号曰五鬼。即因五鬼之徒，充塞朝廷，正人君子如寇准等均被排斥。他们当大敌压境之时，不惟不积极选将练兵，以救河朔生灵；反而引导真宗今日封泰山，明日祠老子，天书符瑞，闹得乌烟瘴气。他们说："惟封禅可以镇服四海，夸示外国。"这些败类，显然是隐藏在政府中的一群汉奸。

元曲中《谢金吾诈拆清风府》一剧，即系描写当杨延昭镇守三关与契丹相抗之时，王钦若命其婿拆毁杨家在京城之敕建的官邸之故事。据元曲《谢金吾》杂剧中所传，清风府，是"先帝（太宗）与他家（杨家）造下的一座门楼，题曰'清风无佞楼'。至今楼上有三朝天子御笔敕书，大小朝官过者都要下马，天子春秋降香。"果如此说，则清风府，不仅是一座杨家的官邸，简直是一座烈士祠。而王钦若公然敢于拆毁，足见当时汉奸之横行与对抗战将领之痛恨。

王钦若在《宋史》中，说他是中原人，但元曲则说他是契丹派到北宋政府中来作奸细的。《谢金吾》杂剧中云：

> 下官姓王名钦若，字昭吉。方今大宋真宗皇帝即位，改元景德元年，下官现为东厅枢密使。这里也无人，下官本是番邦萧太后心腹之人，原名贺驴儿。为下官能通四夷之语，善晓六番书籍，以此遣下官直到南朝，作个细作。临行时，萧太后恐怕下官恋着南朝富贵，忘了北番之恩，在我这左脚底板上，以朱砂刺"贺驴儿"三个大字，又有两行小字道："宁反南朝，不背北番。"下官自入中原，正值真宗皇帝为东宫时，选文学之士，下官因而得进。今圣上即位，宠用下官，升拜枢密之职，掌着文武重任，言听计从，好不权势。只有一事不能称心，现今有一员名将，乃是杨令公之子，姓杨名景，字彦明（即延昭），更兼他手下有二十四个指挥

使，人人勇猛，个个英雄，天下军民皆呼他为杨六郎。……那杨景镇守着瓦桥三关，所以北番不能得其尺寸之地。近来有萧太后使人将书来见下官之罪，说我忘了前言。我今无计可施，想来萧太后连年不能取胜，皆因惧怕杨景，不敢兴兵。若得杀了杨景一个，虽有二十四个指挥使，所谓蛇无头而不行，也就不怕他了。那时等我萧太后尽取河北之地，易如反掌，岂不称了下官平生之愿。

由此看来，王钦若等五鬼通敌卖国、残害抵抗契丹的将领的汉奸行为，已为当时人民所共知共见，并且转相传说，流传民间，所以到南宋便以《打枢密爨》而出现于金院本。到元代，便以《谢金吾》而出现于元杂曲。《遁溪逸史·读曲随笔》有曰：

> 余读元曲至《谢金吾诈拆清风府》一剧，而深有慨夫宋代好逆之横行也。王钦若以堂堂大宋枢密，朝廷之所畀倚，苍生之所托命，不思奋其忠贞，整军经武，北伐中原，驱除丑虏，复禹域戎狄，救斯民于火水；乃宁反南朝，不背北朝，通敌卖国，媚外求荣，真狗彘之不若矣。虽然，当时朝廷之中，如贺驴儿其人者，又岂少矣哉，此宋之所以南渡也。

杨延昭正当满朝汉奸横行之时，出镇三关。当时三关，实为与契丹最接近之前线，亦可以说是沦陷区，因当时契丹势力已越保定而南，进迫大名。因此，杨延昭的任务实至为艰巨。若委以重兵，尚可拒守。但据《宋史》本传云："时真宗驻大名，傅潜握重兵，顿中山，延昭与杨嗣、石普屡请益兵以战，潜不许。"由此足证前线统帅与王钦若等，也是同一鼻孔出气。

虽然如此，杨延昭仍能以少数孤军与契丹相抗于河北前线。

《宋史》本传曰："及潜抵罪，召延昭赴行在，屡得对，访以边要。帝甚悦，指示诸王曰：'延昭父业，为前朝名将，延昭治兵护塞有父风，深可嘉也。'"

不仅如此，而延昭曾一度大败契丹之军，但却因此而使朝中汉奸大为忌恨，盖如此则契丹不能有逞于河北，而贺驴儿之流无以报命于萧太后也。《宋史》本传云："是冬，契丹南侵，延昭伏锐兵于羊山西，自北掩击，且战且退。及山西，伏发，契丹众大败，获其将，函首以献。进本州团练使，与保州杨嗣并命。帝谓宰相曰：嗣及延昭，并出疏外，以忠勇自效，朝中忌嫉者众，朕力为保庇，以至于此。"

果然咸平五年，杨延昭小有挫败，朝中汉奸，即欲致之于死。后来还是真宗说"嗣辈素以勇闻，将收其后效。"即宥之。

咸平六年，契丹复侵望都，复以延昭为都巡检使。当此之时，延昭屡上防秋之策，均不为政府采用。直至景德元年，延昭之兵，才满万人。是年，契丹南侵，真宗亲征，驻营澶州（今河南濮阳南），不久，契丹进薄澶州。当时，延昭上书，主张与契丹一战。书云：

> 契丹顿澶渊，去北境千里，人马俱乏，虽众易败。凡有剽掠，皆在马上。愿饬诸军，扼其要路，众可歼焉。即幽、易数州，可袭而取。

杨延昭的建议，没有被采纳，结果还是与敌人作城下之盟，即所谓"澶渊之盟"者是也。

以后杨延昭仍知保州，兼沿边都巡检使，又进本州防御使，徙高阳关副都部署。在屯所九年，卒于大中祥符七年，年五十七，当其灵榇南返，"河朔之人，多望榇而泣。"

延昭子文广，曾从狄青南征，做过广西钤辖，知宜、邕二州，累迁至左藏库使。治平中，又擢升成州团练使，龙神卫四厢都指挥使，兴州防御使。后奉命筑筚篥城，因击西夏有功，令知泾州、镇戎军，为定州路副都总管，迁步军都虞候。曾献收复河北之策，未报而卒。赐同州观察使。自文广以后，杨氏遂无闻。

# 五　结　语

总观以上所述，我们因知杨家一门，父子祖孙在北宋初叶，确系震动一世的人物。如杨业奉山西之土地与人民，从契丹控制之中，还诸宋朝。以后镇守晋北，转战雁门，所向克捷，有无敌将军之称。可惜，后来竟死于排除异己者之手。杨延昭镇守三关，转战河北平原，以孤军而屡挫强敌，"契丹震怖，目为六郎。"可惜扼于朝中汉奸，不得展布。至于杨文广，亦曾南征北伐，为宋代保卫疆土，可惜亦以收复河北之议不行，郁抑而死。杨家祖孙三代，皆为宋代保卫疆土，奋战于山西河北陕西一带。其忠勇之精神，壮烈之牺牲，悲惨之遭遇，实为当时人民所共见共闻，同声婉惜者也。所以对于杨家将的事迹，《宋史》虽有意无意纪录不详，但人民是最公平的历史家，他们却用传说把这些民族英雄的伟迹，很真实而生动的纪录下来了。由此而知，只要是真正为国家为民族而斗争的英雄，他决不会从人民的历史读本上消灭。反之，若潘美、王侁、王钦若之流，正史虽为之掩饰，但在人民的传说中，却现出了败类和汉奸的原形。

（重庆《中原》第二卷第1期，1945年3月出版）

# 南宋初年黄河南北的义军考

## 一　从动员义军到解散义军

1126年，即宋钦宗靖康元年，金人由河北、山西两路南侵。

在山西方面，金将粘没喝（粘罕）攻陷恒、代、太原、泽、潞、汾、晋，渡河而南，进陷西京（洛阳）。当金兵进薄平阳，平阳叛卒导金兵入南北关。粘没喝叹曰："关险如此，而使我过之，南朝可谓无人矣。"①

在河北方面，金将斡离不攻陷真定、怀、卫、浚、滑，渡河而南，直逼汴京（开封）。当金兵渡河时，"宋师在河南者，无一人御敌"。金人笑曰："南朝若以二千人守河，我岂得渡哉！"②

在此金兵两路渡河，兵临城下的紧张形势之下，于是钦宗采纳了耿南仲、李邦彦、吴敏、李梲等的意见，派遣耿南仲为河东割地使，使于粘没喝。聂昌为河北割地使，使于斡离不。

但当时，大河以上，义军蜂起：在山东则张仙众十万，张迪众五万。在河北则高托山号三十万，二三万者不可胜数。在山西，则忠义豪杰，遍据山寨。他们都主张抵抗，反对割地。所以

---

① 《大金国志》卷四。
② 同上。

耿南仲至卫州，百姓不纳。聂昌至绛州，州人杀之。据《三朝北盟会编》云："耿南仲与金人王汭至卫州。……南仲独至卫州城下，守臣徐凌欲出城迎见，百姓不许。云："门下与虏人同行，不可令入城"，闭城不纳。南仲遂往相州"。（卷六六）"聂昌往河东割地，……虏使偕行。至绛州……绛人怒昌割地……百姓攻之，执昌同虏皆杀之"。（卷六七）

李纲深知民气甚愤，可因以制敌；同时，"既遣使矣，虏骑薄城，京师围闭"。欲以义军之力，解京师之围。因上疏谓："（河东河北）两路士民所以戴宋者，其心甚坚。皆推豪杰以为首领，多者数万，少亦不下万人"。[1]请号召河北义军勤王。于是钦宗慨然下诏曰：

> 咨尔河北之民，与其陷于蕃夷，各宜自愤，抱孝怀忠，更相推立首领，多与官资。监司守土帅臣，与尔推诚结集，北道州军，自以为保守疆土，使予中国不失于蕃夷。天下平安，朕与汝等分土共享之。朕言及此，痛若碎首，故兹诏示，宜体至怀。[2]

于是张所即冒围以蜡书驰赴河北，召募义军。据李纲《建炎进退志》云："蜡书至，河北士民皆喜曰：'朝廷欲弃我于夷狄，犹有一张察院欲救我而用之乎？'应募者凡十七万人"。由此足见河北人民抗敌情绪高涨之一般。

同时，傅亮带领三万人，由河北应诏驰赴汴京勤王。于是李纲遂举张所、傅亮二人招抚河北义军。

---

[1] 《宋史·李纲传》。
[2] 《三朝北盟会编》卷七四。

不久，汴京陷落、徽、钦被掳。金人立张邦昌为楚帝，在汴京建立了一个傀儡政府，而以徽、钦及在汴皇族与大量的子女玉帛卷而北走。于是康王即帝位于归德，南渡临安，是为南宋高宗。康王即位之初，以中原沦陷，二帝被掳，颇有收复失地、复仇雪耻的雄心。他曾经转战河北，深知义军可用，故毅然于建炎元年八月八日及十四日，两次下诏，号召义军。其诏有云：

> 近者使臣来自朔部，审问两路守臣，义不爱生，誓以死守；贼虽凭恃犬羊之众，敢肆攻围，而能卒励士民，屡挫丑虏。其忠义军民等倡义结集以万计，邀击其后，功绩茂著，朕甚嘉之。夫河北、河东，国之屏蔽也，朝廷岂忍轻弃。靖康之间，特以金人凭陵，不得已，割地赂之，将以保全社稷，止兵息民。而金人不退，攻破都城，易姓改号，劫銮舆以北迁，则河北、河东之地，又何割焉？已命将遣帅，以为应援。两路州县官守臣及忠义之士，如能竭力捍御保有一方，及纠集师徒，力战破贼者，至建炎二年，当议酬其勋庸，授以节钺。其余官军吏兵等，第加优赏。应赋税货财，悉许移用；官吏将佐，悉许辟置，朝廷更行量力应副。为国藩屏，以昭茂功。[①]

金人北去，宋都南徙，政府以宗泽留守汴京。"时敌骑留屯河上，金鼓之声，日夕相闻，而京城楼橹尽废，兵民杂居，盗贼纵横，人情汹汹"。而宗泽"据形势，立坚壁二十四所于城外，沿河鳞次为连珠寨，连结河东、河北山水寨忠义民兵。"[②] 迅速

---

① 《三朝北盟会编》卷一〇八。

② 《宋史·宗泽传》。

恢复了汴京的秩序，巩固了沿河的防御。并且"招集群盗，聚兵储粮，结诸路义兵，连燕、赵豪杰，自谓渡河克复，可指日冀。有志弗就，识者恨之。"[1]

从以上的史实看来，在汴京沦陷后的一瞬间，南宋朝野上下，实有一致抗敌的精神，但可惜不久以后，黄潜善汪伯彦之徒执政，便企图偷安江左，苟延性命，一意屈辱，割地赔款，称臣进贡。于是一面窜李纲于琼州以谢金人；另一面，又于建炎元年十月下令："罢诸路召募溃兵忠义等人，及寄居官擅集勤王兵者"。[2]当此之时，宗泽曾慨然上疏曰："自敌围京城，忠义之士，愤懑争旧，广之东西，湖之南北，福建、江、淮，越数千里争先勤王。当时大臣无远识大略，不能抚而用之，使之饥饿困穷，弱者填沟壑，强者为盗贼，此非勤王者之罪，乃一时措置乖谬而致耳。今河东西，不从敌国而保山寨者，不知凡几？诸处节义之夫，自黥其面而争先救驾者，复不知其几？此诏一出，臣恐草泽之士，一旦解体，仓卒有急，谁复有愿忠效义之心哉！"[3]以后汪伯彦等欲献媚于金人，更进一步指勤王者为盗贼。宗泽又上疏云："今河东、河西……节义丈夫不敢顾爱其身而自黥面，争先救驾者几万数人，今日陛下以勤王者为盗贼，则保山寨与自黥其面者，岂能自顾耶？"（《三朝北盟会编》卷二五）又云："但见刑部指挥云，不得誉播赦文于河之东、西，陕之蒲、解者，是褫天下忠义之气，而自绝其民也！"[4]

---

①　《宋史·宗泽传》。。

②　《宋史·高宗本纪》。

③　《宋史·宗泽传》，《三朝北盟会编》卷二五引此疏甚详。

④　《宋史·宗泽传》。

## 二 普遍全国的"忠义巡社"

当时义军之所能蓬勃地兴起弥漫大河南北，决非偶然。

首先是政府的几次号召，激发了沦陷区域人民爱护祖国的热忱。因当"时乃割地之初，以大河为界。北方盛传南帝亲征，民间往往私结徒党，阴置兵器，以备缓急。沿河州郡，尤为谣言所惑，至于昼为罢市，夜或披衣以伺风声者。"[①]河北的人民，期望以自己的斗争，迎接祖国的北伐军"使予中国不失于蕃夷"。

其次，由于金人的严刑重赋，使人民穷无所归。据《大金国志》云：

> 太行之士，有自宋靖康之末，上山保险者，至今不从金国。其后又因严刑重赋饥馑逃亡，及豪杰乘时而起者，比比有之。（卷十）

又据《三朝北盟会编》云："耿京怨金人征赋之骚扰，不能聊生……与其徒六人入东山，渐次得数十人，取莱芜县，有众数百……自此渐盛。"（卷二四九）

又据《大金国志》云："最甚者，天会（金人年号）八年春，以人口折还债负，相率上山者，动以万计。"（卷十）

最后金人下"削发变服的命令。"据熊克《中兴小纪》云："金人分河间、真定二府为河北东西两路；平阳、太原二府为河东南北两路。去中山、庆源、信德府号，皆复旧州名。百余军垒，亦多改焉。下令禁民汉服及削发，不如式者皆死。"（卷七）

又《三朝北盟会编》引宗泽疏云："今河东河西，不随顺蕃

---

① 《大金国志》卷十一。

贼，虽强为剃头辫发，而自保山寨者，不知其几千万处。"（卷一一五）同书卷一二二又引马扩书云："时方金人欲削南民顶发，人人怨愤，日思南归。又燕地汉儿，苦其凌虐，心生离贰，或叛逃上山，或南渡投降，自河以北，各传蜡书，皆约内应。"

在以上的种种情形之下，于是黄河以北的人民，便相率揭竿而起，联村结寨，以反抗金人的野蛮征服。他们组织了历史上有名的"忠义巡社""红巾"等，在山西、河北、山东以及淮北一带，结成大大小小的山寨水寨，与金人展开激烈的斗争。

"忠义巡社"最初是人民自动组织的，各地与各地不同。刘时举《续宋中兴编年资治通鉴》卷一有云："河朔之民，愤于贼虐，自结巡社，乃定河北忠义巡社法。"以后政府曾经一度计划统一他们的组织，并加强其与地方政府与军事当局间联系。据《建炎以来系年要录》载：三省枢密院奏云：

> 诸路民兵为忠义巡社，令宪臣提领。张悫之为户部尚书也，建言：河朔之民愤于兵乱，自结巡社，请依唐人泽潞步兵三河子弟遗意，联以什伍，而寓兵于农，使合力抗敌。且从靖康诏旨，以人数借补官资。仍仿义通增修条画，下之诸路。未及行，会许翰与东京西路安抚大使兼知东平府权邦彦继以为言。乃以忠义巡社为名，仍自本院参酌立法行下。其法：五人为甲，五甲为队，五队为部，五部为社，皆有长。五社为一都社，有正副。二都社有都副总首。甲长以上免身役。所结及五百人已上，借补官有差。即有功或艺强及都总首满二年无过者，并补正。犯阶级者杖之。岁冬十月，按试于县，仍听守令节制。岁中巡社增耗者，守二令尉黜陟皆有差。（卷八）

但是不久，张浚便建议朝廷，谓"巡社不利于东南"，请政府取消东南的巡社。他说："臣窃谓往岁巡社之举，无益于御寇，只以召乱。而况东南之人，其不可为兵也明矣。一发其端，其害甚大。"①

政府接受了张浚的建议，于是下诏："陕西、河北巡社依旧，余路均罢。"

"巡社之不利于东南"，如果如张浚所谓："东南之人，不可为兵，"此乃不通之论。若谓"一发其端，为害甚大，"则又未免过虑。然而巡社之取消，实有其原因。即因当时各地巡社移用"应赋税货财"，因而增加了豪富的负担。据《系年要录》有云：

> 始朝廷以诸州禁兵不足，乃集民兵，置巡社，又增射士以助之。已而言者以为巡社不利于东南，既罢之，犹存十分之一。至是（建炎元年六月），朝请大夫王诲言，海陵一县，应留巡社六十三人，而岁敷民间庸钱六千三百缗，利害可见。民兵之法，凡坊而产钱千缗，乡村田三顷，并出一夫，岁租之入或不足供办，而点丁之际，尽取其力穑之人，此尤拂于人情。（卷二四）

当时东南巡社，业已奉命组织，广之东西，湖之南北，江淮闽浙，忠义之士争先恐后，"聚集兴宋"。一旦被迫解散，遂相率而为"群盗"。如荆湖的孔彦舟，襄阳的张用，江淮湖湘的李成，湘赣边境的曹成，蕲阳的刘忠，洞庭的杨么……他们各人都聚集著大批的义民，自由行动。因而李纲、韩世忠、岳飞等大将，便不能不从前线走到后方，以与江南群盗相周旋，据《系年要录》

---

① 张浚：《中兴备览议》。

卷三一："郴州永兴县所捕乡民，皆面刺'聚集兴宋'四字"。自从"江南群盗"起，于而遂有金人第二次之大规模的南侵。

# 三 王彦的"八字军"

太行山是当时义军的一大根据地。因为太行山介在山西、河北之间，山西、河北的人民，都向那里集中。据熊克：《中兴小纪》卷十九云："自靖康以来，中原之民不从金者，于太行山相保聚。"

在当时太行山中，并不只是一个山寨。在那里，先后建立山寨的有王彦、梁兴、梁青、韦铨、张横、齐石、武渊、贾敢、石子明、陈俊等，而其中尤以王彦所领导的八字军，最为有名。

关于王彦的八字军：据《三朝北盟会编》卷一一三云："彦收散亡得七百人，保共城县西山，常虑变生不测，夜则徙其寝所。其部曲曰：'我曹所以弃妻子冒乃死以从公者，感公之忠愤，期雪国家之耻耳。今使公寝不安席，乃反相疑耶，我则非人矣。'遂皆面刺'赤心报国，誓杀金贼'八字，以示其诚。彦益自感动，大树威信，与士卒同甘苦。未几，两河响应，招集忠义民兵首领，如傅选、孟德、刘泽、焦文通等一十九寨，十余万众，绵亘数百里，金鼓之声相闻。自并、汾、湘、卫、怀、泽间倡议讨贼者，皆受彦约束。禀朝廷正朔，威震燕代。金人患之，列戍相望，时遣劲兵挠彦粮道，彦每勒兵以待之，且战且行，大小无虑数十百战。斩获银牌首领、金环女真，及夺还河南被掳生口不可胜计。"

同书卷一一四云："金人时锐意中原，特以彦在河朔，兵势张甚，未暇南侵。一日虏帅召其众酋领，俾以大兵再攻彦垒。酋领跪而泣曰：'王都统寨坚如铁石，未易图也。必欲使某将者，愿请死不敢行。'其为虏所畏如此。"

王彦的八字军在太行山下，曾于建炎元年十一月、二年四月两次大败金人。后来宗泽以"彦虽盛，然孤军无援，不可独进。"乃召王彦回东都。东都沦陷后，王彦便南归了。

关于梁兴：据《宋史·岳飞传》云："绍兴六年，太行忠义社梁兴等百余人，慕飞，议率众来归。……又命梁兴渡河，纠合忠义社……梁兴会太行忠义及两河豪杰等，累战皆捷，中原大震。"又《建炎以来系年要录》卷九七亦云："荆襄招讨使岳飞言，太行山忠义社梁兴百余人，欲径渡河，自襄阳来归。时金人并力攻兴，故兴以精骑突而至飞军前。上曰：'果尔，当与官以劝来者'。"

关于梁青：据《大金国志》卷十二云："义士梁小哥（即梁青）有众四千人。"曾攻陷平阳府的神山县。金人派总管判官郑奭去迎击他，但"金军遥见小哥旗帜不敢进。继有都统马五者，领契丹铁骑五百至，责奭逗奋，并将其军，与小哥战，亦败死。"[1]

关于韦铨：据《建炎以来系年要录》卷一〇五云："河东山寨如韦铨辈，虽力屈就金人招，而据险自保如旧，亦无如之何，羁縻之而已。一旦天师渡河，此辈必为我用。"

关于张横：据《中兴小纪》卷十九云："初，太原张横者有众二万，往来岚宪之境。岚宪知州同知领兵一千五百人，入山捕之，为横所败，两同知被执。"

关于齐石武渊贾敢等：据《建炎以来系年要录》卷四七及

---

① 熊克：《中兴小纪》卷十九。

《大金国志》卷七载："天会九年……河东南路都总管萧庆招降太行红巾首领，齐石、武渊、贾敢等送于粘罕，罕尽杀之于狱。"

关于石子明：据《三朝北盟会编》卷一四一云："太行义士石子明与金人汉军八万户侯韩常战于真定，大败常军。"

陈俊据《系年要录》卷一九二云："（金主）亮肆虐既久……及将用兵，又借民间税钱五年，民益怨愤……于是中原豪杰并起……太行陈俊唱义集众。"

从以上的史实看来，太行山的义军，自从齐石、武渊、贾敢被金人诱杀以后，再也没有一个投降的了。他们虽据太行，分道驰逐，剽击于山东、河北诸州郡，给金人以心腹之患。他们之中，有些是直接受政府军的指挥，如王彦的八字军与宗泽的关系。有些则与政府军保持相当的联络，如梁兴、梁青、韦铨等之响应岳飞的北伐。有些则在客观上帮助政府军的攻守。据《系年要录》卷一〇五云："岳飞措置甚大，今已至伊洛，则太行一带山寨必有通谋者，自梁青之来，彼意甚坚，……河东山寨如韦铨辈……一旦王师渡河，此辈必为我用。"又据《宋史》所云，他们与韩世忠也保有密切关系。《韩世忠传》云："初，世忠移屯山阳，遣间结山东豪杰，约以缓急为应。宿州马秦及太行群盗，多愿奉约束者。"此外他们与地方民众，也保有密切的联络。地方民众并且供给他们的粮食。因此金人迁怒于附近地方的民众。《大金国志》卷八云："天会十二年……河东南路都总管蒲路虎捕太行义士，以绛州翼城村民多有输其粮者，于是屠近山四十村。"

可惜后来宗泽忧愤而死，岳飞为卖国贼秦桧所杀，而韩世忠亦罢置闲散，于是太行山的几十万忠义之士，遂先后为金人所消灭。

# 四 马扩的"五马山寨"

除太行山的义军之外，其次就是五马山的义军，这支义军的领导者是宋朝的武功大夫和州防御使马扩。据《系年要录》卷四载，当太原沦陷后，马扩被派到真定募兵，为按抚使刘韐因私仇所囚。真定破，马扩才"自狱易服出奔，窜西山和尚洞"。又据《北盟会编》卷九〇云："时两河义兵，各据寨栅，屯聚自保，众请推马为首……与金人相拒，或一日十数战。"又云："与虏人战……马被执。……斡离不曰：'尔非南朝宰相，又非大将，何自苦如此。我久知尔忠义，我国家内除两府未可仿外，尔自择好官职为之。'马曰：'某世受国家爵禄，今国家患难，某宁死不受好官。'经数日复来说马。马曰：'必不得已，愿求田数百亩，耕而食之，以终父母之寿。'斡离不许之。"

以后马扩又奔回五马山，再整旗鼓。据前书卷一一五云："（马）复奔诣五马山寨，诸寨闻之喜跃，复推马扩为首。是时传闻信王在金人寨中，隐于民间，自称姓梁，为人点茶。马扩一夕率兵劫金人寨，夺迎以归，遂推奉信王为首。时两河忠义，闻风响应，遥变旗榜者，约数十万人。"

马扩以为威信既立，基础既固，须与政府取得联络，于是南诣行在，投表乞师请命。他不知当时汪伯彦、黄潜善当国，不欲与金战，而且对于他奉信王为首，更为疑忌。结果拨得乌合之众数千，等到他回到大名府，而五马山的大本营，已为金人所陷落。据《北盟会编》卷一一六引续自叙云：

> 时汪伯彦、黄潜善为相，既疑且忌，遂遣数千乌合之兵付马以行；又有洺州弃城军兵民兵到泗州者，有旨拨五百人随马扩往河北应援，信王密授，朝廷反相防闲。十羊九牧，

左疑右忌，未至大河，诏旨络绎，令一人一骑，不得渡河，听诸路帅臣节制。马知其掣肘，谓不可以成事矣，遂屯于大名以俟之。

轰轰烈烈的五马山，由于汪伯彦等等摧残，结果数十万义军全军覆没，信王不知所终。而对于马扩，则既不给以军饷，又复中以谣言，终于罢免其军职。据《北盟会编》卷一一八云：

先是马扩以节制应援兵马使，集诸军欲大举收复陷没河北州郡，师次馆陶，闻冀州已陷，金人犯博州，皆彷徨不敢进，其副任重与统制官曲襄、鲁珏、杜林，望风奔溃还朝，共肆谮诬，以迎合当时之意。扩军士乏食，众汹汹以顿兵不动为言，马遂帅众往攻清平，金酋挞懒郎君与目窝里合嗢兵往并攻清平。……清平人开门降金人，掩马扩之背，马敛兵退，众皆散乱不整。马以事不可济，乃由济南归。……马到行在，自上表待罪。褫二官，并罢其兵职。

马扩败后，五马山上，还继续有过两次义军的活动。据《宋史·信王榛传》：在"绍兴元年，郑州有杨其姓者，聚众千余，自称信王，"可惜为"镇巡使翟兴觉诈，遣将斩之以闻于朝。"

在杨姓者之后，五马山又出现了一个义军领袖沙真。据《系年要录》卷四十九云：

都督行府言五马山车股寨忠义首领沙真遣其徒赵元来白事，乃补进义副尉，令复往抚谕。

但是这已经是金人势力更盛的时代，人民鉴于马扩的惨败，已经没有那样的热烈了，所以结果也就没有把这一枝义军扩大起来。

# 五 山西、山东、淮北、辽东
## 与湖北的"山寨"与"水寨"

除了太行山、五马山的义军以外，在山西、河北、山东、安徽、江苏、湖北还有很多的义军。他们结成了许多山寨和水寨，与敌人作长期抗战。

现在我们先说山西的山寨。山西的山寨有史可考的，有五台山的山寨、神稷山的山寨、西山的山寨。

（一）五台山的义军，起于太原被围的时候，前后两次援应太原，都失败了。

第一次是庞僧正所领导，据《北盟会编》云：

> 先是统制武汉英将禁军三千人救太原。以兵少，遂来真定，见（刘）鞈，不语。汉英至五台山见庞僧正，说庞僧正聚集本山僧，行往代州，欲劫金人之军。未出五台山界，遇金人，战不胜。汉英走入平定军瑜珈寨。（卷四八）

第二次是僧吕善诺、杜太师所领导。据《北盟会编》云："初，太原城中有将官杨可发者……缒城出，欲招集人解围，到盂县，约有众千余。忽逻得三人，乃繁峙县东诸豪杰，不肯顺番、差往探太原事者。可发遂随三人至五台山北繁峙县东天延村，招军马，四十余日，得二万余人，以五台山僧吕善诺、杜太师为先锋，将到繁峙县东十里铁家岭，遇金人，大战，至晚，众皆散去。"（卷五一）

（二）神稷山的义军，领导者为解州人邵兴，曾在山西南部晋绛一带与金人展开激烈的战斗。据《北盟会编》卷一〇四云："解州民邵兴据神稷山，屡与金人战，大破其军。邵兴字晋卿，解州安邑人也。靖康，金人犯晋绛，兴因起兵为盗，人呼为邵大伯，据解州神稷山，屡与金人战。金人执其弟翼以招之，兴不顾其弟，饮泣死战，大破金人之兵。"

（三）文水的义军，为保正石頩所领导。虽不久亦归失败，其至死不屈的精神，实堪师表后代，据《朝野遗纪》云："文水县西有山险可据，保正石頩聚众据之。时抄虏游骑，且断其运道，数夜犯其小寨。粘罕怒，遣重兵合攻之，遂擒頩，钉于车上。将剐之，已狐刃股，而色不变，奇之。好谓曰："能降我，以汝为将。"頩怒目骂曰：'爷能死，不能降！爷既姓石，石上钉橛，更无移易也。'罕怒，寸磔之，骂不绝声而死。"

其次说到山东方面的义军。山东方面的义军最多亦最强。《系年要录》谓"山东大姓，结为山寨以自保。"（卷八七）《齐东野语》亦谓："山东河北，连城慕义。"（卷十九）由此可见山东义军之多。又据《中兴小纪》云："刘豫自去冬起，登莱密三州兵，与敌众合犯山东之忠义军寨，失利而去，遂广造战船以张威，又送旗榜伪报，欲间众心；统制官范温收系其使。"（卷十二）由此可见山东义军之强。他们的力量几乎可以消灭伪齐皇帝刘豫的傀儡政府。据《刘豫事迹》罗诱语刘豫云："且民心日夜盼故主之来。所赖大金威惠，因无异心。使彼议和成，将不我援；则豪杰四起，不待赵氏之兵，而齐已诛矣。"

山东的义军之所以多而且强，第一是由于在那里有刘豫的伪组织，激动了人民的反感；其次则是因为山东的义军与韩世忠、岳飞等容易保持联系。当"韩世忠移屯山阳，遣间结山东豪杰，约以缓急为应。"[①]又岳飞亦曾遣山东忠义领袖李宝"合会山东

---

① 《宋史·韩世忠传》。

忠义人立功"。<sup>①</sup> 当时山东的山寨甚多，可惜有史可考的，只有
徂徕山与石额山两个山寨的简单纪录。

关于徂徕山的义军《中兴小纪》及《系年要录》均有记载，
其领导人为吴给、孙亿。据《系年要录》卷一八所载，吴、孙二
人都是宋朝的官吏。吴任承议郎，充徽岳阁待制，知东平府。孙
任朝奉郎，直龙图阁，知袭庆府。"初，吴给之在都司，以论事
忤黄潜善，罢居须城。及金人既得兖、郓二州，给与亿义不臣
金，率军民据徂徕山为塞，数下山与金战。"又《中兴小纪》亦
云："初，敌攻东平、袭庆二府……（吴给、孙亿）并于徂徕山
（今山东泰安县东南）建筑保聚两处军民，又累下山与敌战。"

关于石额山的义军，《系年要录》只云："光州（今山东掖
县）土豪张昂独率民军据仙居县之石额山为寨。事闻，诏授昂忠
翔郎，忠义兵民统领。"（卷五一）而不及其他。

河北方面的义军，大率都以太行山为根据地。因为河北沦
陷最早，已为金人主力军屯聚之所，故对人民的压力亦大，义
军不易立足。但除太行山之外，见于史乘者，还有西山的义军。
据李纲《建炎进退志》云："有朝请郎王主者，真定府（今正定）
人。真定既破，率众数万保西山，屡胜金贼。闻上即位，自山
寨间道来献其谋，正与朝廷同，能道河北事尤详。有旨除直秘阁，
招抚司参谋官，使佐留行在，又二十余日而后行。"（上之下）
自然，当时河北豪杰之起义勤王者，不仅真定一处，因与政府
不通声气，因而史无所记。但从李若水《乞救河北山东书》中，
亦可看出当时河北义军之一般。书中有云："又于山下，见有
逃避之人，连绵不绝。闻各集散亡卒，立寨棚以自卫，持弓刀

---

① 《建炎以来系年要录》卷一三二。

以捍贼。金人数遣人多方招诱，必被剿杀，可见仗节义，力拒腥膻之意。"

淮北方面，亦为敌骑蹂躏之地，所以淮北人民，亦多结寨自保。惟淮北无高山峻岭可据，故多结水寨。据《中兴小纪》卷十七云："凇汪居民，旋造屋为肆，敌虽对岸，略不畏之。时承、楚、泰三州，各有水寨民兵，合力击敌。庚戌，上谓宰执曰：'淮民不能安业，今又遭敌骑，乃力奋忠义，不忘国家，实我祖宗涵养之力。宜与放十年租税，仍拨钱米助之。'赵鼎曰：'陛下德泽如此，人心益固，国祚亦长矣。'"至于当时水寨之可考者，只有孟健所领导的涟水军南寨。据《系年要录》卷二七云："先是太学博士孟健，自海州率民兵数千勤王，至涟水（今属江苏）南寨，因留焉。逮攻之数月，及陷，健与其家皆死"。此外，安徽凤阳人王维忠，曾在凤阳韭山结寨抗金。据《北盟会编》卷一三八云："王维忠，濠州钟离县农家子也，字移孝。总角有大志，兄弟三人，惟忠最幼……军兴，上有诏许民自保，维忠乃据韭山为寨，与乡人共守。韭山有洞，可容老小数千。维忠屡与张文考、史康民战。金人以孙兴来知濠州，管属县镇，皆听兴伪命而用天会年号。兴遣人招维忠，独不从。至是维忠率众弃韭山寨，归于招信县刘位。位令维忠为左军统领官。韭山寨垒石为城，周匝四里，又作大寨七里，环绕之，战御之具稍备，民之愿来依者凡万余人。维忠选强壮充兵，韭山之势，巍然而立，外百余，群山统之。"

此外，在辽州则有韦忠佺、宋用臣、冯赛，"自军兴，即与徒保聚山谷，数与金人战。"并向政府"乞兵渡河。"（《系年要录》卷三六）在陕西则有丹山寨，"金人所命知慈州刘度破丹州（宜川）义士孙韩于山寨，降其卒三十人，尽杀之。"（同上卷六六）在湖北则有均州山水寨，"武翼郎知均州武钜，筑山水寨，结土豪起义军，自为攻守计，不借朝廷军需刍粟等"。①

## 六　黄河以北的"义士"与太行山上的"红巾"

除山水诸寨以外，当时黄河以北义士民兵之揭竿而起以抗金御侮者，亦前仆后继，接踵而起。如洺州义士赵士晤，曾聚民军数万，攻破金兵于洺州，杀死投降金军的守臣王麟。②易州义士刘里忙，曾集南北忠义之士万余人，袭击金人于易州。③获鹿义士张龚曾与五马山马扩、赵邦杰结合，先后克复真定、燕山。④玉田义士杨浩，于建炎元年入玉田山中，与北僧智和禅师聚众万人，企图"横行虏中，决报大仇。"⑤和州义士龚楫，以家僮百余人及乡人二千余袭破金兵万人于新塘。⑥兴元义士王庶集兴元诸县良家子弟号曰义士，以各县县令为军正，以壮士为军副，聚众御敌。⑦此外，如河州民军尤为勇敢。据《系年要录》卷一九七云："金合兵万余围河州，城中百姓计曰：'前日之民南归者，金尽屠脍，我脱之，即一宁河也（宁河寨名，金人屠之）岂有全理？不如告谕城中父老，相与死守，犹有千一活。'即籍定户口，男子升城，女子供馈，郡有木浮图，高数百尺，众因撤木为

---

① 《中兴御侮录》卷上。
② 《建炎以来系年要录》卷七。
③ 《三朝北盟会编》卷九八。
④ 《三朝北盟会编》卷九八。
⑤ 同上。
⑥ 《宋史》卷四五二。
⑦ 《中兴小纪》卷十一。

碾械。……居三日，贼退。"

像以上这些义士的起义，虽然都是激于义愤，以取快于一时，而没有计划地去支持并扩展他们的斗争，但由此亦足见当时人民敌忾之一般。

此外，南宋初年，北方的人民，又多到处结为"红巾"，攻城陷邑，皆奉建炎年号，为金人所痛恨。当时山西、河北、山东皆有"红巾"。

山西的红巾，据《中兴小纪》卷二所载："时河东之民心怀本朝，所在结为红巾，出攻城邑，皆用建炎年号。见有脱身南归者，往往助以衣粮，且言：'只俟天兵过河，亦不须多，当借声势尽执敌人戮之。'金众之在河东者，稍稍迁以北去。金之兵械，亦不甚精；但心协力齐，奋不顾死，故多取胜。然河东与习熟，略无所惧。是年于泽潞之间，劫左副元帅尼雅满寨，几复之；故金捕红巾甚急，然不能得其真，则捉平民以塞责。有举村被害者，故强壮者多奔以逃命，而红巾愈盛矣。"

河北的红巾，据《宋史》卷四四九《魏行可传》云："魏行可……充河北金人军前通问使，仍命兼河北、京畿抚谕使。时河北红巾贼甚众，行可始惧为所攻，既而见使旌，皆引去。"

由此可见当时红巾在山西、河北一带，具有很大的力量。照"金人捕红巾甚急，然不能得其真"一语看来，他们的组织，似乎很严密。又从金军通问使"惧为所攻"看来，则当时红巾之反对妥协投降，又可想见。又据《中兴御侮录》卷下有云："红巾蟠结山东"，是山东亦有红巾。

红巾的根据地，大概在太行、中条两山之中。据《系年要录》所载：金人曾"招降太行红巾首领齐实、武渊、贾敢等，送于宗维，尽杀之于狱。"（卷四七）又云："又报河东北中条山一带，不放人入山，恐藏红巾。"

可惜宋朝政府竟以红巾为盗贼，而不誉播赦文。实际上诚为御史中丞许翰所奏："臣闻西北之民，人人相语曰：'吾属与其为虏，则南相作贼，死且为中原鬼，使三镇之众，发愤怨怼，人人为寇，攘作小变也。'"① 又如《北盟会编》所云："马率麾下五百人沿路转河朔，皆大盗据要险，马每至，辄单骑诣其寨，谕以信王请兵之意，且与结约同效忠义，盗皆踊跃欣从。"（卷一一六）

总而言之，当时黄河南北的义军，有各种各样的旗帜，如忠义巡社、山寨、水寨、义士、民兵乃至红巾等，他们的旗帜虽然不同，而其袭击金人，保卫祖国的精神，则是相同的。当时义军的数目，虽无法统计，但即以太行山一处而论，已有数十万人，合计其他各地的义军，当在百万以上。惟此起彼仆，不能保持长久。但他们对于牵制金人的南进，却尽了不少的力量。可惜他们本身既无一定的组织与计划，而又不为朝廷所重视，以致结果，或则自动解散，或则为金人所消灭。虽然，当金主亮大举南侵之时，河北、山东一带的义民又到处蜂起以乘其后，如大名之王友直，东平之耿京，山东之李宝、王世隆、赵开，淮北之崔唯夫、董臻，都先后起义，卒使金人不能得逞于江南。这些不顾生死以捍卫民族国家的忠义之士，都是今日中国民族儿女最好的榜样。

（重庆《中苏文化》第八卷第五期，1941 年 5 月 20 日出版）

---

① 《靖康要录》卷三。

# 两宋时代汉奸及傀儡组织

## 一　最好的历史教材

中国历史上最惨痛最耻辱的一幕，是宋代的历史。"明耻教战"是中国一句有名的格言，所以这一段历史，对于目前正在抗战中的中国人民，是一个最好的教育材料。

在结束了"五代十国"长期的混乱局面之后，中国曾经建立大宋王朝的统治（公元 960—279 年）。但这个统治，不但给中国带来了社会的变动，也带来了民族的屈辱。由于这个政权所执行的一贯的妥协与投降的政策，遂使中国北部的诸游牧民族——契丹、女真、鞑靼——轮流更替在中原建立了辽、金、元的统治，时长四百余年。这种统治一直到今日以前五百七十二年大明王朝的建立（公元 1368 年），才结束。

在五六百年后的今天，中国历史，又几乎重新走上这一类似的阶段。今日中国的政府，紧接着北洋军阀十余年割据混战以及帝国主义势力深入与错杂于中国的混乱局面，这与宋朝紧接着五代十国几乎是相同的。今日中国的政府，在历年来遭受帝国主义的压迫，也与宋朝相似。不过历史决不是循环的，今日的帝国主义，是高度发展了的文化民族，这与宋代的诸游牧民族在本质上是不同的；今日的中国政府，是具有抵抗外族侵略决心的革命政府，这与宋代官僚的腐败政府，在本质上又是不同的。因此，中国今日的历史，在形式上，虽与宋代历史颇有类似之处，而在本质上，则是在新的历史基础上所形成的新的历史局面。不过，无论如何，宋代几百年的沉痛历史，总是我们中国民族一个深刻的教训，我们决不能漠视这种教训。反之，应该以这种可宝贵的历史教训，提高我们的警惕。当着我们中国的人民大众在亚细亚的原野树起了反抗日本法西斯侵略的大旗的时候，当着我们民族解放战争接近于胜利的时候，尤其当着我们民族内部的汉奸、卖国贼汪逆等正在进行组织统一的傀儡政府的时候，我们提出宋代的历史，是具有深刻而重要的意义的。

## 二 从变法与反变法到主战与主和

要了解宋代的历史，首先要了解大宋王朝政权的性质。我们说过宋代的统治是承继着五代十国大混乱的局面之后。中国的生产，已经遭受了空前的毁灭，农业人口的死亡与逃散，引起了土地的荒芜，土地垄断的破坏，失业的农民形成了庞大的"盗匪"集团或则被雇佣而为士兵，他们不断地袭击和抢劫，加之北方民族的统治者对宋朝施行一般的无慈悲的榨取，在这种情形之下，中国的社会经济遂开始其崩溃的过程。

在社会经济矛盾发展的过程中，农民的斗争，显然以破坏土地垄断为其手段，而其目的则是彻底地发展其小生产者的经济。这些新兴的小生产者，在当时形成了庞大的社会力量，他们厌倦封建战争，要求安定生活。在这种历史基础上及反映出来的群众心理或意识形态，便具体地体现为历史上所谓"黄袍加身"。其次，在小生产的经济基础之上，展开了宋代的都市经济。它们要求打破唐代遗留下来的"藩镇制度"。这种制度给与商业发展以许多障碍，所以这种群众心理，便具体地体现为历史上之赵匡胤的"杯酒释兵权"。因此，我们可以说，宋代的政权，是完全建筑在小生产的经济基础之上。但这里所言，也不过指一种主导的形态而已。

在政治上，一方面以农业小生产为趋向的王安石以变革土地关系的资格而展开了变法运动。另一方面，维持土地垄断一派，则以司马光为领袖而形成其政派，这种政派后来分化为"蜀社"与"洛社"。王安石变法中的"免役"与"青苗"，这正是小生产的迫切要求，然而同时也是农民的要求，因此小生产者就借此把农民抓住在自己的手中，以巩固并扩大其优势。但是终于在各方反抗之下，使王安石的变法归于失败。小生产的经济政策虽然失败，但他们的社会经济的地位并不因此而动摇。所以终两宋之世，他们在政治上的纷争，是一直持续着的。

从宋代现实的政治演进中我们可以看出这以下的趋势，从王安石变法开始以后又有韩绛、吕惠卿等继起，以及王安石之再度执政。此后又有吴充、王珪、蔡确、章惇、张璪等，更后又有蔡确、韩缜、章惇等之继续执政，一直到神宗以后，才构成妥协政权，即蔡确、韩缜、章惇与司马光、吕公著等的混合内阁。更后便进一步发展为文彦博、司马光、吕公著、吕大防、范纯仁等人的政权，这就是历史家所歌颂的"元祐之政"。自宋代南渡以后，由于南方残存的大生产的势力之加入，遂使小生产在政治的地位逐渐削弱。

在两宋时代，不但有内政方面的纷争，而且也有对游牧民族之南侵的和战的国策的斗争。我们试一翻阅两宋的历史，主和派则有李邦彦、张邦昌、唐恪、耿南仲、刘豫、胡安国、汪伯彦、秦桧、董宋臣之流。主战派则有李纲、种师道、吕好问、吴价兄弟、吕文德、岳飞、韩侂胄、郑清之、文天祥等文吏或武官。

# 三 从依赖政策到投降政策

宋代的主和派为甚么要主和？很显然地他们是想凭借外力，来推翻他人的政权，以巩固他们的统治。这种事实，在中国历史上，是屡见不鲜的。我们常常可以看见，每当中原的社会经济秩序发生变动，社会的利害冲突锐化的时候，便招致边境民族的侵入。虽然每一次这样的侵入，都有其客观条件之历史的必然，然而其中有不少的次数，却是王朝的内部的败类，为了支持个人的或集团的利益而引致的。为了镇压或消灭自己的政敌或农民叛变，他们便不惜引入外力，甘愿与外力勾结，妥协以至于投降。他们企图用外力来解决国内的矛盾，然而结果却是千篇一律，不但国内矛盾不能解决，反而加上了一个种族矛盾。宋代的历史就在这种交织中发展，诸游牧民族就在宋代政治不一致，不统一的隙缝中，获得其突飞猛进之发展。结果是宋代的政派并倒，鞑靼帝国出现。

宋代游牧民族之侵入，固然有其客观的原因，然而使这些游牧民族之得以顺利地向中国内部进展，深入以至长期地巩固下去，则当时内部的不团结与汉奸对外的投降政策，替游牧民族肃清了侵略的道路。

所谓客观的原因，就是经济上的原因。我们知道，自汉唐以来，中国西北东北方面游牧种族的生活必需品，大部分都仰给于中原，无论采取夺掠的形式抑或是交换的形式，而其取给于中原，则是同一的。宋代统一中原后，一方面驻兵西北以防守游牧民族之侵袭；另一方面，其商业交通，却完全转向于东南之海洋方面。这样对于游牧民族，几乎是施行经济的封锁。

交换关系既已中断，于是游牧民族便不能不加紧其对中国物品掠夺之军事行动。所以游牧民族的南侵，在最初，与其说是政治的意义，毋宁说是单纯的掠夺意义。从这每次议和条件中，可以看出。据《宋史》所载：

宋真宗时，宋辽和议，宋岁贡辽银十万两，绢二十万匹。

仁宗时，宋辽和议，宋岁贡辽银增十万两，绢增十万匹。

仁宗时，西夏献地请和称臣，但要求宋年赐银、绢、茶等二十余万。

徽宗时，宋金和议，宋年贡金银二十万两，绢二十万匹，外加燕京代税钱百万缗。

钦宗时，除此岁贡外，金又索金五百万两，银五千万两，牛马万头，绢帛百万匹。

以后高宗、孝宗、宁宗时，宋对金之岁贡，叠有增加。自然在徽宗以后，他们对中国的军事掠夺，已渐次失去其原意；他们已把单纯的军事掠夺，转化为疆土占领与政治收夺了。

从主观方面说来，石敬瑭为支持其封建的割据，割燕云十六州与契丹，以遏一日"儿皇帝"之荣宠，使契丹在内地获得其军事上之根据，又为侵入之基础。这与几年前殷汝耕之冀东伪组织，有其同样的历史意义。但是假使当时宋代的政府乘契丹势力尚未巩固之时，加以打击，未始不可将契丹驱逐于燕云之外；然而不此之图，他们的对外政策，一开始便是依赖主义，他们却有一种幻想，希望女真替他打退契丹，收复失地，而自己却空出手来拼命搜括农民，以其搜括之一部作为贡奉献女真。女真利用中国的金钱，击溃契丹，但却将燕云十六州据为己有，而建国曰金。然而即使如此，假使宋朝的内部一致团结，共同赴敌，则尚可以建威以消金人之萌；然而不此之图，却仍然贯彻其妥协投降政策，不断供给敌人以金钱与粮食，使敌人坐大于河北。殆至1127年，金人攻陷汴京，北宋君臣，毫无抵抗；康王更仓皇南渡，以求偏安。

康王南渡以后，宋朝尚拥有江南广大的领土与人民，假使利用现有的物力与人力，从事抵抗，则宋代的历史，未必即结束于异族之手。乃不此之图，而当时民族败类，却反而主张投降到底，受金册封，而为其臣属。他们按年缴纳岁贡以求支持其偏安江左之残局。这些贵族只看见自己的利益，而忘记国家与民族。他们南渡以后，由于统治地域的缩小，益加强其剥削的程度。于是一般农民在岁贡与军费的浩大负担之下，变为穷无所归。据《宋史》的记载，当时岁贡为银绢各二十万。运费总额达八千万贯，官僚薪俸之开支为钱一千六百九十六万贯，金一万四千八百七十两，银六十二万两。这些巨额的开支，当然是羊毛出在羊身上。据《宋史》记载，当时农民除负担田赋以外，还有称为"加耗"的田赋附加税，有丁口税和许多苛捐杂税。此外还有所谓"和买"，这种"和买"最初是政府出钱收买，以后便变成无代价的贡物。在这种苦痛的负担之下，当时农民的生活，便陷于极端的悲惨，据《宋史》记载："势官富姓，占田无限；兼并冒伪，习以成俗，重禁莫能止焉。"又说北宋既如此，南渡以来，更进展矣。"强宗巨室，阡陌相望，且多无税之田。"（卷一七三）又说："乱亡之后，田庐荒废，诏有能占田而倍入租者与之，于是腴田悉为豪户所占，流民至无所归。"
（卷二九五《谢绛传》）同时，封建贵族及官僚把矿山在"收归
国有"的美名之下据为自己所有，据《宋史·食货志》所载，宋
代有金、银、铜、铁、铅、锡等矿区冶金所、矿务所二百余所，
在皇岭年间（公元 1050 年前后），政府所收的矿税，年额为金
15,095 两，银 219,829 两，铜 5,100,834 斤，铁 72,412,000 斤，
铅 98,151 斤，锡 330,695 斤，水银 2,200 斤。后来到元丰年间，
更有增加。

　　由此我们可以看出，当时宋朝民族败类为甚么主张投降，因
为他们深深知道，假使抗战，则社会经济秩序必然多少有些变
动，尤其民不聊生，这对于他们的投降政权，是难保没有危险
的。为了继续支持其对江南农民的压榨，为了继续利用投降政权
以扩大其自己的私图，他们不得不投到敌人的怀抱，转而假借敌
人的威胁以敲诈民众。没有民众基础之投降的南宋政府，是宋朝
亡国的根本原因。


## 四　从张邦昌刘豫的傀儡政权到秦桧的汉奸政府

　　现在，我们转向具体的历史事实，宋代的投降派是如何反对
当时的抗战派，最后是如何把抗战派抑压下去，而贯彻其亡国灭
种的主张。

　　在宋朝投降派中，虽然有不少的人物，然而起重大作用的，
则为刘豫、张邦昌与秦桧。这三个历史上的民族败类，虽同为投
降派，但却以不同的姿态出现于当时的历史舞台。刘豫则以傀儡
政权而出现，张邦昌则以敌探出现，秦桧则以政治汉奸而出现。

不管他们怎样出现，而其同为汉奸则一也。这正与今日他们的后辈王克敏、梁鸿志、汪精卫等之汉奸活动的形式，如出一辙。不管他们的作风如何不同，而其同为出卖祖国，出卖民族则一也。

据《宋史·刘豫传》云："刘豫字彦游，景州阜城人也。世业农，至豫始举进士，元符中登第。……政和二年召拜殿中侍御史……宣和六年，判国子监，除河北提刑……建炎二年正月，用恳荐除知济南府……是冬，金人攻济南……因遣人啖豫以利……遂蓄反谋，杀其将关胜，率百姓降金。百姓不从，豫缒城纳款……"

《张邦昌传》云："钦宗即位……金人犯京师，朝廷议割三镇，俾康王及邦昌为质于金以求成。会姚平仲夜斫金营，斡离不怒责邦昌，邦昌对以非出朝廷意。……既而康王还，金人复质肃王以行，仍命邦昌为河北路割地使。初，邦昌力主和议，不意身自为质。及行，乃要钦宗署御批无变割地议，不许。又请以玺书付河北，亦不许。时粘罕兵又来侵，上书者攻邦昌私敌，社稷之贼也。"

由此，我们知道，刘豫、张邦昌皆为公开卖国之傀儡汉奸，并不假借任何幌子，以求掩饰。所以金兵入汴后，只承认"异姓"如张邦昌者"堪为人主"。同样日寇入北平后，亦只承认"中国人"如王克敏者"堪称傀儡"。此种汉奸，在当时作恶之力并不甚大，因为他们早已在民众面前现出了汉奸的原形，从而他们也就早已失去其对民众的影响。

在当时，汉奸中最有反动作用的还是秦桧。秦桧不仅是一个彻底的投降主义者，而且还希望假借外族的力量消灭自己的敌人——抗战派——的力量，以求在异族的支持之下，保持其私利与统治。至于他的出卖国家与民族的技术，也比刘豫、张邦昌高明得多。他始终巩固自己在宋朝政府中的地位，用他的政治地位，去尽量阻碍抗战，消灭抗战。而在表面上，则巧妙的装出一副忠君爱国的样子。这在目前的汉奸中只有汪精卫近似之。汪精卫不仅承继了秦桧的投降主义，而且发展了他的投降主义。秦桧隐藏在康王左右，而汪精卫则隐藏在党的机构中。秦桧在最初以主战言论伪装自己，而汪精卫在抗战初期亦以"爱国主义"伪装自己。汪精卫超越于秦桧的地方，即他能集汉奸之大成，形成"统一"（？）的傀儡组织，彻底地实现敌人以"中国攻中国的阴谋"。而这一点则是秦桧引为遗恨的。

据《宋史·秦桧传》云："靖康元年，金兵攻汴京，遣使求三镇。桧上兵机四事：一言金人要请无厌，乞止许燕山一路；二言金人狙诈，守御不可缓；三乞集百官评议，择其当者载之誓书；四乞馆金使于外，不可令入门及引上殿。"因此，设无后来之事实，则谁能谓秦桧不与岳飞同为中国历史上之民族英雄？至少又谁能识其为出卖国家与民族之首魁！

在同传中又云：金兵陷汴京，百官共议立张邦昌事，桧进状曰："桧荷国厚恩，甚愧无报。今金人拥重兵，临已拔之城，操生杀之柄，必欲易姓，桧尽死以辨。非特忠于主也，且明两国之利害尔。赵氏自祖宗以至嗣君，百七十余载。顷缘奸臣败盟，结怨邻国，谋臣失计，误主丧师，遂至生灵被祸，京都失守，主上出郊，求和军前，……恭为臣子。今乃变易前议，臣安忍畏死不论哉？"从这一段话看来，我们深信"大奸似忠"的格言之正确。证之目前的事实汪逆精卫等，在发表卖国的宣言以前，又何尝不是满口的为国牺牲，民族革命。这些古今的汉奸，他们之所以作伪，主要的是要借此等待更好的投机机会，借此以取得中国人民之信仰，在中国政治上建立其威望，以取得敌人方面之重视。

事实上，秦桧不仅是投降主义的执行者，而且是首倡者。本传云："始，朝廷虽数遣使，但且守且和，而专与金人解仇议和，实自桧始。盖桧在金廷，首倡和议，故挞懒纵之使归也。"由此看来，可见宋朝在最初还是一面交涉一面抵抗，而转向绝对的投降主义，则是秦桧之主张也。

本传又云："上召直学士院綦崈礼入对，示以桧所陈二策：欲以河北人还金国，中原人还刘豫。……洎金使李永寿、王翊偕来，求尽还北俘，与桧前议吻合。识者益知桧与金人共谋，国家之辱未已也。"由此看来，秦桧一面承认刘豫之傀儡组织，一面承认金人之武装占领，而最无耻的，则是隐藏在宋朝的政权内，执行金人之阴谋。

事实上，秦桧到后来，也公开地显露其汉奸面貌，本传云："粘罕行军至淮上，桧尝为之草檄。"可惜当时的民众愚暗，不能即时与以铲除。所以当着岳飞等抗战队伍坚持抗战时，他便尽量与以打击，使之不能实现。据《宋史·岳飞传》云，飞手疏言"金人所以立刘豫于河南，盖欲荼毒中原，以中国攻中国，粘罕因得休兵观衅……"又云："国家都汴，恃河北以为固，苟冯据要冲，峙列重镇，一城受围，则诸城或挠或救，金人不能窥河南，而京师根本之地固矣。"又云："中原地尺寸不可弃，今一举足，此地非我有。他日欲复取之，非数十万众不可。"从这些建议中，可以看出岳飞在当时，已经彻底地指出敌人以中国攻中国的政治阴谋，指出敌我的形势，指出抗战的重要性，然而可惜所得的是"不报"二字。不但如此，岳飞并且深刻地指出要使抗战胜利，必须尽可能的改善人民生活，以为巩固大后方之前提。本传云："飞奏襄阳等六郡，人户缺牛粮。乞量给官钱，免官私逋负，州县官以招集流亡为殿最。"这样的建议当然更不能为投降者所接受。最后，岳飞并向康王指出汉奸的阴谋，坚决主张立即北伐。本传云："康王即位，飞上书数千言，大略谓，'陛下已登大宝，社稷有主，已足伐敌之谋，而勤王之师日集。彼方谓吾素弱，宜乘其怠击之。黄潜善、汪伯彦辈不能承圣意恢复，奉车驾日益南，恐不足系中原之望！臣愿陛下乘敌穴未固，亲率六军北渡，则将士作气，中原可复。'"然而"书闻，以越职夺官。"由此，我们知道，当时抗战派的一切主张，皆为投降派所阻抑所破坏，而康王则不过当时投降派用以抑压和残害抗敌将士与民众的傀儡。

所以一等到岳飞等抗战派在军事上走向胜利的时候，投降派就走向他的直接任务——向着他所恐惧的抗敌将士进攻，毁灭了他们用人民血肉所换来之光辉的胜利成果，用抗敌将士的头颅，作为投降敌人的礼物。他们为了支持自己集团的政权，不惜把整个民族化为奴虏。

据《宋史·秦桧传》：云："张俊克亳州，王胜克海州，岳飞克郾城，几获兀术，张浚战胜于长安，韩世忠战胜于泇口镇。诸将所向皆奏捷。而桧力主班师。九月，诏飞还行在，沂中还镇江，光世还池州，锜还太平……于是淮、宁、蔡、郑复为金人有。以明堂恩封桧莘国公。十一年，兀术再举取寿春，入庐州。诸将邵隆、王德、关师古等连战皆捷。杨沂中战柘皋又破之。桧忽谕沂中及张俊遽班师……自是不复出兵。"同时桧尽收诸将兵权，消灭抗战派的力量，以减轻敌人侵略的障碍。最后则以极无耻的手段，制造虚伪谰言，诬杀反对投降至为坚决之岳飞等民族英雄，摧毁抗战救亡战线，毫无廉耻地大胆执行敌人灭亡宋朝的阴谋，作敌人之内应。在几百年以后的今日，我们读史至此，尤不禁为之发指。不幸今日，又出现了汪精卫之流，其出卖民族，出卖国家，如出一辙，这真是无独有偶之民族败类。

关于秦桧之卖国行为，已成历史陈述，然而对于汪精卫之卖国叛党，通敌求降，乃至正在进行中之傀儡组织，则是目前的事实。两宋的历史，在中国史上虽然是一幕悲剧，然而却给吾人以一个最大的教训。他至少教训了我们，在反对侵略的斗争中，第一必须从自己的民族的阵线中，肃清汉奸、卖国贼以及妥协、动摇与投降的分子；其次必须巩固抗战的武装组织，并提高对敌人汉奸之残害的警觉性；最后而又是最重要的，则是必须要巩固民族内部之团结与统一，一心一德，对付共同的民族的敌人。因此民族的大团结，反汉奸的斗争与加强抗战的武装组织，是我们今日争取抗日胜利最基础的条件。

在抗战两年零九个月的现在，我们已经有了强大的抗战力量，坚强的抗日的民族意识。然而同时也是汉奸活动登峰造极的时期。这些汉奸，他们每天每时都在企图消灭抗战力量，残害抗日爱国的分子，以求达到彻底卖国的目的。凡秦桧之所为者，今日的汉奸皆优为之。据《秦桧传》云："桧两居相位，凡十九年，劫制君父，包藏祸心，倡和误国，忘仇斁伦。一时忠臣良将，诛锄略尽。其顽钝无耻者，率为桧用，争以诬害善类为功。其矫诬也，无罪可状，不过曰谤讪，曰指斥，曰怨望，曰立党沽名，甚则曰有无君心。凡论人章疏，皆桧自操以授言者。识之者曰：'此老秦手笔也。'察事之卒，布满京城。小涉讥议，即捕治，中以深文。又阴结内侍……"我们读史至此，不觉骇然于几百年之前，中国的汉奸手段之卑劣，一至如此。以此而推知今日汪精卫等汉奸之所为，当有过之，无不及也。

现在，正当汪精卫傀儡组织成立的时候，也正是日本法西斯"以华攻华"的政策开始有计划施行的时候，我以为这一段历史，画出了中国的汉奸，同时也教训了中国民族抗战的人民。在今日，蒋委员长领导之下，深信，不但两宋的悲剧不会重演，而且两宋的惨痛历史，将成为我们今日争取民族解放彻底胜利的启示。

（重庆《中苏文化》第六卷第二期，1940年4月25日出版）

# 元代中原人民反对鞑靼统治者的斗争

## 一  南宋政权覆灭以后

自 1279 年鞑靼种族在忽必烈的指挥之下覆灭了南宋王朝以后，直至 1368 年鞑靼统治在中原之最后颠覆为止，其间历九十年，整个中原地区皆沦为蒙古帝国属领之一部。

在这将近一世纪的历史时代中，汉族人民反抗鞑靼的斗争，只是有时高潮有时低落，但始终没有停止。当时的人民，都能利用不同的环境，运用不同的形式，组织叛乱，发动叛乱，不断的打击鞑靼的统治。

叛乱的形式，虽表现为多样的类型，但一般地说来，不外宗教的与非宗教的两种。前者，如《元史》上所载弥漫黄河流域的"弥勒白莲教匪"或其他"妖贼"；后者，如《元史》上所载的"江南群盗"或其他"山贼"。如果前者是隐蔽在宗教运动之内的叛乱，则后者是以复兴大宋或赤裸裸地以夺取生活资料为目的的叛乱。这些叛乱在当时鞑靼统治者看来，当然是盗匪；但在我们今日看来，却正是一种具有种族的主义性质的革命斗争。

即因这种叛乱，具有革命的性质，所以遭受元代政府残酷的剿灭，流出了不少的鲜血；但是血的屠杀，不但不能停止这种叛乱，反而使前驱者的血迹，作了继起者前进的指标。斗争此起彼伏,继续在血泊中发展,竟与鞑靼在中原地区的统治相始终,终于发展成为元末汉族人民反对鞑靼统治的大叛乱。因此,我们以为贯通整个元代的"弥勒白莲教匪"与"江南群盗",是元末大叛乱的前驱运动。他们粉碎了鞑靼在中原地区的统治,并从而替朱元璋肃清了龙飞九五的大道。

## 二 鞑靼统治者对汉族人民的种族压迫

贯通元代九十年中的长期叛乱,从其继起性与持续性上看来,他们决不是几个"妖人""贼僧""道士"或"大老"所能煽动起来,更不是几张"符咒"、"妖术",或"空言"所能持续下去的,而是由于当时社会经济的现实,压迫着人民走向叛乱,继续叛乱。

根据若干可靠的史料,指明了当鞑靼人侵入中原的当时,其本身的社会属性,还是一种氏族制(自然不是典型的)的机构。所以在其征服中原以后便以其氏族制的历史原理与中原固有的封建制的历史原理合流,而在中国构成一种氏族制与封建制之社会经济的混体。因为它具有氏族制的机构,所以它的压榨带着浓厚的种族的性质;又因为它在以后的发展中,逐渐转向封建制,因而它的压榨,同时又是封建性的。一言以蔽之,元朝政权的性质,是一种种族主义的封建政权。即因为如此,所以鞑靼对汉族人民的压榨,不仅是个人对个人的,而且是种族对种族的。

首先说到种族的压迫。

第一,剥夺汉将的兵权。据史籍所示,在南宋末年,曾有不少汉族的败类,响应鞑靼人对南宋的军事进攻;并且组织伪军,从征江南，而为其前驱。但以后这些败类，都被剥夺兵权。如山东清乐社首史家，曾从鞑靼人建立大功，到至元三年，元世祖便借口李璮之变，以董文炳代史氏两万户"史氏子瓕即日解兵符者十七人。"①又如易州西山东流砦首张柔，曾从鞑靼扫荡河朔，驰驱荆楚，但以后，也不得不"罢……子弟之在官者。"②从此兵权遂尽入鞑靼统治者之手，大批汉族败类，虽有佐命之功，结果走狗与狡兔同烹。

第二，解除汉族人民的武装。在鞑靼征服中原以后，南宋的国军，虽然瓦解，但弓矢马匹，却散入民间。为了彻底根绝汉族人民的反抗，于是遂三令五申，禁止汉族人民执持武器及养马匹。如《元史》卷十三《世祖本纪》云：至元二十二年，"分汉地及江南所拘弓箭兵器为三等：下等毁之，中等赐近居蒙古人，上等贮于库。有行省、行院、行台者掌之；无省、院、台者，达鲁花赤、畏兀、回回居职者掌之。汉人、新附人，虽居职，无有所预。"卷十五《世祖本纪》云："近括汉人兵器，臣（汪惟和）管内（巩昌）已禁绝。"卷十六《世祖本纪》云：至元二十七年，"江西行省言：吉、赣、湖南、广东、福建，以禁弓矢，贼益发。"卷二十四《仁宗本纪》云："（仁宗即位之初）申禁汉人持弓矢兵器田猎。"卷二十八《英宗本纪》云：至治二年，"禁汉人执兵器出猎及习武艺。"卷二十九《泰定帝本纪》云：泰定二年，"申禁汉人藏执兵仗。有军籍者出征则给之，还，复归于官。"卷三十九《顺帝本纪》云：至元三年，"禁汉人、南人、高丽人，不得执持军器，凡有马者拘入官。"卷四十《顺

---

① 《元史》卷一五五《史天泽传》，中华书局，1976年标点本，第3670页。以下所引《元史》均用此版本，不另注明。

② 《元史》卷一五六《张弘范传》。

帝本纪》云：至元五年，"申汉人、南人、高丽人不得执军器弓矢之禁。"关于马之禁令，《元史》卷十四《世祖本纪》云："括诸路马。凡色目人有马者，三取其二；汉人悉入官，敢匿与互市者罪之。"卷十九《成宗本纪》有云："诏民间马牛羊，百取其一，羊不满百者亦取之，惟色目人及数乃取。"这样一来，汉族人民，遂变成赤手空拳的俘虏了。

第三，严密的武装镇压。鞑靼在征服全中国之后，为了便利统治起见，在中国建置一中书省及十一行中书省。又在行省之下置路一八五，府三三，州三五九，军四，安抚司十五，县一一二七，构成其层叠的等级统治。① 据《多桑蒙古史》云，"诸省及一班行政官署，皆以蒙古人或外国人为之长，伊斯兰教、基督教、佛教等教信徒皆有之，其隶帝室者居其泰半。"② 又云："数省置一宗王镇之，每省置万户一人，承理财省之命，征收课税，下有理财省之掾吏四人佐之。"③ 此外，在四川常驻一军，在湖广常驻三军，在各省置镇守军。《元史》卷十九《成宗本纪》云：大德元年，"各省合并镇守军，福建所置合为五十三所。江浙所置合为二百二十七所。"更于沿江沿海交通要塞，广设所戍。其沿江者，据卷十五《世祖本纪》云：至元十九年，"分军戍守江南，自归州（今宜昌西）以及江阴至三海口，凡二十八所。"卷十九《成宗本纪》云："世祖抚定江南，沿江上下，置戍兵三十一翼。"其沿海者，据卷十六《世祖本纪》的记载，至元二十七年，元代政府曾有一种拟议，于扬州、建康、镇江三城，

---

① 《元史》卷五十八《地理志》。

② 多桑：《多桑蒙古史》，冯承钧译，上册第三卷第4章，中华书局，1962年，第328页。本文以下所引此书皆用此版本，不另注明。

③ 《多桑蒙古史》上册，第329页。

置七万户府,杭州置四万户府,宁国、徽州置两万户府,明州、台州、温州、处州、绍兴置一万户府,并于婺源置一万户府。此外又于濒海沿江置水军戍所二十二。鞑靼在中原军事配备,虽然为点线的控制,然而即以此而完成其面的统治。

第四,汉人不得参加政治。鞑靼统治者区分其臣属的人民为四等:即鞑靼人,色目人,汉人,南人,汉人中南人又最贱。在元代初叶,汉人、南人不但不许参政,而且汉族人民,多沦为奴虏。

《元史》卷一七〇《袁裕传》云:"南京总管刘克兴掠良民为奴隶。"卷一五九《宋子贞传》云:"东平将校,占民为部曲户,谓之脚寨。"《廿二史劄记》云:"(蒙古人)取中原,亦以掠人为事。"① 《元史》卷十二《世祖本纪》云:至元二十年,"禁云南权势多取债息,仍禁没人口为奴,及黥面者。"又云:至元二十年,"史弼陈弭盗之策,为首及同谋者死,……其妻孥送京师以给鹰坊人等。"不但一般人民男为人奴,女为人妾,士人亦然。据《多桑蒙古史》:"忽必烈初即位时,淮蜀士人遭俘虏者没为奴,后命释数千人。"② 然鞑靼人仅善骑射,不通治术,故不得不借助于汉人以外之色目人。据上书:"忽必烈对于具有技能之人,不分国籍、宗教,并庇护之,所以录用不少外国人,若畏吾儿、波斯、突厥斯坦及其他诸地之人为译人,有波斯天文家名札马鲁丁者,曾进万年历,并造西域仪象。又有绢薮人,质言之东罗马人名爱薛者,曾掌星历,医药二司事。"③ 同书又云:"有不少波斯、河中、突厥斯坦之穆斯林,冀求富贵于窝阔

① 赵翼《廿二史劄记》卷三十《元初诸将多掠人为私户》条。
② 《多桑蒙古史》上册第三卷第1章,第298页。
③ 同上。

台、蒙哥之朝，相率而至，赖奥都剌合蛮，赛典赤，阿合马之援引，多跻高位。"① 总而言之，在元朝一代，可以说是外国人的统治时代。如世祖时，阿拉伯人蒲寿庚曾为闽广大都督、兵马招讨使；契丹人耶律楚材曾任中书令；不花剌人阿马儿曾任丞相；畏吾儿人阿黑海牙曾任大将；波斯人阿老瓦丁曾以西方大炮助攻襄阳之功，而任北京宣慰使②；吐蕃人八思巴曾任国师，并创制蒙古字；波斯人阿合马、桑哥曾相继为财政大臣；有名之意大利人马可波罗曾任枢密副使、扬州都督等十七年。此外，康里人、摩洛哥人、法国人，皆多有在中国为官吏者。忽必烈所豢养之星卜者五千人，大多数皆为伊斯兰教徒与基督教徒。而其猎户部二，两猎士长，并为日耳曼人。以后统治稳定，才渐渐录用汉人，然皆地位低微。据《元史》卷十九《成宗本纪》云：大德元年，"各道廉访司必择蒙古人为使；或阙，则以色目世臣子孙为之，其次参以色目、汉人。"卷二十又云：大德三年六月，"以福建州县官类多色目、南人，命自今以汉人参用。"可见以前在福建并无汉人为州县官者。以后汉人虽得任官，但必须以子为质，谓之"质子"。《元典章》卷八云："至元十四年八月，中书省据御史台呈准：'三品以上，例取质子一名以备随。'"又《元史》卷十《世祖本纪》亦云："命嘉定以西新附州县及田、杨二家诸贵官子俱充质子入侍。"

第五，人格的侮辱。据明权衡《庚申外史》卷上云："蒙古、色目殴汉人、南人，不得回手。"又《多桑蒙古史》云："海山（即武宗）下诏，凡民殴西僧者截其手，詈之者断其舌。"③《元

---

① 《多桑蒙古史》上册第三卷第1章，第328页。

② 北京路，元初置，治大定县，在今内蒙古宁城县西北大明镇。

③ 《多桑蒙古史》上册，第三卷第6章，第345页。

史》卷二十三《武宗本纪》亦云：至大二年六月甲戌，革殴西番僧断手，詈之断舌之令。又《多桑蒙古史》窝阔台语云："我国中之伊斯兰教富人，至少各有汉地奴婢数人，而汉地贵人并无一人置有穆斯林奴婢者。且汝应知成吉思汗之法令，杀一穆斯林者罚黄金四十巴里失，而杀一汉人者，偿价值仅与一骡相等。"[①]又《元史》卷二〇二《释老传》云："泰定二年，西台御史李昌言：'尝经平凉府、静、会、定西等州，见西番僧佩金字圆符，络绎道途，驰骑累百，传舍至不能容，则假馆民舍，因迫逐男子，奸污妇女。奉元一路，自正月至七月，往返者百八十五次，用马至八百四十余匹。……驿户无所控诉，台察莫得谁何。'"

此外对于汉人的集会结社之禁止，更为严厉，甚至宗教团体亦被解散，僧徒亦被勒还俗。如至大元年，禁白莲教社。至治二年，重申禁白莲佛事及禁民间集众祈神。同年括江南僧有妻者为民，同时并尽毁道教经典，干涉人民信仰之自由。这样，元代政府便从物质的统治达到精神的统治，从而完成其种族主义之最高的任务。


## 三　鞑靼统治者对汉族人民的经济收夺

其次说到封建的收夺。

第一，土地的收夺。鞑靼在征服中原以后，曾大规模进行土地的收夺。首先是鞑靼贵族圈占牧场，其次是寺院的侵占，最后，江南豪族亦乘时兼并。

---

① 《多桑蒙古史》上册，第二卷第 2 章，第 206 页。

首先说到牧场的圈占。鞑靼初入中原时，诸王贵族，多侵占民田以为牧场。《元史》卷一三四《千奴传》云：至元三十一年，"东平、大名诸路，有诸王牧马草地与民相间，互相侵冒，……连岁争讼，不能定。乃命千奴治之，其讼遂息。"又《萨吉思传》云："元帅野速答尔据民田为牧地。"《阿哈马传》云："民有附郭美田，辄取为己有。"

亦有侵占公地如学田等为牧场者。《王构传》云："学田为牧地所侵者，理而归之。"他们称牧场为草场，专供畜牧，不耕不稼，因而对于农业尽了不少破坏的任务。《续文献通考》卷一《田赋考》云："今王公大人之家或占民田近于千顷，不耕不稼，谓之草场，专放孳畜。"又《姜彧传》云：以彧"知滨州，时行营军士多占民田为牧地，纵牛马坏民禾稼。"

除牧场以外，贵族还占有大量的赐田。这些赐田，与牧场不同，多为江南稻田，其总数达一万五千五百九十二顷。其中赐田多者达五千顷，次之一千五百顷，最少者亦十顷。

其次说到寺院的收夺。"（元代）崇尚释教，……设官分职而领之于帝师。……帅臣以下，亦必僧俗并用。"[1] 故僧侣在元代实为统治者之一个构成部分。元代并有广教总管府，专掌僧尼之政。所以元代寺院遍天下。据《元史》卷十六《世祖本纪》云："（至元二十八年）宣政院上天下寺宇四万二千三百一十八区，僧尼二十一万三千一百四十八人。"这些寺院占有广大的土地。据统计，从世祖中统二年（1261）到顺帝至正十四年（1354）九十三年间，总计占有土地二三九五〇〇顷。其中一部分系来自皇帝赏赐，如世祖赐田六〇〇顷，成宗千顷，仁宗一三九〇顷，

---

① 《元史》卷二〇二《释老传》。

泰定帝千顷，文宗一四一〇顷。又赐田之数，有时骇人听闻。如文宗一次赐益都大承天护经寺一六二〇九〇顷，顺帝一次赐山东大承天护经寺一六二〇〇顷。其另一部分，则由僧侣自由强占民田。如《释老传》云："杨琏真伽者，世祖用为江南释教总统……攘夺盗取，……田二万三千亩，私庇平民不输公赋者二万三千户。"又《续文献通考》卷六《田赋考》有云："白云宗总撮沈明仁强夺民田二万顷，诳诱愚俗十万人。"

最后说到江南豪族的侵占。江南豪族站在种族方面，他们也是被压迫者之一，但因他们富有资财，所以往往能勾结鞑靼人多乞"护持圣书"，倚势凌虐贫民，隐占官田，及强夺民田。因为隐占及强夺的结果，所以当时江南豪族，往往拥有万家以上的佃户和每年二三十万的租谷。《元史》卷二十三《武宗本纪》云："江南平垂四十年……其富室有蔽占王民奴使之者，动辄百千家，有多至万家者，其力可知。"《元典章》卷二四租税条云："有更田多富户每一年有收三二十万石租子的占着二三千户佃户。"《元典章》卷一九民田条云："管军民残宋官员有势力人每强占百姓田宅产业都回了者。"同书卷十九官田条云："亡宋各项系官田土，每岁各有额定子粒，折收物色。归附以来，多被权豪势要之家影占以为己业，佃种或卖与他人作主。"

由于以上种种的收夺，土地所有遂向着两极分化。诚如《元典章》卷三《减私租》条所云："富户每有田地，其余他百姓每无田地。"又如《元史》卷二十《成宗本纪》大德六年正月条所云："朕闻江南富户，侵占民地，以致贫者流离转徙。"当时贫富差度极端悬殊。《元史》卷一九二《邹伯颜传》云："崇安之为邑，区别其土田，名之曰都者五十。五十都之田上送官者，为粮六千石。其大家以五十余家而兼五千石；细民以四百余家而合一千石。大家之田，连跨数都，而细民之粮，或仅升合。"就崇安一地的土地所有来看，则大家五十户所占之田为六分之五，而细民四百余户所占者仅为六分之一，由此可以推论一般。

第二，高利贷的剥削。我们知道。当鞑靼人据有中原的时候，同时也在中亚到处覆灭了伊斯兰教的诸国家，乃至东欧一部分的国家，建立了一个东起黄海西迄黑海的世界帝国。鞑靼人这一个惊人的征服，把欧洲数个国家和种族的人民，都放在一个统治权力之下，而成为蒙古帝国的臣民，因而打开了欧亚之大陆的商路。不但西域贾人"佩虎符，驰驿马"，纷纷来中国；就是欧洲的商人，也接踵而至。帝国政府，为便利这些远来的商人，每二十五至三十英里，设置驿站一所，每三英里，设一递铺，以资供应。另一方面，由于历次对南洋的征伐，又打通了东西的海洋商路。泉州、杭州、庆元、上海、澉浦等处，都为当时外国商人云集之所，而成为当时远东之国际都市。

当时的外国商人，来到中国以后，往往以其商业所得，转而为高利贷之剥削。据《元史》卷一五二《王珍传》云："大名困于赋调，贷借西域贾人银八十铤及递粮五万斛。"卷一五五《史天泽传》云："天泽还真定，政烦赋重，贷钱于西北贾人以代输，累倍其息，谓之羊羔利，民不能给。"卷一四六《耶律楚材传》云："州郡长吏多借贾人银以偿官，息累数倍，曰羊羔儿利，至奴其妻子，犹不足偿。卷一五一《王玉传》云："假赵州庆源军节度副使，有民负西域贾人银，倍其母，不能偿，玉出银五千两代偿之。"卷一二六《廉希宪传》云："有西域人，自称驸马，营于城外，系富民，诬其祖父尝借息钱，索偿甚急，民诉之行省，（北京行省）希宪命收捕之。"

不仅西域贾人，挟其雄厚资金，横行中国，就是元代的贵族官僚，上至诸王、妃主、宰相，也一样以其封建剥削之所得，转而投诸高利贷之事业。《元史》卷二〇五《阿合马传》云："阿合马、张惠挟宰相权，为商贾，以网罗天下大利，厚毒黎民，民困无所诉。"卷一九一《谭澄传》云："及征赋，逃窜殆尽，官为称贷，积息数倍，民无以偿。"

此外汉人的富豪，也乘贫民之弊，开始高利贷事业。据卷一七〇《吴鼎传》云："浙有两富豪曰朱、张家，多贷与民钱。"卷一七九《贺胜传》云："初，开平人张弼，家富。弼死，其奴索钱民家，……殴负钱者至死。"

第三，徭役繁重。徭役之最苦民者，为驿马的供应。《多桑蒙古史》云："此广大帝国各地之交通，因驿站之设置，邮传使者往来愈加迅速。每二十五至三十英里，设置驿站一所，同时为馆舍，以供顿止，每驿置驿马四百匹，月以半数供役，半数休息。驿马由居民供应。"① 其次则为造船。《元史》卷十《世祖本纪》云："以征日本，敕扬州、湖南、赣州、泉州四省，造战船六百艘。"又卷一七三《崔彧传》云："江南盗贼相挺而起，凡二百余所，皆由拘刷水手与造海船，民不聊生，激而成变。"再次，则为土木徭役。如卷183《王思诚传》云："至元十六年，开坝河，设坝夫户八千三百七十有七，车户五千七十，出车三百九十辆，船户九百五十，出船一百九十艘，坝夫累岁逃亡，十损四五，而连粮之数，十增八九。……昼夜奔驰，犹不能给。坝夫户之存者一千八百三十二，一夫日连四百余石，肩背成疮，憔悴如鬼，甚可哀也。"又如卷一七五《张珪传》云："比者建西山寺，损军害民，费以亿万计。"

---

① 《多桑蒙古史》上册第三卷第4章，第328页。

第四，官僚贪污横暴。《多桑蒙古史》云："（仁宗时，）其丞相铁木迭儿，蒙古人也，恃势贪虐，凶秽滋甚。内外御史凡四十余人，共劾其桀黠奸贪，欺上罔下。"①《元史》卷二十五《仁宗本纪》延祐二年八月云："台臣言：蔡九五之变，皆由昵匝马丁经理田粮，与郡县横加酷暴，逼抑至此。新丰一县，撤民庐千九百区，夷墓扬骨，虚张顷亩，流毒居民，乞罢经理及冒括田租。"卷一三〇《彻里传》云："吾意汝（汀、漳剧盗欧狗之部下）岂反者耶！良由官吏污暴所致。"卷一三〇《岳柱传》云："桂阳州民张思进等啸聚二千余众，州县不能治……遣千户王英往问状。英值抵贼巢，论以祸福。贼曰：'致我为非者，两巡检司耳，我等何敢有异心哉！'。"由此看来，元代政府，上自丞相，下至州县巡检，无不贪污横暴。

总上所述，可以了然于汉族人民在鞑靼统治下所遭受的灾难。他们一方面被剥夺了兵权，被解决了武装，被禁止参加政治及一切集会结社；另一方面，又在土地被收夺和高利贷剥削之下，变为一无所有的游民。而且再加之以徭役的繁重与官僚的贪污横暴，以至肩背成疮，憔悴如鬼，庐舍丘虚，夷墓扬骨。简言之，他们不仅失去了一切自由的权利，而且也失去了一切生存的权利。在这样情形之下，种族意识自然勃兴而发，于是相挺而起，煽而为乱。在河北，则有弥勒白莲教之乱，在江南则有群盗蜂起。

---

① 《多桑蒙古史》上册第三卷，第 6 章第 346 页。

# 四 弥漫黄河南北的"弥勒、白莲教匪"

普遍的叛乱，是当时汉族人民用以回答鞑靼虐政的唯一方式。在黄河流域之"弥勒、白莲教匪"与在长江流域之"江南群盗"，于是同时并起。

考弥勒教与白莲教，原为两种不同的佛教宗派。前者的发生，远在唐代。他是附会隋代弥勒的兜率净土及其再降来生的佛传发生出来的一种秘密结社，经隋、唐、五代以至北宋，以"摩尼、明尊教"之名而流行于福建、两浙、江西之间。后者，则是在南宋初期，随着弥勒净土思潮与天台识法的合流而发生出来的一种禁欲主义的净业团体。从其教团的性质看来，是半僧半俗的一种"优婆塞宗门"。这种以忏悔为消除罪孽的教派经过宋代二百余年的多难时期，而获得更大的发展。

自从喇嘛教借元代政权之力，成为支配种族的宗教以后，于是弥勒教与白莲教都遭到残酷的迫害，而成为被压迫的宗派。为了对抗喇嘛教的独裁起见，于是前者与后者便混而为一，合组弥勒白莲教。到元末大叛乱的时代，他们甚至与中国土生的道教，亦取得一致的步调。这种教派的合流，不是偶然的，而正是表现汉族人民在反对鞑靼统治的斗争中之统一团结的民族精神。

弥勒白莲教，从其禁止肉食及允许结婚的教条看来，它是一种适合于吸收贫苦农民的宗教。它们以"念佛五声"反对喇嘛教之"十念往生"：以弥勒佛再世，抵抗喇嘛教之释伽佛的治世。他们企图以打击释伽佛者打击其信奉人，所以倡为"释伽佛衰，弥勒佛治世"之说，以减低汉人对喇嘛教之信仰，并从而把汉人团结在"弥勒佛再生"的信念之上。它宣传天国的改造，释伽与弥勒的递嬗，会影响到人间的鼎革，汉人将因弥勒佛再世，而脱离信奉释伽佛的鞑靼人之奴役和贫困。它给与被压迫的人民以一个新的希望，新的刺激，使他们为着这个希望而奋斗。所以弥勒白莲教很快就深入民间，成为当时在鞑靼压榨下的穷苦的和离散的汉族人民之宗教。

正因为弥勒白莲教是一种被压迫种族自己的宗教，所以终元代之世，它即被鞑靼统治者视为仇敌，而命之以"教匪"或"妖贼"之名。他的教徒曾经遭受过残酷的刑戮和特殊的法律裁判。自从世祖统一中国之后：这种教会即被禁止。《通制条格》卷二八云："至元十八年三月……照得江南见有白莲会等名目，《五公符》《推背图》、血盆及应合禁断天文图书，一切左道乱世之术，拟合禁断。"①到武宗时，又重申禁令。《元史》卷二十二《武示本纪》云：至大元年五月"丙子，禁白莲社，毁其祠宇，以其人还隶民籍。"《通制条格》卷二九录其诏敕，其中有云："建宁路等处，有妻室孩儿每的一枝儿白莲道人名字的人，盖着寺，多聚着男子妇人，夜聚明散，佯修善事，扇惑人众，作闹行有。……将应有的白莲堂舍拆毁了，他每的塑画的神像，本处有的寺院里教放着。那道人每发付原籍，教各管官司依旧收系当差。以后若不改的人每根底，重要罪过。"②

只有在仁宗时代曾经一时解禁。但到了英宗时代，又再颁禁令。《元史》卷二十八《英宗本纪》云：至治二年闰五月"癸卯，禁白莲佛事。"今文不见《元典章》及《通制条格》，不知禁到何种程度。

总之，在元朝一代，弥勒、白莲教都是被压迫的宗教。但

---

① 《通制条格》，浙江古籍出版社，1986年，第316页。
② 同上书，第326页。

它却能胜利地开辟自己的道路，甚至种种凌虐反而帮助他们的胜利。这种胜利，无疑的是当时历史的条件所给予的。大批失掉土地和因高利贷之剥削而没其妻子的人民，他们都一齐团结在这个教会的周围，用忏悔来洗净他们的罪孽。等到教徒众多了，于是他们使用斗争来打倒释伽佛信徒的统治，迎接弥勒佛的再生。

叛乱终于在弥勒白莲教的领导之下爆发了。当叛乱最初爆发的时候，元代政府，即用武装镇压。《元史》卷一四八《董俊传》云："深、冀间妖人惑众，图为不轨，连逮者数万人。"又卷二十九《泰定帝本纪》云："息州民赵丑厮、郭菩萨妖言，弥勒佛当有天下，有司以闻，命宗正府、刑部、枢密院、御史台及河南行省杂鞫之。"

但是随着鞑靼统治者的武装镇压之强化，这种以宗教为旗帜的叛乱，反而向四方八面展开，而且与长江以南的所谓江南群盗混而为一。关于弥勒、白莲教匪的叛乱，在元代史不绝书。如：

至元元年（1264），"凤翔府龙泉寺僧超过等谋乱遇赦，没其财，羁管京兆僧司。"（《元史》卷五《世祖本纪》）

至元七年（1270），郭侃"改白马令，僧臧罗汉与彰德赵当驴反，又平之。"（卷一四九《郭侃传》）

至元十一年（1274），"符宝郎董文忠言：'比闻益都、彰德妖人继发，其按察司、达鲁花赤及社长不能禁止，宜令连坐。'诏行之。"（卷八《世祖本纪》）

至元十一年，"（蒙古军）至镇江，焦山寺主僧诱居民叛。丞相阿术既诛其魁，欲尽坑其徒，焦德裕谏止之。"（卷一五三《焦德裕传》）

至元十四年（1277），"都昌妖贼杜辛一（或杜万一）僭号、

倡乱，行台檄（商）琥按问，械系胁从者盈狱。"（卷一五九《商挺传》）

至治元年（1321），"周至县僧圆明作乱，遣枢密院判官章台督兵捕之。"（卷二七《英宗本纪》）

至元三年（1337）四月，"合州大足县民韩法师反，自称南朝赵王。……惠州归善县民聂秀卿、谭景山等，造军器，拜戴甲定光佛，与朱光卿相结为乱。"（《元史》卷三九《顺帝本纪》）

此外如至元二十年建宁路有"头陀军"之叛。（卷十二《世祖本纪》）二十二年，西川有赵和尚之叛。（卷十三《世祖本纪》）元贞元年，荆南有僧晋昭之叛。（卷十八《成宗本纪》）同年，平阴有妖女子刘金莲之叛。（卷一六八《陈天祥传》）大德四年广西有高仙道之叛。（卷一三七《察罕传》）八年，汝宁有李曹驴之天书惑众。

这些叛乱，有些尚在组织之中，即被破获；有些则是在已经发展为群众运动以后，终遭扑灭。他们之中，或以佛教为旗帜，如头陀军、赵和尚、僧晋昭等；或以道教为旗帜，如刘金莲、高仙道、李曹驴等。不管他们是佛教或道教，而其在形式上带有浓厚的宗教色彩，在本质上之同为种族革命，则是无可置疑的。

# 五　相挺而起的"江南群盗"

与以上弥勒、白莲教匪及其他妖贼的叛乱几乎是平行发展的，还有长江以南的所谓"江南群盗"的叛乱。这种叛乱和前者一样，也与鞑靼在中原的政权是相与始终的。

江南群盗的叛乱，虽表现为多样的形式，但一般地说来，和北方的叛乱之组织在弥勒、白莲教中一样，江南群盗的叛乱则大多数组织在道教之中。因为前者是中国化了的佛教，而后者则是中国土生的宗教，所以他们同样成为中国人民种族斗争的武器。

道教不仅是中国土生的宗教，而且是中国农民的宗教。因为他是土生的宗教，所以他往往成为种族斗争的工具。每当汉族政权感到威胁时，如在南朝，在宋代，道教都为当时统治者所信奉。反之，在北朝，在元代，道教都遭受摧毁。元代曾下令："应有收藏道家一切经文……分付与差官眼同焚毁，更观院里画着的，石碑上刻着的，八十一化图尽行除毁了者。"

在另一方面，因为道教是中国农民的宗教，所以他在中国广大的农村中，早已获得巩固的地盘，因而他又往往成为农民叛乱的旗帜。

即因如此，所以元代政府虽然焚毁道教经典，但决不能从每一个农民心理上，去掉其传统的信仰。尤其道教经宋代政府尊崇以后，更加深了他加于人民的影响。随着宋代种族政权之南渡，而道教在江南，也获得了广大的传播。所以在元朝，江南叛乱的组织者，多有造作天书、符箓、咒语、预言、奇迹等，以煽动贫苦的人民，借焚香、拜神、建醮、治病，以进行组织工作，终于煽起了广大的叛乱。

本来，在元代初叶，亦即当鞑靼对江南的统治尚未巩固，江南人民对赵宋的印象还甚深刻的时候，长沙以南曾有不少以复兴赵宋为口号而煽起的叛乱，如1279年蕲州傅高的叛乱，1278年湖南制置张烈良的叛乱和1283年建宁路总管黄华的叛乱，1285年西川赵和尚的叛乱，乃至1337年四川韩法师的叛乱[1]，但当其

---

① 以上引自《元史》卷一五三《贾居贞传》。

组织叛乱的时候，大多数还是隐蔽在宗教的外衣之中，以后随着鞑靼统治在中原之巩固，于是公开的种族主义的号召，已经成为不可能，而使叛乱转入带有浓厚宗教色彩的形式。因而道教遂应运而出，担负起这种叛乱组织的任务。

除了宗教叛乱以外，还有一种赤裸裸以生活资料的获得为目的之叛乱。这些叛乱的首领，多自称为大老、大撩，或以数目字为名号。这种形式的叛乱，在江南到处发生。总之长江以南，终元之世，皆成为叛乱的渊薮。即在鞑靼全盛的时代，也没有停止过。据《元史》卷十四《世祖本纪》记桑哥、玉速帖木儿之言曰："江南归附十年，盗贼迄今未靖……。"又卷十五《世祖本纪》记玉吕鲁奏云："江南盗贼凡四百余处，宜选将讨之。"

江南群盗的叛乱，可分为三个时期。

第一个时期，从至元十一年（1274）到至元十六年（1279）。在这一时代，正是抗击鞑靼的斗争。据《元史》卷一五三《焦德裕传》，至元十一年，在镇江焦山寺则有主僧之叛；卷一三一《奥鲁赤传》至元十八年，在湖南，则有周龙、张虎等之叛；卷十《世祖本纪》，至元十五年，在处州则有张三八、章焱、季文龙之叛，在江南则有"土寇窃发"。卷一五三《贾居贞传》，至元十六年，在南安则有李梓发等之叛。在都昌，则有杜万一等之叛；在蕲州则有傅高等之叛。卷一三一《完者都传》在漳州，则有陈吊眼之叛。其中，陈吊眼拥有十五万五千余寨，他曾经帮助宋朝的国军打鞑靼。在宋代灭亡以后，又独立支持九年之久。

第二个时期，从世祖至元十七年（1280）到成宗大德四年（1300），这是鞑靼在中原统治之全盛时代，即对汉族人民压力最高的时代。他们在这一个时代，又企图利用汉族的人力与物力以展开其对日本和南洋之海洋征服，因而在拘刷水手、造制战船、搜刮粮食、捕捉壮丁的过程中而引起了不少的叛乱。同时，由于收夺田土，缴除武器，征发马匹，俘虏男女，更引起了中原人民的愤怒。所以虽在全盛时代，而叛乱之事，所在鳞起，据《元史》略举数例如下：

至元十七年，在汀、漳有廖得胜之叛乱，在东南沿海，有贺文达、霍公明、郑仲龙等之叛。（卷十一《世祖本纪》）此外，在江淮郡县，在衡州，均有群盗出没。

至元十八年，在邵武有高日新叛乱。（卷十《世祖本纪》）在云南有数十万人的大叛乱。（卷一二〇《立智理威传》）

至元十九年，在太平宣徽有群盗起。（卷一七四《张珪传》）

至元二十年，在建宁有总管黄华所组织的几十万头陀军之叛，（卷十二《世祖本纪》）在江西武宁有董琦之叛。（卷一二〇《兀鲁台传》）在广东新会有林桂方、赵良钤之叛。（卷十二《世祖本纪》）在云南施州有子童之叛。（同上）在象山有海盗尤宗祖等之叛。（同上）在巴陵有囚徒三百人之叛。（卷一七四《张孔孙传》）在华亭有群盗蜂起，最盛者有众数千人。（卷一三二《沙全传》）在湖南北有乔大使等"乘舟纵横劫掠"。（卷一三四《秃鲁忽传》）

至元二十一年，在瑞州有晏顺等二十二人之叛，在江南有海盗黎德等之叛。在邕、宾、梧、韶、衡等地，有黄大成等之叛，在漳州也有叛乱。

至元二十二年，在四川有赵和尚之叛，在潮州有郭逢贵之叛。（以上均见卷十三《世祖本纪》）

至元二十三年，在湖南有李万二之叛。（卷一六二《刘国杰传》）

至元二十四年至二十七年，在肇庆有邓太獠、刘大獠之叛，在衡、永、宝庆、武冈有詹一仔之叛，在江西陈古水有萧大獠、严大獠等怀集诸寨之叛，在肇庆有阎大獠、在金林有曾大獠、在广东有陈大獠、在南安有钟大獠、在永州有李末子等之叛。（以上均见《刘国杰传》）在温州有林雄，在处州有詹老鹞之叛。（卷一六二《高兴传》）在潮州有罗半天、罗大老、李尊长之叛。（卷一二○《兀鲁台传》）

至元二十五年，在柳州有黄德清、在潮州有蔡猛、在泉州有张治固、在南安、瑞、赣有连岁盗起，在处州有柳世英、在广东有董贤举七个大老之叛。此外在贺州有七百余人之叛，在循州有万余人之叛，在泉州有二千人之叛，在汀、赣有番民千余人之叛，在武冈、宝庆皆有叛乱。（以上均见卷十五《世祖本纪》）

至元二十六年，在江淮有"诸盗之未平者"，在福建有畲民丘大老，在赣州有钟明亮、胡海，在台州有杨镇龙，在婺州有叶万五，在漳州有陈机察、丘大老、张顺等，在建宁有黄福、陆广、马胜之叛乱。（以上均见卷十五《世祖本纪》）

至元二十七年，在江西有华大老，在建昌有丘元等，在太平有叶大五，在建平有王静照，在芜湖有徐汝安、孙惟俊等，在仙游有朱三十五，在绩溪有胡发、饶必成，在婺州永康、东阳，处州缙云有吕重二、杨元六，在泉州南安有陈七师，在杭州有唐珍等之叛乱。此外在浙东、在福建、在柳、桂、宝庆、武冈等处皆有叛乱。（以上均见卷十六《世祖本纪》）在绩溪、歙县也有柯三八、汪千十等饥民之叛乱。（卷一九一《许楫传》）

至元二十八年，在汀、漳有欧狗之叛。（卷一三○《彻里传》）同年，"江湖间盗贼出没，剽取商旅货财。"（卷一三六《哈刺哈孙传》）

至元二十九年，在忠州有黄胜许之叛。（卷十七《世祖本纪》）

至元三十年，在湖广、辰州均有叛。（同上）

成宗元贞元年，在荆南有僧晋照之叛。（卷十八《成宗本纪》）元贞二年，在广西有陈飞、雷通、蓝青、谢发，在赣州有刘六十之叛。（同上）

大德四年，在广西有高仙道之叛。（卷一三七《察罕传》）

第三个时期，从武宗至大元年（一三〇八）到顺帝至正十一年（一三五一）为止。这一个时期，因为元代之衰，从武宗起，在武宗之世，内有皇后卜鲁罕与阿难达之乱，外有海都之侵，兵祸连年，军饷大增，搜刮不足，则滥发钞票、纸币的发行额达十二亿四千一百二十七万卢布。（见沙发诺夫《中国社会史》上）"通货的膨胀，到了连人民都相信他们应得的现实价值除了纸以外，什么也不能得到的时候，元朝的末运已经到来了。"（同上）同时，黄河溃决，冀鲁大水，巩昌地震，归德暴风，江浙疫疠，以致死者枕藉，生者卖儿鬻女，壮者从征边塞，老者转死沟壑。陶宗仪《南村辍耕录》曾记当时民间流行的一曲《醉太平小令》云：

"堂堂大元，奸佞专权。开河变钞祸根源，惹红巾万千。官法滥，刑法重，黎民怨。人吃人，钞买钞，何曾见。贼做官，官做贼，混愚贤。哀哉可怜。"[1]

这曲小令，正是当时社会情景的素描。因为在至大元年，湖广、云南、四川都有广泛的叛乱，而且史称当时"百姓难食，盗贼充斥。"[2]

到仁宗时，外有察哈台汗的东侵，内有铁木迭儿的贪横，而

---

[1]　陶宗仪：《南村辍耕录》卷二十三，中华书局，1959年，第285页。

[2]　《元史》卷二十二《武宗本纪》至大元年正月条。

且河北、京师天旱，山东、淮南大水，饥馑疫疠普遍全国，人祸天灾，交逼迭乘。所以当其即位之初，便有刘贵之叛。（《元史》卷一八一《元明善传》）延祐二年，在赣州有蔡九五之叛。（卷二五《仁宗本纪》）四年，在黄州、高邮、真州、建宁等处皆有"流民群聚，持兵抄掠。"（同上）五年，在雩都有里胥刘景周之叛。（同上）

英宗在位，不过三年，便被其权臣铁失所杀。在这三年中，江西来安路有岑世兴之叛，泉州有留应总之叛。（卷二十八《英宗本纪》）

泰定帝之世，据《多桑蒙古史》云："铁木迭儿与铁失之徒，结为父子。"善良死于非命，"天下系囚冤滞，""游堕之徒，妄投宿卫，部属及宦者、女红、大医阴阳之属，不可胜数，一人收藉，一门蠲复，一岁所请衣马刍粮，数十户所征人不足以给之。"[①] 因此之故，更增加了农民的担负，于是在泰定三年，泉州有阮凤子之叛。（《元史》卷三十）致和元年，广西普宁县，有僧陈庆安之叛。（同上）。

明帝在位，不过八月，以争王统之故，便为燕贴木儿所毒害。图帖睦尔继承王位，是为文帝。文帝之世，外则诸王秃坚反于云南，内则燕帖木儿恃拥立之功，"肆行无忌"。文帝本人则笃信佛教，放纵喇嘛，搜刮巨金，大建寺院，劳民伤财，天下大怨。所以在至顺年间，在桂阳州有张思进之叛。（卷一三〇《岳镇传》）

顺帝为元代最后的一个皇帝，这一时代是元代政权达到腐烂不堪的时期，也是中原人民反鞑靼的武装斗争到达最高潮的时

---

期，这就是中原红巾的大叛乱之展开。

在顺帝即位之初，一方面，因为长期的农民叛乱，已经摇撼了元代社会经济的基础，另一方面，由于鞑靼统治者内部继续不断的内争，削弱了元代政府统治的力量，真已临于崩溃决裂之势。元统二年，曾流行着一种民谣云："天雨线，民起怨，中原地，事必变。"到至元三年，又有民谣谓鞑靼将采童男女，于是一时间十二三岁以上的男女嫁娶殆尽。<sup>①</sup>这种民谣充分地表现了暴风雨前的气象。

叛乱仍然普遍地继续着，如至元三年，四川有韩法师之叛，惠州归善及增城有聂秀卿、谭景山、朱光卿等之叛。（《元史》卷三九《顺帝本纪》）四年，袁州有周子旺，漳州路南胜县有李志甫之叛（同上）。至正二年，庆远路有莫八之叛。（同上）三年，道州有蒋丙之叛。（同上）五年，"所在盗起，盖由岁饥民贫。"（同上）六年，江州，连城有罗天麟、陈积万之叛。（同上）七年，集庆路、湖广、云南皆有叛乱。沿江一带，也暴发了"集庆花山贼"之叛，（同上）八年，道州有"撞贼"之叛。即于同年，在浙东暴发了以方国珍为首的叛乱。继于十一年在汝颍暴发了以韩山童、韩林儿父子为首的叛乱，于是在南方展开了叛乱的端绪。从此以后，元代的叛乱，遂以更大的规模，走向历史的新阶段。

我们已经说过，自元武宗以后，内乱纷起，战争不息，水旱频仍，饥馑荐臻，壮者死于边塞，老弱、妇孺则填诸沟壑，社会基础业已动摇，民生疾苦达于极点。到顺帝时，一方面叛乱仍然以

---

① 陶宗仪:《南村辍耕录》卷九《谣言》条;《元史》卷39《顺帝本纪》至元三年五月条。

高涨之势继续扩大，另一方面内乱则层层相因，变本加厉。察罕帖木耳父子与孛罗帖木儿争夺晋、冀，火并不已。同时在漠北，则有阿鲁浑帖木儿长城之变，在齐、鲁则有田丰、王士诚等山东之叛。兵祸连年，国力凋敝。而元统以来，天灾尤甚，据《元史》从（顺帝）元统元年（1333）六月起，到至正十九年（1359）八月止，二十六年之间，水旱虫蝗霜雹之灾，多至一百零八次。其中元统二年江浙一带的饥民，竟达五十九万零五百六十四户。[①] 若以每户五人计算，其数已近三百万人，江浙一区如此，其他各地或多或少，当亦大有可观。因此之故，方国珍方能以"黄严黔赤，首弄潢池，揭竿倡乱，西据括苍，南兼瓯越，元兵屡讨，卒不能平。"[②] 也就因为方国珍在浙东首先树起叛旗，剽掠沿海州郡，劫杀元代官吏，推翻元代在两浙的统治，捣毁当时东南的社会秩序，所以长江流域的叛乱才走向更大的规模。诚如《明史纪事本末》所云："以致五年之内，太祖（朱元璋）起濠城，（张）士诚起高邮，（陈）友谅起蕲、黄、莫不南面称雄，坐拥剧郡。则国珍者，虽经王之驱除，亦群雄之首祸也。"[③]

方国珍的叛乱，不过是大叛乱的一声号角；而大叛乱之真正开幕，则为至正十一年（1351 年）以韩林儿为首的红巾之爆发。从此以后，鞑靼在中原的统治，遂走向最后之覆灭。

韩林儿的叛乱自然是当时社会的客观条件上之必然的产物；但其偶然的因素，则是由于至正十年黄河南溃。据《多桑蒙古史》云："因黄河屡决，发河南北兵民十七万开黄河故道，疏凿

---

① 《元史》卷三十八《顺帝本纪》元统二年五月条。

② 以上均引自《明史纪事本末》卷五《方国珍降》，中华书局1977年标点本第81页。

③ 同上。

凡二百八十里有奇，大役劳民，而民愈怨。"①又《新元史·韩林儿传》云："时河决向南，丞相脱脱，从贾鲁议，挽之北流，兴大役。"我们知道，在黄河决口之前，四方盗贼早已蜂起，到处发了河水。民心益怨的时候，只须略加煽动，叛乱便可立时爆发。于是有刘福通者，乃预埋一石人于黄陵冈，镌其背曰："石人一双眼，挑动黄河天下反。"等到贾鲁治河，掘出此物，果然叛乱爆发。汝颍之间，红巾蜂起。

和方国珍的叛乱是江南群盗的发展一样，韩林儿、刘福通的叛乱则是弥勒、白莲教匪的叛乱之发展。《明史·韩林儿传》云："韩林儿，栾城人，或言李氏子也。其先世以白莲会烧香惑众，谪徙永年。元末，林儿父山童鼓妖言，谓'天下当大乱，弥勒佛下生'。河南、江、淮间，愚民多信之。"又《元史》卷四二《顺帝本纪》云："栾城人韩山童祖父以白莲教会烧香惑众，谪徙广平永平〔年〕县。至山童倡言天下大乱，弥勒佛下生，河南及江、淮愚民皆翕然信之。（颍州刘）福通与杜遵道、罗文素、盛文郁、王显忠、韩咬儿复鼓妖言，谓山童实宋徽宗八世孙，当为中国主。福通等杀白马黑牛誓告天地，欲同起兵为乱。事觉，县官捕之急，福通遂反。山童就擒，其妻杨氏，其子林儿，遂逃之武安。"由此看来，韩林儿、刘福通等的叛乱，乃是以弥勒、白莲教为组织的工具，而同时又以复兴大宋为号召的口号，所以后来中原红巾的旗帜上，大书："三千，直抵幽燕之地，龙飞九五，重开大宋之天。"

即因红巾叛乱带有浓厚的宗教色彩，所以他们便能吸收广大的农民群众，又因为红巾提出了种族主义的号召，所以他们便能

---

① 《多桑蒙古史》上册第三卷第7章第355页。

提高斗争的情绪。韩山童是在元代政府的极刑之下处死了，但刘福通等却拥戴山童之子林儿为宋帝，继续担负起叛乱的事业。他们以红巾为号，奋起汝、颍，跟着便如火燎原，以一日千里之势，把叛乱向四面八方展开，连陷罗山、上蔡、真阳、确山、叶县、舞阳、汝宁、光、息等县，击溃守军，劫掠官府，把九十年来的叛乱，提到极大的高潮。

自韩林儿、刘福通倡乱中原以后，于是萧县李二亦以"烧香聚众而反"。[①]蕲州罗田县人徐寿辉与黄州麻城人赵普胜等，亦"以妖术阴谋聚众，遂举兵为乱，以红巾为号。"[②]定远郭子兴与其党孙德崖亦起兵攻据濠州。于是红巾叛乱，遂由中原扩展到长江流域，弥勒、白莲教匪与长江以南群盗的叛乱，至此，便打成一片了。以往三五成群、打家劫舍的山贼，到现在便成千成万，剽掠州郡，劫夺府库，改元建号，称帝称王了。当时"刘福通据朱皋……徐寿辉等起蕲、黄，布王三、孟海马等起湘、汉，芝麻李（即李二）起丰、沛，而郭子兴亦据濠应之，时皆谓之红军，亦称香军。"[③]自是以后，列群骚然，英雄豪杰乘时蜂起，大河南北，长江上下，已再不是鞑靼人的天下了。

当时中原红巾，纵横驰逐，所向无敌。他们一面以主力军攻占汴梁，以为国都；一面分兵三路北伐鞑靼。当郭子兴部下朱元璋渡江西南锋刃内向的时候，正是中原红军出师北伐之日，据《多桑蒙古史》云：

> 刘福通攻汴梁，分军三道：关先生、破头潘等取晋、

---

① 《元史》卷四二《顺帝本纪》至正十一年八月条。
② 同上。
③ 《明史》卷一二二《韩林儿传》。

冀，白不信等趋关中，毛贵出山东。（西路军）白不信等陷秦陇，据巩昌，遂围凤翔，察罕帖木儿等击走之，不信遁入蜀。（东路军）毛贵入山东，取数城，败蒙古统将答尔麻失里兵，进围济南。河南行省右丞董搏霄以兵赴援，连败贵兵于城下，已而搏霄奉调北行，贵遂陷济南，进击搏霄杀之。于是率兵由河间进逼大都。群臣劝帝出走，独丞相太平以为不可，遂征四方兵入卫，同知枢密院事刘哈剌不花以兵拒战于柳林，贵众溃退济南（1285年4月）。[①]

（中路军）关先生、破头潘等分兵二道，大掠山西之地，寻转掠辽阳至高丽，复转而南，破上都，焚其宫阙。[②]

由此看来，元末红巾，自韩林儿、刘福通等倡乱以来，指顾之间，便弥漫于汝、颍、襄、樊、唐、邓之间，跟着两淮、荆楚的所谓"烧香事魔之党"，皆束为号，揭竿而起，以响应韩林儿等叛乱。他们从广大的黑暗之中，高擎起光焰万丈的火把，把整个的中原照得通红。成千成万的饥民，他们在"弥勒再生"的口号之下，得到了新的希望，从而对于"复兴大宋"的斗争，也得到了新的信念。于是他们以最大的热烈，集中火力，去轰击鞑靼在中原树立的种族主义的封建政权。

叛乱展开了，舳舻东下，则徐寿辉的叛党，尽有楚赣；锋刃南向，则郭子兴的部将，驰逐江南；战马西驰，则白不信剽掠关陇，转战巴蜀；旌旗北指，则毛贵残破齐鲁，纵横河朔；关先生扫荡三晋，直抵幽燕，其前锋所及且北掠辽东，远征高丽。他们斩关杀敌，攻城陷邑，锋镝所向，无不披靡，当其进逼大都，则

---

① 《多桑蒙古史》上册，第三卷第7章，第357—358页。

② 同上。

元代皇帝，仓皇欲遁；当其残破上都，则鞑靼宫阙尽化灰烬。这种叛乱的行动真可谓达到荡腥涤秽、扫穴犁庭的目的了。这种叛乱的结果，自然彻底的捣毁了一切封建的秩序，从而把一个世纪以来的鞑靼统治打得粉碎无余。

可惜叛乱的高潮只是一瞬之间，接着各叛乱集团内部，都起了内乱，于是叛乱遂转而低落。在韩林儿的集团，则毛贵、赵均用等继续相互残杀，以致山东之师，不能北进，辽东之师，被迫南旋，而关陇三师，且溃散巴蜀。在徐寿辉的集团，则陈友谅先后谋杀倪文俊和徐寿辉，在江州称帝。也在这时，徐寿辉的另一部将明玉珍从这集团中分化出来，而走入四川。郭子兴的集团，则以赵均用、彭早住与朱元璋之不协，而使朱元璋另树一帜，这样发展的结果，遂使红巾的叛乱，走向低潮。但是叛乱却以另一形式即群雄割据、互相火并的形式继续发展下去。假如以前的叛乱是一种捣毁封建秩序、轰击鞑靼的统治的斗争，则此后的叛乱是一种新的封建势力之生长中相互火并的斗争。方国珍、张士诚、陈友谅、明玉珍、朱元璋之徒，各据州郡，攻战不休，结果，朱元璋剪除群雄结束了一百年的群盗叛乱，恢复了封建秩序，完成了大明王朝的建立。虽然使元璋得以龙飞淮甸，从容剪除群雄而无北顾之忧者，则贯通元代 90 年间的弥勒、白莲教匪与江南群盗，尤其元末的大叛乱，实替他尽了不少前驱的任务，而大明王朝不过是 90 年来长期叛乱之最后的一个成果而已。

（收入《中国史论集》第一辑，重庆文风书局 1943 年 12 月出版）

# 元曲新论

## 一 "没个人敢咳嗽"的时代

自从 1276 年的春天，鞑靼的蛮骑，闯进了南宋的首都临安（今杭州）以后，于是当时宋朝最后的一座文化神殿，也就堕为灰烬。跟着而来的，是鞑靼征服者野蛮的刀剑统治。在这种统治之下，中原的文化，遂走进了一个疠疫时代。当此之时，鞑靼的统治者，双脚踏在中原文化的胸膛上。中原的文化正像一个重创的战士，气息奄奄，躺在血泊之中。汉人的知识分子，则成群地被屠杀、被幽囚、被奴虏，其幸而苟全性命者，也正如马致远所云：

> 似箭穿着雁口，没个人敢咳嗽。[①]

当此之时，若是回想过去"山外青山楼外楼，西湖歌舞几时休"[②]的时代，真有隔世之感。虽然如此，中原的文化仍然没有在异族的刀剑之前停止其发展。并且不久便以嬉笑怒骂的形态开始对文化剿灭者的反攻，而这就表现于元代戏剧之空前的发展。

---

[①] 马致远：《汉宫秋》。见臧晋叔：《元曲选》，博古堂版。本文所引元杂剧皆出于此。

[②] 林洪：《西湖》。见《千家诗》卷上。

文化，本是社会经济生活的"气化，"只要蒸发社会经济的"圣火"（生产力）没有熄灭，他必然也会被继续挥发出来。我们知道鞑靼的统治者，虽然一面封闭了蒸汽的出口，但同时却加大了圣火的燃烧，所以结果中原的文化，就像蒸汽一样，以更集中的力量，从封条的缝隙中放射出来。至于不表现为其他的文化而表现为戏剧者，则以戏剧是比较软性的文化。它可以指桑说柳，可以倚鸡骂狗，因而在没有中原文化修养的鞑靼统治者面前，便可以领到文化的通行证。

## 二　《录鬼簿》中的元代戏剧作家

在鞑靼统治中国的 90 年间，中国的戏剧作家一时群起，接踵辈出，作家之多，实为前古所未有。据钟嗣成《录鬼簿》所载，当时作家之有姓名可考者，计有一百一十一人，其作品不著姓名而署"无名氏"者，以及作家的姓名与作品俱佚者，尚不在内。由此可以想见当时剧曲创作繁荣之一斑。

钟氏在《录鬼簿》中，把他所著录的一百一十一个作家，依其出身的先后，别为三个时期：第一期，为已死的前辈；第二期，为方今已死者；第三期，为其同辈。王国维氏于其所著《宋元戏曲考》中，对钟氏的分期，曾加以时代的考订。谓钟氏所谓第一期，系蒙古时代（自窝阔台取中原以后至一统之初，即1234—1279 年）；第二期，系一统时代（自至元至至顺、后至元间，即 1340 年以前）；第三期，系至正时代（即 1341—1368

年）<sup>①</sup>。由此可知终元之世，中国戏剧的发展，未尝稍歇。

惟据《录鬼簿》所载，第一期作家为五十六人，第二期为三十人，第三期为二十五人，此种数字，似乎指示元代戏剧自元初以后，即有渐趋衰弱之倾向。我以为或不尽然，盖第一期为元曲的开创时期，而第二、三期则为其发展时期，以理推之，第二、三期的作家，似不应少于第一期。至《录鬼簿》所载之相反的数字，或系作者对于二、三期的作家著录较少。实际上《录鬼簿》所著录的作家，都是钟氏认为"名公才人"者，其未成名者，则摈而不录。且钟氏之书，其所叙述之时代，仅及于1345年，而元之亡，则在1368年，此后20余年中的作家当然不能见于钟氏之书，因此，我们并不能根据《录鬼簿》的著录而遂谓元代的戏剧自元初以后即走向衰落的过程。

元代的戏剧作家，除李直夫一人是女真人，其余都是汉人。由此则知今日所见之元曲，乃是常时中国知识分子的聪明才力之积累，亦即13世纪中国文学的总结晶。

在汉人之中，第一期的作家，全为北人；第二、三期，则南人多而北人少。据《录鬼簿》所载，元代第一期的作家，五十六人，都是北人。在北人中，大都（今北平）一地，有十七人，占将近三分之一。到第二期作家三十人中，北方七人，其余除籍贯不明者五人外，都是江浙一带的人。而且北方的七个作家中，有五个作家（曾瑞、乔吉甫、李显卿、郑光祖、赵良弼），都在江浙一带做官或侨居。到第三期，则二十五个作家中，北方只有一人（高君瑞）。其余除籍贯不明者九人外，都是江浙一带的人，而江浙的作家，又大半属于杭州。大都和杭州之所以成为当时戏

---

① 《海宁王静安先生遗书》第四十三册，第58页。

剧作家集中之地，是非常自然的，因为大都为鞑靼统治者首脑部所在之地，而杭州则为南宋的旧都。中国作剧家的中心，由大都移转到杭州，也是很自然的，因为这就指明了当时作家渐渐从鞑靼统治者的御用之中，解散出来的事实。

元代的戏剧作家，大半都是布衣之士。其中亦有少数曾为元代的省掾、令史之官。如马致远、尚仲贤、戴善甫，均曾为江浙行省务官，姚守中曾为平江路吏，李文蔚曾为江州路瑞昌县尹，赵天锡曾为镇江府判，张寿卿曾为浙江省掾史，郑光祖曾任杭州路吏，金仁杰曾任建康崇宁务官，张国宾曾任教坊勾管，李寿卿曾任县丞。唯有杨梓一人曾仕元为显宦，他曾任元代招抚爪哇等处的宣慰司官，在鞑靼征服爪哇以后，他又任驻爪哇的安抚总使，官至嘉议大夫，杭州路总管。又如关汉卿曾仕金为太医尹，白朴曾仕金为礼仪院大卿；但此二人在元代皆未做官。此外，则皆布衣之士。由此可知当时十分之九的戏剧作家，都是不肯投降异族的。

# 三　元代戏剧作家留下来的作品

元代的戏剧作家，留下了不少的作品。据李开先作《张小山乐府序》云："洪武初年，亲王之国，必以词曲千七百本赐之。"此尚就明代宫廷所搜集者而言，其散在民间者不在其内。但宁献王朱权《太和正音谱》卷一著录元人杂剧仅五百三十五本，加以明初人所作，亦仅五百六十八种。又《录鬼簿》所著录亦仅四百五十八本。因而王国维氏疑元曲数量，不如李开先所说之多。

元曲数量究有多少？固不得而确知。但各家著录之有缺漏，实所不免。例如以《录鬼簿》之著录而言，对于第二期作家三十人，即有十八人的作品未录；对于第三期作家二十五人，即有十四人的作品未录。又如对于大多数的作家，皆仅录其作品之一二。但当时作家即被锺氏称为"名公才人"则决不致无一作品，或仅有一、二作品。例如，作家曾瑞卿死时，吊者千余人，当然不仅只写《留鞋记》一剧，就可以发生如此重大的社会影响。此外如《录鬼簿》所著录之关汉卿的作品为五十八种，而据今日所知者，则为六十三种。同样对于高文秀、马致远、尚仲贤、武汉臣、李寿卿、张国宾等之作品的数目，皆少于今之所知者。《录鬼簿》如此，其他的著录，亦难免不如此，因此我以为明初人所见之元曲，有一千余种，实为可信之事。

至于臧晋叔选元曲的时代，已到明万历年间，此时南曲已盛行。臧氏《元曲选·自序二》云："今南曲盛行于世，无不人人自谓作者，而不知其去元人远也。"由此而知当时元人杂剧，已为南曲所代替，当时的元曲，不过为少数藏书家当作文学的遗产，加以搜藏而已。臧氏《元曲选·自序二》又云："予家藏杂剧多秘本，顷过黄（州）从刘延伯借得二百种，云录之御戏监，与今坊本不同，因为参伍校订，摘其佳者若干，以甲乙厘成十集。"由此而知当臧氏撰《元曲选》时，坊间流行的元曲，已不甚多。但同时，又知臧氏撰《元曲选》时，并未将其手边所有的元曲，尽数编入，而仅"摘其佳者。"王国维氏因见《元曲选》中所撰元曲，仅九十四种，加以明人的作品六种（《儿女团圆》《金安寿》《城南柳》《误入桃源》《对玉梳》《萧淑兰》）始足成百种之数，遂疑当时元曲，已不满百。这是一个错误。

关于此点，我们从其他的方面，也可以得到证明。如与臧氏同时刊行之元曲，尚有无名氏之《元人杂剧选》及海宁陈与郊之《古名家杂剧》。此二书，今虽仅存其目，但从其目录上，也可以看出，前者所撰的元曲，其不见于《元曲选》者有四种；（马致远《踏雪寻梅》，罗贯中《龙虎风云会》，无名氏《九世同居》《符金锭》。）后者所撰的元曲，其不见于《元曲选》者，则有八种。

总计两书所撰的元曲，其出于《元曲选》者，共有十二种。此外据王国维氏自云："钱遵王《也是园藏曲》，则目录具存，其中确为元人作者一百四十一种。"① 又谓：黄丕烈所藏《元刻古今杂剧》，其乙编今已发现，有乙编必有甲编，假使甲编种数同于乙编，则其所藏元曲当有六十种。"今甲编存佚不可知，仅就乙编言之，三十种中为《元曲选》所无者，已有十七种。"② 由此又知元曲之散失而不传于世者甚多，将来一定还能继续有所发现。

虽然，我们今日所得而见的元曲，则仅有《元曲选》中的九十四种，与《西厢五剧》及《元刻古今杂剧》乙编中之十七种，合为一百一十一种，而这就是我们今日藉以研究元曲的资料。


# 四 元代的戏剧为什么这样发展

元代的剧曲创作何以如此发展？沈德符《万历野获编》及臧晋叔《元曲选·序》均谓："元取士有填词科"，一般才人，以

---

① 王国维：《宋元戏曲考》。见《海宁王静安先生遗书》第四十三册，第 60 页。
② 王国维：《宋元戏曲考》。见《海宁王静安先生遗书》第四十三册，第 60 页。

此为进取功名之路，故尔发展起来。关于沈、臧二氏的说法，王国维氏曾予以批判。王氏于《宋元戏曲考》中云："至蒙古灭金，而科目之废垂80年，为自有科目以来未有之事。故文章之士，非刀笔吏无以进身，则杂剧之多为掾史，固不足怪也，沈德符《万历野获编》（卷二十五）及臧懋循（即晋叔）《元曲选序》均谓蒙古时代，曾以词曲取士，其说固荒诞不足道。余则谓元初之废科目，则为杂剧发达之因，盖自唐宋以来，士之竞于科目者，已非一朝一夕之事，一旦废之，彼其才力无所用，而一于词曲发之。且金时科目之学，最为浅陋，此种人士，一旦失所业，固不能为学术上之事，而高文典册，又非其所素习也。适杂剧之新体出，遂多从事于此。而又有一二天才出于其间，充其才力，而元剧之作，遂为千古独绝之文字。"①

王氏之言自较沈、臧二氏为正确，但我以为元曲之所以展开突出的发展，进而成为一种时代的精神，尚不仅如王氏所云，只是由于"一二天才"的迸裂，主要的，还是由于城市经济的发展。中国自北宋以来，城市经济便进入一个新的发展阶段；到元代，由于鞑靼人之世界征服，打通了欧亚的水陆交通，城市经济更臻于繁荣。因之，自宋代起，一般城市自由商人和手工业的老板，他们渐渐成长起来，成为一种新的历史阶层。他们掌握了足够的物质条件，因而也就要求艺术享乐。但这种新兴的历史人物，他们出身寒微，没有深厚的文学修养，对于古典的贵族文学，不能感到兴趣，他们要求文学的通俗化，这就是比唐诗更为通俗的宋词之所以出现的历史原理。不仅如此，他们对于那种作为文学欣赏之酒后一曲的弹词，不能感兴趣，他们要求文学的

---

① 王国维：《宋元戏曲考》。见《海宁王静安先生遗书》第四十三册，第60页。

具象化，因而在宋代便出了由若干词曲结合而构成的一种故事的真正戏剧。宋《崇文总目》（卷一）已有《周优人词曲》二卷。《梦梁录》（卷二十）亦云"向者汴京教坊大使孟角球曾做杂剧本子，葛守成撰四十大曲。"而《武林旧事》（卷十）所载官本杂剧段数，多至二百八十本。由此而知杂剧在两宋时代，已有很高的发展。到元代，一般鞑靼的统治者、色目商人，他们都在中原大发横财，在唯饱了物之后，也就想唯几分钟的心，但是这些外国贵族、官僚和商人，他们对于汉族的文学，更是一窍不通。他们不能从文学方面去欣赏汉人的戏剧；只能从情节的穿插，以至剧中人的姿态中去欣赏。因此，他们要求戏剧的通俗化，所以在元曲的宾白中，便插进一些异族人所能懂得的俗语，比如在杨显之《风雪酷寒亭》中便有这样一句："学一句燕京厮骂，入没娘老大小西瓜。"由此看来，戏剧的发展，是城市经济发展之一种必然的产物，所以早在宋代，中国的戏剧，就已经由宫廷走到市场。接着在鞑靼统治者的文化抑压中，中原文化除戏剧以外，无路可走，又更加强化并集中了它的发展。

诚然，中国的戏剧，在鞑靼统治者的压迫之下，获得了更集中的发展，形成了中国戏剧发展史中的高潮。但是即使没有鞑靼统治者的压迫，中国的戏剧，也会随着城市经济之发展，慢慢前进的。关于这一点，我们从元曲发展的渊源中，可以看得出来。

首先，元曲中所使用的曲牌，大半都是承袭着唐、宋的古曲。元人所使用的曲牌，据周德清《中原音韵》所录，共为三百三十五章；陶宗仪《南村辍耕录》卷二十七所录，为二百三十章。据王国维氏考证，在这些曲牌中，其出于大曲者十一，出于唐、宋词者七十五，出于诸宫调者二十八。如此则在三百三十五章中，出于古曲者一百一十，已占全数三分之一。此外，曲名不见于古曲，而知其非元人创造者，又有十种（〔六国朝〕〔憨郭郎〕〔叫声〕〔快活三〕〔鲍老儿〕〔四边静〕〔乔捉蛇〕〔拨不断〕〔太平令〕）由此而知元曲的本体，实由唐宋古曲发展而来，甚为明了。

不仅如此，据王国维氏考证，元代杂剧的故事结构，其脱胎于金人院本者，共有二十种；其脱胎于宋官本杂剧者，十一种，而金人院本，又多脱胎于宋官本杂剧。准此而论，则元人杂剧，可以说是中国戏剧自身发展之必然的形式。

## 五 所有的元曲只是描写五种典型人物

元曲是13世纪中国的时代精神，他当然具有不可磨灭的价值。历来学者没有一个人不赞叹元曲的文采风流，词藻富丽，是千古的绝调。王国维也曾这样说过："元曲剧最佳之处不在其思想结构，而在其文章。其文章之妙，亦一言以蔽之曰：'有意境而已矣。'何以谓之有意境？曰：写情，则沁人心脾；写景，则在人耳目；述事，则如出其口是也。"[1]

我以为"元曲之妙，"尚不仅"在其文章，"而尤其在于其"思想结构"。盖所谓"文章"，无论如何优美，只是一种文学的技术；而"思想结构"，则为文学的本体。前者是用以表现内容的形式，而后者则是被表现的内容。元曲之妙，固然也在于其文学技术之熟练，在于其具有优美的形式，但是尤其在于其思想结构之深刻，在于其具有丰富的内容。假如元曲只是具有优美的形式，而没有丰富的内容，则这样的剧曲，不论在文学上或艺术

---

① 王国维：《宋元戏曲考》，见《海宁王静安先生遗书》第四十三册，第74页。

上，都是没有价值的东西。正因为元曲是有内容的、有灵魂的文学，所以它才能从当时的人民当中唤出回响；才能从几百年以后的读者的心灵中唤出感应。

固然，元曲在反映现实的方面还是十分地不够，比如我们在元曲中找不到一个剧本敢于大胆的描写 13 世纪鞑靼统治者所卷起的震撼世界的大活剧，敢于大胆地描写鞑靼统治者屠杀汉族人民的战争，敢于在空前的浩劫中发出一声反鞑靼统治者的战斗的呼号，甚至他们对于战场上遗留下来的几百万具汉人的腐尸，对于遗留于战后的几千万无告的孤儿寡妇，和一个沦为瓦砾的世界，都不敢发出一声惋惜的悲叹。

但是我们应该原谅元代的戏剧作家，他们所处的时代是一个空前黑暗、绝顶恐怖的时代。他们随时随地都有被投入牢狱、被割去舌头、被砍掉脑袋的危险。沉重的历史压力使他们失去思想驰骋的自由，残酷的现实生活使他们不敢正面的接触政治问题，乃至人间世界的问题。照当时的环境而言，他们似乎只有一个题材可写，这就是"大汗万岁"。

然而元代的作家并没有如此的下流，去替鞑靼统治者作卑鄙的祝福；反之，而能运用其文学的天才，艺术的手腕，旁敲侧击，假设反衬，委婉曲折，尽情极致，从各个侧面，各个角度，暴露出当时社会的阴暗面，用生动而鲜明的线条画出活动于黑暗时代中的形形色色的鬼影。他们虽然不曾描绘出一幅鞑靼统治者杀人的连环画，但是假使把元代戏剧作家所描绘的一个一个的鬼影拼合起来，那就可以使我们看出 13 世纪中国社会的具体形象。因此，我以为元代的戏剧作家并没有放弃他们的艺术使命。

固然有一部分作家也在这个大恐怖之前被吓退了，他们逃避现实而沉溺于幻想。但是，在当时，再也找不到一个安乐的象牙塔，让作家们过渡其静恬幽闲的生活。残酷的现实，紧紧追随着作家的踪迹，教他们无处可逃，无处可避。因而他们除非不写作；要写作，现实的生活便自然而然浸透在他们的作品之中。

暴力抓住了作家的头发，但并不能抓住作家的心灵。思维，是最善于找到自己的出路的。你不准他谈政治，他就谈恋爱；你不准他谈人间，他就谈天上；你不准他谈现在，他就谈过去；反正他总要找条出路。因此，当时的元代戏剧作家，他们都能很巧妙地写出当时社会的现实形象。很明显地，一百一十一个元剧，虽然各个剧本，都有其自己之故事的结构，但在根本的命意上，只是五种典型人物之描写，即：堕落者、逃避者、控诉者、谴责者和叛逆者之描写。这些典型人物之出现于当时的舞台，决不是元代戏剧作家的幻想，而正是当时现实社会之深刻的反映，因为当时确实有这五种类型的人物之存在。

# 六 堕落的典型——才子佳人

首先我们说到堕落者的典型。打开元曲一看，我们到处可以碰见的是才子佳人。例如关汉卿之《玉镜台》《谢天香》《金线池》《望江亭》，白仁甫之《梧桐雨》《墙头马上》，乔孟符之《扬州梦》《金钱记》，郑德辉之《伲梅香》《倩女离魂》，曾瑞卿之《留鞋记》，武汉臣之《玉壶春》，石君宝之《曲江池》，张寿卿之《红梨花》，石子章之《竹坞听琴》，以及无名氏之《碧桃花》《鸳鸯被》《百花亭》等，都是属于这一类的作品。

在这一类的作品中所描写的故事，不是"韩寿偷香"，便是"杜牧病酒"；不是"司马青衫"，便是"倩女离魂"；不是"章台走马"，便是"闺阁调情"。在这些故事中描写的人物，都是"娇帽轻衫小小郎"，"绣帔香车楚楚娘"；"辱门败户的小婆娘"，"多愁多病的俏才郎"。"洛阳女儿""长安年少"；"风流色鬼""欢喜冤家"。这些男女一个个都是"色胆大于天"，"酒肠宽似海"。他们担心的，都是恐怕"空误了幽期密约，虚过了月夕花朝。"除了情人以外无人类，除了巫山以外无世界，这就是所谓"佳人才子"。

在这些戏剧中，也有成功和失败，但与社会无关。这里的成功与失败，是指色情的已遂与未遂。例如在这些剧本中说：那些已遂的，则"翡翠窗纱，鸳鸯碧瓦，孔雀金屏，芙蓉绣榻，幕卷轻绡，香焚睡鸭；灯上上，帘下下，这的是南省尚书，东床驸马。"（《两世姻缘》第三折）

那些未遂的，则"月溶溶，梨花庭院；风淡淡，杨柳楼台；雾濛濛，芳草池塘；如此般好天良夜，淑女才郎。相将意厮投，门厮对，户厮当，成就了双凤孤凰。这一个，夜月南楼；那一个，窥视东墙。"《㑇梅香》

结果，不是"人去阳台，云归楚峡"，"云飞雨散，梦断魂销"；便是"夫妇结发"，"人月团圆"。

像这一类的作品，最容易引起读者的误会，以为元代的戏剧作家，已经堕落到娱乐游宴者的"歌人之艺术"，以为他们专门在替鞑靼统治者创一些罗曼斯或肉感的文学。但是事实上，这种"佳人才子"的出现，正是体现当时社会"堕落者"的生活。体现这种现实的人物，是在战后出生的"公子哥儿"。他们既没有看到战争的残酷，而又拥有富厚的资财，同时在政治上又没有出路，于是放纵情欲，堕落到无丝毫精神生活而成为肉欲之奴役者。这正如石子章所云："那秀才每，谎后生，好色精，一个个害的是传槽病症。"(《竹坞听琴》)这一类堕落的青年，他们睡眠在"时代的后院"，做着甜蜜的美梦，望着那残酷的现实，在他们面前咆哮而过，好像没有看见。元曲中关于才子佳人的戏剧，只是把这些失掉了种族意识的堕落青年请上舞台而已。

# 七 逃避者的典型——神仙道人

在元曲中，我们又到处可以碰到神仙道士为主角的戏剧。这些神仙道士就是逃避者的典型。如马致远的《岳阳楼》《黄粱梦》《任风子》《陈抟高卧》，岳伯川的《铁拐李》，范子安的《竹叶舟》，吴昌龄的《东坡梦》，杨景贤的《刘行首》，郑廷玉的《忍字记》，张寿卿的《红梨花》，尚仲贤的《柳毅传书》、李好古的《张生煮海》，乔孟符的《两世姻缘》，李寿卿的《度柳翠》，王晔的《桃花女》，吴昌龄的《张天师》，以及无名氏的《盆儿鬼》《来生债》等，都是属于这一类的作品。这一类的戏剧，都是描写人类社会的痛苦，神仙世界的快乐，于是吕洞宾等慈悲为怀的仙人便出现为救苦救难的主角，他们接引世人超凡入圣，成仙成佛。

在这些剧本中所描写的神仙世界，在那里，有极其优美的风景："朱顶鹤，献花鹿，唳野猿，啸风虎；云满窗，月满户，花满蹊，酒满壶，风满帘，香满炉。"《任风子》)在那里，有极其幽闲的生活："看读玄元道德书，习学清虚庄列术。"(《任风子》)"身安静宇蝉初蜕，梦绕南华蝶正飞。卧一榻清风，看一轮明月，盖一片白云，枕一块顽石，直睡的陵迁谷变，石烂松枯，斗转星移。"(《陈抟高卧》)在那里，有"小小茅庵是可居，春

437

夏秋冬总不殊；春景园林赏花木，夏日山间避炎暑，秋天篱边玩松菊，冬雪檐前看梅竹，皓月清风为伴侣，酒又不饮色又无，财又不贪气不出。"《任风子》）在那里，有形形色色的悠闲人物："这一个，倒骑驴，疾如下坡；这一个，吹铁笛，韵美声和；这一个，鬓蓬松，铁拐横拖；这一个，蓝关前，将文公度脱；这一个，绿罗衫，拍板高歌。"（《竹叶舟》）在那里，"出离了生况死况别离况。"（《度柳翠》）"兴亡不管，生死无忧。""困来那一眠，闲来那一醉，一任渔樵说是谈非，笑杀儿曹走南料北，空叹英雄争高竞低。""草庵内谈玄妙，蒲团上讲道德，万事休题。"（《刘行首》）

　　这一类的戏剧之出现，很鲜明地是由于当时的作家已经没有触及人间问题的允许，而只能选择此种与人间社会绝不相关的题材。但同时也反映出当时人类对新世界新社会之渴望。他们沉痛地感到现存的社会，已经变成了一个魔鬼世界，而又没有勇气驱除这些魔鬼，所以就幻想一个神仙世界作为精神的避难所。实际上，当鞑靼统治者征服汉族之后，当时确实有一部分汉族的知识分子遁入深山，逃向海外。《柳毅传书》及《张生煮海》的故事，就正是暗示当时有人逃向海外荒岛的事实。这些逃避者，他们以为"光阴似过隙白驹，世人似舞瓮醯鸡"，纵得一阶半职，结果还是"云阳市血染朝衣"，"死无葬身之地"。所以不如"居林下，绝名利，自不合刬下山来惹是非。"（《陈抟高卧》）像这一类"全不管人间甲子，单则守洞里庚申"的逃避者，较之堕落者，当然略胜一筹，但也是失了民族解放自信的一群。

# 八 控诉者的典型——清官

在元曲中我们常常看到以包文拯这一类清官为主角的戏剧。这一类的清官就是为控诉者而设的假定法庭。如关汉卿的《窦娥冤》《蝴蝶梦》《鲁斋郎》，郑廷玉的《后庭花》，孟汉卿的《魔合罗》，张国宾的《合汗衫》，孙仲章的《勘头巾》，李行道的《灰栏记》，以及无名氏的《陈州粜米》《冤家债主》《冯玉兰》《朱砂担》等都是这一种的作品。

这些清官，特别是包文拯，他不仅可以接受活人的控诉，而且还能接受那冤魂冤鬼的控诉。当时的作家之所以把这一类清官请上舞台，其目的是要在一个假设的法庭之前，替那些无告的冤人和冤鬼作一种公开的控诉，用以暴露鞑靼统治者的罪行。这样，他们就可以把许多贪污者、劫夺者、杀人者一个个逮捕到法庭之前加以国法的审判。在作家的法庭之前，贪污者出现了。

> 小官刘衙内的孩儿小衙内，同着这妹夫杨金吾两个，来到这陈州开仓粜米，父亲的言语，着俺二八粜米。本是五两银子一石，改做十两一石，斗里插上泥土糠秕，则还他个数儿，斗是八升小斗，秤是加三大秤。若百姓们不服，可也不怕，放着有那钦赐的紫金锤哩。(《陈州粜米》)

> 我做斗子十多罗，觅些仓米养老婆，也非成担偷将去，只在斛里打鸡窝。(同上)

> 只今个贼仓官享富贵，全不管穷百姓受熬煎。一划的在青楼缠恋那厮们，不依钦定，私自加添（加添米价。）盗粜了仓米，干没了官钱，都送与泼烟花、泼烟花王粉莲。(同上)。

我想这做屠户的虽是杀身害命，还强似俺做吏人的瞒心昧己，欺天害人也。他退猪汤不热如俺浓研的墨；他杀狗刀不快如俺完成的笔。他虽是杀生害命为家计，这恶业休提，俺请受了人几文钱，改是成非。似这般所为，惨可可的活取民心髓，抵多少猪肝猪蹄。(《铁拐李》)

减一笔，教当刑的责断；添一笔，教为从的该敲；这一管扭曲作直取状笔，更狠似图财致命杀人刀。出来的，都关来节去，私多公少，可曾有一件儿合天道，他们都指山卖磨，替百姓画地为牢。(同上)

再看高利贷者也出现了。《窦娥冤》《鸳鸯被》等剧，都是描写父亲借钱女儿抵账的故事。

只为那举债文书我画的有亲笔迹，因此上，被强勒为妻室。(《鸳鸯被》)

再看杀人贼也出现了。

眼见得王文用，在明晃晃刀头上遭危难；王从道在黑洞洞井底何时旦；还将他花朵般媳妇儿，只待要强奸；有这许多罪犯。……哎哟！天那！……一步步行到枉死地。(《朱砂担》)

依旧有青天白日，则不见幼子娇妻。(《铁拐李》)

诸如此类的黑暗事件不可胜举，以上不过略示其例而已。

# 九　谴责者的典型——有气节的文人

在元曲中，有许多以有气节的文人为主角的戏剧，如宫大用的《范张鸡黍》，马致远的《汉宫秋》，郑德辉的《王粲登楼》，无名氏的《冻苏秦》《渔樵记》等，都是属于描写谴责者的典型的作品。这种作品的出现，就表现了当时有一部分倔强的知识分子，他们公然地对当时社会发出了不满的呼声。

比如他们谴责当时的文化剿灭者曰：

> 孔子道，千古独尊；孟子时，空将性善说谆谆；怎知道，历齐、梁，无个能相信。到嬴秦，儒风已灭，从此后，圣学湮沦。想高皇，本亭长，区区泗水滨；将诸侯，西入秦，不五年，扫清四海绝烽尘。他道是功成马上无多逊，公然把诗书撇下无声问。虽则是儒不坑，虽则是经不焚，直到孝文朝，挟书律蠲除尽，才知道天未丧斯文。（《范张鸡黍》）

他们谴责鞑靼统治者不用汉人曰：

> 我堪恨，那夥老"乔民"（鞑靼统治者），用这等小猢狲，但学得些装点皮肤，子曰、诗云。本待要借路儿，苟图一个出身，他每（即他们）现今如都齐了行，不用别人。（《范张鸡黍》）

> 将凤凰池，拦了前路；麒麟阁，顶杀后门；便有那汉相如，献赋难求进；贾长沙，痛哭谁偢问；董仲舒，对策无公论。便有那公孙弘，撞不开昭文馆内虎牢关；司马迁，打不破编修院里长蛇阵。（同上）

他们谴责那般毫无知识的鞑靼官僚曰：

您子父每轮替着当朝贵，倒班儿居要津，则欺瞒着帝子王孙；猛力如轮，诡计如神，谁识您那一夥害军民聚敛之臣。现如今，那栋梁材平地上刚三寸；你说波，怎支撑那万里乾坤！都是些装肥羊法酒"人皮囤"，一个个智无四两，肉重千斤。（同上）

口边厢你腥也犹未落，顶门上胎发也尚自存，生下来便落在爷羹娘饭长生运，正行着兄先弟后财帛运，又交着夫荣妻贵催官运，你大拽着十年家富小儿娇，也少不的一朝马死黄金尽。（同上）

这一夥魔军，又无甚功勋，却着他画戟朱门，列鼎重裀，赤金白银，翠袖红裙，花酒盈樽，羊马成群。有一日天打算衣绝禄尽，下场头少不的吊脊抽筋。小子白身，乐道安贫。觑此辈，何足云云。（同上）

他们谴责汉奸曰：

恁也，丹墀里头，枉被着金章紫绶；恁也，朱门里头，都宠着歌衫舞袖；恐怕边关透漏，央及家人奔骤；似箭穿着雁口，没个人敢咳嗽。吾当傍㑇他也，他也红妆年幼，无人搭救。昭君共你们有什么杀父母冤仇，休休！少不的，满朝中都做了毛延寿，我啊：空掌着文武三千队，中原四百州，只待要割鸿沟，陡恁的千军易得，一将难求。（《汉宫秋》）

我道你文臣安社稷，武将定戈矛。你只会文武班头，山呼万岁，舞蹈扬尘，道那声"诚惶顿首"。（《汉宫秋》）

他们谴责那些唯利是图的鞑靼富豪曰：

他道那下着的（雪）是国家祥瑞，则是与那富家每（们）

添助，他向那红炉的这暖阁，一壁厢，添上兽炭，他把那羊羔来浅注。门外又雪飘飘，耳边厢风飒飒，把那毡帘来低簌。一壁箱，有刺刺象板敲，听波，韵悠悠佳人唱，醉了后，还只待笑吟吟美酒沽。哎！哥也，他们端的便怎知俺这渔樵们受苦。（《渔樵记》）

"他则待人前卖弄些好妆梳，扮一个峨冠的士大夫，……可正是天降人皮包草躯，学料嘴，不读书。（同上）

**他们谴责鞑靼统治者糟蹋知识分子曰：**

他他他，沧海将升斗倾，泰山将等秤称，鳌鱼向池中养凤凰在笼内盛。我如今眼睁睁，揎尽十分蹭蹬。待要去做庄农，又怕误了九经；做经商，又没个本领。往前去，赚入坑；往后来，退入阱。（《冻苏秦》）

叹书生，我这里便叹书生，……我要吃啊，也无那珍馐百味；要衣啊，也无那罗锦千箱；这生涯，都在那长街上。我可也又无甚资本，又不会做经商；止不过腕悬着灰罐，手执着毛锥，指万物，走笔成章。有那等不晓事的，倒将我来呸抢。划的来，着我冻剥剥，靠着这卖文为活。穷滴滴……几时能勾气昂昂。（同上）

则这断简残编，孔圣书，常则是养蠹鱼。我去这六经中，枉下了死工夫。冻杀我也，《论语》篇，《孟子》解，《毛诗》注；饥杀我也，《尚书》云，《周易传》《春秋疏》。（《半夜雷轰荐福碑》）

常言道，七贫七富，我便似阮籍般依旧哭穷途。我住着半间儿草舍，再谁承望三顾茅庐。（同上）

## 十　叛逆者的典型——草莽英雄

在元曲中有以梁山泊上的草莽英雄为主角的戏剧,如李文蔚的《燕青博鱼》,康进之的《李逵负荆》,高文秀的《双献功》,无名氏的《争报恩》等,都是属于这一类的作品。

梁山泊上的草莽英雄,当然是典型的叛逆。这种轮廓分明的叛逆人物之公然地武装登台,并不是作家追怀过去,而正是歌颂当时为了民族的解放而斗争的"弥勒白莲教匪"和"江南群盗"之反鞑靼统治者的英勇斗争。所以当时的作家歌颂这种叛逆的行为是"替天行道救民生"。祝福这些叛逆的英雄,"愿天下好男子不遭牢狱之灾"。

这些叛逆英雄之出现决非偶然,元代的作家们,他们对鞑靼统治者的生活,曾经作如次的描写:

大汗则"有披鳞带角相随从,深居富贵水晶宫。"(《张生煮海》)"今日个宴赏群公,光禄寺酝江酿海;尚食局,炮凤烹龙;教坊司,趋跄妓女;仙音院,整理丝桐;都一时向御苑来供奉,恰便似众星拱北,万水朝东。"(《丽春堂》)

鞑靼的贵族们,则"衲袄子绣挽绒,兔鹘碾玉玲珑,一个个跃马扬鞭,插箭弯弓,他每(们)那祖宗,是斑斓的大虫。"(同上)

鞑靼的虎头万户们,则一个个"腰横辘轳剑,身披鹔鹴裘。"(《虎头牌》)到处"坑人财,陷人物,吃人脑,剥人皮。"(《玉壶春》)"怕不的赀财足备。孽畜成群。……如今欲待去消愁闷,则除是,飞鹰走犬,逐逝追奔。"(《虎头牌》)他们的军队,"不害生灵么?六十万!"他们的畜群,"不伤禾稼么?八百里!"(《柳毅传书》)

鞑靼的官僚们，则"擎鞭壮士厅前立，捧臂佳人阁内行，沈醉早筵方欲散，耳边犹有管弦声。"（《勘头巾》）

鞑靼和色目的商人们，则以"资本为商贾，趋利息，冲州撞府。"（《来生债》）他们"黑的是心，白的是财。"（《还牢末》）"积趋下，高北斗杀身的钱"，"辈辈儿做了财主。"（《来生债》）这些"不知姓名的胡先生，"（《岳阳楼》）"倚仗财物，夺人妻妾。"（《玉壶春》）

鞑靼的僧侣则"拿着一串数珠，是吓子弟降魔印；轮着一条拄杖，是打濑濑无情棍。"（《金线池》）

在个别的描写以后，于是元代的作家总结一句曰："这都是剥民脂膏，养的能豪旺。"

在鞑靼统治者的压榨之下，当时广大人民的生活怎样呢？元代的作家也描写得非常生动。他们说：

一部分士大夫则堕落到"翠红堆"，"花胡同"，做了"风月的元戎将"，"拼死在莺花寨"。（《玉壶春》）

另一部分士大夫，则逃避在"茅屋临幽涧""白云缥缈乡"。《岳阳楼》）做了"蓬莱寻药客，商岭采芝人"；"天下已归汉，山中犹避秦。"（《陈抟高卧》）

那些贫苦的人民呢？

> （他们）囊箧消乏，又值着米粮增价，忧愁杀，一日三衙，几度添白发。（《赵礼让肥》）

> 眼睁睁，俺母子各天涯，想起来，我心如刀割；提起来，我泪似悬麻。饿杀人也，无米无柴腹内饥；痛杀人也，好儿好女眼前花。恢恢天网，漫黄沙，我一身饿死，四海无家。（同上）

想他每（们）富家杀羊也那宰马，每日里笑恰。飞觞也那走斝，俺百姓每（们）痛杀，无根椽片瓦，那里有调和五味全，但得过充饥罢。母子每（们）苦痛，哎，天那！（同上）

他可也忒矜夸，忒豪华，争知俺少米无柴怎地存札。子母每（们）看看的饿杀，天那！则亏着俺这百姓人家。（同上）

饿的这民饥色，看看的如蜡渣。他每（们）都家家上树，把这槐芽掐；他每都村村沿道，将榆皮剐；他每都人人绕户，将粮食化。……不由的我泪不住行儿下。（同上）

可怜我也，万苦千辛度命咱。现如今，心似油煠肉似钩搭，死是七八，那个提拔。似这般凄凄凉凉波波渌渌，今夜宿谁家，多管在茅檐下。……不冻杀，多应饿杀。眼见的山间林下，可怜身死野人家。（同上）

这样的情形之下，当然会出现了叛逆的英雄。现在看元代的作家怎样描写这些叛逆的英雄。

（他们）家住梁山泊，平生不种田；刀磨风刃快，斧蘸月痕圆；强劫机谋广，潜偷胆力全；兄弟三十六，个个敢争先。（《双献功》）

（他们）戴着红茜巾，白毡帽；手里……拿着粗檀棍，长朴刀；身上……穿着这香绵衲袄。（《争报恩》）

行不更名，坐不改姓。（同上）

风高敢放连天火，月黑提刀去杀人。（《双献功》）

（他们的命令，是）遇官军须当杀退，若经商，便将拿住。（《燕青博鱼》）

赢了时，舍性命，大道上赶官军；若输呵！芦苇中潜身，抹不着我影。（《争报恩》）

俺也曾,那草坡前把滥官拿,则俺那梁山泊上宋江,须不比那帮源洞里的方腊……从今日,……绰着这过眼齐眉的枣子棍,依旧到杀人放火蓼儿洼,须认的俺狠那吒。(《燕青博鱼》)

便有那千千丈陷虎池,万万尺牢龙阱。我和你,待摆手去横行,管教他扶着我的无干净。(《双献功》)

放心也!我和那合死的官军拼。(《双献功》)

(重庆《中原月刊》卷四期,1944年9月出版)

# 论明代海外贸易的发展

## 一　中国商人很早就到了南洋

从 16 世纪初到现在五百年间，南洋诸民族已经转换了好几个主人了。由葡萄牙人而西班牙人，由西班牙人而荷兰人，由荷兰人而英国人、美国人，现在，日寇又正准备以武力从英、美手中夺为己有。这样，南洋诸民族，又好像达到了一个历史的新阶段了。在这个历史剧变的前夕，我们不仅为南洋诸弱小民族之浩劫的轮回表示义愤，同时，我们对中国过去与南洋的历史关系，也大有不堪回首之感。因为今日繁荣的南洋，可以说完全是中国人在近五百年来继续不断的努力，才开辟出来的。而欧洲人之进入南洋只是 16 世纪以后的事。从此中国在南洋侨居的人民，也和南洋诸弱小民族的人民一样，在帝国主义的屠刀之下，过着殖民地奴隶的生活了。

我们知道欧洲人最初进入南洋的是葡萄牙人，以后才是西班牙、荷兰、英、美轮班更替。葡萄牙人之到达麻剌甲是明正德七年（1512 年）。西班牙人之到达吕宋群岛是明正德十四年（1519 年）。荷兰人之到达爪哇、苏门答剌，是明万历二十五年（1597 年）。英国人之到达爪哇等地是万历二十八年（1600 年）。至于美国之占领菲律宾则是更后的事，而日本的势力之伸入南洋乃是在第一次世界大战以后，直到现在，还不过二十余年。

然而中国与南洋的关系，则早在五六世纪晋魏的时代，便与印度有佛教徒的来往。在 7 世纪，唐高宗咸亨二年（671 年），中国僧义净便由南海入印度，经二十五年，历三十余国，得梵本经论近四百部，合五十万颂而回。到 8 世纪中叶，玄宗开元二十九年（741 年），"释不空附舶达狮子国（锡兰），广求密藏，及诸经论五百余部，至天宝五年（746 年）而还。"虽然这一时代的南洋航行，都没有带着商业的意义，然而中国人的足迹，则早在 8 世纪前，已经踏到印度洋的沿岸了。

从 10 世纪后中国与南洋的关系，便带着商业的性质了。如果以前是封建的朝贡关系，则 10 世纪后便是贸易关系了。据《宋史·食货志》云："（宋太宗）雍熙中（984—987 年），遣内侍八人赍敕书金帛，分四路招致海南诸番。商人出海外蕃国贩易者，令并诣两浙市舶司，请给官券。"

到十三四世纪，据《星槎胜览》记交兰山国云："胡元之时，命将高兴、史弼领兵万众，驾巨舶，往闇婆（爪哇）国，遭风至于交兰山下。其船多损，随登此山，造舡百号，复征闇婆，得胜，擒其酋长四国，是此知之。至今民居有义中国人杂处，盖此时病卒百余，留养不归，而传生育。"

中国与南洋的关系之更大的发展，要算是 15、16、17 三世纪间，以明永乐初到宣德末（1405—1430 年）三保太监郑和等七下西洋起，以后历明正统到万历中叶（1436—1600 年）二百年间，中国人在南洋一带，均握有政治、经济上之最大权威。一直到万历中叶以后到明末（1600—1644 年），由于欧洲资本主义的东渐，中国人在南洋的地位，才衰退下来。虽然，一直到现在，中国人在南洋各地，虽失掉其政治的优越地位，而在经济上，仍然有其不可动摇的基础与力量。这种力量，不是一天两天用武力建筑起来的，而是在几百年长期的历史过程中发展出来的。所以无论南洋一带的统治种族如何变更，而中国人在南洋的势力是不会消灭的。不但如此，而且毫无疑义地，在争夺南洋的战争中，中国的侨民还有一个决定的力量。

## 二 郑和所领导的海洋探险

现在我们要说到 15 世纪，中国开辟南洋的几个人物。首先要说到的便是"七下西洋的"郑和。

郑和是怎样一个人呢？据《明史》本传云："郑和，云南人，世所谓三保太监者也。初事燕王于藩邸，从起兵，有功，累擢太监。……经事三朝（成祖、仁宗、宣宗），先后七奉使，所历占城、爪哇、真腊、旧港、暹罗、古里、满剌加、渤泥、苏门答剌、阿鲁、柯枝、大葛兰、小葛兰、西洋琐里、琐里、加异勒、阿拨把丹、南巫里、甘把里、锡兰山、南渤利、彭亨、急兰丹、忽鲁谟斯、比剌、溜山、孙剌、木骨都束、麻林、剌撒、祖法儿、沙里湾泥、竹步、榜葛剌、天方、黎伐、那孤儿，凡三十余国。所取无名宝物，不可胜计，而中国耗费亦不赀。……自和后，凡将命海表者，莫不盛称和以夸外番，故俗传三保太监下西洋，为明初盛事云。"

这样看来，郑和虽然是一个宦官，但他却与历来的宦官不同。他并不专门包围皇帝，陷害忠良，而以毕身精力，致之于海洋探险。他发见了许多为当时中国人所不知道的世界，直接替中国人民在南洋一带开辟一个新的世界；间接扩大了中国人的地理知识。他不仅在中国历史上是一个杰出的伟人，就在世界史上，他的名字也和狄阿慈、达·伽马及哥白尼等人的名字一样，永为人类所记忆。所可惜的，就是中国没有继续出现哥伦布和麦哲仑，因而也就没继续发现美洲，和完成世界的周航。

与郑和同行出使的，还有一位宦官王景弘和许多无名的水手，此外还有一位宦官侯显，也曾经两次出使西洋。这些都是15世纪中国开辟南洋的英雄，可惜他们的事迹史无纪载，我们无法得知其详。

明代政府为什么忽然派遣郑和等出使西洋，这是值得研究的一件事。关于这一点，《明史》上有一段简略的纪载："成祖疑惠帝亡海外，欲纵迹之；且欲耀兵异域，示中国富强。"我想《明史》上的这几句话，乃是后来史家揣测之辞，不足以说明郑和七下西洋的原因。固然当时关于惠帝有着各种不同的传说，有的说惠帝烧死在宫里，有的说惠帝"不知所终"，有的说他"由地道出亡"，还有说他"在滇为僧"的，但决没有惠帝"出洋当寓公"之说。因之，即使成祖为了消灭他的政敌要纵迹惠帝，也用不着远到南洋，甚至非洲的东岸。至于毫无目的地"耀兵异域"，也是不能成为理由的。

非常明白，郑和之七下西洋，乃是中国当时商业发达的结果。中国的商人，已经不能满足于国内市场，而需要寻求海外的市场。郑和等之出使南洋，乃是充任中国商业资本的代表。

郑和航行南洋先后七次。

第一次的时间，是永乐三年六月到五年九月（1405—1407年），往返共两年零三个月。他这一次航行，带了"士卒二万七千八百余人，多赍金币，造大舶，修四十四丈、广十八丈者六十二。"①他这一次的航线，据《明史》所载："自苏州刘家河泛海，至福建，复自福建五虎门扬帆，首达占城（西贡），以次遍历诸番国，宣天子诏，因给赐其君长，不服则以武慑之。"②这里所谓诸番国，《明史》并未列举其名，但从"和献所俘旧港酋长（陈祖义）……戮于都市"③一语看来，则其曾至旧港，盖无可疑。

第二次的时间是永乐六年九月至九年六月（1408—1411年），往返时间为两年零九个月。这一次的航程，已经越过马来海峡达到锡兰岛，并且与锡兰岛的土人发生过战争。据《明史》："锡兰山国王亚烈苦奈儿诱和至国中，索金币，发兵劫和舟。和觇贼大众既出，国内虚，率所统二千余人，出不意，攻破其城，生擒亚烈苦奈儿及其妻子、官属。劫和舟者闻之，还自救，官军复大破之。九年六月，献俘于朝，帝赦不诛，遣归其国。"④

第三次的时间，是永乐十年十一月至十三年七月（1412—1415年），往返共两年零八个月。这一次的航程，《明史》上纪载者仅苏门答剌一地。《明史》云："和等往使，至苏门答剌。其前伪王子苏干剌者，方谋弑主自立，怒和赐不及己，率兵邀击官兵。和力战，追擒之喃渤利，并俘其妻子。以十三年七月还朝。"⑤

第四次的时间，是永乐十四年冬至十七年七月（1416—1419年），往返约两年零十个月左右。这次的出使，是为了报聘。其

---

① 《明史·郑和传》。
② 同上。
③ 同上。
④ 同上。
⑤ 同上。

所到之地甚多。据《明史》："满剌加（麻六甲）、古里（孟买）等十九国，咸遣使朝贡，辞还。帝复命和等偕往，赐其君长。"[①]据此，则此次航程，已经达到了印度的西部。

第五次的时间是永乐十九年春至二十年八月（1421—1422年），往返约一年零五六个月。这次所到的地方与第四次所到的相同。

第六次的时间，是永乐二十二年正月至仁宗洪熙元年回国（1424—1425年），往返共计约一年有余。这一次的出使，主要的任务，仿佛是为了送委任状到旧港去的。据《明史》："旧港酋长施济孙请袭宣慰使职，和赍敕印往赐之。比还，而成祖已晏驾。"[②]

第七次的时间，是宣宗宣德五年六月（1430年），至何时回国，《明史》并未说明。但照《明史》所载："帝以践祚岁久，而诸番国远者犹未朝贡，于是和、（王）景弘复奉命历忽鲁谟斯（在波斯湾）等十七国而还。"则此次航程所至已渡过印度洋远至波斯湾，其且达到阿拉伯南端的祖法儿、剌撒，及红海口之阿丹，乃至非洲东岸之木骨都束、卜剌哇及竹步等地。

除郑和、王景弘外，同时，侯显亦曾两次出使南洋。

第一次是永乐十三年（1415年）七月出发，何时返国并无明文纪载。这次出使的目的，是因为"帝（成祖）欲通榜葛剌诸国，复命显率舟师以行，其国即东印度之地，去中国绝远。其王赛佛丁遣使贡麒麟及诸方物。"[③]

第二次是永乐十七年（1420年）九月出发，亦未载明回国

---

① 《明史·郑和传》。

② 《明史·郑和传》。

③ 《明史·侯显传》。

日期。这一次航行的目的地还有到榜葛剌，而其主要任务则是为调解沼纳朴儿与榜葛剌的战事。据《明史》："榜葛剌之西，有国曰沼纳朴儿，地居五印度中，古佛国也，侵榜葛剌。赛佛丁告于朝（明朝）……（成祖）命显往宣谕，赐金币，遂罢兵。"①

根据以上的史实看来，在15世纪初叶，中国人的势力不仅达到南洋群岛，而且已经越过印度洋，远至波斯湾、阿拉伯乃至非洲的东岸。而在这同一时期，欧洲人的海洋冒险者，还没有梦想印度洋和太平洋的世界。一直到1415年，他们才发现非洲的西岸而已。


## 三　从南洋到东非都有中国的商船


郑和等的南洋航行，不仅说明了明朝政府对于海外——尤其南洋——贸易的积极注意，和当时中国政治势力已经伸展到南洋各地，握有极大的经济的和政治的权威。他们需要祖国的政治力量，帮助他们继续扩大商路，开辟市场。

根据许多史实，我们可以看出在郑和出使之前以及与郑和出使的同时，尤其郑和出使以后，中国的商人，继续不断地远涉南洋，中国与南洋的国际贸易，已经达到了繁荣的境界了。

据《明史》外国列传中关于南洋和西洋一带的国家和地区之列传，计有琉球、吕宋、合猫里、美洛居、沙瑶、呐哔啴、鸡笼、婆罗、麻叶瓮、古麻剌朗、冯嘉施兰、文郎马神、占城、真腊、暹罗、爪哇、三佛齐、浡泥、满剌加、苏门答剌、须文达

---

① 《明史·侯显传》。

那、苏禄、西洋琐里、琐里、览邦、淡巴、百花、彭亨、那孤儿、黎伐、南勃利、阿鲁、柔佛、丁机宜、巴剌西、佛郎机、和兰、古里、柯枝、大小葛兰、锡兰山、榜葛剌、沼纳朴儿、祖法儿、木骨都束、不剌哇、竹步、阿丹、剌撒、麻林、忽鲁谟斯、溜山、南巫里、加异勒、甘巴里、急兰丹、沙里湾泥、底里、千里达、失剌比、古里班卒、剌泥、白葛达、拂菻、意大里亚等六十余国。在这六十余国中，郑和等所达到者不过"三十余国"，则尚有一半的地方，中国政府的政治势力，还没有达到。但是中国的商人，却早遍布各地，这是可以断言的。

在这六十几个国名中，除琉球、吕宋、婆罗、暹罗、爪哇、柔佛、苏门答剌、锡兰、荷兰九个地名外，其余皆与现在的地名译音不同。因而对于这些地名之考证，颇有不同之议。如佛郎机，梁启超氏则谓应为西班牙，有人则谓为法兰西译音之转，又有人谓应为葡萄牙。如满剌加与美洛居，《明史》各立传，显系两个地方，而梁启超则谓系一个地名之两种译音。另有人则谓满剌加为今之麻六甲，美洛居为今之摩鹿加。诸如此类，论者不一。

关于以上各国的地位之究明，对于当时中国与南洋的关系之了解是非常重要的。梁启超氏作《郑和传》，曾依据《瀛涯胜览》及《星槎胜览》二书，将以上诸国分为六组：（一）马来半岛以东诸国凡十五，如爪哇、占城、真腊、暹罗等。（二）满剌加诸国凡四，即麻六甲等。（三）苏门答剌诸国凡七，如三佛齐、南浡里等。（四）印度诸国凡六，如锡兰、古里、柯枝、葛兰等。（五）亚剌伯诸国凡五，如祖法儿、剌撒、阿丹等。（六）亚非利加诸国凡三，如木骨都束、卜剌哇、竹步等。但除此以外，尚有波斯湾诸国，如忽鲁谟斯等。这样的分类，虽然不完全可靠，但依据史乘所载的方向及行程，是不会有很大的错误的。我们只要明白了这些国家的大概地位便可以知道当时中国商人势力所及的范围。

关于当时中国商人在南洋各地的情形，依据史乘所载也可以得知其梗概。

其在琉球，"洪武七年（1374年），以陶器七万、铁器千，就其国市马。"又"其国不贵纨绮，惟贵磁器、铁釜，自是赏赐多用诸物。"①又"所遣之使，多系闽中通逃罪人，杀人纵火，奸狡百端，专贸中国之货，以擅外番之利。"②

其在吕宋，据《明史·吕宋传》："先是（万历四年，1567年）闽人以其地近且饶富，商贩者至数万人，往往久居不返，至长子孙。"《东西洋考》吕宋条亦云："华人既多诣吕宋。往往久住不归，名为'压冬'，聚居涧内为生活，渐至数万。间有削发长子孙者。"又机易山案之次年，即万历三十一年（1603年）吕宋大杀华人，"先后死者二万五千人"，仅留三百人。

其在合猫里（在菲律宾群岛），据《明史》："华人入其国，不敢欺凌，市法最平，故华人为之语曰：'若要富，须往猫里务'。"

其在美洛居，据《明史》："东洋不产丁香，独此地有之，可以辟邪，故华人多市易。"又据《明史》：红毛番与佛朗机争夺美洛居，"自是，岁构兵，人不堪命。华人流寓者，游说两国，令各罢兵。"

其在婆罗，据《明史》："万历时，为王者闽人也。或言郑和使婆罗，有闽人从之。因留其地，其后人竟据其国而王之。"

---

① 《明史·琉球传》。

② 《明史·琉球传》。

其在麻叶瓮，据《明史》："元高兴使弻伐爪哇，遭风至此山（交栏山）下，舟多坏……其病卒百余，留养不归，后益蕃衍，故其地多华人。"

其在古麻刺朗，据《明史》："永乐十五年九月，遣中官张谦赍敕抚谕其王干剌义亦奔敦，赐之绒锦纻丝纱罗。"

其在占城（西贡）与中国之历史关系更为悠久。《明史》："（占城）即周越裳地，秦为林邑，汉为象林县。后汉末，区连居其地，始称林邑王。自晋至隋仍之。"唐宋元号占城，明通朝贡。"（成化）十四年（1478年）……命给事中冯义，行人张瑾往封之。义等多携私物，……又往满剌加国，尽货其私物以归。"

其在真腊（万历以后改为柬埔寨），《明史》："隋、唐及宋皆朝贡。"明洪武十六年，明"遣使赐织金文绮三十二，磁器万九千。"二十年，其王"遣使贡象五十九年，香六万斤。"二十一年，其王又"贡象二十八，象奴三十四人，番奴四十五人。"又《东西洋考》引《风土记》云："土人见唐人颇加敬畏……近亦有欺负唐人，因去人之多故也。"

其在暹罗，在明代与中国有极频繁之朝贡贸易关系。据《明史》：正统以前"比年一贡，或一年两贡"。"正统后或数年一贡"。永乐七年（1409年）何八观等逃入暹罗，暹罗王应明朝的请求将何等送还。《明史》又云："成化时汀州人谢文彬以贩盐下海，漂入其国，仕至'坤岳'，犹天朝学士也。后充使来朝。"又《海国图志》暹罗国条云："当地人尊敬中国人，用汉人为官属，理国政，掌财赋。"

又据《明史》："妇私华人，则夫置酒同饮，恬不为怪曰：'我妇美，而为华人所悦也'。"又云：其国人"崇信释教，男女多为僧尼……富贵者，尤敬佛，百金之产，即以其半施之。"

其在爪哇，《明史》："（洪武）十四年，遣使贡黑奴三百人及他方物。明年又贡黑奴男女百人、大珠八颗、胡椒七万五千斤。"以后终明之世，朝贡不绝。"中国商旅，亦往来不绝，其国有新村，最号饶富。中华及诸番商舶，辐辏其地，宝货填溢。其村主即广东人，永乐九年，自遣使表贡方物。"

其在三佛齐（即旧港），《明史》："爪哇破三佛齐，国中大乱。时华人流寓者往往起而据之。有梁道明者，广东南海县人，久居其国。闽、粤军民泛海从之者数千家，推道明为首，雄视一方。"

其在浡泥，《明史》："华人多流寓其地。嘉靖末（1566年左右），闽、粤海寇遗孽逋逃至此，积二千余人。"

其在满剌加，《明史》："男女椎髻，身体黝黑，间有白者，唐人种也。"

其在苏门答剌，《明史》："华人往者，以地远价高，获利倍他国。"

其在苏禄，《明史》："土人以珠与华人市易，大者利数十倍。商舶将返，辄留数人为质，冀其再来。"

其在柔佛（新嘉坡），《明史》："万历间（1573—1620）……华人贩他国者多就之贸易。"

其在丁机宜（爪哇属），《明史》："华人往商，交易甚平。"

其在沙瑶与呐哔啴，《明史》："华人商其地，所携仅磁器、锅釜之类，重者至布而止。"

其在文郎马神，《明史》："（国人）初用蕉叶为食器，后与华人市，渐用磁器。尤好磁瓮，画龙其外。"

其在祖法儿，《明史》："天使（华使）至，诏书开读讫，其王遍谕国人，尽出乳香、血竭、芦荟、没药、苏合油、安息香诸物，与华人交易。"

其在阿丹，《明史》："永乐十九年（1421 年），中官周姓者往，市得猫睛，重二钱许，珊瑚树高二尺者数枝，又大珠、金珀、诸色雅姑异宝，麒麟、狮子、花猫、鹿、金钱豹、驼鸡、白鸠以归，他国所不及也。"

其在柯枝，《瀛涯胜览》柯枝条云："其名哲地者，俱是富室，则专收买宝石及珍珠香货之类，以候中国宝船或别国之番船客至，则以珍珠分数论卖，每颗重三分半者，卖彼处金钱一千八百个值银一百两。"

其在暹罗，据《海国图志》引《贸易通志》云："中国买米买货之船，赴其国者岁百余号。"（卷六）

除以上诸国外，其余各国，《明史》上只记载其风土人情、气候、物产以及与中国通使入贡的年月贡物的种类数目，而并没有记载中国人在各该地之生活情况。然就以上的史实，足以说明当时中国人在南洋各地之活动的范围，贸易的状况，以及交易货物之种类。

## 四　明代商人在南洋——不知几人称帝几人称王

当时中国商人走到南洋的时候，南洋各地的社会经济，极不一致，有些地方，经济水准发展特高，有些地方则还停留在原始的历史阶段，这以当时中国商人与南洋各地土人的贸易中所使用的货币可以看出。

当时南洋各地，有用现物交易者。如祖法儿则以乳香、苏合油等换中国之纻丝、磁器，琉球以马易中国之磁器、铁釜。暹罗以海贝为辅币。有用金银为货币者，如暹罗，"以银豆为币，大者重四钱，中者一钱，次者五分，小者二分五厘，其名曰泼。皆王铸字号，法不得剪碎。"[1] 如占城"交易用银或七成淡金。"[2] 如忽鲁谟斯"交易用银钱。"如柯枝用金钱，"彼处金钱一千八百个，值银一百两。"[3]

有用铜币者，如爪哇"皆以铜钱相易"。[4] 但亦有银币与铅币。《东西洋考·爪哇考》云："来往贸易用银钱，如本夷则用铅钱。"

有用铁币者如白葛达"市易用铁钱。"

有用锡币者，如满剌加，"贸易以锡行，大都锡三斤当银一钱。"[5]

有用铅币者，如"旧港则用铅钱矣"。[6] 如文郎马神"市用铅钱"。[7]

由以上的史实看来，大概当时南洋各地金属货币，已成为普通之交易工具，但在某些地方，尤其在阿剌伯及东非沿岸各国，则间亦有停滞在现物交易之阶段者。

关于中国商人在南洋各地贸易方式，也有各种不同的情形。

有居留南洋设立户铺者，如在思吉港，"向就水中为市。比来贩者渐夥，乃渐筑铺舍。"[8] 如在彭亨，"国王为筑铺舍数间，

---

① 《海国图志》卷五。

② 《瀛涯胜览》。

③ 《瀛涯胜览》。

④ 《瀛涯胜览》。

⑤ 《海国图志》卷六引明黄衷《海语》。

⑥ 《东西洋考》卷三。

⑦ 《东西洋考》卷四。

⑧ 《东西洋考》卷四。

商人随意广狭，输其税而托宿焉，即就铺中以与国人为市。"①
此外，如在琉球之中国"逋逃罪人"，在吕宋之"久居不返"的
中国商人数万，在美洛居之"游说两国"的"华人流寓者"，在
婆罗之"据其地而王之"的"闽人"，在麻叶瓮的"留此不归"
的"病卒百余"之后，在真腊之"唐人"，在暹罗之"汀州人"，
在爪哇的"新村"之"广东人"，在三佛齐之"闽、粤军民""数
千家"，在浡泥二千余流寓的华人，在满剌加之"唐人"等，皆
系长期住留，所谓"长子孙"者。他们开设店铺，相聚成村落。

其次，则为定期交易，一如中国内地之墟集。如在真腊，互
市时间，每日上午，以清晨到日中。所谓"每日一墟，自卯至
午，则罢。"②

此外，亦有就船上贸易者。如在丁机宜，"夷亦只就舟中与
我人为市，大率多类柔佛。"③在柔佛，"我舟至止，……贸易只
在舟中，无复铺舍。"④在思吉港，"我舟到时，诸国鳞次饶洞以
与华人贸易。……向就水中为市。"⑤因就船上贸易之故，当时
码头大半都设有栏栅。如在满剌加，"凡中国宝船到，彼则立排
栅如城垣。"⑥

当时，南洋各地也许有些是不抽税的自由港，但大半都是要
纳税的。据《东西洋考》所记，其在浡泥（大泥），税额"华人
银钱三枚"。其在彭亨，"舟抵岸，国有常献"。其在柔佛，"我

---

① 《东西洋考》卷四。
② 《东西洋考》卷四。
③ 《东西洋考》卷三。
④ 《东西洋考》卷四。
⑤ 《东西洋考》卷四。
⑥ 瀛涯胜览》。

舟至止，都有常输"。其在交阯，"酋所须者辇而去"。其他各地因地而异，可惜史无明文，无可考证。

当时中国人在南洋一带，除经营商业以外，还有经营矿业和农业以及森林种植的。

据《海国图志·大泥国志》引《海录》云："中华人到此淘金者，船多泊吉兰丹港门。"又云："……南行十余日则至呀喇顶，与彭亨后山麻姑产金处相连……中国至此者，岁数百，闽人多居埔头，粤人多居山顶。山顶则淘取金沙，埔头则贩卖货物及种植胡椒……居吉兰丹山顶淘金欲回中国者，至埔头必先见王……"由此可知当时居留南洋的商人，亦有同时从事矿业及农业经营者。

当17世纪初，因为采金在吕宋还酿成一件机易山的大惨案。据《明史·吕宋传》云："（万历三十年，1602年）有阎应龙、张嶷者，言吕宋机易山素产金银。采之，岁可得金十万两、银三十万两。以三十年七月诣阙奏闻，帝即纳之。……而吕宋人终自疑，谓天朝将袭取其国，诸流寓者为内应，潜谋杀之。明年，……（华人）先后死者二万五千人。"

总之，在十六七世纪时，中国人之在南洋者，挟其手工业制造品及比较进步之生产技术，走入南洋各地，已掌握了南洋各地之经济命脉。他们最初是用手工业制品交换南洋各地的金银和农产品，以后便自己从事开发。诚如梁启超所云："若群岛之矿业，暹罗、缅甸、越南之农业，群岛及暹罗之森林，乃至全部之工商业，其在我国者，十而八、九"。

当时中国的商人，既握有南洋各地的经济权威，因而在某些地方，便参加了当地的政治，甚至建立了自己的政权。据梁启超《中国殖民八大伟人传》所述，则当时中国人在南洋一带，已经建立了许多殖民地国家。如：

> 佛齐国王梁道明。王，广东南海人也……有陈祖义者，亦粤人，本海盗，王抚之，使为旧港头目。又三佛齐国王张琏。王，广东饶平人也。
>
> 爪哇顺塔国王某。王，广东人，佚其姓名。
>
> 暹罗国王郑昭。王，广东潮州人也。
>
> 戴燕国王吴元盛。王，广东嘉应人也。
>
> 昆甸国王罗大。王，广东嘉应人也。
>
> 英属海峡殖民地开辟者叶来。叶君，广东嘉应人也。
>
> 婆罗国王某。王，福建人，佚其姓名。①

除此以外，中国人在暹罗则"理国政，掌财赋。"而"汀州人谢文彬仕至坤岳，犹天朝学士也。"

在爪哇则建立"新村"，"其村主即广东人。"②

在三佛齐，"有施进卿者，亦广东人也。……就赐施进卿冠带，俾归其国，以为大头目，主其地方。后进卿死，不传位于子，以女施二姐袭替。一切赏罚黜陟，皆从其制。"③在菲律宾，则有"寓侠潘和五。和五，闽人也。"④在美洛居，则华人游说之士有力量可以调停红毛番（荷兰）与佛郎机的战争。在真腊，万历时，"番人杀唐人罪死，唐人杀番人则罚金。"⑤在合猫里，则"华人入其国，不敢欺凌"。据此，我们知道，在十六七世纪，

---

① 《明史》。

② 《明史》。

③ 《瀛涯胜览》。

④ 《中国殖民八大伟人传》。

⑤ 《明史》。

欧人东渐之前，中国人在南洋不但握有经济的权威，而且也建立了强大的政治支配，建立了国家称帝称王于南洋一带者不知有若干人。这真是中国人在南洋的黄金时代。中国人在南洋的势力之衰歇，一方面固然是由于欧洲资本主义之东渐；而另一方面，也是由于明代自万历以后，内则权奸与阉宦专政，党派纷争，外则倭寇为患，东南骚然，以致政权无力保护海外商人，接着便是农民起义，清兵入关，以致海外贸易，不能继续发展，而资本主义则以向上之势伸入远东，于是南洋遂由中国之手转入资本主义之手。但是由于中国人在南洋一带的历史关系之悠久，所以一直到现在，南洋虽然换了几个支配的主人，而中国人在南洋的经济势力，仍有其根深蒂固的基础，而不易为政治的暴力所撼动。

（重庆《时事类编特刊》第六十三期，1941 年 4 月 20 日出版）

# 论明代的阉宦及阉党政治

## 一　阉宦的一般属性及阉党政治之出现

读明史者，无不慨然于阉宦专政，造成明朝政治的黑暗与腐败，而卒至国家倾覆，社稷沦丧。直到今日，清贵族的余孽遗胤，尚甘为日寇的傀儡，以荼毒于中国。阉宦之祸，影响到中国历史真大极了。

阉宦用事，在中国整个封建时代，几于无代不有，而汉唐尤甚，然而从未有如明代的厉害。明代阉宦，亦非自始即为祸于政治，而其造成中国历史上阉祸的空前记录是在明代的末年。这是什么原故呢？历来史家多归结于"主君臣暗"有以启之。换言之，即凡阉祸之起，皆由于阉宦有超人之智而君主有过人之愚，两者适相遇而遂成其祸，盖纯为偶然的事情。然而吾人征之史实，则殊不尽然。在明代历史上，阉宦之祸始于英宗，盛于武宗，极于熹宗，而终于庄烈帝。此四君者，并非庸愚；同时，明代阉宦为祸最烈者，是王振、刘瑾与魏忠贤，而此三阉，也并没有过人之智。诚然，"从来阉宦之祸，其始莫不有小忠小信，以固结主心"。而所谓"小忠小信"，也就是一种奸巧之智，然而若即以此而谓为阉宦专政的原因，那是颠倒阉祸的因果了。

阉宦本是一种制度，这种制度，在中国封建专制政治体系中，实为一重要的构成因素。与欧洲中世纪的家臣，性质是相类似的。假使西欧封建贵族之家臣多由古代的奴隶而转化，则中国之阉宦亦多出身于农奴或贫农。因为中人之子，就没有自愿阉割而为封建贵族之家奴者。因此阉宦在中国封建社会中，其地位本甚微贱，而为历来士大夫所不齿；但其地位又甚重要，往往反而超过了士大夫。这是由于士大夫与阉宦，虽同为封建君主的臣属，而阉宦则因接近君主，常能挟君主以令士大夫。士大夫亦往往欲消灭阉宦的权威，然而多以格于君主的偏袒，而卒无如之何。所以每当君主欲施行绝对专制主义之时，往往任用阉宦以抑制官僚。再则每当人民"叛乱"之际，君主深恐士大夫中的失意者勾结人民，于是也多任用阉宦以削夺士大夫之权，从而镇压人民的异动。

阉宦既出身于农奴或贫农，何以一旦走入宫庭，就转而成为封建君主压迫人民的工具呢？这往往为史家所不解。实际上，此理至为明显，因为人类行动的方面，并非根据于其过去的地位，乃根据于其现在所处的地位。假使农奴或贫农，在其未走入宫庭以前，是以反对封建剥削为有利；则既入宫庭以后，即转化为封建贵族的扈从以后，便与封建贵族的利害一致，因而又是以拥护并执行封建剥削为有利。故历来宦官未有不仇视人民的。由此，吾人深知所谓阉宦者，实封建君主用以运用权力的活塞。尤其在封建政权临于腐化或没落的当时，封建君主为了抢救其临危的政权，因而必须集中政权在自己手中的时候，则阉宦往往成为时代的宠儿。如此，吾人又深知，阉宦专政的原因，因不能从君主或阉宦个人的性格得到说明，而必须根据当时社会的内容，才能说明。为在事实上，与其总因阉宦的专政才造成政治的腐败，毋宁说是政治的腐败，才能使阉宦占有政治上的重要地位。换言之，阉宦专政不是特征着个人的腐败，而是特征着整个封建政治机构的腐败。

阉宦地位既然如此卑贱，但其影响政治何以又如此重大呢？吾人以为此理也最易明白。因为阉宦窃权之际，必然是封建政权没落之时，也就是封建君主努力集中政权之时。在这时候，封建君主，不但把人民看成仇敌，即对于其所臣属的士大夫，也不信任，然而又不能自己拿起武器，以镇压一切可能的叛变，于是阉宦就被封建君主认为唯一的助手了。

封建君主何以信任阉宦而不疑，这是由于封建君主认为阉宦既经阉割，除效忠于君主以外，已灭绝人生应有的一切希望，比之具有一己的私欲的士大夫辈，其可靠性当不可同日而语。初未料到这种灭绝人性的家奴可以超主人而上之，更未料到他们可以勾结士大夫或人民而出卖他们的主人。所以阉宦的权力，并非存在于其自身，而是乘封建社会之弊，通过君主的权力，使君主的权力变为自己的权力。

阉宦之权往往超于一切者，即因他们直接影响的是君主。假使一个农奴所影响者非君主而是一平民，则其影响自然不大。正因王振所挟持者为英宗，刘瑾所挟持者为武宗，而魏忠贤所挟持者为熹宗，此辈被挟持者都是明代的君主，所以他们才能压服君主以下的任何人。所以我说，王振、刘瑾、魏忠贤等，都不过是明代历史上的偶然的因素，而非阉宦的必然的属性。其所以造成阉祸之空前纪录者，则是表征着明代封建社会的一定的内容。

## 二 明代中叶以前的阉党与贪污政治

在明代初叶，当封建社会秩序稳固之时，并没有阉宦专擅之事。当时明太祖虽一面残杀功臣，然而另一方面，却集中士大夫以图恢复封建秩序，所以当时政治在士大夫而不在阉宦。明太祖曾铸铁牌置宫门曰："内臣不得干预政事，预者斩。"《明史·宦官列传》有云："盖明世宦官出使、专征、监军、分镇、刺臣民隐事诸大权，皆自永乐间始。"① 又说："自永乐后渐加委寄，然犯法辄置重典。"例如宣宗时，"袁琦令阮巨队等出外采办。事觉，琦磔死，巨队等皆斩。又裴可烈等不法，立诛之。诸中官以是不敢肆"。

到正统年间，外则东南沿海有倭寇之患，西北甘、凉有鞑靼入寇，内则农民起义军叶宗留等转战于福建、浙江、江西。邓茂七等转战于福建。尤其额森南犯，进逼京师。同时，河决，淹地二千余里，坏城垣庐舍，溺死男妇不可胜计。天灾人祸，交逼迭乘，明代政权，渐趋动摇。于是阉人王振乘机劝帝"（英宗）用重典御下，防大臣欺蔽，于是大臣下狱者不绝，而振得因以市权。"其权势之大，至当时"公侯勋戚，呼曰翁父"。及"籍其家，得金银六十余库，玉盘百，珊瑚高六、七尺者二十余株，他珍玩无算。"② 其贪污可知。此后，曹吉祥利用封建贵族内部的矛盾，夺门移宫，拥英宗复辟，遂至"门下厮养冒官者，多至千百人。"③ 其他如韦力转"僭用金器若王者"④，而曹钦且有"自古

① 《明史·宦官列传·序》。
② 《明史·宦官列传·王振传》。
③ 《明史·宦官列传·曹吉祥传》。
④ 《明史·宦官列传·韦力转传》。

有宦官子弟为天子者乎？"①之问。故史家曰："明代阉祸，始于王振。"

到成化年间，大江南北，水旱频仍，内则流贼起于荆、襄，苗、瑶叛于川、滇，外则鞑靼入寇，进逼近塞，于是"列官校刺事"又为必要。而枉直之徒，便得以乘间伺隙而起。"提督西厂"，"屡兴大狱"，锦衣遍天下，"自诸王府边镇，及南北河道，所在校尉罗列，民间斗詈鸡狗琐事，辄实置法，人情大扰"。酷刑考讯，作为"三琶"，"（三）琶者，锦衣酷刑也，骨节皆寸解。"②而其同党尚铭之徒，凭借东厂，恣其威福。"闻京师有富室，辄以事罗织，得重贿乃已。卖官鬻爵，无所不至。"此外梁芳之流"贪黩诱佞……取中旨授官，累数千人。"③芳党韦眷，"为广东市舶太监，纵贾人通诸番，聚珍宝甚富。"④后来到弘治年间，太监李广利用孝宗的愚昧，"以符箓祷祀蛊帝，因为奸弊。矫旨授传奉官……四方争纳贿赂。又擅夺畿内民田，专盐利巨万。"⑤虽然，直到弘治年间，阉宦之辈，盗窃政权则有之，而左右政权则未做到。其所以尚不能左右政权者，是因为党羽未成，即遭奸灭。正如《明史》所云："中叶以前，士大夫知重名节，虽以王振、汪直之横，党羽未盛。"而也由于当时社会还不十分需要阉宦。

---

① 《明史·宦官列传·曹吉祥传》。

② 以上均见《明史·宦官列传·汪直传》。

③ 以上均见《明史·宦官列传·汪直传》。

④ 《明史·宦官列传·韦眷芳传》。

⑤ 《明史·宦官列传·李广传》。

# 三　正德年间的阉党与厂卫政治

　　阉宦之祸到了刘瑾，就踏进历史的新阶段。《明史》中说："至刘瑾窃权，焦芳以阁臣首与之比，于是列卿争先献媚，而司礼之权居内阁上。"[1] 论者曾说，刘瑾的专横，实由于武宗的"耽乐嬉游，昵近群小"[2] 所促成了的。诚然，明武宗实是中国历史上的一个特殊的皇帝，他似乎不满足于"皇帝"的尊号，尝自称为"威武大将军"或"大庆法王"，而以为"皇帝"应身兼军政教三大权，并为其首长。又不满足于后庭三千粉黛，尝"急装微服"巡游民间，"夜入人家，索妇女，帝大乐之，忘归，称曰'家里'"。也不满足于龙楼凤阁，而另于宣府"建镇国府第"，"辇豹房珍玩女御实其中，"[3] 恣为淫乐。本来既称皇帝，当然可以为所欲为，武宗虽"自署官号"，但并不妨碍他同时又为皇帝。至于"夜入人家，索妇女"，这在皇帝看来，对于农民决非侮辱，而只是莫大的荣幸。所以"梅龙镇"的故事，至今还传为美谈。至于"作豹房"，为声色狗马之乐，也并未超出以往封建皇帝的淫逸。这些都是封建皇帝一般的属性，而非武宗的特性，不过武宗或有过分之处而已。如即以此当做刘瑾专擅的原因，未免是一偏之论。因为即是武宗私人生活堕落，腐败，也只能看做明代封建政权渐趋腐败的表征。

　　具体的史实，指示吾人，明当武宗时，"连岁饥馑，四方盗贼并起，湖广则沔阳贼杨清、邱仁等出没湖湘间。江西则东乡贼王钰五、徐仰山等，桃源贼汪澄二、王浩八等，华林贼罗先

---

① 《明史·阉党列传·序》。

② 《明史·武宗本纪·赞》。

③ 《明史·阉党列传·序》。

权、陈福一等，各据山寨。而赣州大帽山贼何积钦等，复蔓延福建、广东之境。四川则保宁贼蓝廷瑞、鄢本恕、廖惠等，拥众至数万。官军讨之，不能克，群盗还日炽。"①同时，刘六、刘七叛于霸州，转掠山东州郡，杨虎、赵燧等叛于河南，"纵横数千里，残破州县以百数。"②社会敌对集团间的矛盾，业已大大展开。而以往在潜滋暗长中的封建贵族间的矛盾，又因宁王宸濠的叛变而公开决裂，宸濠集兵号十万，大破江南州郡。既有农民叛乱，又有封建内讧，于是武宗四顾左右，已没有可以信赖的臣民了。于是重用近侍以侦视天下臣民的异动，就成为刻不容缓的事情。于是刘瑾就得以乘其间隙。"专擅威福，悉遣党阉分镇各边"③了。于是"丘聚、谷大用提督东、西厂，张永督十二团营兼神机营，魏彬督三千营，各据要地"④了。于是"东厂、西厂缉事人四出，道路惶惧"了。于是东、西厂不足，"瑾复立内行厂"了。内行厂"尤酷烈，中人以微法，无得全者"。于是"锦衣狱，徽缠相属"，"屡起大狱，冤号遍道路"了。于是"入觐出使官皆有厚献"，边将有例赂了。"又遣其党丈边塞屯地，诛求苛刻。边军不堪"⑤。由此看来，刘瑾之祸，难道是偶然的吗？实际上正是明代封建政治腐败的一个象征！

① 《明鉴》，第311—312页。
② 《明鉴》，第316页。
③ 《明史·宦官列传·刘瑾传》。
④ 《明史·武宗本纪》。
⑤ 以上均见《明史·宦官列传·刘瑾传》。

# 四　万历年间的阉党走出了宫廷

到嘉靖、万历年代，明代政权，更趋危殆，外则"倭寇"侵入朝鲜，"俺答"进犯宁夏、山、陕；内则"矿盗"遍于全国，民变起于武汉；加以西南少数民族，不断叛变，征伐不断，苛敛无已。这正是所谓"将疲于边，贼讧于内"的时候。而神宗皇帝，高居紫阆，安享尊荣，"崇尚道教，享祀弗纪，营建繁兴，府藏告匮，百余年富庶治平之业，因以渐替"① 了。

据《明史》："万历二十年，宁夏用兵，费帑金二百余万。其冬，朝鲜用兵，首尾八年，费帑金七百余万。二十七年，播州用兵，又费帑金二三百万。三大征踵接，国用大匮。而二十四年，乾清、坤宁两宫灾。二十五年，皇极、建极、中极三殿灾。营建之资，计臣束手。"当此之时，明代政府首要之图，就是如何搜刮民财，以支配对内对外的战争和大兴土木，侈建斋醮之需，于是阉宦就因搜刮民膏民脂的任务，而分布天下，以大逞其淫威。

据《明史》所载，当时除"矿监"外，"通都大邑皆有'税监'，两淮则有'盐监'，广东则有'珠监'，或专遣，或兼摄。大珰小监，纵横绎骚，吸髓饮血，以供进奉。大率入公帑者不及什一，而天下萧然，生灵涂炭矣。"

"矿监"如王忠、王虎、田进、曹金、刘忠、赵钦、张忠、鲁坤、陈增、李敬、杨荣、高淮、潘相、高寀、陈奉等遍布于河北、河南、山西、陕西、辽东、湖广、云南、浙江、福建诸省。此辈"假开采之名，乘传横索民财，陵轹州县。有司恤民者，罪以阻挠，逮问罢黜。时中官多暴横，而陈奉尤甚。富家巨族则诬

---

① 《明史·神宗本纪》。

以盗矿，良田美宅则指以为下有矿脉，率役围捕，辱及妇女，甚至断人手足投之江，其酷虐如此。""矿头以赔累死，平民以逼买死，矿夫以倾压死，以争斗死。"①其结果又如此，而矿盗因以大起。

"税监"如陈增之党程守训等，"自江南北至浙江，大作奸弊。称奉密旨，鸱出金宝，募人告密。诬大商巨室藏违禁物，所破灭什伯家，杀人莫敢问。"②而陈奉"兼领数使，恣行威虐。每托巡历，鞭笞官吏，剽窃行旅，商民恨刺骨。""其党至直入民家，奸淫妇女，或掠入税监署中，……以致士民公愤，万余人甘与奉同死。"此外如天津"税监"马堂，"兼辖临清。始至，诸亡命从者数百人，白昼手银铛夺人产，抗者辄以违禁罪之。僮告主者，畀以十之三，中人之家破者大半，远近为罢市，州民万余纵火焚堂署，毙其党三十七人，皆黥臂诸偷也。"③于是武昌、汉口、黄州、襄阳、宝庆、德安、湘潭以及山东民变因以蜂起。

明代矿贼与民变之起，又难道是偶然的么？吕坤说得好："今日之政，皆播乱机使之动，助乱人使之倡也。"④

不仅如此，"小人好权趋利者驰骛追逐"，"怀奸固宠之徒又从而羽翼之"，此辈结成吴、楚、浙三党，甘为阉宦御用，专"与名节之士为仇雠，门户纷然角立。"⑤当时有识之士，如顾宪成、钱一本、于孔兼、史孟麟、薛敷教等，皆以不附诸阉，而被黜逐。而"魏允贞、王国、余懋衡皆以卓荦阃伟之概，为众望

---

① 以上均见《明史·食货志》5。

② 《明史·宦官列传·陈增传》。

③ 《明史·宦官列传·陈奉传》。

④ 《明史·吕坤传》。

⑤ 《明史·神宗光宗本纪·赞》。

所归。李三才英迈豪隽，倾动士大夫。"① 然而都因名高望重，为阉宦所排斥。"驯至悫愍邪党滋蔓……人主蓄疑，贤奸杂用，溃败决裂，不可振救。故论者谓明之亡，实亡于神宗，岂不谅欤！"② 然直到这时候，明代阉宦，"左右"政权，则有之；"专制"政权则未也。

## 五　最后的硕果——魏忠贤进了圣庙

明代阉祸，到天启年间，可谓登峰造极。以魏忠贤为首的阉宦，不只左右政权，而且专制政权了。魏忠贤也不过是一阉竖罢了，何以能造成中国有阉宦以来的空前的罪恶，这当然是当时社会有以助成的。

明至熹宗时代，暴动四起，天下已紊乱不堪。天启元年，四川有永宁土司奢崇明之叛；二年贵州有水西安邦彦之叛；同年，山东爆发了以徐鸿儒、于弘志为首领的"白莲教"暴动；六年、七年，陕西发生了大旱灾，饥民暴动遍西北，这是内忧。在另一面，满洲人于元年攻陷沈阳；二年，攻陷西平堡；六年，大举西渡辽河，进犯宁远，关外尽失，边警频仍，这是外患。在此内忧外患之中，明代政权，已临于瓦解的前夕。为了抢救封建政权，势必加强专制，于是魏忠贤便"以司礼秉笔领东厂事"了③。

在熹宗看来，魏忠贤是他们最忠实的家奴，而信之不疑；在魏忠贤看来，熹宗却是他威福天下的最好傀儡，故导之为"倡优

---

① 《明史·魏允贞等传·赞》。

② 《明史·神宗本纪·赞》。

③ 《明鉴》，第550页。

声伎，狗马射猎，"[①]而将大权引渡于自身。当时士大夫都以为
君主重用阉宦，阉宦挟制君主，不能集中人才，共赴国难，实是
"荒政秕"的征象，当时人民也以为阉党与士大夫对立，国内党
派纷争，不能团结一致，抵御满兵，实是亡国灭种的征象。然而
各人立在各人的利益上，终不能形成统一的意识，此明代之所以
终于覆亡也。

为欲专制一切，魏忠贤首先"选武阉，炼火器，为内操"。
武装阉宦，弄兵大内，以奠定他的基础。

其次，便遍树党羽，分布朝野，倚为耳目，资为威虐。据《明
史》：当时魏忠贤"有李朝钦……等三十余人为'左右拥护'。
外廷文臣则崔呈秀……主谋议，号'五虎'。武臣则田尔耕……
主杀僇，号'五彪'。又吏部尚书周应秋……等号'十狗'。又
有'十孩儿'，'四十孙'之号。而为（崔）呈秀辈门下者，又
不可数计。自内阁六部至四方总督、巡抚，遍置死党"。此辈所
谓"左右拥护""五虎""五彪""十狗""十孩儿""四十孙"，以
及崔呈秀辈的"门下"，便"日以快私仇，行倾陷为事。投匦告
密，日夜未已。"而"东厂番役横行，所缉访，无论虚实，辄糜
烂。"从此天下人民，闭口结舌，"海内皆屏息丧气。"熹宗皇帝
以为天下从此大定了，魏忠贤以为权位从此稳固了，然而那里知
道因此而人民的怨望日以深，天下之大难更难免了。

当时人民，因无所告诉，只能用暴动答复虐政。而士大夫中
有良心的，则深感国家的危殆，如杨涟，左光斗，高攀龙，李应
升辈曾一再冒死向熹宗指陈危机，并要求熹宗罢黜阉宦，还政于
朝。引用贤才，登庸志士，以共扶危局。然而熹宗却为魏忠贤

---

① 《明史·宦官列传·魏忠贤传》。

所蒙蔽，以为此辈士大夫皆有偏见，而率予罢斥。"削黜放逐，朝署一空"。[①] 这些士大夫既被放逐，就相与讲学山林，自命清流，然而终以不能忘情于国家，间或进而评议朝政，指斥时弊。于是阉党遂欲得而甘心，而给他们加上一个东林党人的帽子。

屠杀异己，已成魏忠贤阉党的迫切任务，然而就在封建专制政治之下，杀人也必须有罪状。而东林党人又实无可杀之罪，如说有罪那便是反对"祸国殃民"的阉党。古语云："欲加之罪，何患无辞。"于是伪造证据，诬构罪名，遂为明代阉党所发明。据《明鉴》："忠贤特恨东林诸人，数论其罪，实于三案"。三案者挺击，红丸，移宫也，这都是过去阉宦所造成的逆案，有一于此，即可以夷三族，不仅死罪。拿这三案来加罪于东林诸人，则东林诸人无遗类矣。

然而群小还以为不足，"群小欲借忠贤力为报仇，凡异己者，概指为东林党而去之。清流之祸，遂不可解。"[②] 于是伪造的"点将录""同志录"便应时出现了。据《明鉴》："王绍徽编东林一百八人，系以宋时淮南盗宋江等诸名目，为《点将录》……（崔）呈秀复进《同志录》，皆东林党人，又进《天鉴录》，皆不附东林者，由是群小无不登用，善类为之一空。"[③]

为了打击东林党人，于是"尊孔崇儒"的明代政府，公然下令毁"东林、关中、江右、徽州及天下一切书院"，用剿灭东林的名义而剿灭文化，于是焚书坑儒之祸，再见于明代。自此以后，"天下书院"，都一变而为"魏忠贤的生祠"，"至圣先师孔子"的神位，换上了"阉宦的偶像"，中国文化史上的耻辱，岂

---

① 以上均见《明史·宦官列传·魏忠贤传》。

② 以上均见《明鉴》，第 558 页。

③ 同上书，第 557 页。

有过于此者乎!

屠杀终于开始了,第一次被屠杀的士大夫,是杨涟、左光斗、魏大中、袁化中、周朝瑞、顾大章六人,时人称为"六君子"。第二批被屠杀的是高攀龙、周顺昌、周起元、缪昌期、李应升、周宗建、黄尊素七人,时人称之"七君子"。当七君子中的周顺昌被逮时,"士民闻其被逮,愤怒号冤,开读日,不期而集者数万,咸执香为周吏部请命。……众益愤曰:始吾以为天子命,乃东厂魏太监耶?遂蜂拥上,势如山崩,旗尉东西窜,众纵横殴击,立毙一人,余负重伤逾垣走。"①"远远闻其死,莫不伤之。"②由此,足见所谓"六君子""七君子"者,实无可杀之罪,而卒罹祸变者,实阉宦政治之毒害也。

《明史》为之慨曰:"自古阉宦之甘心善类者,莫甚于汉、唐之季;然皆仓卒一时,为自救耳。魏忠贤之杀诸人也,扬毒焰以快其私,肆无忌惮。盖主荒政秕之余,公道沦亡,人心败坏,凶气参会,群邪翕谋,故缙绅之祸,烈于前古。"③又曰:"国之将亡也,先自戕其善类,而水旱盗贼乘之。故祸乱之端,士君子恒先被其毒。异哉!明之所称'三案'者,举朝士大夫喋喋不去口,而元恶大憝因用以窜除善类,卒至杨、左诸人身填牢户,与东汉季年若蹈一辙。国安得不亡乎!"④吾人读史家之言,不禁慨然于中国历史上一再重复的事件何其多也。

自东林党人被他歼灭后,魏忠贤声势更大,不仅专制朝政,而且诬杀边将。当清兵犯关熊廷弼因攻守有方而被诬杀,毛文龙

① 《明鉴》,第 565—566 页。
② 同上书,第 565 页。
③ 《明史·周起元等传·赞》。
④ 《明史·杨涟等传·赞》。

因通敌卖国而被重用。袁崇焕因有功而罢，王之臣因阿谏而进。其党徒纪用隐身前线，暗通清军，辱国求降，无所不为。又冒军功，克军饷。牵制军机，致使国境日蹙。这都是魏忠贤的"功勋"，而熹宗还倚之如泰山，真算得是昏庸了。

当内外大权，一手独揽之后，于是子侄亲戚，皆列公侯。"今日荫中书，明日荫锦衣，金吾之堂，口皆乳臭，诰敕之馆，目不识丁……滥袭恩荫，褒越朝常。"[①] 本以为因阉割而灭绝人生的一切私欲，现在他的私欲反而远远超出于常人！

当清兵迫塞，流寇蔓延，而天下官僚所殚心竭虑的，不是谋如何救亡图存，却是建立魏忠贤的生祠。"浙江巡抚潘汝桢，疏请建忠贤生祠于西湖……自是诸方效尤，几遍天下。……开封毁民舍二千余间，创宫殿九楹，仪如帝者。巡抚朱童蒙建祠绥延，用琉璃瓦。刘诏建祠蓟州，金像冕旒。"[②] 从此都城内外，祠宇相望。不建祠及入祠不拜者皆论死。"所过士大夫遮道拜伏，至呼九千岁，忠贤顾盼未尝及也。"[③]

不仅如此，"诏书褒美，阁臣皆拟九锡文"，[④] "疏辞揄，一如颂圣"，以至有称为"尧天舜德，至圣至神"[⑤] 者。真不知道当时官僚士大夫又用什么话去尊奉皇帝！

还不仅如此，甚至有监生陆万龄疏请以忠贤配孔子，忠贤父配启圣公。其疏曰："孔子作春秋，厂臣（当时不敢称魏忠贤之名而称厂臣）作要典（《三朝要典》，即所以诬杀东林党人者）；

---

① 《明史·杨涟等传·赞》，第551页。
② 同上书，第567页。
③ 《明史·宦官列传·魏忠贤传》。
④ 《明鉴》，第569页。
⑤ 同上书，第567—568页。

孔子诛少正卯，厂臣诛东林党人，礼宜并尊。"①疏上，而熹宗竟予批准。于是"毁天下书院"者又"配祀孔子"矣，于是"皇帝的家奴"，就在春秋祀孔的时候，接受其主人的九拜九稽首了。呜呼，盛矣！魏忠贤的祸乱，诚足以垂戒于万世！

魏忠贤以一阉宦，乘封建政治的腐败，盗窃政权，卒至专制一切，淫刑痛毒，诬杀陷害，使"衣冠填于狴犴，善类殒于刀锯"者，则无耻之辈，窜身妇寺，有以助长之也。《明史》为之慨曰："明代阉宦之祸酷矣，然非诸党人附丽之，羽翼之，张其势而助之攻，虐焰不若是其烈也。"②"庄烈帝之定逆案也……因慨然太息曰：'忠贤不过一人耳，外廷诸臣附之，遂至于此，其罪何可胜诛。'痛乎哉！患得患失之鄙夫，其流毒诚无所穷极也。"③

## 六　阉党投降了流寇崇祯上了煤山

及至崇祯年代，则明代封建政权，已临于总崩溃之时，饥民，变兵，驿卒，矿盗，已汇成明末农民大暴动，以陕西为中心，而扩展到了全国。有府谷的王嘉允，宜川的王左褂、飞山虎、大红狼，安塞的高迎祥，米脂的李自成，汉南的王大梁、王子顺，延安的张献忠、老徊徊，蓝田的刘宗敏，这些人物都以农民暴动的指导者而出现。同时满清则已建国东北，连年入寇，辽东诸郡早已沦陷，而大河以北也迭遭蹂躏。庄烈帝受命于危难之

---

① 《明鉴》，第572页。
② 《明史·阉党列传·序》。
③ 《明史·阉党列传·序》。

际，颇有安内攘外之志。鉴于魏忠贤的祸败，曾在即位之初"尽撤方镇守中官，委任大臣。"[1] 也曾"临朝浩叹，慨然思得非常之材。"然而终因"用非其人，益以偾事"[2]。如"周延儒、温体仁怀私植党，误国覆邦。"[3] 而明达之士如刘宗周、黄道周等"所指陈，深中时弊。其论才守，别忠佞，足为万世龟鉴。而听者迂而远之。"[4] 然庸碌奸佞之徒，不顾国家存亡，只知自私自利，卒至"兵败饷绌，不能赞一策。"于是庄烈帝"乃思复用中官"。[5] 明知故犯，遂至溃烂而不可救。假使当时不用阉宦奸臣，而能集中天下有志之士，减轻人民负担，以救亡御侮之大义号召天下，招抚流贼而共抗满清，则明朝未必就灭亡。然而不作这种打算，却仍任用阉宦，监军，典镇，入阁理财，以至人心瓦解，卒底覆亡，岂不可叹。

据《明纪》："（崇祯四年九月），遣王应朝监军关、宁，……又命王坤监饷宣府，刘文忠监饷大同，刘允中监饷出西，以（张）彝宪有心计，故令钩校（户、工二部）出入，……为建专署曰户工总理。其权视外总督、内团营提督。"[6]

崇祯九年，又"命（张）彝宪守备南京，寻死。然帝卒用高起潜辈典兵监镇，驯至开关延贼，遂底灭亡。"

又据《明史》："时流贼大炽，命太监陈大金、阎思印、谢文举、孙茂霖等为内中军，分入大帅曹文诏、左良玉、张应昌诸

---

① 《明纪·庄烈纪》2。

② 《明纪·庄烈纪》2。

③ 《明史·奸臣列传·序》。

④ 《明史·刘宗周·黄道周传·赞》。

⑤ 《明纪·庄烈纪》2。

⑥ 《明纪·庄烈纪》2。

营，名曰监军。在边镇者，悉名监视。"

其结果"诸监多侵克军资，临敌辄拥精兵先遁，诸将亦耻为之下，缘是皆无功。"

直至明代最后的一年（崇祯十七年），"李自成将犯关，帝复命起潜监宁、前诸军，而以杜勋镇宣府。勋至镇即降贼。"①

直到明代最后的一瞬，阉宦仍演着重要的任务。开居庸关以揖"贼"者阉宦（杜勋）也，导李自成焚十二陵者阉宦（杜勋）也，缒城出入，逼降庄烈帝者阉宦（杜勋）也，而缒之以入缒之以出者阉宦（曹化淳）也。用"吾曹富贵固在也"的理由诱降守城兵士者阉宦（杜勋）也，而开彰仪门以迎贼入城者，亦阉宦（曹化淳）也。虽然，最后殉庄烈帝以死国者亦阉宦（王承恩）也。②阉宦之于明代政权，真可算是"相与始终"了。

明代君主专任阉宦，本来是为了抢救封建政权于危殆，在明代任何政治机构中几乎无不以阉宦为了监；如市监，矿监，税监，盐监，珠监，乃至军监，民监（东西厂）等，盛极一时。然而以之监市则倭寇入，以之监矿则矿盗起，以之监税则民变作，以之监盐监珠则国库空，以之监军则民变多，以之监民则流寇愈炽。此外，以之御清则通敌，以之典镇则降贼，卒至无所不监而亦无所不乱，不但不能抢救封建政权于危殆，反而加深了封建政权的腐败，并加速其崩溃。明代之亡，虽然原因甚多，阉宦专政，诚不能不算是一个重要的原因。可胜慨欤！

——读史笔记之七——

（重庆《读书月报》第二卷第七期，1940 年 10 月 1 日出版）

---

① 《明史·宦官列传·高起潜传》。

② 《明纪·庄烈纪》6。